Jacobs/Krause
Bildungsroman

In der Reihe liegen bereits vor:

Nibelungenlied
Von Otfrid Ehrismann

Hartmann von Aue
Von Christoph Cormeau und Wilhelm Störmer

Grimmelshausen
Von Volker Meid

Lessing
Von Wilfried Barner, Gunter E. Grimm,
Helmuth Kiesel, Martin Kramer

E.T.A. Hoffmann
Von Brigitte Feldges und Ulrich Stadler

Heinrich Heine
Herausgegeben von Jürgen Brummack

Gerhart Hauptmann
Von Peter Sprengel

Thomas Mann
Von Hermann Kurzke

Bertolt Brecht
Von Jörg-Wilhelm Joost, Klaus-Detlef Müller
und Michael Voges

Volksstück
Von Hugo Aust, Peter Heider und Jürgen Hein

Der deutsche Bildungsroman

Gattungsgeschichte
vom 18. bis zum 20. Jahrhundert

Von Jürgen Jacobs und Markus Krause

Verlag C.H. Beck München

Arbeitsbücher zur Literaturgeschichte
Herausgegeben von Wilfried Barner und Gunter E. Grimm
unter Mitwirkung von
Hans-Werner Ludwig (Anglistik) und
Siegfried Jüttner (Romanistik)

CIP-Titelaufnahme der Deutschen Bibliothek

Jacobs, Jürgen:
Der deutsche Bildungsroman : Gattungsgeschichte vom
18. bis zum 20. Jahrhundert / von Jürgen Jacobs u.
Markus Krause. – München : Beck, 1989
(Arbeitsbücher zur Literaturgeschichte)
ISBN 3 406 33644 2
NE: Krause, Markus:

ISBN 3 406 33644 2

Umschlagentwurf: Bruno Schachtner, Dachau
Umschlagbilder: Gottfried Keller nach einem Holzstich von C. Kolb.
Christoph Martin Wieland nach einem Gemälde von
Johann Heinrich Wilhelm Tischbein. Johann Wolfgang Goethe nach
einem Gemälde von Joseph Stieler (Neue Pinakothek München).
Thomas Mann nach einem Gemälde von Wolf Ritz
(Schiller-Nationalmuseum Marbach).
Fotos: Archiv für Kunst und Geschichte, Berlin.
© C. H. Beck'sche Verlagsbuchhandlung (Oscar Beck), München 1989
Satz und Druck: C. H. Beck'sche Buchdruckerei, Nördlingen
Printed in Germany

Inhalt

Vorwort 11

ARBEITSBEREICH I
Grundlegendes zum Gattungsbegriff

0.	Bibliographie...	13
0.1.	Zum Begriff der Bildung	13
0.2.	Zum Gattungsbegriff ‚Bildungsroman'	13
1.	Zur Problematik von Gattungsbegriffen	16
2.	Bildungsgeschichten und Bildungsprobleme als Thema des Romans...	19
3.	Geschichte des Gattungsbegriffs ‚Bildungsroman'	22
3.1.	Vorgeschichte des Begriffs im 19. Jahrhundert	22
3.2.	Hegel	23
3.3.	Dilthey	25
3.4.	Lukács	27
3.5.	Neuere Bestimmungen des Gattungsbegriffs	29
3.5.1.	Gattungdefinitionen in der Nachfolge Diltheys	29
3.5.2.	Neuansätze	31
4.	Der Bildungsroman – eine deutsche Literaturgattung?	35
5.	Gattungsbestimmung für den Zweck dieses Arbeitsbuches	37

ARBEITSBEREICH II
Aufklärung

1.	Gattungsgeschichte im 18. Jahrhundert	39
1.0.	Bibliographie...	39
1.1.	Zur Genese eines neuen Selbstbewußtseins.................	40
1.1.1.	Das „Zeitalter der Kritik"	40
1.1.2.	Die Entdeckung der Individualität	43
1.2.	Vorgeschichte des Bildungsromans im 18. Jahrhundert	47
1.2.1.	Der Aufstieg des Romans.................................	47
1.2.2.	Entwicklungsgeschichten als Romanthema	48
1.2.3.	Blanckenburgs Romantheorie	51
2.	Wieland: *Geschichte des Agathon*	53
2.0.	Bibliographie...	53
2.0.1.	Texte und Dokumente.....................................	53
2.0.2.	Forschungsliteratur	54
2.1.	Agathon als Held einer Bildungsgeschichte	55
2.2.	Wielands Entwicklungsbegriff	56

2.3. Agathons Bildungsgeschichte 57
2.3.1. Die Grundfrage 57
2.3.2. Etappen in Agathons Entwicklung 59
2.3.3. Das Ziel von Agathons Bildungsgeschichte 61
2.3.4. Die dritte Fassung des *Agathon* 62

ARBEITSBEREICH III
Goethezeit

1. Gattungsgeschichtlicher Überblick 65
1.0. Bibliographie 65
1.1. Zur Bildungsvorstellung der Klassik 66
1.2. Die Wirkung der Goetheschen *Lehrjahre* auf die Romantik .. 69

2. Goethe: *Wilhelm Meisters Lehrjahre* 73
2.0. Bibliographie 73
2.0.1. Texte und Dokumente 73
2.0.2. Forschungsliteratur 74
2.1. Zur Entstehung des Romans 77
2.2. Wilhelm Meisters Entwicklung: Bildung oder Degeneration? .. 78
2.3. Faktoren von Wilhelm Meisters Entwicklung 81
2.3.1. Schwäche und Bildsamkeit. Zur Figur Wilhelm Meisters 81
2.3.2. Produktive Wirkungen einer „falschen Tendenz": Wilhelm Meister und das Theater 83
2.3.3. Zur Rolle der weiblichen Gestalten 85
2.3.4. Die Welt des Adels 88
2.3.5. Die Turmgesellschaft 92
2.4. Das Ziel der Bildungsgeschichte 95
2.4.1. Selbst- und Weltkenntnis 95
2.4.2. Pflichtmäßige Tätigkeit 96
2.4.3. Austreibung der Kunst? 97
2.5. Das Bildungskonzept der *Lehrjahre* 99
2.5.1. Subjektive Voraussetzungen für einen gelingenden Bildungsprozeß ... 99
2.5.2. Äußere Bedingungen des guten Endes 100

3. Novalis: *Heinrich von Ofterdingen* 102
3.0. Bibliographie 102
3.0.1. Texte und Dokumente 102
3.0.2. Forschungsliteratur 102
3.1. Ein Gegenstück zu *Wilhelm Meisters Lehrjahren* 105
3.2. Das Bildungskonzept des *Heinrich von Ofterdingen* 106
3.2.1. Zur Rolle des Helden 106
3.2.2. Ziele der Bildung 108
3.2.3. Faktoren des Bildungsprozesses 110
3.3. Stationen von Heinrichs Bildungsgang 111
3.4. „Die Erfüllung". Zum zweiten Teil des Romans 114

Inhalt   7

3.5.	Das „goldene Zeitalter" – regressive Utopie oder Ziel eines revolutionären Denkens?	115
4.	Jean Paul: *Titan*	117
4.0.	Bibliographie	117
4.0.1.	Texte und Dokumente	117
4.0.2.	Forschungsliteratur	117
4.1.	Zur Stellung des *Titan* im Werk Jean Pauls	120
4.2.	Albano	122
4.2.1.	Der „genialisch-energische Geist"	122
4.2.2.	Stellung des Helden zur Welt	123
4.3.	Roquairol	126
4.3.1.	Zur Entstehungsgeschichte der Figur	126
4.3.2.	Ein „Abgebrannter des Lebens"	126
4.3.3.	Zum Verhältnis Roquairols zu Albano	128
4.4.	Albanos Entwicklung	129
4.4.1.	Ein doppeltes Bildungsproblem	129
4.4.2.	Erzieher	130
4.4.3.	Die Geliebten	131
4.4.4.	Die Französische Revolution	134
4.4.5.	Bildung durch Welterfahrung?	135
4.5.	Zur Problematik des Romanschlusses	136

ARBEITSBEREICH IV

19. Jahrhundert

1.	Gattungsgeschichtlicher Überblick	139
1.0.	Bibliographie	139
1.0.1.	Texte und Dokumente	139
1.0.2.	Forschungsliteratur	139
1.1.	Individuum und Gesellschaft	142
1.2.	Zur Problematik des Bildungsbegriffs	145
1.3.	Die Gattung zwischen Trivialisierung und Desillusionierung	147
1.3.1.	Der Bildungsroman in der literaturtheoretischen Diskussion	147
1.3.2.	Immermann: *Die Epigonen*	150
1.3.3.	Freytag: *Soll und Haben*	152
1.3.4.	Der Bildungsroman bei Wilhelm Raabe	154
2.	Stifter: *Der Nachsommer*	156
2.0.	Bibliographie	156
2.0.1.	Texte und Dokumente	156
2.0.2.	Forschungsliteratur	157
2.1.	Stifters Bildungsideal – Rettung in heilloser Zeit	159
2.2.	Die Ordnung der Dinge – epische Totalität	161
2.3.	Die Bildungsgeschichte Heinrich Drendorfs	164
2.3.1.	Maximen der Bildung	164

2.3.2	Die Naturwissenschaft, die Kunst und die Liebe	166
2.3.3.	Die Bildung des Helden – ein individueller Entwicklungsprozeß?	169
2.4.	Zur erzähltechnischen und gattungstypologischen Problematik	171
3.	Keller: *Der grüne Heinrich*	174
3.0.	Bibliographie	174
3.0.1.	Texte und Dokumente	174
3.0.2.	Forschungsliteratur	174
3.1.	Erinnern und Erfinden – der autobiographische Roman	177
3.2.	Der grüne Heinrich als Held einer Bildungsgeschichte	179
3.2.1.	Das Subjekt, die Gesellschaft und das Problem der Identität	179
3.2.2.	Prägende Faktoren in Heinrichs Bildungsgang	181
3.2.3.	Künstlertraum und bürgerliche Ökonomie – die Funktion der Malerei	184
3.2.4.	Gottesglaube, Unsterblichkeit und Atheismus	187
3.2.5.	Schuld, Desillusionierung und Tod – zur Interpretation des Schlusses	189
3.3.	Die zweite Fassung – Erfüllung oder Entsagung?	191
3.4.	Heinrichs Bildungsgang – Kreisbewegung oder teleologische Entwicklung?	194

ARBEITSBEREICH V

20. Jahrhundert

1.	Gattungsgeschichtlicher Überblick	197
1.0.	Bibliographie	197
1.1.	Die Krise des Romans	198
1.2.	Die Entwicklung des Bildungsromans im frühen 20. Jahrhundert	201
1.2.1.	Epigonale Fortsetzung der Gattung	201
1.2.2.	Modifikationen des Bildungsromans in der „klassischen Moderne"	203
2.	Thomas Mann: *Der Zauberberg*	207
2.0.	Bibliographie	207
2.0.1.	Texte und Dokumente	207
2.0.2.	Forschungsliteratur	208
2.1.	Eine „Wilhelm Meisteriade"?	210
2.1.1.	Der Konzeptionswandel in der Entstehungsgeschichte des Romans	211
2.1.2.	Von der „Sympathie mit dem Tode" zur „Lebensfreundlichkeit"	213
2.1.3.	Widersprüchliche Tendenzen im *Zauberberg*	214
2.2.	Hans Castorp als Held einer Bildungsgeschichte	216
2.2.1.	Erziehung in der Sphäre des Zauberbergs	216
2.2.2.	Clawdia Chauchat	217
2.2.3.	Settembrini	218
2.2.4.	Naphta	219
2.2.5.	Peeperkorn	220
2.3.	Zur Lösung des Bildungsproblems	220

3.	Der Bildungsroman in der deutschen Literatur nach 1945	223
3.1.	Sozialistische Bildungsromane in der DDR	223
3.1.0.	Bibliographie	223
3.1.1.	Der Bildungsroman als Bestandteil des „Erbes"	224
3.1.2.	Sozialistische Bildungsromane in den 50er und 60er Jahren	225
3.1.3.	Wendung zum Desillusionsroman	228
3.2.	Spuren des Bildungsromans in den westlichen deutschsprachigen Literaturen	229
3.2.0.	Bibliographie	229
3.2.0.1.	Texte und Dokumente	229
3.2.0.2.	Forschungsliteratur	229
3.2.1.	„Manchmal ist Ich sehr schwer" – Identität und Roman	231
3.2.2.	Handke: *Der kurze Brief zum langen Abschied*	233
3.2.3.	Bildungsroman und Studentenbewegung	235

Namenregister ... 239

Vorwort

Das vorliegende Buch versucht, eine Einführung in die Geschichte des deutschen Bildungsromans und damit in einen für die neuere Literaturgeschichte höchst bedeutsamen Traditionszusammenhang zu geben. Dieses Thema ist von der Literaturwissenschaft in der jüngsten Zeit sehr kontrovers behandelt worden, sowohl was die nähere Bestimmung des Gattungsbegriffs anlangt als auch im Hinblick auf die Interpretation einzelner Beispieltexte. Ein Arbeitsbuch zum Bildungsroman muß daher zunächst die Entstehung und die Geschichte des Gattungsbegriffs selber darstellen, um dann in Auseinandersetzung mit der neueren Diskussion um den Begriff des Bildungsromans eine praktikable Definition der Gattung vorzuschlagen. Des weiteren ist die Leistungsfähigkeit dieses Konzepts am historischen Material, das heißt: in der Anwendung auf einzelne Texte zu demonstrieren.

Die Autoren verstehen das vorliegende Arbeitsbuch als eine Hilfe für die Behandlung des Themas in Schule und Universität. Sie haben sich daher bemüht, dem Leser alle wichtigen Informationen an die Hand zu geben; sie haben es allerdings auch als ihre Aufgabe betrachtet, zu den bedeutendsten Texten der Gattungsgeschichte eigene geschlossene Deutungen vorzulegen.

Jeder Versuch, die Geschichte des deutschen Bildungsromans darzustellen, steht vor der Schwierigkeit, eine enorme Materialfülle, sowohl bei den einschlägigen Romantexten wie bei der Forschungsliteratur, zu bewältigen. Die Autoren haben diese Schwierigkeit dadurch zu lösen versucht, daß sie ihre Überlegungen auf einige ausgewählte Werke konzentrierten, die nach allgemeiner Überzeugung als wichtige Stationen der Gattungsentwicklung gelten. Anders wurde nur in den Kapiteln über die Zeit nach 1945 verfahren, in der zwar noch zahlreiche Reflexe der Gattungsgeschichte zu registrieren sind, vollwichtige Exemplare des Typus ‚Bildungsroman' aber fehlen. Hier mußte sich die Darstellung auf eine kursorische Übersicht beschränken, ähnlich wie in den gattungsgeschichtlichen Überblickskapiteln zu den früheren Epochen.

In den Bibliographien, die den Stand der literaturwissenschaftlichen Bemühungen zum Thema verdeutlichen sollen, war eine Auswahl aus der Fülle der Titel unvermeidlich, wenn das Buch nicht zu einem bloßen Repertorium der Sekundärliteratur werden sollte. Die Autoren waren bestrebt, alle wichtigeren und weiterführenden Arbeiten aus der einschlägigen germanistischen Forschung zu nennen und zu verarbeiten, doch ist ihnen bewußt, daß die von ihnen getroffene Auswahl nicht jede Erwartung erfüllen kann.

Auf eine Gesamtbibliographie am Schluß des Bandes wurde verzichtet, weil sie bei einem gattungsgeschichtlichen Thema weniger zweckmäßig schien als bei den Bänden der „Beckschen Arbeitsbücher", die einzelnen Autoren gewidmet sind. Einen Überblick über die Literatur zum Begriff des Bildungsromans vermittelt die Bibliographie zum ersten Teil des Buches. Innerhalb des Textes wurde – gemäß dem Konzept der „Arbeitsbücher" – nur sparsam auf Werke der Sekundärliteratur verwiesen. Die Titel sind hier, wenn sie in der dem entsprechenden Kapitel zugeordneten Teilbibliographie aufgeführt sind, in abgekürzter Form zitiert.

Markus Krause hat den Arbeitsbereich IV (19. Jahrhundert) und das Kapitel über die westdeutsche Literatur nach 1945 geschrieben. Für die übrigen Teile des Buches trägt Jürgen Jacobs die Verantwortung.

J. J.   M. K.

Arbeitsbereich I

Grundlegendes zum Gattungsbegriff

0. Bibliographie

0.1. Zum Begriff der Bildung

Bruford, Walter H.: The German Tradition of Self-Cultivation. ‚Bildung' from Humboldt to Thomas Mann. Cambridge 1975. [Untersucht die Entwicklung des Kulturbegriffs und des Persönlichkeitsideals in Deutschland und bezieht dabei die Deutung einiger Bildungsromane ein.]

Buch, Günther: Rückwege aus der Entfremdung. Studien zur Entwicklung der deutschen humanistischen Bildungsphilosophie. München und Paderborn 1984. [Unterscheidet die „organologische", auf den Entelechie-Begriff gestützte Bildungsvorstellung Herders, Goethes und Humboldts von Schillers Ansatz, der Bildung „als Ausgang aus einer geschichtlichen Notlage" auffaßt.]

Cocalis, Susan L.: The Transformation of *Bildung* from an Image to an Ideal. Monatshefte für deutschen Unterricht 70. 1978, S. 399 ff. [Versucht, die Gattung des Bildungsromans ganz von dem Bildungsbegriff des späten 18. Jahrhunderts aus zu definieren.]

Menze, Clemens: Wilhelm von Humboldts Lehre und Bild vom Menschen. Ratingen 1965. [Ausführliche Darstellung der Humboldtschen Bildungstheorie und ihrer anthropologischen Voraussetzungen.]

Müller, Klaus-Detlef: Autobiographie und Roman. Studien zur literarischen Autobiographie der Goethezeit. Tübingen 1976. [Weist die inhaltliche und formale Annäherung von Roman und Autobiographie am Ende des 18. Jahrhunderts nach.]

Schaarschmidt, Ilse: Der Bedeutungswandel der Begriffe „Bildung" und „bilden" in der Literaturepoche von Gottsched bis Herder. In: W. Klafki (Hg.): Beiträge zur Geschichte des Bildungsbegriffs. Weinheim 1965 (zuerst Diss. Königsberg 1931). [Umfangreiche, allerdings nur oberflächlich ausgewertete Belegsammlung für das Auftreten des Worts ‚Bildung'.]

Stahl, Ernst L.: Die religiöse und die humanitätsphilosophische Bildungsidee und die Entstehung des deutschen Bildungsromans im 18. Jahrhundert. Bern 1934. [Materialreiche Darstellung des Bildungsbegriffs in seiner geistesgeschichtlichen Entfaltung.]

Weil, Hans: Die Entstehung des deutschen Bildungsprinzips. Bonn 1930. [Versucht die sozialgeschichtlichen und politischen Bedingungen des Herderschen und Humboldtschen Bildungskonzepts und seiner Nachwirkungen zu klären.]

0.2. Zum Gattungsbegriff ‚Bildungsroman'

Beddow, Michael: The Fiction of Humanity. Studies in the Bildungsroman from Wieland to Thomas Mann. Cambridge 1982. [Will nicht in der Lebensgeschichte des Protagonisten das zentrale Thema des Bildungsromans sehen, sondern in der Darstellung einer bestimmten Auffassung von „authentic humanity".]

Borcherdt, Hans Heinrich: Artikel „Bildungsroman" im Reallexikon der deutschen Literaturgeschichte. Hg. v. W. Kohlschmidt und W. Mohr. 2. Aufl. Berlin 1955. Bd. I, S. 175 ff. [Betont, daß der Bildungsroman einen „Ausgleich zwischen Individuum und Gemeinschaft" sucht und sieht ihn auf das Erreichen einer „irdischen Paradiesesstufe" angelegt.]

Buckley, Jerome Hamilton: Season of Youth. The Bildungsroman from Dickens to Golding. Cambridge, Mass. 1974. [Bestimmt die Gattung von ihrem Stoff her, der erfolgreichen Integration in einen sozialen Zusammenhang. Verfolgt ihre Geschichte in der englischen Literatur von etwa 1840 bis zur Gegenwart.]

Eigler, Friederike: Wer hat ‚Wilhelm Schüler' zum ‚Wilhelm Meister' gebildet? *Wilhelm Meisters Lehrjahre* und die Aussparungen einer hermeneutischen Verstehens- und Bildungspraxis. Goethe Yearbook 3. 1986, S. 93 ff. [These: in der Rezeptionsgeschichte der Goetheschen *Lehrjahre* seit Morgenstern und Dilthey sei die von der psychoanalytischen Theorie Lacans sichtbar gemachte Wahrheit verdrängt worden, daß das Subjekt in ständiger Verkennung seiner selbst lebt und daher eine stabile Identität nicht finden kann.]

Esselborn-Krumbiegel, Helga: Der ‚Held' im Roman. Formen des deutschen Entwicklungsromans im frühen 20. Jh. Darmstadt 1983. [Sieht die Struktur des traditionellen Entwicklungsromans bestimmt durch „die zentrale Stellung *eines* Helden, dessen Lebensgeschichte sich als zielgerichtete Phasenstruktur darstellt". Beschreibt vor diesem Hintergrund die strukturellen Veränderungen der zu Beginn des 20. Jahrhunderts entstehenden Entwicklungsromane.]

Gerhard, Melitta: Der deutsche Entwicklungsroman bis zu Goethes ‚Wilhelm Meister'. Halle 1926. [Verfolgt den „Entwicklungsroman" von Wolframs *Parzival* bis zur Goethezeit, in der sich als Reaktion auf eine Epoche „der aufgelösten Ordnungen und erschütterten Normen" der „Bildungsroman" als historische Sonderform herausbildet. Einflußreiche Studie, die bis in die neueste Zeit anregend gewirkt hat.]

Hansel, Beate: Die Liebesbeziehungen des Helden im deutschen Bildungsroman und ihr Zusammenhang mit der bürgerlichen Konzeption von Individualität. Frankfurt, Bern, New York 1986. [Versucht auf der Grundlage einer marxistisch orientierten Sozialtheorie und einer Freudianischen Psychologie plausibel zu machen, daß die Helden der deutschen Bildungsromane aus den Aporien eines gesellschaftlich bedingten Narzißmus nicht hinausfinden und daher nur die Alternative des Selbstmords oder der resignierten Anpassung haben.]

Hörisch, Jochen: Gott, Geld und Glück. Zur Logik der Liebe in den Bildungsromanen Goethes, Kellers und Thomas Manns. Frankfurt 1983. [Gestützt auf den „Neostrukturalismus" Lacans erkennt die Untersuchung in den wichtigsten Bildungsromanen der deutschen Tradition „nicht die vertraute Geschichte einer freien, stufenweisen Persönlichkeitsentfaltung, sondern die befremdliche Geschichte von Unterwerfungen eines vermeintlich autonomen Selbst". Das Buch versteht sich als Attacke auf „die germanistische Institution verkennungsproduzierender Literaturgeschichtsschreibung".]

Jacobs, Jürgen: Wilhelm Meister und seine Brüder. Untersuchungen zum deutschen Bildungsroman. 2. Aufl. München 1983. [Erster umfassender Versuch einer Gattungsgeschichte.]

Jacobs, Jürgen: Bildungsroman und Pikaroroman. Versuch einer Abgrenzung. Amsterdamer Beiträge zur neueren Germanistik 20. 1985/86, S. 9 ff. [Kontrastiert den episodisch angelegten, die Lebensgeschichte eines vagabundierenden Außenseiters behandelnden Pikaroroman mit dem teleologisch strukturierten Bildungsroman, der den Weg einer zentralen Figur durch Irrtümer und Krisen zur Selbstfindung und tätigen Integration in die Gesellschaft verfolgt.]

Jost, François: Variations of a Species: The Bildungsroman. Symposium 37. 1983, S. 125 ff. [Komparatistische Studie, die Goethes *Wilhelm Meister* als „the prime model of the genre" bezeichnet und die Wandlungsfähigkeit der Gattung betont.]

Köhn, Lothar: Entwicklungs- und Bildungsroman. Ein Forschungsbericht. DVjS 42. 1968, S. 427 ff. und S. 590 ff., auch als selbständige Buchpublikation Stuttgart 1969. [Außerordentlich materialreicher, überlegen urteilender Überblick über die ältere Forschungsliteratur.]

Mahoney, Dennis F.: Hölderlins ‚Hyperion' und der Bildungsroman. In: W. Wittkowski (Hg.): Verlorene Klassik? Ein Symposium. Tübingen 1986, S. 224 ff. [Will die Gattung nicht mehr von der Bildungsgeschichte des zentralen Helden, sondern von der „Bildung eines aktiven, mitdenkenden und mitfühlenden Lesers" her definieren.]

Martini, Fritz: Der Bildungsroman. Zur Geschichte des Wortes und der Theorie. DVjS 35. 1961, S. 44 ff. [Weist das erste Auftreten des Begriffs „Bildungsroman" bei dem Dorpater Professor Karl von Morgenstern in den Jahren zwischen 1810 und 1824 nach.]

Röder, Gerda: Glück und glückliches Ende im deutschen Bildungsroman. Eine Studie zu Goethes ‚Wilhelm Meister'. München 1968. [Erörtert die Schwierigkeiten der Gattung, angesichts des „nicht mehr selbstverständlich vorgegebenen Ziels" das glückliche Ende der Bildungsgeschichten inhaltlich und formal plausibel auszugestalten.]

Sammons, Jeffrey L.: The Mystery of the Missing Bildungsroman. Genre 14. 1981, S. 229 ff. [Behauptet, daß der Bildungsroman in der deutschen Literaturentwicklung des 19. Jahrhunderts kaum nachweisbar sei und erklärt ihn folglich zum „phantom genre".]

Schödlbauer, Ulrich: Kunsterfahrung und Weltverstehen. Die ästhetische Form von „Wilhelm Meisters Lehrjahre". Heidelberg 1984. [Sieht die Grenzen des Gattungsbegriffs Bildungsroman vor allem darin, daß er sich an der Weltanschauung der Autoren orientiert, nicht aber an der „künstlerischen Organisation des Werkes".]

Schrader, Monika: Mimesis und Poiesis. Poetologische Studien zum Bildungsroman. Berlin, New York 1975. [Will die Gattungsdiskussion von ihrer Orientierung auf psychologisch-moralische Probleme befreien und „die ursprünglich ästhetische Intentionalität dieser Romanart" ins Licht rücken. Versteht den Bildungsroman als die „besondere Romanform, die die Genese der Kunst zu ihrem Thema, zum Gegenstand der Bildungsproblematik macht".]

Selbmann, Rolf: Der deutsche Bildungsroman. Stuttgart 1984. [Kompendium zum Gattungsbegriff und zur Gattungsgeschichte.]

Selbmann, Rolf: Theater im Roman. Studien zum Strukturwandel des deutschen Bildungsromans. München 1981. [Will zeigen, wo „Bildungsstrukturen" als „verbindliche Instanz des Gebrauchstyps Theaterroman" hervortreten und welche Rolle das Theatermotiv in den deutschen Bildungsromanen spielt.]

Selbmann, Rolf (Hg.): Zur Geschichte des deutschen Bildungsromans. Darmstadt 1988. [Dokumentiert anhand wichtiger, z. T. heute schwer greifbarer Arbeiten zentrale Problemfelder einer „Forschungsgeschichte" des deutschen Bildungsromans; bedeutsam vor allem der erstmalige Neudruck der Beiträge Karl von Morgensterns (s. u., Kp. 3.1.).]

Shaffner, Randolph P.: The Apprenticeship Novel. A Study of the „Bildungsroman" as a Regulative Type in Western Literature with a Focus on Three Classic Representatives by Goethe, Maugham, and Mann. New York, Bern, Frankfurt, Nancy 1984. [Nicht überall überzeugender Versuch, eine komparatistisch brauchbare Gattungsdefinition zu entwickeln.]

Sorg, Klaus-Dieter: Gebrochene Teleologie. Studien zum Bildungsroman von Goethe bis Thomas Mann. Heidelberg 1983. [Zentrale These: „Der Bildungsroman kann (...) seine grundlegenden Themen nur als offener und unabschließbarer Diskurs behandeln, der belegt, daß jene nur in der Form eines Problems zu erfassen sind, für die es keine überzeugende Lösung gibt."]

Steinecke, Hartmut: ‚Wilhelm Meister' und die Folgen. Goethes Roman und die Entwicklung der Gattung im 19. Jahrhundert. In: W. Wittkowski (Hg.): Goethe im Kontext. Tübingen 1984, S. 89 ff. [Hebt hervor, daß Goethes *Wilhelm Meister* „der wichtigste deutsche Roman für das 19. Jahrhundert" sei, hält aber den Begriff Bildungsroman für ungeeignet, die an das Goethesche Muster anschließende Tradition angemessen zu bezeichnen.]

Swales, Martin: The German Bildungsroman from Wieland to Hesse. Princeton 1978. [Sieht die Gattung gekennzeichnet durch die Spannung zwischen dem „Nebeneinander" verschiedener Daseinsmöglichkeiten des Helden und dem „Nacheinander" des Zeitablaufs, der Festlegungen und Beschränkungen erzwingt. Bestreitet die teleologische Orientierung des Bildungsromans auf eine harmonische Auflösung seines zentralen Problems.]

Swales, Martin: Der deutsche Bildungsroman in komparatistischer Sicht. In: H. Rupp und H. G. Roloff (Hg.): Akten des VI. Internationalen Germanistenkongresses. Basel 1980, S. 117 ff. [Sieht im deutschen Bildungsroman einen „Kommentar zu den großen Leistungen des europäischen Romans."]

Tiefenbacher, Herbert: Textstrukturen des Entwicklungs- und Bildungsromans. Königstein 1982. [Will die Gattungsdefinition mit Hilfe der Kommunikationstheorie und durch eine Analyse der Handlungskonstruktion präzisieren, bietet aber im Gewand neuer Terminologie bekannte Erkenntnisse.]

Wirschem, Karin: Die Suche des bürgerlichen Individuums nach seiner Bestimmung. Analyse und Begriff des Bildungsromans, erarbeitet am Beispiel von Wilhelm Raabes „Hungerpastor" und Gustav Freytags „Soll und Haben". Frankfurt, Bern, New York 1986. [Schlägt in Anlehnung an Swales vor, den Bildungsroman nicht durch die Orientierung auf ein harmonisches Ende zu definieren, sondern allein durch das Motiv der „Suche" nach einem Lebenssinn. Damit entfällt die Möglichkeit einer Unterscheidung von Bildungs- und Desillusionsroman.]

Witte, W.: Alien Corn. The ‚Bildungsroman': Not for Export? German Life and Letters 33. 1979/80, S. 87 ff. [Setzt sich mit dem bei angelsächsischen Kritikern verbreiteten Vorurteil auseinander, der deutsche Bildungsroman sei abstrakt, schwer lesbar und auf ein gesellschaftsfeindliches Persönlichkeitsideal ausgerichtet.]

1. Zur Problematik von Gattungsbegriffen

Gattungs- und Epochenbegriffe sind der Literaturwissenschaft unverzichtbar: nur mit diesen Instrumenten kann sie ihr riesiges historisches Material gliedern und ordnen. Dabei ist eine präzise und einheitliche Verwendung der Begriffe ein Gebot der Wissenschaftlichkeit, ja schon Voraussetzung einer von Äquivokationen und fruchtlosen Wortstreitigkeiten unbelasteten Verständigung.

Die Erfüllung dieser selbstverständlich klingenden Forderung nach Eindeutigkeit der Begriffe erweist sich indessen in der Literaturwissenschaft bisweilen als schwierig. Nicht immer nämlich liegen die Dinge so einfach und klar wie bei der lyrischen Gattung des Sonetts. Dort braucht man bekanntlich nur die Zahl der Verszeilen und das Reimschema zu prüfen, um die Gattungszugehörigkeit eines Gedichts zu klären. In vielen anderen Fällen jedoch, bei der Tragikomödie, beim Bürgerlichen Trauerspiel, beim pikaresken Roman zum Beispiel, erweisen sich die Gattungsdefinitionen als höchst komplex und umstritten.

Der prekäre und offene Charakter der Gattungsbegriffe hängt mit der Art ihrer Gewinnung zusammen. Denn offensichtlich lassen sie sich nur durch vergleichende Betrachtung aus einem Korpus literarischer Texte entwickeln. Man muß nun allerdings schon vor allem Vergleichen eine Vorstellung von der Gattung haben, um aus dem Meer des überlieferten Textmaterials solche Werke herausgreifen zu können, die sinnvollerweise auf Gattungsgemeinsamkeiten hin geprüft werden können. Vor dem Forum der strengen Logik muß eine solche zirkuläre Begründung der Begriffe verdächtig erscheinen. Ein hermeneutischer Denkprozeß kann jedoch nicht anders verlaufen, da er immer ein bestimmtes Vorverständnis voraussetzen muß, um überhaupt in Gang zu kommen. Dafür muß in Kauf genommen werden, daß die Resultate solcher Überlegungen nicht mit dem zwingenden Anspruch auf Zustimmung zu demonstrieren sind.

Eine grundsätzliche Schwierigkeit bei der Verwendung von literarischen Gattungsbegriffen ergibt sich daraus, daß die ihnen subsumierten Gegenstände höchst komplexe, individuelle Gebilde sind. Es kann da leicht der Anschein entstehen, als beschnitte man die einzelnen Werke gerade um ihre wesentlichen Qualitäten, wenn man sie mit abstrakten Definitionen zu erfassen und mit anderen Werken in eine Kategorie zu bringen sucht. Zweifel dieser Art können leicht zu einer Ablehnung aller Gattungsbegriffe überhaupt führen. Gäbe man diesem Zweifel nach, dann schlüge man sich allerdings ein kaum entbehrliches Instrument aus der Hand.

Offenbar müssen die literarischen Gattungsbegriffe eine gewisse Flexibilität und Offenheit behalten, damit sie die ihnen zugedachten Funktionen erfüllen können. Eine allzu enge und strenge Definition würde es unmöglich machen, Werke verschiedener Autoren und Epochen unter dem Gattungsbegriff zusammenzufassen. Vielmehr würde ein so strikt umschriebenes Genre nur aus einem bestimmten, durch die Definition kanonisierten Muster und aus dessen epigonalen Nachahmungen bestehen können. Nur ein relativ offener und nicht zu detaillierter Gattungsbegriff läßt sich so auf einzelne Texte anwenden, daß deren Besonderheit und historische Lokalfarbe nicht hinter einem rigiden Schema verschwinden.

Ordnet man ein bestimmtes Werk, etwa Gottfried Kellers *Grünen Heinrich*, der Gattung des Bildungsromans zu, so macht man damit einen Interpretationsvorschlag: Der verstehenden Annäherung an das Werk wird ein in bestimmter Weise geordneter Komplex von inhaltlichen und formalen Merkmalen als ein flexibles Modell, als ein der Konkretisierung bedürftiges Deutungsmuster vorgegeben. Die Durchführung der Interpretation muß dann zeigen, ob sich die durch den Gattungsbegriff suggerierte Sicht am Text bestätigen läßt, wobei sich ergeben kann, daß neben ihr noch andere Strukturen und Themen eine Rolle spielen oder daß sich das ursprüngliche Gattungskonzept durch das analysierte Werk erweitert.

Im Fall des Bildungsromans sind die Probleme der Gattungsdefinition offenbar besonders heikel. Der Begriff ist durch ideologische Ansprüche belastet, etwa durch die gelegentlich vorgebrachte Behauptung, in diesem literarischen Genre zeige sich das deutsche Wesen mit besonderem Nachdruck. Unklarheiten ergeben sich auch aus dem vieldeutigen Bestimmungswort ‚Bildung'. Bisweilen hat man die Forderung erhoben, man solle nur dort von Bildungsromanen sprechen, wo sich im Text die Bildungsvorstellung der Goethezeit als konstitutive Kategorie nachweisen läßt. In einer solchen Überlegung deutet sich die Schwierigkeit an, die Reichweite des Gattungsbegriffs festzulegen. Zu fragen wäre, ob man von vornherein die Möglichkeit ausschließen soll, auch Romane des 20. Jahrhunderts und Werke fremder Nationalliteraturen der Gattung zuzurechnen.

In diesem Zusammenhang gilt allgemein, daß sich bei einer definitorischen Einschränkung des Begriffs dessen Genauigkeit und Trennschärfe erhöhen. Das heißt: Es läßt sich eine größere Zahl von gattungskonstituierenden Merkmalen angeben, und die Zuordnung einzelner Texte zur Gattung ist mit größerer Eindeutigkeit möglich. Dafür ist der Preis zu zahlen, daß der Begriff seine Fähigkeit einbüßt, einen weiträumigen literaturgeschichtlichen Zusammenhang unter einem bestimmten Aspekt zu erfassen. Umgekehrt kann ein weit definierter Gattungsbegriff Werke mehrerer Epochen und unterschiedlicher Ausprägung umgreifen. Aber er kann dabei seine präzisen Konturen einbüßen, allzu Heterogenes in ein und dieselbe Kategorie zwingen und damit an spezifischem Aussagewert verlieren.

Am fruchtbarsten dürfte daher ein Gattungsverständnis sein, das sich auf einige historisch nicht zu sehr spezifizierte, aber unterscheidungskräftige Merkmale stützt und einen möglichst weiten Bereich erschließt. Für den Bildungsroman hieße das, daß die Gattungsbestimmung Wieland und Goethe, aber auch Romane des 19. und 20. Jahrhunderts umfassen sollte. Ein solcher Ansatz trägt dem Umstand Rechnung, daß die Romanciers selber, die der Romantik, die Realisten des 19. Jahrhunderts, Thomas Mann und Robert Musil, ja ein Autor wie Peter Handke noch, sich immer wieder auf einen vom Goetheschen *Wilhelm Meister* ausgehenden Traditionszusammenhang bezogen haben. Auch die Literaturhistoriker haben betont, daß Goethes Buch als das einflußreichste Paradigma in der deutschen Romangeschichte gelten müsse. Es scheint daher sinnvoll, die Definition der Gattung ‚Bildungsroman' so anzulegen, daß sie jenen Strang der deutschen Literaturentwicklung erfaßt, in dem der *Wilhelm Meister* als Muster gewirkt hat, wobei allerdings die Definition so offen bleiben muß, daß sie die beträchtlichen historischen Modifikationen dieses Romantyps in sich aufnehmen kann.

Diese Überlegungen sollen zur Rechtfertigung des hier vorgeschlagenen liberalen Gattungsbegriffs dienen. Sicherlich können andere literaturgeschichtliche oder gattungssystematische Absichten auch ein abweichendes Gattungsverständnis sinnvoll erscheinen lassen. Eine Abwägung unterschiedlich ansetzender Gattungsdefinitionen gegeneinander ist wohl nur unter dem Gesichtspunkt der Praktikabilität möglich. Zu fragen wäre: Welches Verständnis der Gattung erschließt den historischen Stoff besser, welches macht umfassendere Zusammenhänge sichtbar, welches trägt mehr zur Erhellung der einzelnen Werke bei?

2. Bildungsgeschichten und Bildungsprobleme als Thema des Romans

Die seit Beginn dieses Jahrhunderts allgemein eingebürgerte Gattungsbezeichnung ‚Bildungsroman' deutet auf ein inhaltliches Moment in den ihr subsumierten Werken, aber dieser Hinweis ist keineswegs eindeutig. Das Wort ‚Bildung' nämlich kann vieles meinen, zum Beispiel einen Entwicklungsprozeß, aber auch den Zustand am Ende eines solchen Prozesses und ebenso den Inbegriff kultureller Werte, aus dem ein Einzelner, eine soziale Schicht oder ein Volk ihre geistige Existenz begründen. In den zahlreichen Ableitungen und Zusammensetzungen, in denen das Wort ‚Bildung' vorkommt, kann es noch andere Bedeutungsnuancen annehmen. Durch reine Worterklärung ist daher dem Gattungsbegriff, und das heißt zugleich: dem zentralen, die Gattungsgemeinsamkeit begründenden Thema nicht beizukommen. Die Warnung eines angelsächsischen Kritikers ist nur zu gut begründet: „Any generalisation about the ‚Bildungsroman' as a genre is apt to be bedevilled by the variant meanings of the word ‚Bildung' in German" (W. Witte: *Alien Corn*, S. 91). Ähnlich hatte sich schon Lothar Köhn in seinem 1968 publizierten Forschungsbericht geäußert: „Eher hinderlich als förderlich am Begriff Bildungsroman [...] ist sein *first word* ‚Bildung', das sich weder zum geschmeidigen *terminus technicus* umprägen läßt, noch – legt man auf den Wortinhalt Wert – die geistesgeschichtlichen Veränderungen zweier Jahrhunderte semantisch widerzuspiegeln vermag. Der Begriff behält besonders für eine Anzahl neuerer, mit der Tradition verbundener Romane etwas Mißliches" (L. Köhn: *Entwicklungs- und Bildungsroman*, S. 443).

Man hat die Unklarheit der Gattungsbezeichnung dadurch beheben wollen, daß man den Inhalt des Wortes ‚Bildung' aus dem Verständnis der Goethezeit zu bestimmen versuchte: Damals sei die Gattung entstanden, und man habe deshalb bei ihrer Beschreibung die Vorstellungen jener Epoche zu berücksichtigen. Nur wo dieses klassische Bildungskonzept sich in Romantexten als wirksam erweise, solle man von Bildungsromanen sprechen, um einen allzu vagen Begriffsgebrauch zu vermeiden (S. L. Cocalis: *The Transformation of ‚Bildung' from an Image to an Ideal*, S. 407, 410f.).

Gegen diese Patentlösung erheben sich allerdings erhebliche Einwände: Zunächst einmal ist das Bildungskonzept der für den Zusammenhang wichtigen Autoren um 1800 – Goethe, Herder, Schiller und Humboldt – keineswegs einheitlich. Sicherlich gibt es Verwandtschaften und partielle Übereinstimmungen, aber man sollte nicht übersehen, daß ein allgemein definiertes Bildungsideal der Goethezeit eine vereinfachte, wichtige Unterschiede nivellierende Konstruktion wäre. Zu bedenken bleibt auch, daß weder die Autoren noch die ersten Leser und Kritiker der in Betracht kommenden Romane den Gattungsbegriff ‚Bildungsroman' verwendet haben. Ein zeitgenössischer Wortgebrauch, der das Wort zwingend auf den philosophisch-pädagogischen Ideenkomplex der goethezeitlichen Bildungstheorie festlegen würde, existiert also nicht. Die rückblikkende literarhistorische Betrachtung sollte sich nun nicht im Stil einer engen geistesgeschichtlichen Sehweise darauf festlegen, die Romane Wielands, Goethes, Jean Pauls und anderer Autoren bloß als Illustration und Bestätigung der Philosophie ihrer Zeit aufzufassen. Verfährt man so, dann übergeht man die Differenzen zwischen der abstrakten Begrifflichkeit philosophischer Reflexion einerseits und der bildhaften Anschaulichkeit der künstlerischen Darstellung andererseits. Dabei handelt es sich keineswegs um eine bloße Äußerlichkeit in der Darstellung eines und desselben Gehalts, sondern um substantielle Unterschiede, die schon bei der Exponierung des Problems, aber auch bei seiner Entfaltung und bei Vorschlägen zu einer Auflösung spürbar werden müssen.

Wenn es demnach nicht ratsam ist, den in der Gattungsbezeichnung auftretenden Begriff ‚Bildung' durch einen pauschalen Verweis auf die Bildungskonzepte der Goethezeit zu erläutern, bleibt nur die Möglichkeit, den Begriff weiter und offener zu fassen, – was übrigens schon Dilthey getan hat. Es empfiehlt sich, mit ihm lediglich die Vorstellung zu verbinden, daß der Entwicklungsgang einer zentralen Figur erzählt wird, der über bald bereichernde, bald desillusionierende Erfahrungen zur Selbstfindung und zum Eintreten in bejahte Bindungen führt. Dieses sicherlich sehr weite und historisch wenig spezifizierte Verständnis des Bildungs-Themas ist hinreichend, um einen bestimmten Romantypus gegenüber anderen, wie dem Abenteuer-, Schelmen- oder Gesellschaftsroman abzugrenzen.

Es ist nun allerdings kein Zufall, daß die Entstehung des Bildungsromans im letzten Drittel des 18. Jahrhunderts zusammenfällt mit vielfältigen Bemühungen, ein theoretisches Konzept zur Bildung des Menschen zu formulieren. Die Frage, welche Faktoren das Werden des Einzelnen bestimmen, wie er seiner Existenz eine verbindliche Orientierung und einen ‚Sinn' geben kann, welche Ansprüche er erheben darf und welche Forderungen der Gesellschaft er als verbindlich anerkennen muß, all diese Fragen nach dem Weg und dem Ziel individueller Lebensgänge stellten sich in der sozialen und geistesgeschichtlichen Umbruchsituation am Ende des Aufklärungszeitalters mit besonderer Dringlichkeit (vgl. dazu näher AB II, Kp. 1.1.).

Ein zweiter Faktor bei der Entstehung des Bildungsromans ist das Vordringen eines deutlichen Bewußtseins von der unwiederholbaren Besonderheit der einzelnen menschlichen Person (vgl. AB II, Kp. 1.1.2.). Indem deren Entfaltung zum Ziel erhoben wird, gerät die Lebensgeschichte des Einzelnen vor schwer lösbare Probleme: Denn dem Anspruch auf Behauptung und Verwirklichung der individuellen Natur stellt sich die äußere Welt mit ihrer Forderung nach Anpassung an ihre Ordnungen entgegen. Eine Versöhnung von Ich und Welt (und das heißt: der glückliche Abschluß eines Bildungsprozesses) ist unter der Prämisse vorstellbar, daß dem Subjekt zwar versagt ist, seine Ansprüche zu verabsolutieren, daß

2. Bildungsgeschichten und Bildungsprobleme als Thema des Romans 21

ihm aber doch eine Lebensform erreichbar ist, die es ihm erlaubt, die eigene Besonderheit im Allgemeinen aufgehoben zu fühlen.

Individuelle Bildungsgeschichten begegnen nun allerdings nicht nur in Romanen. Auch die Autobiographie schildert den Lebensgang eines Einzelnen und will ihn als einen kohärenten und sinnvollen Vorgang auffassen. Die Verwandtschaft der beiden literarischen Gattungen bestätigt sich in der starken autobiographischen Färbung vieler Bildungsromane, die zwar nicht immer so offen zutage liegt wie im Fall des *Grünen Heinrich*, aber von vielen Autoren – von Wieland und Goethe zum Beispiel – bezeugt ist.

Die Nähe von Autobiographie und Bildungsroman wird auch darin sichtbar, daß beide Gattungen den Epochenumbruch im letzten Drittel des 18. Jahrhunderts spiegeln. Für die Gattungsgeschichte der Autobiographie bedeutet dies, daß die älteren Formen der Selbstdarstellung, die religiöse Lebensbeichte, die Berufsautobiographie und die abenteuerliche Lebensgeschichte durch einen neuen Typus verdrängt werden (vgl. Günter Niggl: *Geschichte der deutschen Autobiographie im 18. Jahrhundert.* Stuttgart 1977). Georg Misch war der Auffassung, daß die Autobiographie erst mit dieser Entwicklung zu ihrem eigentlichen Thema gelangt sei, nämlich zur Darstellung des „vollen Lebensgehalts der als ein einzigartiges Ganzes gewürdigten Persönlichkeit" (G. Misch: *Geschichte der Autobiographie.* Bd. I. 2. Aufl. 1931, S. 47).

Man hat zeigen können, daß sich die Autobiographie auch in ihren Darstellungsmitteln zunehmend dem Roman annähert, um die Individualität des sich selbst schildernden Ich durch die erzählerische Vergegenwärtigung seiner Erfahrungen hervortreten zu lassen (vgl. K.-D. Müller: *Autobiographie und Roman*, S. 124). Wenn sich nun Autobiographie und (Bildungs-)Roman in ihrer Thematik und in ihrer Darstellungsweise so nahe kommen, liegt die Folgerung nahe, sie seien gar nicht scharf zu trennen. André Maurois hat einmal provozierend bemerkt, daß der Unterschied zwischen dem Autobiographen und dem Romancier darin bestehe, daß der erstere – vielleicht sogar guten Glaubens – behaupte, die erzählte Geschichte sei die eigene, während der Autor eines Romans wisse und offen eingestehe, daß er seine Geschichte erfindet (A. Maurois: *Aspects de la Biographie.* Paris 1928, S. 141). In der Tat überformt jede um Verdeutlichung von Sinnbezügen bemühte Erzählung der eigenen Lebensgeschichte die krude Abfolge der Tatsachen, indem sie auswählt, Akzente setzt und Zusammenhänge herstellt. Freuds denkwürdiger Satz, daß „die biographische Wahrheit [...] nicht zu haben" sei (Brief an Arnold Zweig vom 31. V. 1936), gilt auch für die Autobiographie. Denn der Sinn einer Lebensgeschichte, das Prinzip, unter dem sie sich als Zusammenhang darstellt, läßt sich nicht als empirisches Datum greifen, sondern ergibt sich erst als Resultat einer hermeneutischen Auseinandersetzung mit dem Lebensstoff. Das allerdings heißt nun nicht, daß die Bedeutung erst nachträglich dem an sich sinnleeren Material der Biographie aufgezwungen wird. Denn schon im Vollzug der Existenz selbst, so hat Dilthey mit Recht betont, machen sich Entwürfe eines sinnvermittelnden Zusammenhangs geltend, etwa in den auf Dauer gestellten sozialen Bezügen, in einer bestimmten Orientierung des Handelns oder in dem Bild, das sich der Einzelne von seiner Vergangenheit und Zukunft macht (vgl. Wilhelm Dilthey: *Gesammelte Schriften.* Bd. VII. Stuttgart 1958, S. 200).

Trotz aller Affinitäten von Autobiographie und Bildungsroman scheint es vertretbar, die beiden Gattungen im Hinblick darauf auseinanderzuhalten, daß die eine ihre Geschichte als fiktiv erscheinen läßt, während die andere sich ausdrücklich auf authentische Lebenswirklichkeit bezieht. Auch wenn der Verfasser einer Autobiographie die Unwahrheit sagt, wenn er sich selbst belügt, wenn er beschönigt oder hochstapelt, muß er sich auf die Identität mit dem Ich seiner Lebensschilderung festlegen lassen. Gerade durch die Art seiner Lügen und Unaufrichtigkeiten wird ihn der Leser auf eine verräterische Weise charakterisiert finden (vgl. Georges May: *L'Autobiographie.* Paris 1979, S. 181).

Als im späteren 19. und im 20. Jahrhundert der Persönlichkeitsbegriff des bürgerlichen Zeitalters in eine Krise gerät und die Beziehung des Einzelnen zu seiner gesellschaftlichen Umwelt sich problematischer gestaltet, berührt das in gleicher Weise die Voraussetzungen für die Autobiographie und den Bildungsroman (vgl. AB V, Kp. 1.1.). Es wird als zunehmend schwieriger empfunden, den Lebensgang des Einzelnen noch als einen zielgerichteten, durch alle Krisen seinen Zusammenhang bewahrenden Prozeß zu verstehen. Auch im Gebrauch ihrer herkömmlichen Darstellungsmittel werden beide Gattungen verunsichert. Denn es wird zweifelhaft, ob sich eine komplexere und von Brüchen gezeichnete Lebenserfahrung überhaupt noch in der Form einer linear fortschreitenden, vom Prinzip kohärenter Entwicklung getragenen Erzählung darstellen läßt. Somit bestätigt sich die innere Verwandtschaft des Bildungsromans mit der klassischen Autobiographie des bürgerlichen Zeitalters nicht nur in der Phase ihrer Entstehung, sondern auch in der Krise beider Gattungen in der jüngeren Moderne (vgl. für die Autobiographie Peter Sloterdijk: *Literatur und Lebenserfahrung. Autobiographien der Zwanziger Jahre.* München, Wien 1978, S. 19).

3. Geschichte des Gattungsbegriffs ‚Bildungsroman'

3.1. Vorgeschichte des Begriffs im 19. Jahrhundert

Die Verwendung des Gattungsbegriffs ‚Bildungsroman' läßt sich schon für den Anfang des 19. Jahrhunderts nachweisen. Fritz Martini hat entdeckt, daß der Dorpater Professor Karl von Morgenstern in einigen um 1820 erschienenen Vorträgen und Abhandlungen sich mit dem „Wesen des Bildungsromans" und seiner Geschichte befaßt hat. Allerdings gelangen diese Aufsätze noch nicht zu einer eindeutigen und breiterer Wirkung fähigen Definition. ‚Bildung' erkennt Morgenstern einmal in der Lebenserfahrung und in der inneren Entwicklung des Autors, wie sie sich an seinem Werk ablesen läßt. Außerdem verweist er auf „des Helden Bildung", die der Roman in ihrem Fortschreiten vorführt, und drittens auf „des Lesers Bildung", die durch diese literarische Gattung in besonderer Weise gefördert wird (vgl. F. Martini: *Der Bildungsroman,* S. 44 ff.).

3. Geschichte des Gattungsbegriffs ‚Bildungsroman'   23

Der von Morgenstern geprägte Begriff des Bildungsromans bürgerte sich zunächst nicht ein, obwohl man schon früh erkannt hatte, daß im Gefolge des Goetheschen *Wilhelm Meister* eine deutlich umrissene Romantradition entstanden war. Jean Paul hatte schon in seiner *Vorschule der Ästhetik* davon gesprochen, daß der *Wilhelm Meister* „einige bessere Schüler gebildet" habe (XII. Programm, § 70). Das Brockhaus-Lexikon von 1817 stellt in einem umfangreichen literaturtheoretischen und literaturgeschichtlichen Artikel fest, dem „unsterblichen Göthe in seinem Wilhelm Meister" sei es vorbehalten gewesen, „im Roman die Palme zu ersiegen"; Aufgabe des Romans sei die „dichterische Verherrlichung der Menschheit selbst", sein Thema die „individuelle Bildungsgeschichte derselben" (zitiert nach Hartmut Steinecke: *Romantheorie und Romankritik in Deutschland*. Bd. II. Stuttgart 1976, S. 5 ff.). Auch die Romanautoren der Epoche benutzen gelegentlich den Begriff ‚Bildungsgeschichte', ohne sich damit allerdings eindeutig auf eine literarische Gattung zu beziehen. So publiziert etwa ein anonymer Verfasser 1804 einen Roman mit dem Titel *Wilhelm Gradesinns Lebens- und Bildungsgeschichte,* und Karl Immermann nennt eine Episode seines *Münchhausen* „Fragment einer Bildungsgeschichte".

Ganz unbekannt war der Gattungsbegriff ‚Bildungsroman' im mittleren 19. Jahrhundert allerdings nicht, auch wenn er bei Hegel und bei anderen prominenten Autoren nicht auftaucht. So fehlt in Friedrich Theodor Vischers *Ästhetik* der Gattungsbegriff, obwohl seine Überlegungen zum Roman ganz um den *Wilhelm Meister* kreisen und der später von Dilthey gegebenen Bestimmung des Bildungsromans sehr nahekommen (vgl. AB IV, Kp. 1.3.1.). Immerhin hat Vischer den Begriff ‚Bildungsroman' schon 1833 in Überlegungen zu Mörikes *Maler Nolten* benutzt (vgl. Robert Vischer [Hg.]: *Briefwechsel zwischen Eduard Mörike und F. Th. Vischer*. München 1926, S. 116f.). Auch später taucht der Gattungsbegriff gelegentlich in seinen literaturkritischen Schriften auf, wie übrigens auch bei Theodor Mundt, der in seiner *Geschichte der Literatur der Gegenwart* den *Wilhelm Meister* als den „großen deutschen Bildungsroman" bezeichnet (2. Aufl. Leipzig 1853, S. 19).

3.2. Hegel

Die neuere Erörterung des Gattungsbegriffs ‚Bildungsroman' bezieht sich mit Vorliebe auf die kurzen Bemerkungen, die Hegel in seinen *Vorlesungen über die Ästhetik* dem Roman gewidmet hat. Es ist allgemeine Überzeugung, daß Hegels Bestimmungen die spezielle Ausprägung der Gattung als Bildungsroman im Visier haben. Das leuchtet für die Ausführungen im dritten Teil der *Ästhetik,* in dem das „System der einzelnen Künste" dargestellt ist, unmittelbar ein. Der Roman ist hier verstanden als „moderne *bürgerliche* Epopöe", die auf die Erfassung „einer totalen Welt sowie die epische Darstellung von Begebenheiten" angelegt ist. Allerdings sind der Romanautor, sein Publikum und seine Helden aus dem „*ursprünglich* poetischen Weltzustand, aus welchem das eigentliche Epos hervorgeht" (G.W.F. Hegel: *Ästhetik*. Hg. v. F. Bassenge, Frankfurt o.J.

Bd. II, S. 452), durch die Veränderung der welthistorischen Koordinaten herausgetreten.

Daß der Roman somit unter dem Vorzeichen der Entzweiung steht, zeigt sich in seiner Thematik: „Eine der gewöhnlichsten und für den Roman passendsten Kollisionen ist deshalb der Konflikt zwischen der Poesie des Herzens und der entgegenstehenden Prosa der Verhältnisse sowie dem Zufalle äußerer Umstände." Hegel konstatiert, dieser Konflikt könne sich sowohl tragisch als auch komisch lösen. Das deutet auf eine satirische Gattungsvariante und auf die des Desillusionsromans. Vom Bildungsroman ist dann aber offensichtlich die Rede, wenn Hegel als weitere Möglichkeit andeutet,

„daß einerseits die der gewöhnlichen Weltordnung zunächst widerstrebenden Charaktere das Echte und Substantielle in ihr anerkennen lernen, mit ihren Verhältnissen sich aussöhnen und wirksam in dieselben eintreten, andererseits aber von dem, was sie wirken und vollbringen, die prosaische Gestalt abstreifen und dadurch eine der Schönheit und Kunst verwandte und befreundete Wirklichkeit an die Stelle der vorgefundenen Prosa setzen" (Bd. II, S. 452).

Aus einer zweiten Passage der *Ästhetik* hat man häufig herauslesen wollen, Hegel habe an eine solche harmonische Lösung des Konflikts, das heißt: an eine versöhnliche Annäherung des idealerfüllten Subjekts und der prosaischen Welt nicht glauben können. Vielmehr habe er das Sich-Einrichten in der vorgefundenen banalen Alltagswelt mit sarkastischem Hohn kommentiert:

„Mag einer auch noch soviel sich mit der Welt herumgezankt haben, umhergeschoben worden sein – zuletzt bekömmt er meistens doch sein Mädchen und irgendeine Stellung, heiratet und wird ein Philister so gut wie die anderen auch: die Frau steht der Haushaltung vor, Kinder bleiben nicht aus, das angebetete Weib, das erst die Einzige, ein Engel war, nimmt sich ohngefähr ebenso aus wie alle anderen, das Amt gibt Arbeit und Verdrießlichkeiten, die Ehe Hauskreuz, und so ist der Katzenjammer der übrigen da" (Bd. I, S. 568).

Zum rechten Verständnis dieser Passage muß man jedoch im Auge behalten, daß sie sich in einem Abschnitt über das „Romanhafte" als einer Ausprägung des „Abenteuerlichen" findet. Hegel spricht hier von überspannten Seelen, die auf illusionäre Vorstellungen fixiert sind und deshalb die Wirklichkeit verfehlen. Ihr Konflikt mit der Welt hat wegen der Überschwenglichkeit ihrer Wünsche und Bestrebungen einen komischen Charakter, den Hegels Schilderung deutlich hervorhebt:

„Da schrauben sich nun die subjektiven Wünsche und Forderungen in diesem Gegensatze ins Unermeßliche in die Höhe; denn jeder findet vor sich eine bezauberte, für ihn ganz ungehörige Welt, die er bekämpfen muß, weil sie sich gegen ihn sperrt und in ihrer spröden Festigkeit seinen Leidenschaften nicht nachgibt, sondern den Willen eines Vaters, einer Tante, bürgerlichen Verhältnisse usf. als ein Hindernis vorschiebt. Besonders sind Jünglinge diese neuen Ritter, die sich durch den Weltlauf, der sich statt ihrer Ideale realisiert, durchschlagen müssen, und es nun für ein Unglück halten, daß es überhaupt Familie, bürgerliche Gesellschaft, Staat, Gesetze, Berufsgeschäfte usf. gibt, weil diese substantiellen

Lebensbeziehungen sich mit ihren Schranken grausam den Idealen und dem unendlichen Rechte des Herzens entgegenstellen" (Bd. I, S. 567).

Hegel bleibt auch hier dabei, daß die Auseinandersetzung des Individuums mit der Welt eine „Erziehung" ist, die mit der Einordnung in die bestehenden Verhältnisse an ihr Ziel kommt. Im Ablegen der Illusionen, in der Ernüchterung des „abenteuerlichen" Helden liegt denn auch ohne Zweifel ein Moment der Wahrheit. Aber zu einer wahren und produktiven Aussöhnung mit der Wirklichkeit, wie sie am Ende einer geglückten Bildungsgeschichte steht, kann es hier nicht kommen, da der Romanheld von übertriebenen, gar nicht einzulösenden Ansprüchen ausging. Die rauschhafte Verabsolutierung der „unendlichen Rechte des Herzens" muß notwendig zu einem „Katzenjammer" führen, weil die Nüchternheit und das Augenmaß für eine fruchtbare Auseinandersetzung mit der Realität von Anfang an fehlten. Hegel spricht in diesen sarkastischen Bemerkungen offensichtlich nicht von Bildungsromanen nach dem Vorbild des *Wilhelm Meister*, sondern von Geschichten, in denen ein von illusionären Hoffnungen getriebener Held am Ende in jener trüben Durchschnittlichkeit anlangt, die sich schon in der Haltlosigkeit seiner Ambitionen bezeugt hatte. Eben dies meint Hegel, wenn er am Schluß seines Kapitels trocken feststellt, daß die „Abenteuerlichkeit" solcher Existenzen in den banalen Resultaten ihres Lebensganges eben nur „ihre rechte Bedeutung findet" (Bd. I, S. 568). Das prominenteste Beispiel für einen Roman dieser Art wäre wohl Flauberts *Éducation sentimentale*.

3.3. Dilthey

Es war Wilhelm Dilthey, der den Begriff des Bildungsromans mit breiter Wirkung in Umlauf gebracht hat. Schon 1870 in seinem *Leben Schleiermachers* verwendet er für die Romane, „welche die Schule des Wilhelm Meister ausmachen", den Terminus ‚Bildungsroman'. Grund für die Wahl dieser Bezeichnung war ihm, daß er in Goethes Buch „menschliche Ausbildung in verschiedenen Stufen, Gestalten, Lebensepochen" dargestellt fand (Bd. I, Berlin 1870, S. 282). Wichtig schien ihm ferner, daß der *Wilhelm Meister* die Welt in einer gewissen Idealisierung vorführte, indem er den „den spröden Stoff des Lebens" aussparte und einen bewußten künstlerischen Formwillen erkennbar werden ließ: „Und über die dargestellten Gestalten erhebt das Auge sich zu dem Darstellenden, denn viel tiefer noch, als irgend ein einzelner Gegenstand, wirkt diese künstlerische Form des Lebens und der Welt" (S. 282).
Im Hölderlin-Kapitel seines 1906 erschienenen Buches *Das Erlebnis und die Dichtung* beschreibt Dilthey das Thema des Bildungsromans als die Geschichte eines jungen Mannes, „wie er in glücklicher Dämmerung in das Leben eintritt, nach verwandten Seelen sucht, der Freundschaft begegnet und der Liebe, wie er nun aber mit den harten Realitäten der Welt in Kampf gerät und so unter mannigfachen Lebenserfahrungen heranreift, sich selbst findet und seiner Aufgabe in der Welt gewiß wird" (13. Aufl. Stuttgart 1957, S. 249).

Dilthey bemüht sich in seinen knappen Bemerkungen zu diesem Romantypus, dessen sozial- und geistesgeschichtliche Entstehungsvoraussetzungen anzudeuten. Den Hintergrund der Bildungsromane erkennt er in dem „Individualismus einer Kultur (...), die auf die Interessensphäre des Privatlebens eingeschränkt ist" (S. 249). Die Schriftsteller standen in jener Epoche der Welt des Staates und der Politik fremd gegenüber und erlaubten sich – wie vor allem an den Büchern Jean Pauls abzulesen – „eine unendliche Verschwendung des Gefühls an eine eingeschränkte Existenz" (S. 249). Als geistesgeschichtliche Einflüsse auf die Bildungsromane der Goethezeit nennt Dilthey die auf Leibniz fußende Psychologie der Entwicklung, das von Rousseau inspirierte Programm einer naturgemäßen Erziehung und schließlich das von Lessing und Herder propagierte Humanitätsideal (S. 249f.). Als entscheidendes Charakteristikum dieser Romane hebt Dilthey den „Optimismus der persönlichen Entwicklung" hervor, der alle Krisen und Dissonanzen nur als Vorbereitung einer harmonischen Lösung begreifen kann (S. 250).

Man mag zweifeln, ob Dilthey nicht über manche Vorbehalte und Brüche, aber auch über manche politisch-sozialen Implikationen der von ihm besprochenen Bildungsromane hinweggeht, wenn er den optimistischen Glauben an das Erreichen des Bildungsziels und den privaten, „eingeschränkten" Charakter der erzählten Lebensläufe betont. Aber man wird kaum bestreiten wollen, daß er eine Reihe fruchtbarer Hinweise zu den Entstehungsbedingungen der Gattung und zu ihren bestimmenden Charakteristika gegeben hat. Bemerkenswert ist, daß er den Bildungsroman ganz entschieden als ein historisches Phänomen, als eine nur aus der Konstellation der Goethezeit verständliche literarische Gattung hinstellt: „Wer heute die Flegeljahre oder den Titan Jean Pauls liest, in denen die ganze Summe des damaligen deutschen Bildungsromans zusammengefaßt ist, dem kommt aus diesen alten Blättern der Hauch einer vergangenen Welt entgegen" (S. 249). Ob nicht das zentrale Problem der Bildungsgeschichten auch in späteren Epochen noch aktuell war und wie es dort möglicherweise gestaltet werden konnte, diese Frage erörtert Dilthey nicht.

Diltheys Formulierungen fanden große Resonanz, weil sich mit ihnen ein offenbar noch nicht griffig bezeichneter Zusammenhang in der deutschen Literaturgeschichte plausibel erfassen ließ. Vor allem in der Goethe-Literatur wurde der Begriff ‚Bildungsroman' bald selbstverständlich und unentbehrlich. Max Wundt benutzte ihn in seinem Buch über *Goethes Wilhelm Meister und die Entwicklung des modernen Lebensideals* (1913) ebenso wie Friedrich Gundolf in seiner monumentalen Goethe-Monographie (1916). Auch für die Schriftsteller selbst wurde der Gattungsbegriff bald zu einer unproblematischen und gern verwendeten Kategorie. Bei Hermann Hesse findet er sich schon 1911 (H. Hesse: *Werke*. Frankfurt 1957. Bd. 7, S. 20), und Thomas Mann bemerkt 1916 in einem Kommentar zu seinem *Felix Krull:* „Es gibt unterdessen eine Spielart des Romans, die allerdings deutsch, typisch-deutsch, legitim-national ist, und dies ist eben der autobiographisch erfüllte Bildungs- und Entwicklungsroman" (Th. Mann: *Werke*. Frankfurt 1960. Bd. 11, S. 702).

3.4. Lukács

Georg Lukács' bereits 1916 veröffentliche *Theorie des Romans* enthält Beiträge zu einer Klärung des Gattungsbegriffs ‚Bildungsroman‘, die von der Literaturtheorie und der Literaturhistorie zu ihrem Schaden lange nicht recht aufgenommen wurden. Zwar benutzt Lukács selbst nicht den Terminus ‚Bildungsroman‘, sondern spricht von ‚Erziehungsromanen‘, er zielt damit aber ganz offensichtlich auf die von Dilthey umrissene *Wilhelm Meister*-Tradition. Mit seinen Überlegungen geht Lukács inhaltlich über Diltheys Andeutungen entschieden hinaus: Er stützt sich auf eine geschichtsphilosophisch fundierte Gattungstheorie, allerdings auch auf eine subtile und geistvolle Deutung der Texte, insbesondere des *Wilhelm Meister* selbst.

Lukács hat später die philosophische Position seiner Romantheorie „im Prozeß des Übergangs von Kant zu Hegel", also im Umkreis des deutschen Idealismus lokalisiert (zit. nach der Ausgabe Berlin, Neuwied 1963, S. 6). Das bedeutet eine Übereinstimmung mit der geistesgeschichtlichen Situation, in der die Gattung des deutschen Bildungsromans zuerst hervorgetreten war. Die daraus resultierende innere Affinität zu seinem Gegenstand erlaubte dem frühen Lukács dessen kongeniale Deutung und begriffliche Erfassung. Allerdings behaupten sich viele Thesen und Beobachtungen, die Lukács zur Thematik und zur Struktur des Romans, insbesondere des Bildungsromans vorträgt, auch abgelöst von seinen philosophischen Prämissen: Sie sind keineswegs derart fest an seine spekulative Geschichtsphilosophie und deren „völlig unfundierten Utopismus" (S. 15) gebunden, daß sie von einer Kritik an diesem gedanklichen Hintergrund ebenfalls getroffen werden müßten.

Lukács' Grundthese ist, daß die Form des Romans „wie keine andere ein Ausdruck der transzendentalen Obdachlosigkeit" ist (S. 35). Das Epos hatte zu einem Weltzustand gehört, in dem der Lebenssinn unmittelbar gegeben war und das Subjekt sich in organischem Zusammenhang mit seiner Welt fühlte. Als diese Einheit zerfiel, trat an die Stelle des alten Epos der Roman: Dessen Helden sind auf der Suche nach dem verlorenen Sinn (S. 58), und die „innere Form" des Romans ist geprägt von der „Wanderung des problematischen Individuums zu sich selbst" (S. 79).

Die so definierte Gattung präsentiert sich Lukács zufolge in zwei Typen: Auf der einen Seite steht der Roman des „abstrakten Idealismus", in dem der idealerfüllte Held in eine aktive und kämpferische Auseinandersetzung mit der Welt geführt wird. Auf der anderen Seite steht der Roman der „Desillusionsromantik", dessen Held sich ins eigene Innere zurückzieht, weil er jeden Versuch, sich in der äußeren Welt zu verwirklichen, „a priori als aussichtslos und nur als Erniedrigung" empfindet (S. 116). Zwischen diesen beiden Typen steht als eine vermittelnde Variante der *Wilhelm-Meister*-Typus, d.h. der Bildungsroman, dessen Thema „die Versöhnung des problematischen, vom erlebten Ideal geführten Individuums mit der konkreten, gesellschaftlichen Wirklichkeit" ist (S. 135). Bei Werken dieser Art ist vorausgesetzt, daß die Kluft zwischen Subjekt und

Welt überbrückbar ist und daß sich in der vorgefundenen Gesellschaft die Möglichkeit eröffnet, eine als sinnvoll erlebte Existenz zu führen. Allerdings entrinnen auch die Bildungsromane nicht dem Weltzustand der Entzweiung und des Sinnverlusts. Um die Entwicklung ihrer Helden zu einem guten Ende zu bringen, müssen sie „notwendigerweise bestimmte Teile der Wirklichkeit idealisieren, romantisieren" (S. 142). Bei Novalis etwa strebt die Erzählung „in eine völlig problemfreie, problemjenseitige Sphäre, für die die gestaltenden Formen des Romans nicht mehr ausreichen" (S. 143).

Diese Schwierigkeit erkennt Lukács noch deutlicher in jenen Werken, die in den folgenden Epochen an den *Wilhelm Meister* anzuschließen versuchen. Der Glaube an die Möglichkeit einer harmonischen Lösung der Bildungsgeschichten wird zunehmend schwerer begründbar. Das führt zum Vordringen resignativer Töne, ja zur Annäherung an die „Desillusionsromantik", wofür die erste Fassung des *Grünen Heinrich* ein deutliches Beispiel wäre. In der späteren Fassung von Gottfried Kellers Roman allerdings erkennt Lukács bei aller Abschwächung des Goetheschen Optimismus doch ein Fortwirken der *Wilhelm-Meister*-Tradition, insofern zwar „die Einsicht in die Diskrepanz zwischen Innerlichkeit und Welt" unvermeidlich wird, aber doch „eine handelnde Verwirklichung der Einsicht in diese Dualität" zustandekommt (S. 140). Eine Gefährdung des Bildungsromans sieht Lukács darin, daß er den Bezug auf die Spannung zwischen sinnsuchendem Subjekt und widerständiger Welt verliert und damit ideell entleert wird. Gustav Freytags *Soll und Haben* kann als Muster für eine solche Trivialisierung der Gattung dienen (S. 135).

Die wichtigste Erkenntnis Lukács' zum Bildungsroman ist die begriffliche Präzisierung des Grundproblems der Gattung, daß es nämlich um die Suche nach einem Lebenssinn in einer als fremd und feindlich erfahrenen Welt geht, wobei der Weg des problematischen Helden auf das Ziel einer harmonischen Lösung ausgerichtet ist. Neben diesen allgemeinen Thesen enthält die Romantheorie des jungen Lukács noch zahlreiche, außerordentlich scharf gesehene und erhellende Einzelbeobachtungen, die sich auf den Goetheschen *Wilhelm Meister* und andere Exempel der Gattung beziehen lassen. Dazu gehören die Überlegungen zur Rolle der erzählerischen Ironie, die sich gegen den Helden der Geschichte, aber auch „gegen die eigene Weisheit" des Erzählers richtet (S. 85). Bedeutsam scheint auch die Beschreibung der ambivalenten Stellung des Roman-Protagonisten: Einerseits wird er zum integrierenden Medium der auf Totalität angelegten epischen Weltdarstellung erhoben, andererseits wird er „zum bloßen Instrument, dessen Zentralstellung darauf beruht, daß es geeignet ist, eine bestimmte Problematik der Welt aufzuzeigen" (S. 82).

Auch heute noch gilt Lothar Köhns Feststellung, daß Lukács' Theorie des ‚Erziehungsromans' „zu dem wenigen wirklich Grundlegenden [gehört], was bisher über den Gegenstand gesagt wurde", und daß sie gleichwohl „für die Erforschung des Bildungsromans als historischer Struktur noch nicht ausreichend fruchtbar gemacht worden ist" (L. Köhn: *Entwicklungs- und Bildungsroman*, S. 448).

3.5. Neuere Bestimmungen des Gattungsbegriffs

3.5.1. Gattungsdefinitionen in der Nachfolge Diltheys

Bis in die neueste Zeit hinein haben die Literaturgeschichtsschreibung und die Gattungstheorie den Bildungsroman meist von dem inhaltlichen Moment her definiert, das der Gattung schon bei Dilthey und früheren Autoren ihren Namen eingetragen hatte: Man fand das entscheidende Kriterium darin, daß im Mittelpunkt des Romans eine Entwicklungsgeschichte stand, die auf einen Zustand der durch Erfahrung gewonnenen Reife, auf einen Ausgleich des problematischen Helden mit der Welt hinstrebte. Eine Präzisierung suchte man oft durch eine Abgrenzung von den verwandten Gattungen des Entwicklungs- und des Erziehungsromans zu erreichen. Ein Ansatz dazu findet sich bereits in dem 1926 erschienenen Buch Melitta Gerhards *Der deutsche Bildungsroman bis zu Goethes ,Wilhelm Meister'*. Der ,Entwicklungsroman' ist hier als die allgemeinere Kategorie aufgefaßt, zu der all jene Werke gehören, „die das Problem der Auseinandersetzung des Einzelnen mit der jeweils geltenden Welt, seines allmählichen Reifens und Hineinwachsens in die Welt zum Gegenstand haben, wie immer Voraussetzung und Ziel dieses Weges beschaffen sein mag" (S. 1). Als ,Bildungsroman' bezeichnet Melitta Gerhard dagegen eine historische Spezifikation, eine Untergattung des ,Entwicklungsromans', die der „Goetheschen und Nach-Goetheschen Epoche" zuzurechnen ist.

Allerdings hat sich aufgrund dieser Vorschläge kein einheitlicher Sprachgebrauch herausgebildet. Der von Lothar Köhn in seinem 1968 publizierten Forschungsbericht unternommene Klärungsversuch kann jedoch als plausibles Resümee der oft wirren und eigensinnig geführten Diskussion um eine brauchbare Terminologie gelten:

„,Bildungsroman' benennt eine konkrete historische Gattung oder Dichtungsart, ,Entwicklungsroman' dagegen einen quasi-überhistorischen Aufbautypus" (L. Köhn: *Entwicklungs- und Bildungsroman*, S. 435).

„[Als ,Erziehungsroman' gilt] ein stärker didaktisches Genre, das pädagogische Probleme diskutiert, Erziehungsformen gedanklich entwirft oder exemplarisch veranschaulicht" (S. 434).

Das Auftreten des Bildungsromans als „historische Gattung oder Dichtungsart" fällt nach Köhns Auffassung in die Goethezeit. Allerdings warnt er davor, aus den geistesgeschichtlichen Umständen der Gattungsentstehung zu eng gefaßte Folgerungen abzuleiten, weil man auf diese Weise den Begriff als Instrument zur ordnenden Erfassung größerer historischer Zusammenhänge unbrauchbar machen würde:

„Besteht man darauf, daß der Held aufgrund einer (humanitätsphilosophischen) Bildungsidee sich entwickeln und in die ausgebreitete Wirklichkeit hineinwachsen muß oder daß der Bildungsroman Totalität der ,Welt' (der Gesellschaft oder Kultur einer Epoche) darbietet, so verengt sich zwangsläufig der Rahmen, umfaßt möglicherweise kaum das, was gelegentlich ‚klassicher Bildungsroman' (von ‚Agathon' bis zum ‚Grünen Heinrich') genannt wird" (S. 630).

Wie sich zeigen läßt, korrespondieren der Thematik des Bildungsromans eine Reihe formaler Besonderheiten (vgl. ebd., S. 435 ff.; J. Jacobs: *Wilhelm Meister und seine Brüder,* S. 14 ff., S. 271): Die Erzählung ist um eine zentrale Figur herum aufgebaut, die in ihrem Durchgang durch verschiedene Weltbereiche und in der Auseinandersetzung mit anderen Menschen vorgeführt wird. Aus dieser Anlage wachsen den einzelnen Beispielen der Gattung sowohl Elemente des Figurenromans wie solche des Raum- oder Gesellschaftsromans zu, wobei deren Anteile unterschiedlich akzentuiert sein können. Da der Held der Geschichte über lange Strecken in Irrtümern befangen bleibt und sich auf Abwegen zu verlieren droht, schildert ihn der Erzähler häufig aus ironischer Distanz. Das Ganze strebt einer harmonischen Lösung zu, die allerdings meist nicht ungebrochen und ohne Vorbehalte realisiert wird.

Eine solche idealtypische Beschreibung des Bildungsromans ist indessen weit entfernt davon, allgemeine Anerkennung zu finden. Wie bei anderen Gattungsdefinitionen streiten sich die Interpreten um die Maßgeblichkeit einzelner Kriterien und um die Reichweite der Bestimmungen. Einige Autoren wollen – unter Berufung auf das von Dilthey inaugurierte Bild der Gattung – als Bildungsromane nur Seelengeschichten anerkennen, die sich auf die Darstellung von innerlichen Prozessen beschränken (vgl. z. B. H. Steinecke: *‚Wilhelm Meister' und die Folgen,* S. 94, 111). Es ist nur konsequent, wenn daraus gefolgert wird, daß man für den *Wilhelm Meister* selbst und für die an ihn anschließende Tradition den Begriff ‚Bildungsroman' nicht verwenden solle. An seine Stelle wäre vielmehr, so wird empfohlen, der Begriff ‚Individualroman' zu setzen, der die soziale Dimension in der Entwicklungsgeschichte des Romanhelden mitumfassen kann (S. 111).

Man wird indessen zweifeln, ob dieser terminologische Vorschlag wirklich sinnvoll ist und weiterführt. Denn er geht von einem auf die Darstellung von Innerlichkeit festgelegten Konzept des Bildungsromans aus, das offensichtlich schon für die klassischen Muster der Gattung, den *Agathon* und den *Wilhelm Meister,* nicht zutrifft. Das Bildungsproblem, so wie es in diesen beiden Romanen und in späteren, unter ihrem Eindruck entstandenen Werken thematisiert ist, konzentriert sich doch gerade immer auf die Spannung zwischen dem sinnsuchenden Subjekt und der Welt. Wo also in der Vergangenheit versucht wurde, den Bildungsroman lediglich als weltlose, von aller gesellschaftlichen Problematik abgelöste Seelengeschichte zu interpretieren, da verkürzte man die als Muster zitierten Werke um eine wesentliche Dimension. Es besteht kein Anlaß, dieses reduzierte Bild der Gattung festzuhalten, vielmehr sollte man sie so definieren, daß die Komponente des Raum- und Gesellschaftsromans, die in jedem Bildungsroman steckt, miterfaßt wird.

Schon frühere Literaturhistoriker hatten für diese Gattung bisweilen einen besonderen Rang reklamiert, indem sie ihr hohe ideelle Ansprüche zuschrieben. Friedrich Gundolf beispielsweise forderte, der Bildungsroman müsse immer ein

"Weltbildroman" sein (F. Gundolf: *Grimmelshausen und der Simplicissimus.* DVjS 1. 1923, S. 339). Dieser Gedanke taucht in Michael Beddows Buch *The Fiction of Humanity* (Cambridge 1982) wieder auf. Seine These ist, daß die Lebensgeschichte des zentralen Helden nicht das eigentliche Thema des Bildungsromans sei. Die Entwicklung des Protagonisten werde vielmehr in Werken wie *Agathon, Wilhelm Meister, Nachsommer* und *Zauberberg* anderen, nämlich allgemeineren und höheren Zwecken dienstbar gemacht:

> „The expression and recommendation of a particular understanding of the nature of humanity through the more or less overtly fictitious narrative of the central character's development is, in my view, the most important feature which gives the novels [...] their peculiar generic identity" (S. 5 f.).

Das Wahrheitsmoment von Beddows Deutungsvorschlag liegt darin, daß die Bildungshelden in der Regel als exemplarische Figuren vorgeführt werden, deren Entwicklung bestimmte psychologische, soziale und moralische Lebensgesetzlichkeiten anschaulich macht. Aber es ist doch fraglich, ob der Bildungsroman deshalb als ein vorwiegend philosophisch orientiertes Genre verstanden werden kann. Es besteht die Gefahr, daß einer so ansetzenden Interpretation die anschauliche Konkretheit der erzählten Lebensgeschichten entgleitet und daß die Romane vor allem zur Illustration bestimmter geistesgeschichtlicher Probleme benutzt werden. Jedenfalls würde bei einer solchen Gattungsdefinition das ursprünglich für die Benennung dieser Romanart entscheidende inhaltliche Moment zu einem nur noch in zweiter Linie bedeutsamen Merkmal herabgestuft.

3.5.2. Neuansätze

In neuerer Zeit sind eine ganze Reihe von Gattungsbestimmungen vorgeschlagen worden, die sich von der seit Dilthey eingebürgerten Betrachtungsweise zu lösen versuchen und die Form des Bildungsromans, aber auch seine zentrale Thematik auf eine entschieden neue Art erfassen sollen. Monika Schrader zum Beispiel hat in ihrem 1975 erschienen Buch *Mimesis und Poiesis. Poetologische Studien zum Bildungsroman* die These vertreten, daß es in den Bildungsgeschichten seit Wieland nicht – wie man immer meinte – um moralisch-psychologische Probleme gehe, sondern daß man die Entwicklung des Helden bloß als „Ausfaltung der Fiktionsstruktur" zu verstehen habe (S. 16). Eine ästhetische Frage nämlich stehe im Mittelpunkt des Bildungsromans: Er sei „die besondere Romanform, die die Genese der Kunst zu ihrem Thema, zum Gegenstand der Bildungsproblematik macht" (S. 12). Schon an Wielands *Agathon* glaubt die Interpretin zeigen zu können, „daß der Erzähler am Exempel der Entwicklung des Helden die Form seiner Produktivität genetisch zur Darstellung bringt" (S. 11).

Bei solchen Thesen bezieht sich Monika Schrader auf die Reflektiertheit der Erzählform. Aus dieser läßt sich allerdings kaum ableiten, daß sich in der Gattung des Bildungsromans nur noch die Kunst selber thematisiert. Richtig ist ohne Zweifel die Beobachtung, daß die Bildungshelden und ihre Schicksale von einem überlegenen Erzählerbewußtsein häufig funktional auf übergreifende Darstellungsabsichten bezogen werden. Das aber heißt keineswegs, daß die erzählte Bildungsgeschichte nur der Selbstreflexion der künstlerischen Produktivität diene. Dieser Versuch zu einer Neudeutung des Bildungsromans ist offensichtlich überanstrengt und einseitig. Die Texte zeigen mit ihrer autobiographischen Substanz und mit ihren ausdrücklichen Bezügen auf ethische und lebenspraktische Fragen, daß ihnen die Reduzierung auf eine „ästhetische Intentionalität" nicht gerecht wird.

Rolf Selbmann folgt in seinem 1984 erschienen Kompendium *Der deutsche Bildungsroman* der seit Melitta Gerhard geläufigen Unterscheidung zwischen einem ahistorisch zu verstehenden Romantyps des Entwicklungsromans und dem in einen bestimmten historischen Kontext gehörigen Bildungsroman (S. 38). Allerdings glaubt er den Bildungsroman auch durch eine besondere Erzählstruktur, vor allem durch spezifische Funktionen der Erzähler- und Leserfigur definieren zu können.

„Bildungsstrukturen", das heißt „locker verknüpfte Stoff-, Motiv- und Erzählelemente zum Thema Bildung", sind Selbmann zufolge in epischen Texten der verschiedensten Art anzutreffen. Sie können auch als Elemente einer „Bildungsgeschichte" auftreten. Diese letztere wird als eine „Erzählstruktur" bestimmt, „die innerhalb der Lebensgeschichte eines Helden ein Bildungsverhältnis zwischen Erzähler, Held und Leser erzählerisch thematisiert" (S. 39). Von einem „Bildungsroman" will Selbmann nur sprechen, wenn diese „Bildungsgeschichte mit dem Anspruch auftritt, verbindliche Instanz für den gesamten Roman zu sein" (S. 40).

Dieser Versuch einer Gattungsbestimmung kann nicht überzeugen: Was hier als Bildungs-‚Strukturen' bezeichnet wird, sind offensichtlich nur inhaltliche Elemente, die sich der psychologisch-moralischen Entwicklung eines Menschen zuordnen lassen. Wie nun diese Elemente in einer bestimmten Erzählstruktur aufgehoben werden sollen, nämlich in einem dreipoligen „Bildungverhältnis" zwischen Erzähler, Romanheld und Leser, und zwar auch noch „innerhalb der Lebensgeschichte eines Helden", nicht etwa, was besser begreiflich wäre, bei der erzählerischen Entfaltung einer solchen Geschichte, das wird nicht hinreichend deutlich. Wo Selbmann das „Bildungsverhältnis" näher erläutert, dem er zentrale Wichtigkeit zuspricht, fehlt seinen Erklärungen die Plausibilität: Wo gibt es etwa „jenes missionarische Überlegenheitsgefühl eines sich seiner selbst bewußten Erzählers, der seinen Bildungsvorsprung gegenüber Held und Leser geltend machen kann"? (S. 40) Als Bildungsmissionar läßt sich im Ernst weder der Erzähler des *Wilhelm Meister* noch der des *Titan*, des *Grünen Heinrich* oder des *Zauberberg* bezeichnen. Daß der Erzähler einer im Zeichen des Bildungsproblems stehenden Geschichte seinen Helden oft mit Ironie betrachtet und daß er sein Verhältnis zum Leser so anlegt, daß die Intention des Buches durch Reflexionsanstöße und durch mehr oder weniger deutliche Steuerung der Rezeption gefördert wird, ist sicher zutreffend. Diese Züge können jedoch auch in Erzählwerken ganz anderer thematischer Orientierung auftreten, zum Beispiel in einem

3. Geschichte des Gattungsbegriffs ‚Bildungsroman'

satirischen Gesellschaftsroman oder in einer pikaresken Erzählung. Offenbar gelangen die Versuche Selbmanns, eine für den Bildungsroman spezifische formale Struktur zu beschreiben, nicht zu hinreichend konkreten und unterscheidungskräftigen Resultaten. Letztlich bleibt auch hier das inhaltliche Moment, nämlich daß eine ‚Bildungs'-Geschichte erzählt wird, entscheidend.

In einigen neueren Studien zum Bildungsroman hat sich Protest dagegen erhoben, daß man die Orientierung auf ein harmonisches Ende als wesentliches Charakteristikum der Gattung betrachtet. Der britische Germanist Martin Swales zum Beispiel hat in mehreren Arbeiten die These vorgetragen, die üblicherweise als Bildungsromane bezeichneten Werke seien keineswegs durch eine teleologische Struktur bestimmt und ihre Helden träten auch nicht zum guten Schluß in einen befriedeten und harmonischen Zustand ein. Schon der Goethesche *Wilhelm Meister* zeichne sich durch Offenheit und vorbehaltvolle Indirektheit der Darstellung aus und führe seinen Helden nur in eine sehr vorläufige, fragwürdige Position (M. Swales: *The German Bildungsroman from Wieland to Hesse*, S. 26, 69f.).

Swales geht offenbar von der spezifisch modernen Erfahrung aus, daß der Einzelne mit seiner unwiederholbaren Individualität in keiner wie auch immer gearteten Ordnung aufgehen kann. Es scheint ferner evident, daß die Thesen Swales' sich an modernen Romanen wie *Der Zauberberg* oder *Der Mann ohne Eigenschaften* orientieren, in denen das Grundproblem des Bildungsromans noch mehr oder weniger stark durchscheint, in denen aber jener Optimismus geschwunden ist, der in früheren Bildungsgeschichten ein harmonisches Ende möglich erscheinen ließ. Daß eine Versöhnung der Aspirationen des Einzelnen mit den Forderungen einer umgreifenden Ordnung erreichbar ist, liegt den Bildungsromanen Wielands, Goethes und Stifters als ideelle Prämisse zugrunde. Wenn sich gleichwohl in der erzählten Wirklichkeit das gute Ende fast nie in ungebrochener Harmonie verwirklicht, so hängt das mit den utopischen Implikationen der Bildungsvorstellung zusammen, die sich nicht plan und problemlos als realisiert vorführen läßt.

Zustimmen wird man Swales' These, im Bildungsroman spiegele sich das – in der entwickelten bürgerlichen Gesellschaft virulent gewordene – Problem, wie sich die Notwendigkeit der Beschränkung mit dem Wunsch nach freier Verwirklichung der Individualität zusammendenken lasse (S. 158). Man wird indessen kaum sagen können, der Bildungsroman halte grundsätzlich die Spannung zwischen diesen beiden Momenten offen. Vielmehr ist er von der Tendenz zu einem Ausgleich zwischen Subjekt und Welt bestimmt und gewinnt aus der fortschreitenden Bewegung in Richtung auf einen solchen Ausgleich eine teleologische Orientierung.

Ähnlich wie Swales sieht Klaus-Dieter Sorg in seinem Buch *Gebrochene Teleologie* (1983) den Bildungsroman nicht auf ein harmonisches, den Grundkonflikt lösendes Ende hin angelegt. Bestimmend für die Gattung scheint ihm die unaufhebbare Antinomie von individueller Spontaneität und umgreifender gesellschaftlicher Ordnung. Daß Dilthey bei der Beschreibung der klassischen Muster zu Kategorien wie Reifung und Selbstfindung griff, muß Sorg als verfehlt betrachten (S. 13). Seine Grundthese lautet:

„Der Bildungsroman kann [...] seine grundlegenden Themen nur als offener und unabschließbarer Diskurs behandeln, der belegt, daß jene nur in der Form eines Problems zu erfassen sind, für die es keine überzeugende Lösung gibt. Keineswegs heben sich seine Themen in einer erzählerischen Ordnung auf, die teleologisch angelegt ist" (S. 8).

Alle Beschränkungen und Festlegungen, die dem Subjekt von außen angesonnen werden, erscheinen in Sorgs Deutung als Bedrohung der Spontaneität und als Zwänge, die zur Selbstentfremdung führen müssen: Die Helden der Bildungsromane, so meint Sorg, machen die Erfahrung, „daß sie letztlich nur um den Preis der teilweisen bzw. völligen Fremdbestimmung zu einer festen Lebensform gelangen können" (S. 9). Die Annäherung Wilhelm Meisters an die Turmgesellschaft etwa wird mit dem Satz kommentiert: „Der Verlust früherer Erfahrungen und eigener Qualitäten ist der Preis einer stillgestellten Bildung" (S. 82).

In den Vorstellungen der Frühromantiker, insbesondere in Friedrich Schlegels Bemerkungen zum Roman und zur Unabschließbarkeit individueller Entwicklungsprozesse findet Sorg ein Vorbild für seine Thesen zum Bildungsroman (S. 33). Es ist nun allerdings höchst fraglich, ob man das Goethesche Bildungskonzept mit den Kategorien der frühromantischen Philosophie und Poetik erfassen kann. Nach Goethes eigener Auffassung jedenfalls dürfte das unmöglich sein. Fragwürdig ist ferner, ob man die Bildungsromane vom *Wilhelm Meister* über den *Nachsommer* bis hin zum *Zauberberg* als Apologien eines sich allen Schranken entziehenden, die unkalkulierbare Spontaneität des Subjekts verabsolutierenden Individualismus lesen kann. Es scheint vielmehr umgekehrt so zu sein, daß diese Romane Versuche unternehmen, über die abstrakte Entgegensetzung von Subjekt und Welt hinauszukommen und einen Prozeß des Sich-Einlassens auf Erfahrung vorzuführen, an dessen Ende zumindest als Möglichkeit der Ausgleich zwischen individuellen Ansprüchen und äußeren Forderungen steht.

Sorgs Thesen gehen offensichtlich von einem radikalen Individualismus aus, dessen Idiosynkrasien und Entfremdungsängste so stark geworden sind, daß ihm jeder Gedanke an Integration in gesellschaftliche Zusammenhänge als bedrohlich erscheint. Ohne Zweifel läßt sich eine solche Haltung in literarischen Texten des 20. Jahrhunderts nachweisen. Aber man sollte sie nicht umstandslos Werken imputieren, die unter ganz anderen historischen Voraussetzungen entstanden sind.

In einem ganz neuen Denkansatz ist in jüngster Zeit der Vorschlag gemacht worden, den Bildungsroman nicht mehr durch seinen Stoff, also durch die Entwicklungsgeschichte der zentralen Figur zu definieren, sondern durch die „beabsichtigte Wirkung auf den Leser". Grundlage dieser These ist die Behauptung, „daß in den Romanen der Goethezeit die Bildung eines aktiven, mitdenkenden und mitfühlenden Lesers von weit größerer Bedeutung ist als die Darstellung der ‚Geschichte' des Hauptcharakters – wozu Diltheys Verständnis des Begriffs *Bildungsroman* verleitet" (D. F. Mahoney: *Hölderlins ‚Hyperion' und der Bil-*

dungsroman, S. 225, 228. Ähnlich schon Ulrich Gaier: *Hölderlins ‚Hyperion': Compendium, Roman, Rede.* Hölderlin-Jahrbuch 21. 1978/79, S. 90).

Ein so gefaßter Begriff bliebe allerdings zu unspezifisch und erlaubte kaum, eine bestimmte Gruppe von Romanen unter einen Gattungsbegriff überzeugend zusammenzufassen. Im übrigen bietet die Lebensgeschichte eines problematischen Helden eine so prägnante (übrigens auch traditionsbildende) Thematik, daß kaum einzusehen ist, warum sie als Kriterium der Gattungsbestimmung nicht brauchbar sein sollte (vgl. die Einwände Wilhelm Voßkamps in der Diskussion zu Mahoneys Vorschlag, a.a.O., S. 233, 236).

4. Der Bildungsroman – eine deutsche Literaturgattung?

Unter den Literaturhistorikern besteht Einigkeit darüber, daß Romane, die Bildungsgeschichten zu ihrem zentralen Thema machen, bei deutschen Autoren auffällig zahlreich vertreten sind. Immer wieder hat man versucht, diese Beobachtung aus den Besonderheiten der deutschen Kulturtradition zu erklären. So führte man das besondere Interesse an individuellen Entfaltungs- und Reifungsprozessen auf die (in der politischen und geistesgeschichtlichen Entwicklung der Nation begründete) Neigung zurück, dem Innerlichen und Privaten besondere Aufmerksamkeit zuzuwenden und das Öffentlich-Politische abzuwerten und auszugrenzen. Bereits Thomas Mann hat in seiner 1923 gehaltenen Rede über *Geist und Wesen der Deutschen Republik* einen solchen Zusammenhang hergestellt:

„Die schönste Eigenschaft des deutschen Menschen, auch seine berühmteste, auch diejenige, mit der er sich selbst wohl am liebsten schmeichelt, ist seine Innerlichkeit. Nicht umsonst hat er der Welt die geistige und hochmenschliche Kunstgattung des Bildungs- und Entwicklungsromanes geschenkt, den er dem Romantypus westlicher Gesellschaftskritik als sein Eigenstes entgegenstellt und der immer zugleich auch Autobiographie, Bekenntnis ist. Die Innerlichkeit, die Bildung des deutschen Menschen, das ist: Versenkung; ein individualistisches Kulturgewissen; der auf Pflege, Formung, Vertiefung und Vollendung des eigenen Ich oder, religiös gesprochen, auf Rettung und Rechtfertigung des eigenen Lebens gerichtete Sinn; ein Subjektivismus des Geistes also, eine Sphäre – ich möchte sagen – pietistischer, autobiographisch-bekenntnisfroher und persönlicher Kultur, in der die Welt des *Objektiven*, die politische Welt als profan empfunden und gleichgültig abgelehnt wird, – ‚weil denn‘, wie Luther sagt, ‚an dieser äußerlichen Ordnung nichts gelegen ist‘ " (Th. Mann: *Gesammelte Werke*. Frankfurt 1960. Bd. XI, S. 854f.).

Denselben Zusammenhang zwischen dem unpolitischen, auf die innere Welt gewendeten deutschen Kulturbegriff und der Vorliebe für den Bildungsroman betonen auch viele neuere Kritiker (vgl. W. H. Bruford: *The German Tradition of Self-Cultivation;* ferner: M. Swales: *The German Bildungsroman from Wieland to Hesse,* S. 151 ff.). Die entscheidenden Gründe für diese Besonderheit der deutschen Geistesgeschichte muß man wohl in der politischen Einflußlosigkeit der kulturtragenden bürgerlichen Schicht, in der staatlichen Zersplitterung der Nation und in der verspäteten wirtschaftlichen Entwicklung suchen. Es hat symptomatische Bedeutung, daß sich die geistig wachen und ambitionierten jungen Leute in Deutschland auf die Literatur warfen, da ihnen das öffentliche Leben kaum eine Möglichkeit zu aktiver Teilnahme bot. Johann Carl Wezel stellte 1777 fest: „Manches Genie unter uns würde kaum zwey Bändchen geschrieben haben, wenn ein anderes Feld da wäre, wo es seine Thätigkeit mit gleicher Lust, Ehre und Wirkung auslassen könnte." Andere politische Verhältnisse, so meinte er, würden die intellektuellen Kräfte in andere Kanäle lenken: „Dieß ist einer von den hauptsächlichsten Vorzügen der englischen Verfassung, daß sie auch eine Laufbahn für die Helden in der Toga hat: ob dadurch in England die Vielschreiberei geringer geworden ist, mag ich nicht bestimmen" (J. C. Wezel: *Kritische Schriften.* Bd. II. Stuttgart 1971, S. 524f.).

Allerdings wäre die Annahme verfehlt, in den deutschen Bildungsromanen und in den Bildungskonzepten deutscher Philosophen hätten soziale und menschheitliche, also entschieden überindividuelle Gesichtspunkte keine Rolle gespielt. Das läßt sich für Herders Humanitätsbegriff leicht zeigen, es gilt für Schillers Programm einer „ästhetischen Erziehung", und es gilt auch für Humboldts Bildungstheorie, obwohl sie doch dezidiert bei der Besonderheit des Individuums ansetzt. Auch in den Bildungsromanen herrscht keineswegs ein vereinseitigter Kult der Innerlichkeit. In Wielands *Agathon* durchläuft der Held eine ganze Folge politischer Erfahrungen, und Goethes Wilhelm Meister wird zum Bewußtsein sozialer Pflichten und zu produktiver Tätigkeit geführt. Es läßt sich sogar sagen, daß die in den Romanen wirksame Vorstellung von menschlicher Bildung gerade auf die Korrektur eines überzogenen Individualismus hinausläuft. Denn die Bildungsromane demonstrieren, daß der Einzelne seine Ansprüche nicht verabsolutieren darf, sondern daß er die Notwendigkeit der Beschränkung anzuerkennen hat, wenn er sich mit seiner Umwelt in ein fruchtbares Verhältnis setzen will. Da die Romane ihre Bildungsgeschichten in anschaulicher, episodenreicher Konkretheit erzählen, scheinen sie im ganzen welthaltiger, weniger utopisch und weniger dem Vorwurf einer gesellschaftsfremden Verinnerlichung ausgesetzt als manche Bildungstheorien der Philosophen und Pädagogen.

Strittig ist in der neueren literaturtheoretischen Diskussion geblieben, ob man den Gattungsbegriff ‚Bildungsroman' nur – wie seine Genese nahezulegen scheint – auf Werke der deutschen Tradition anwenden soll oder ob man ihn auch auf Romane aus anderen Nationalliteraturen anwenden kann. Einige Autoren plädieren für eine weitere Verwendung des Begriffs auch auf komparatistischem Feld. François Jost etwa sieht das entscheidende Gattungsmerkmal darin, daß von der Integration des Individuums in einen bestimmten sozialen Zusammenhang erzählt wird. Romane mit dieser Thematik findet er selbstverständlich in den verschiedensten europäischen Literaturen (F. Jost: *Variations of a Species,* S. 135; ähnlich M. Swales: *Der deutsche Bildungsroman in komparatistischer Sicht,* S. 122 und R. P. Shaffner: *The Apprenticeship Novel*). Jerome H. Buckley geht von einem ähnlichen Gattungsverständnis aus. Hauptelemente des Bildungsromans sind ihm „childhood, the conflict of generations, provinciality, the larger society, self-education, alienation, ordeal by love, the search for a vocation and a working philosophy" (J. H. Buckley: *Season of Youth*, S. 18). Diese Motive sind nun keineswegs auf deutsche Romane beschränkt, so daß Buckley keine Schwierigkeiten hat, eine Geschichte des Bildungsromans in England zu schreiben.

Andere Literaturhistoriker dagegen wollen den Begriff strenger verwenden und ihn ausschließlich auf deutsche Werke der *Wilhelm Meister*-Nachfolge anwenden (vgl. J. L. Sammons: *The Mystery of the Missing Bildungsroman*, S. 232). Wie man sich in dieser Frage entscheidet, hängt ab von dem Erkenntnisinteresse oder von der Demonstrationsabsicht, die man verfolgt. Nichts hindert indessen daran, einen weiten, auch auf englische, französische oder italienische Romane anwendbaren Begriff des Bildungsromans zu verwenden und als Spezifikation innerhalb dieser weiten Kategorie eine besondere deutsche Tradition zu unterscheiden.

5. Gattungsbestimmung für den Zweck dieses Arbeitsbuches

Die Überlegungen dieses Buches, die im Anschluß an eine seit Jahrzehnten geläufige Betrachtungsweise einen bestimmten Zusammenhang der deutschen Romangeschichte verfolgen, gehen aus von folgender Bestimmung des Bildungsromans: Der Gattung sollen Werke zugerechnet werden, in deren Zentrum die Lebensgeschichte eines jungen Protagonisten steht, die durch eine Folge von Irrtümern und Enttäuschungen zu einem Ausgleich mit der Welt führt. Dieser Ausgleich ist oft nur vorbehaltvoll und ironisch geschildert, er ist jedoch als Ziel oder zumindest als Postulat notwendiger Bestandteil einer ‚Bildungs'-Geschichte. Fehlt diese Perspektive, wäre von einem Desillusionsroman zu sprechen, einer Variante des Entwicklungsromans, die zum Bildungsroman in einem komplementären Verhältnis steht.

Zu den Merkmalen des Bildungsromans gehört, daß sein Protagonist ein mehr oder weniger explizites Bewußtsein davon hat, nicht bloß eine beliebige Folge von Abenteuern, sondern einen Prozeß der Selbstfindung und der Orientierung in der Welt zu durchlaufen. Dabei gilt in aller Regel, daß die Vorstellungen des Helden über das Ziel seines Lebensganges zunächst von Irrtümern und Fehleinschätzungen bestimmt sind und sich erst im Fortgang seiner Entwicklung korrigieren. Typische Erfahrungen der Bildungshelden sind die Auseinandersetzung mit dem Elternhaus, die Einwirkung von Mentoren und Erziehungsinstitutionen, die Begegnung mit der Sphäre der Kunst, erotische Seelenabenteuer, die Selbsterprobung in einem Beruf und bisweilen auch der Kontakt zum öffentlich-politischen Leben. In der Gestaltung und Wertung dieser Motive differieren die verschiedenen Romane außerordentlich. Durch die Orientierung auf ein harmonisches Ende bekommen sie indessen notwendig eine teleologische Struktur.

Wenn man von Ausnahmefällen wie dem *Heinrich von Ofterdingen* und dem *Nachsommer* absieht, so läßt sich als Charakteristikum der in den Bildungsromanen erzählten Entwicklungsgänge festhalten, daß deren Protagonisten sich in einer Welt zurechtfinden müssen, die ihren spontanen Wünschen und ihrem Sinnverlangen nicht unmittelbar entgegenkommt. Daher bleiben ihnen Irrtümer und Niederlagen nicht erspart, ja diese negativen Erfahrungen erweisen sich in aller Regel als höchst förderliche Phasen der individuellen Entwicklung. Vor dem Absturz in vollständige Desillusionierung wird die Bildungsgeschichte durch die optimistische Prämisse bewahrt, daß ein Kompromiß zwischen den Aspirationen des Individuums einerseits und den Forderungen der Welt andererseits, zwischen der Selbstbehauptung des Subjekts und der Einfügung in vorgefundene Ordnungen nicht unmöglich ist.

Arbeitsbereich II

Aufklärung

1. Gattungsgeschichte im 18. Jahrhundert
1.0. Bibliographie

Becker, Eva D.: Der deutsche Roman um 1780. Stuttgart 1964. [Untersucht die deutschsprachigen Romane des Jahres 1780 und lokalisiert den „Erziehungs- und Entwicklungsroman" als eine Variante des „mittleren" Genres zwischen dem „hohen" empfindsam-didaktischen Prüfungsroman und dem niedrig-komischen (satirischen) Narrenroman.]

Brenner, Peter J.: Die Krise der Selbstbehauptung. Subjekt und Wirklichkeit im Roman der Aufklärung. Tübingen 1981. [Versucht unter Anknüpfung an die Philosophie der Frankfurter Schule den deutschen Roman des 18. Jahrhunderts im Zusammenhang mit der „Konstitutionsgeschichte des neuzeitlichen Subjekts" zu deuten.]

Grimminger, Rolf: Roman. In: R. Grimminger (Hg.): Hansers Sozialgeschichte der deutschen Literatur. Bd. 3. München und Wien 1980, S. 635 ff. [Vertritt zum Bildungsroman die These, in Wielands *Agathon* und anderen Romanen der späteren Aufklärung erhebe sich das Bildungsproblem über die Entwicklungsgeschichte und ihre Aporien, um „der Idee der ästhetischen Versöhnung" zuzustreben.]

Jacobs, Jürgen: Die Theorie und ihr Exempel. Zur Deutung von Wielands „Agathon" in Blanckenburgs „Versuch über den Roman". Germanisch-Romanische Monatsschrift 62. 1981, S. 32 ff. [Versucht die Grenzen von Blanckenburgs *Agathon*-Deutung aufzuzeigen.]

Jacobs, Jürgen: Wieland und der Entwicklungsroman des 18. Jahrhunderts. In: Helmut Koopmann (Hg.): Handbuch des deutschen Romans. Düsseldorf 1983, S. 170 ff. [Untersucht die auf eine psychologisch-moralische Entwicklungsproblematik konzentrierten Romane im Umfeld des Wielandschen *Agathon*.]

Niggl, Günter: Geschichte der deutschen Autobiographie im 18. Jahrhundert. Theoretische Grundlegung und literarische Entfaltung. Stuttgart 1977. [Entwickelt eine Typologie der literarischen Selbstdarstellung im 18. Jahrhundert und verdeutlicht das Hervortreten eines neuen Individualitätsgefühls nach 1760.]

Schings, Hans-Jürgen: Der anthropologische Roman. Seine Entstehung und Krise im Zeitalter der Spätaufklärung. In: B. Fabian u.a. (Hg.): Deutschlands kulturelle Entfaltung. Die Neubestimmung des Menschen. München 1980, S. 247 ff. [Schildert die Entwicklung eines empirisch ausgerichteten anthropologischen Romans, der „die teleologische Weltharmonie (...) auf die Probe stellt (und in die Krise führt)".]

Schings, Hans-Jürgen: Agathon – Anton Reiser – Wilhelm Meister. Zur Pathogenese des modernen Subjekts im Bildungsroman. In: W. Wittkowski (Hg.): Goethe im Kontext. Ein Symposium. Tübingen 1984, S. 42 ff. [Sieht das Entstehen des Bildungsromans in

den „Krisen- und Krankheitsgeschichten" des autonom werdenden Subjekts begründet.]
Voßkamp, Wilhelm: Romantheorie in Deutschland. Von Martin Opitz bis Friedrich von Blanckenburg. Stuttgart 1973. [Materialreiche Analyse der Ansätze zu einer Gattungstheorie des Romans in Barock und Aufklärung.]
Wölfel, Kurt: Ch. F. v. Blanckenburgs „Versuch über den Roman". In: R. Grimm (Hg.): Deutsche Romantheorien. Frankfurt 1968, S. 29 ff. [Eindringliche Interpretation, die den historischen Kontext von Blanckenburgs Theoriebildung ausführlich einbezieht.]

1.1. Zur Genese eines neuen Selbstbewußtseins

1.1.1. Das „Zeitalter der Kritik"

Damit individuelle Bildungsgeschichten überhaupt zum Thema des Romans werden können, müssen bestimmte Voraussetzungen erfüllt sein. Nötig ist beispielsweise, daß der Einzelne als bildungsfähiges und bildungsbedürftiges Wesen begriffen wird, was bedeutet, daß sein Platz in der Gesellschaft und der Sinn seines Lebens nicht mehr durch einen kraft Geburt erworbenen Status und durch überlieferte Glaubensgewißheiten festgelegt sind. Erst dann steht er vor der Aufgabe, aus dem offenen Prozeß seiner Lebenserfahrung eine eigene Orientierung in der Welt zu gewinnen.

Es ist eine Binsenweisheit, daß sich im 18. Jahrhundert eine emanzipatorische Bewegung vollzieht, die den überlieferten Autoritäten den bislang unbefragten Glauben aufkündigt. Kant hat das Programm einer kritischen Prüfung aller autoritativen Ansprüche bündig formuliert: „Unser Zeitalter ist das eigentliche Zeitalter der Kritik, der sich alles unterwerfen muß. Religion durch ihre Heiligkeit und Gesetzgebung durch ihre Majestät wollen sich gemeiniglich derselben entziehen. Aber alsdann erregen sie gerechten Verdacht wider sich und können auf unverstellte Achtung nicht Anspruch machen, die die Vernunft nur demjenigen bewilligt, was ihre freie und öffentliche Prüfung aushalten kann" (I. Kant: *Kritik der reinen Vernunft*, Anmerkung zur Vorrede).

Der Kampf gegen die blinde Bindung durch das Vorurteil, das heißt gegen die „selbstverschuldete Unmündigkeit" ist das Grundmotiv der Aufklärung. Schon Thomasius sieht in den „Praejudicia" den „Quell aller falschen Meinungen". Und Christian Wolff betont nachdrücklich, daß man in der Erziehung die prüfende Vernunft wecken müsse, damit der Zögling nichts auf bloße Autorität hin annehme:

„So lange die Kinder noch schwach an Verstande sind, kan man ihnen die Wahrheiten nicht anders beybringen, als daß sie sie in das Gedächtnis fassen. Jedoch damit sie nicht dadurch in das Vorurtheil verleitet werden, als wenn man etwas andern zu Gefallen glauben müste: so hat man sie bey Zeiten dazu zugewöhnen, daß sie überall fragen, warumb dieses ist und warumb sie dieses oder jenes thun sollen" (Chr. Wolff: *Vernünfftige Gedancken von dem Gesellschaftlichen Leben der Menschen*. Halle 1721, § 92).

In diesen Sätzen deutet sich das Ideal des „Selbstdenkens" an, das bei Lessing zu der These führt, daß nicht der Besitz der Wahrheit den Wert des Menschen ausmacht, sondern „die aufrichtige Mühe, die er angewandt hat, hinter die Wahrheit zu kommen" (G. E. Lessing: *Gesammelte Werke*. Hg. v. P. Rilla. Berlin 1954–58. Bd. VIII, S. 27).

Obwohl Leibniz bereits mit seiner Vorstellung der Monade dem Individuellen „ein unveräußerliches Eigenrecht" zugesprochen hatte (Ernst Cassirer: *Die Philosophie der Aufklärung*. Tübingen 1932, S. 42), liegt im Denken der deutschen Frühaufklärung der Akzent eindeutig auf dem Regelhaften und Allgemeinen. Christian Wolff und Gottsched können als Repräsentanten einer solchen Tendenz gelten. Erst nach 1750 meldet sich ein Ungenügen am abstrakten Systemdenken angesichts einer Wirklichkeit, deren Komplexität immer deutlicher ins Bewußtsein tritt. So erheben sich Zweifel gegen die Zulänglichkeit einer in strengen Deduktionen entwickelten Moral. Der Erzähler von Wielands *Agathon* beispielsweise gibt die abstrakt denkenden „Sittenlehrer" immer wieder dem Spott preis und bedenkt das Scheitern Platos in Syrakus mit maliziösen Kommentaren. Die in solchen Gedanken spürbare Abwendung von einem dogmatischen Rationalismus bestätigt sich in der Entwicklung einer „Erfahrungsseelenkunde", die sich der Besonderheit des Einzelnen und seiner Lebensumstände mit einem Interesse zuwendet, das der rationalen Psychologie Christian Wolffs fremd bleiben mußte.

Die Hintergründe für diese Akzentverschiebungen im Denken des Aufklärungszeitalters sind vielschichtig. Sicherlich wirkt sich in ihnen der Fortschritt der Naturwissenschaften aus, der die Tendenz zu einer empiristischen Haltung und zu einer immanenten Weltdeutung begründet. Ein Zweifel an den Allgemeinheiten der rationalistischen Philosophie und ein besseres Verständnis für die Vielfalt menschlicher Daseinsmöglichkeiten mußte sich auch aus der genaueren Kenntnis fremder Kulturen ergeben. Man nahm die rechtliche und moralische Lebensform anderer Völker nicht mehr als exotisches und vernunftwidriges Kuriosum wahr, sondern man empfand zunehmend die irritierende Notwendigkeit, das Fremde in seinem Recht gelten zu lassen und die eigenen Wertungen zu relativieren. Voltaire gibt dieser Erkenntnis im Anhang zu seinem *Essai sur les moeurs* Ausdruck: „Nous insultons tous les jours les nations étrangères, sans songer combien nos usages peuvent leur paraître extravagans" (Voltaire: *Œuvres* [Kehl]. Bd.19, S. 378).

Wichtige Anstöße für eine Auflösung traditioneller Bindungen ergaben sich auch aus der sozialen Entwicklung und der Politik des absolutistischen Staates. Dessen Streben nach einer Zentralisierung der Macht führte zu einem Abbau alter Institutionen und zu einer fortschreitenden Reduzierung der politischen Befugnisse des Adels und der Landstände. In die gleiche Richtung einer Egalisierung wirkte die wohlfahrtsstaatlich-patriarchalische Reglementierung weiter Lebensbereiche. Bei der Veränderung der sozialen Strukturen ist ferner eine indirekte Folge der absolutistischen Politik von Bedeutung: Durch die planmäßige Anregung wirtschaftlicher Aktivitäten und durch die Vergrößerung des administrativen Apparats bildete sich eine bürgerliche Schicht, deren soziale Position außerhalb der überlieferten Ständeordnung lag. Die Kaufleute und Fabrikanten, die Beamten in Verwaltung, Justiz und Unterrichtswesen verdanken ihre Stellung nicht mehr der Geburt, sondern ihrer persönlichen Leistung und ihren moralischen Qualitäten. Gleiches gilt übrigens für die Literaten und Publizisten, die in der neuen Schicht ihr Publikum fanden. Dieses neue Bürgertum hatte ein begreifliches Bedürfnis, sich gegenüber den traditionell privilegierten Ständen mit einem neuen Ethos der Leistung zu etablieren und zu behaupten. Joseph von Sonnenfels, der selbst aus einer Aufsteiger-Familie dieser Art stammte, betont immer wieder, daß allein die produktive Leistung für die Gesellschaft über die soziale Anerkennung entscheiden dürfe, nicht der Zufall der Geburt in einen höheren oder niederen Stand: Die Vorzüge, „die der betitelten Herkunft vorzüglich eingeraumet sind", könne man nicht gleichgültig hinnehmen. Denn: „Sie sind eine Art von Ungerechtigkeit, die gegen das wahre Verdienst begangen wird, dessen Belohnungen nirgend seyn sollen, wo es selbst nicht ist" (J. v. Sonnenfels: *Der Mann ohne Vorurtheil*. Frankfurt u. Leipzig 1773. Bd. II, S. 708, 724). Nur ein Schritt weiter führt zu der Behauptung, daß der wahre und überlegene Adel allein durch persönliche Verdienste erworben wird.

Zu diesem neuen, von ständischen Traditionen gelösten Selbstbewußtsein tritt eine Abschwächung der religiösen Bindungen. Die Betonung des fruchtbaren innerweltlichen Handelns, das einen eigenständigen Lebenssinn vermittelt, lenkt den Blick von jenseitigen Erfüllungen ab. Herkömmliche religiöse Vorstellungen wie die Lehre von der Erbsünde verlieren an Evidenz, wenn der Mensch zu der Überzeugung gelangt, daß seine Natur gut oder doch zumindest perfektibel ist und sich in vernunftgeleiteter, sozial nützlicher Tätigkeit erfüllen kann. Auch für den jungen Goethe lag im Dogma der Erbsünde der entscheidende Grund für den Bruch mit dem herkömmlichen Christentum (vgl. J. W. Goethe: *Dichtung und Wahrheit*. HA X, S. 43 f.; s. AB III, Kp. 2.0.1.).

So sehr nun die traditionellen Ordnungen im Lauf des 18. Jahrhunderts an bindender Kraft verloren und so streng die aufklärerische Kritik alle Autoritäten vor ihr Tribunal zitierte, so wenig gab es doch – jedenfalls in Deutschland – radikale Attacken auf die etablierten und in alten Traditionen wurzelnden Strukturen. Der absolutistische Staat und die Existenz von Standesunterschieden wurden kaum offen angegriffen, vielmehr beschränkten sich die Einwände weithin auf moralische Bedenken, die allerdings indirekt doch – wie an der zitierten Bemerkung Sonnenfels' abzulesen ist – die Legitimation der bestehenden Ordnung in Zweifel zogen. Ähnlich lagen die Dinge auf dem Feld der Religion: Eine aggressive Kritik der Offenbarung oder gar atheistische Propaganda wurde nicht laut. Vielmehr suchte man den Geist aufklärerischer Kritik mit den Gehalten des überlieferten Christentums zu versöhnen, indem man letzteres auf eine „Vernunftreligion" reduzierte. Auch hier allerdings verbarg sich in dem Kompromiß eine subversive Tendenz. Die Offenbarungsreligion nämlich konnte bei der Schrumpfung auf einen der kritischen Vernunft nicht anstößigen Kern leicht als entbehrlich erscheinen: Wozu noch heilige Schriften, so ließ sich fragen, wozu noch Hierarchien und Institutionen, wenn die religiösen Wahrheiten schon der auf sich gestellten Ratio zugänglich sind?

Die Stärke der alten ideologischen Bindungen bezeugte sich noch bis weit ins 18. Jahrhundert hinein darin, daß man die neuen naturwissenschaftlichen Erkenntnisse in das religiöse Weltbild einzuordnen versuchte. Selbst Voltaire, der die „theologische Physik" verspottete (vgl. E. Cassirer, a.a.O., S. 62f.), sah in den Erkenntnissen Newtons noch einen Gottesbeweis.

Allerdings kennt das 18. Jahrhundert auch krisenhafte Phänomene, in denen sich die Konsequenzen des kritischen Vernunftgebrauchs und die Folgen der emanzipatorischen Auflösung herkömmlicher Bindungen mit irritierender Deutlichkeit zeigen. So zogen etwa La Mettrie und Helvétius radikale Folgerungen aus dem methodischen Ansatz der exakten Naturwissenschaften und entwickelten eine materialistische Anthropologie und eine sensualistische, alle herkömmlichen Werte ideologiekritisch auflösende Moral. Als deutsches Pendant zu solchen Tendenzen läßt sich Johann Karl Wezels *Versuch über die Kenntniß des Menschen* (1784/85) betrachten, der bei seiner Untersuchung der „menschlichen Maschine" von einem strikten Determinismus ausgeht. Auch in Wielands *Agathon* hat die Beunruhigung durch das sensualistische Denken der erwähnten französischen Autoren, vor allem des Helvétius, ihre Spuren hinterlassen.

1.1.2. Die Entdeckung der Individualität

Im ersten Absatz von Rousseaus Autobiographie meldet sich ein Bewußtsein von der Einzigartigkeit der eigenen Person, das in der hier spürbaren Schärfe vorher unbekannt war und das in dem beispiellosen Vorsatz, sich selbst ohne jede Scham und Schonung darzustellen, seinen literarischen Ausdruck sucht.

„Je forme une entreprise qui n'eut jamais d'exemple, et dont l'exécution n'aura point d'imitateur. Je veux montrer à mes semblables un homme dans toute la vérité de la nature; et cet homme sera moi.
Moi seul [...]. Je ne suis fait comme aucun de ceux que j'ai vus; j'ose croire n'être fait comme aucun de ceux qui existent. Si je ne vaux pas mieux, au moins je suis autre" (J.-J. Rousseau: *Œuvres complètes* [Pléiade]. Bd. I, S. 5).

Die Besonderheit seiner Person, die Rousseau sichtbar machen will, manifestiert sich nicht in den äußeren Ereignissen der Biographie, sondern in der inneren Entwicklung, in den moralischen Empfindungen, in der Stimme des „Herzens", in den Antworten der Seele auf die feindliche Welt. Rousseau betrachtet es daher als eigentlichen Gegenstand seiner Bekenntnisse, „de faire connaître exactement mon intérieur dans toutes les situations de ma vie" (S. 323).

Dilthey hat das zentrale Motiv von Rousseaus Autobiographie in dem Willen gefunden, „das Recht seiner individuellen Existenz zur Anerkennung [zu] bringen" (W. Dilthey: *Gesammelte Schriften*. Bd. VII, S. 199). Rousseau läßt in der Tat keinen Zweifel an seiner Hochschätzung der eigenen Person in ihrer unwiederholbaren Besonderheit. Das autobiographische Fragment *Mon Portrait* gibt das Bedürfnis, sich selbst als auserwähltes und hervorgehobenes Wesen zu empfinden, ganz unverstellt zu erkennen: „J'aimerais mieux être oublié de tout le genre humain que regardé comme un homme ordinaire" (J. J. Rousseau, a. a. O., S. 1123). Die kalkulierte Schamlosigkeit der *Confessions* hat sicherlich auch die Funktion, den Autor als Ausnahmenatur erscheinen zu lassen. Wer in so extremer Weise auf Unvergleichlichkeit Anspruch erhebt, bringt sich in eine isolierte Position und begründet damit einen Zustand dauernder innerer Unsicherheit: Da dem Subjekt jede Bestätigung fehlt, die ihm durch eine stabile Einordnung in gesellschaftliche Bezüge zuwachsen könnte, muß es sich durch eigene Anstrengungen immer neu rechtfertigen und seiner selbst vergewissern. Rousseau findet keinen Halt mehr in einem bürgerlichen Beruf, in der kirchlichen Religion und in der Lebensordnung der Familie. Bei der Ablösung von den traditionellen Bindungen, aber auch beim Verfehlen einer neuen, gefestigten Existenzform spielen nun allerdings die pathologischen Momente in Rousseaus Persönlichkeit eine wichtige Rolle. Gleichwohl bleibt er eine für die Epoche symptomatische Erscheinung, was sich an den sensiblen Reaktionen der Zeitgenossen auf seine Person und sein Werk ablesen läßt. Seine Autobiographie verdient nicht zuletzt deshalb Aufmerksamkeit, weil sich in ihr bereits jenes ‚Bildungs'-Problem exponiert, das sich dem von überlieferten Ordnungen freigesetzten Einzelnen stellt, wenn er durch seine Lebenserfahrung hindurch zu einem dauerhaften und selbstverantworteten Weltbezug finden will.

Zur Ausbildung eines individuellen Lebensgefühls haben die gefühlsbetonten religiösen Strömungen des 18. Jahrhunderts, der Pietismus etwa, der Quietismus oder die Herrnhuther Brüdergemeinde, beigetragen. Das Drama der nach Erlösung ringenden Seele wird hier in einer sehr persönlichen Weise erlebt, es wird allerdings noch ganz in festliegenden Mustern (mit Begriffen wie „Bußkampf", „Wiedergeburt" und „Durchbruch") interpretiert. Das Gebot permanenter Selbstbeobachtung und kritischer Selbstprüfung wendet die Aufmerksamkeit nach innen, so daß bei Abschwächung der religiösen Überzeugungen eine auf Introspektion fußende „Erfahrungsseelenkunde" entstehen konnte. Diese Entwicklung läßt sich bei Karl Philipp Moritz deutlich verfolgen.

Wie sehr sich im letzten Drittel des 18. Jahrhunderts das Interesse den individuellen Zügen der menschlichen Natur zuwandte, bezeugt schon vor der Veröffentlichung von Rousseaus *Confessions* eine programmatische Äußerung Herders zur Autobiographie:

„Lebensbeschreibungen, am Meisten von sich selbst, wenn sie treu und scharfsinnig sind, welche tiefe Besonderheiten würden sie liefern! Sind keine zwei Dinge auf der Welt gleich, hat kein Zergliederer noch je zwei gleiche Adern, Drüsen, Muskeln und Canäle gefunden: man verfolge diese Verschiedenheit durch ein ganzes Menschengebäude bis zu jedem kleinen Rade, jedem Reiz und Dufte des geistigen Lebensstromes – welche Unendlichkeit, welcher Abgrund! [...] Hätte ein einzelner Mensch nun die Aufrichtigkeit und Treue, *sich selbst* zu zeichnen, ganz wie er sich kennt und fühlt [...]: welche lehrende Exempel wären Beschreibungen von der Art! Das werden philosophische Zeiten sein, wenn man solche schreibt; nicht da man sich und alle Menschengeschichte in allgemeine Formeln und Wortnebel einhüllt" (Johann Gottfried Herder: *Werke*. Hg. v. H. Düntzer. Berlin o.J. Bd. 17, S. 175 f.).

1. Gattungsgeschichte im 18. Jahrhundert

Mit solchen Sätzen hat Popes Diktum „the proper study of mankind is man" einen neuen Inhalt bekommen: Nicht abstrakte Erkenntnisse über die allgemeine Menschennatur oder die Deutung des einzelnen Lebensgangs als Exempel für eine generelle Wahrheit sind angestrebt, sondern das Verständnis des Einzelnen in seiner Einmaligkeit, in „jedem Reiz und Dufte des geistigen Lebensstroms".

Die begeistert bejahte Vorstellung der ganz aus sich selbst heraus lebenden und deshalb in allen Äußerungen ihre eigene, unwiederholbare Natur bezeugenden Individualität treibt im Sturm und Drang zu extremen Thesen. Herder etwa will als wahres Wissen nur das gelten lassen, was der Einzelne aus sich selbst gewonnen hat, alles Gelernte und Übernommene bleibt ihm suspekt: „Wann werde ich so weit sein, um Alles, was ich gelernt, in mir zu zerstören, und nur selbst zu erfinden, was ich denke und lerne und glaube!" (J. G. Herder: *Journal meiner Reise im Jahre 1769. Werke*, a.a.O. Bd. 24, S. 401). Im Praktischen fordert man entsprechend, das Subjekt solle nicht vorgegebene Normen befolgen, sondern es müsse ganz aus sich selbst heraus wirken. In der Individualität, so glaubt Herder, liegt das Gesetz wahrer Sittlichkeit: „Jeder handle nur ganz aus Sich, nach seinem innersten Karakter; sei sich selbst Treu" (Brief an Caroline Flachsland vom 9. I. 1773).

Dem ganz auf sich selbst verwiesenen Einzelnen wird die Entfaltung und Steigerung seiner Natur zur höchsten Aufgabe. Kompromisse mit den Ordnungen der äußeren Welt erscheinen ihm als Verrat an seiner Identität, weshalb er leicht die Fähigkeit verliert, Beschränkungen zu akzeptieren und Verzichte hinzunehmen. Ein solch entschiedener Subjektivismus zeitigt ein äußerst prekäres Weltverhältnis und kann den Einzelnen – wie das Beispiel des Goetheschen *Werther* zeigt – schnell an den Rand der Katastrophe führen.

Der Gegensatz zwischen Subjekt und Welt läßt sich gedanklich mit der Behauptung auflösen, der Einzelne erfülle, wenn er nur seiner individuellen Natur folge, auch das Gesetz einer übergreifenden Ordnung. In diese Richtung argumentierte etwa Wilhelm von Humboldts Bildungs-Philosophie: „Nur dadurch, daß er dasjenige vollkommen geltend macht, was er ist, erreicht der Mensch überhaupt und der Einzelne insbesondere seine letzte allgemeine und individuelle Bestimmung" (W. v. Humboldt: *Werke* [Akademie-Ausg.]. Bd. II, S. 140). Auf ähnliche Weise suchte Herder Individualität und objektives Gesetz in Einklang zu bringen. Beim Blick auf wirkliche Menschen und ihre problematischen Lebensläufe zeigt sich jedoch, daß solche Formeln eine Versöhnung nicht sichern, sondern allenfalls postulieren können. Besteht das Subjekt auf der Verwirklichung seiner selbst, versucht es ernstlich, aus seiner individuellen Natur die Regeln seines Handelns abzuleiten, dann bringt es sich in die augenscheinliche Gefahr, solipsistisch an der Welt vorbeizuleben und jede Möglichkeit zu fruchtbarer, auf andere Menschen bezogener Tätigkeit zu verfehlen.

Der spätere Goethe hat seinen *Werther* als Darstellung eben dieses Problems verstanden, das jeder Mensch in sich antreffe, „der mit angeborenem freien Natursinn sich in die beschränkenden Formen einer veralteten Welt finden und schicken lernen soll. Gehindertes Glück, gehemmte Tätigkeit, unbefriedigte

Wünsche sind nicht Gebrechen einer besonderen Zeit, sondern jedes einzelnen Menschen, und es müßte schlimm sein, wenn nicht jeder einmal in seinem Leben eine Epoche haben sollte, wo ihm der ‚Werther' käme, als wäre er bloß für ihn geschrieben" (Goethe zu Eckermann am 2. I. 1824).

Dieser Konflikt zwischen der sensiblen, ihrer Umwelt entfremdeten Seele und den unentrinnbaren äußeren Bedingungen des Daseins ist nur in einem lebensgeschichtlichen Prozeß zu lösen, in dem das Subjekt die Beschränkung als Voraussetzung produktiven Wirkens anzuerkennen lernt. Diese Vorstellung faßt den Menschen als einen Werdenden auf, der durch Entwicklungskrisen zur Reife und damit zu einem stabilen Weltbezug findet.

Den Ablauf organischer Entwicklungsprozesse stellte man sich im 18. Jahrhundert nach zwei verschiedenen Modellen vor: Auf der einen Seite stand die von Leibniz und Charles Bonnet verfochtene Präformationslehre, derzufolge alle Anlagen eines Lebewesens schon in seinem ersten Keim vorgeformt sind und sich später nur entfalten. Auf der anderen Seite behaupteten die Vertreter der Milieutheorie wie etwa Helvétius, daß die Eigenschaften sich auf Grund äußerer Einflüsse entwickeln. Die Autoren der späteren Aufklärung wie Diderot, Wieland oder Herder suchten den Gegensatz dieser beiden Erklärungsansätze aufzuheben, indem sie ein Zusammenwirken der Faktoren von Anlage und Umwelt annahmen. In Goethes *Vorarbeiten zu einer Physiologie der Pflanzen* von 1795 findet sich die klassische Formulierung dieser vermittelnden Lehre: Das Gesetz der Metamorphose wird dort aus zwei Prinzipien abgeleitet, nämlich aus dem „Gesetz der inneren Natur, wodurch die Pflanzen constituirt werden" und ferner aus dem „Gesetz der äußern Umstände, wodurch die Pflanzen modificirt werden" (WA II. Bd. 6, S. 286; s. AB III, Kp. 2.0.1.).

Diese biologische Vorstellung reicht jedoch für die Beschreibung menschlicher Entwicklungsprozesse nicht aus, da diese sich keineswegs als bewußtseinsloses Ineinanderwirken von Anlage und Umwelt vollziehen, sondern durch sittliche Entscheidungen mitbestimmt werden. Daß der Einzelne nur dann zu wahrer Bildung gelangt, wenn er die Gestaltung seines Lebensgangs als moralische Aufgabe begreift, steht für Wieland, Goethe, Herder, Schiller und Humboldt gleichermaßen außer Zweifel.

Um zu resümieren: Im 18. Jahrhundert entwickelt sich eine neue Vorstellung vom Menschen, die seiner unwiederholbaren Besonderheit ein Daseinsrecht zuerkennt. Dieses Bild der menschlichen Natur entsteht in offensichtlichem Zusammenhang mit der fortschreitenden Freisetzung aus überkommenen religiösen und sozialen Bindungen. Wie alle Emanzipationen bringt auch diese zugleich mit einem Zuwachs an Freiheit Orientierungsprobleme und Verunsicherungen mit sich. Ein Versuch, diese Problematik des neuen Individualismus aufzufangen, ist die Vorstellung eines Bildungsprozesses, durch den der Einzelne zu einem Ausgleich mit der zunächst als feindlich erlebten Welt findet. Voraussetzung dafür ist die optimistische Annahme, der Kompromiß mit der Wirklichkeit zwinge den Einzelnen nicht zu bedingungsloser Anpassung und Selbstaufgabe, sondern ermögliche überhaupt erst ein produktives Lebenskonzept.

1.2. Vorgeschichte des Bildungsromans im 18. Jahrhundert

1.2.1. Der Aufstieg des Romans

Im Klassizismus der Frühaufklärung gehörte der Roman nicht zu den anerkannten Literaturgattungen. Gottsched hat erst 1751 in die vierte Auflage seiner *Critischen Dichtkunst* ein Kapitel „Von milesischen Fabeln, Ritterbüchern und Romanen" aufgenommen, in dem er die Gattung mit Vorbehalt und ohne sonderliche Hochschätzung behandelte. Lob fand er allenfalls für Fénelons antikisierenden Prinzenerziehungs-Roman *Télémaque* von 1699, während er die um 1750 sichtbar gewordenen neueren Tendenzen in den Werken Richardsons, Gellerts und Fieldings keines Kommentars für würdig befand.

Der Roman stieß nicht nur bei den Anwälten eines klassizistischen Geschmacks auf Vorbehalte, sondern auch bei den religiösen Autoritäten. Der Schweizer Pastor Gotthard Heidegger bekämpfte in seiner *Mythoscopia romantica* (1698) die Gattung mit dem Argument, die Bibel verbiete die Lektüre erfundener und somit lügenhafter Geschichten. Es versteht sich, daß er auch an der Vorliebe des Romans für erotische Themen Anstoß nahm. Die hier spürbaren religiösen und moralischen Einwände gegen den Roman spiegeln sich noch in den Kommentaren der Moralischen Wochenschriften zur Frage der Romanlektüre. Erst nachdem gegen Ende der vierziger Jahre Romane bekannt wurden, die sich ausdrücklich die Propagierung bürgerlicher Tugenden zur Aufgabe machten, gaben die weitverbreiteten erbaulichen Journale ihre Einwände auf (Wolfgang Martens: *Die Botschaft der Tugend. Die Aufklärung im Spiegel der deutschen Moralischen Wochenschriften*. Stuttgart 1968, S. 492 ff.).

Daß die deutschen Romane gegenüber den französischen und englischen Mustern zweitrangig blieben, war schon den meisten Zeitgenossen bewußt. Erst mit Wielands *Agathon* erreichte die Gattung in Deutschland ein Niveau, das ihr die vorbehaltlose Anerkennung der Kritik sichern konnte. Es bleibt jedoch bemerkenswert, daß noch Lessings enthusiastisches Lob für Wielands Buch, es sei „der erste und einzige Roman für den denkenden Kopf von klassischem Geschmack", von der Bemerkung begleitet wurde, der *Agathon* überschreite eigentlich die Grenzen der bislang wenig reputierten Gattung: „Roman? Wir wollen ihm diesen Titel nur geben, vielleicht daß er einige Leser mehr dadurch bekommt" (G. E. Lessing: *Hamburgische Dramaturgie*, 69. Stück). Daß mit Wieland die Gattung eine repräsentative Stellung gewonnen hatte, bezeugt August Gottlieb Meißner, wenn er im Jahre 1780 „mit Zuversicht" annimmt, „daß jeder teutsche Mann von Kopf, und jede teutsche Frau, die einen hat, oder zu haben glaubt, den Agathon gelesen habe" (A. G. Meißner: *Skizzen*. Bd. III. Tübingen 1780, S. 73 f.). In Blanckenburgs *Versuch über den Roman* von 1774 zeigt sich, daß Wielands *Agathon* auch für die Ausbildung einer anspruchsvolleren Gattungstheorie den entscheidenden Anstoß gegeben hat.

1.2.2. Entwicklungsgeschichten als Romanthema

In der Literaturgeschichte der früheren deutschen Aufklärung finden sich keine Vorformen des mit Wieland hervortretenden Bildungsromans. Die traditionalen Ordnungen wirkten zu dieser Zeit noch so stark, daß die Orientierungsnöte des sich selbst und seinen Platz in der Welt suchenden Einzelnen noch nicht zum Thema wurden. Vereinzelt nur machen sich Anklänge an die psychologisch-moralische Thematik individueller Entwicklungsgeschichten bemerkbar, zum Beispiel in der Vorrede zu Karl Friedrich Troeltschs *Geschichte einiger Veränderungen des menschlichen Lebens* (1753):

> „In Romanen erfordert es ohnehin manchmal die Geschichte, daß man seine Helden nicht auf einmal gros werden lässet, sondern man lässet sie durch gute Anweisung und Erfahrung erst zur Reife kommen. Dabei denn die Schwachheiten die sie begehen, dem Leser nützlich sind, und der Hochachtung gegen die Haupt-Personen keinen Abbruch thun" (S. 21).

Allerdings schildert der Roman keine Entwicklungsgeschichte, sondern er behandelt seine Hauptfigur nur als Verbindungselement für eine Kette abenteuerlicher Episoden, die insgesamt die Unzuverlässigkeit des Glücks und die Wechselhaftigkeit der Welt illustrieren.

Erst bedeutend später erscheinen Romane, die psychologisch vertiefte Entwicklungs- und Integrationsgeschichten erzählen und mit dieser Thematik ganz in die Nähe des Bildungsromans geraten. Zu denken ist dabei an Bücher wie Johann Gottlieb Schummels *Wilhelm von Blumenthal* (1780/81), der die Geschichte eines früh verwaisten Kleinbürgersohns von den bedrängten Anfängen in einer deutschen Kleinstadt bis zur Übernahme einer hohen Position im englischen Staatsdienst vorführt. Im Vorwort betont der Autor, daß sein Buch mit der Behandlung des Entwicklungsthemas die Erwartungen des durchschnittlichen Romanlesers enttäuschen werde und daß er deshalb auf ein Publikum rechne, das mit „Behagen [...] ein kleines Samenkorn zum großen, schattigen Baum emporwachsen" sieht.

Das gute Ende dieser Aufstiegsgeschichte wird durch die hohe Begabung des Helden, durch seine feste Überzeugung von einer höheren Bestimmung und durch kluge pädagogische Förderung erreicht. Vor allem aber erweist sich eine wohlmeinende Vorsehung als Garant von Wilhelms Glück. Zwar kommt es zu gelegentlichen Irrtümern, er verfällt vorübergehend Ablenkungen und gerät schon einmal ins Straucheln, aber eine tiefer reichende innere Verunsicherung des Helden bleibt aus. In dieser metaphysischen Absicherung der Entwicklungsgeschichte liegt der wesentliche Unterschied zu den Lebensläufen der eigentlichen ‚Bildungs'-Helden wie Agathon, die sich selbst problematisch werden und um ein gesichertes Weltverhältnis erst noch ringen müssen.

Johann Carl Wezels Roman *Herrmann und Ulrike* (1780) zeigt zahlreiche thematische Übereinstimmungen mit Schummels *Wilhelm von Blumenthal*. Auch hier geht es um den Aufstieg aus dürftiger Herkunft zu einflußreicher

Tätigkeit im Dienst des Gemeinwohls. Auch hier ist der Held durch hohe Talente und glühenden Ehrgeiz ausgezeichnet. Aber Wezel macht die Gefährdungen einer solchen Natur deutlicher als Schummel: Herrmanns Mentor, der Hofmeister Schwinger, läßt den Leidenschaften und dem Tätigkeitsdrang seines Zöglings freie Bahn, obwohl er die Möglichkeit eines Scheiterns deutlich sieht: „Aus solchem Thone muß ein edles Gefäß werden, oder es springe!" (J. C. Wezel, a. a. O. Bd. I, S. 264). Der Held von Wezels Roman durchläuft tiefe Krisen und gerät sogar an den Rand der Verzweiflung, er findet jedoch am Ende zu einer glücklichen Existenz an der Seite der geliebten Ulrike und in pflichtbewußter Tätigkeit für den Staat. Auch über dieser Entwicklungsgeschichte wölbt sich noch eine gesicherte Weltordnung, die dem Tüchtigen und Lauteren seinen Platz zu sinnerfüllter Tätigkeit anweist.

Im *Belphegor* und im *Tobias Knaut* hatte Wezel eine verdüsterte Sicht der Welt erkennen lassen. Daß er in *Herrmann und Ulrike* einem optimistischen Konzept folgt, erklärt sich wohl aus pädagogischen Absichten. Er hat offensichtlich seinen eigenen Roman vor Augen, wenn er es für wünschenswert hält, junge Menschen durch einen dynamischen und erfolgreichen, aber keineswegs ins Idealische gesteigerten Romanhelden zu einer aktiven Lebenshaltung zu bekehren. Er fordert ein Buch,

„das ein Beispiel großer, edler, aufstrebender Thätigkeit enthält, wie sie jeder Jüngling nachahmen kann; das die Triebfeder der menschlichen Größe, die Ehre anspannt; ein Beispiel voll Nerven, Geist, starker männlicher Empfindung; ein Charakter, aus den zwey Hauptelementen einer großen Seele, aus hoher Denkungsart und gefühlvollem Herze, zusammengesetzt, ohne die mindeste idealische Vollkommenheit, mit Schwachheiten und Gebrechen beladen, aber eine Seele voll Gleichgewicht: dieser Charakter muß durch eine Reihe von wahrscheinlichen Begebenheiten, ohne alle Abentheuerlichkeit, hindurchgeführt werden, immer stolpern, oft durch die Übertreibung seiner guten Eigenschaften fallen [...] und doch mit unerschütterlichem Ausharren zu seinem letzten Zwecke hindurchdringen – zu dem Zwecke, durch nüzliche Geschäftigkeit auf einen beträchtlichen Theil seiner Nebenmenschen auf eine Art zu wirken, wie sie in unsrer Welt und bey unsrer Verfassung möglich ist" (J. C. Wezel: *Kritische Schriften.* 3. Bd. Stuttgart 1975, S. 15 ff.).

Mit etlichen Formulierungen scheinen diese programmatischen Sätze bereits den Bildungsroman zu beschreiben, doch bleibt bei näherem Hinsehen eine Differenz bestehen, die sich aus Wezels eindeutig bekundeten didaktischen Absichten und aus dem ungebrochenen aufklärerischen Optimismus ergibt, mit dem Herrmanns Geschichte an ihr gutes Ende geführt wird.

Neben den harmonisch schließenden Entwicklungsgeschichten in den beiden Romanen Schummels und Wezels stehen eine ganze Reihe anderer, die mit Dissonanzen enden und die Unmöglichkeit eines geglückten Lebensgangs demonstrieren. Das psychologische Interesse und auch die ideelle Problematik stellen solche Bücher in die Nähe des Bildungsromans, doch fehlt ihnen eben die für die Gattung konstitutive Tendenz zum Ausgleich zwischen Subjekt und Welt. Der Abstand wird bei einem vergleichenden Blick auf den *Werther* und *Wilhelm Meisters Lehrjahre* eindeutig klar.

Friedrich Traugott Hases *Gustav Aldermann* (1779) ist ein Gegenstück zu *Wilhelm von Blumenthal* und *Herrmann und Ulrike*. Zwar steigt auch hier der Held in ein hohes Amt auf, aber das ist nicht mehr der Lohn für Tugend und Tüchtigkeit, sondern das Resultat skrupellosen Ehrgeizes und planmäßigen Betruges. Zunächst war Gustav Aldermann voll besten Willens gewesen, doch hatten dann einige enttäuschende Erfahrungen in ihm Bitterkeit und Rachegefühle geweckt, woraus sich der Vorsatz entwickelte, ein Schurke zu werden. Indem der Roman gegen Ende knapp zu verstehen gibt, daß der mächtige Fürstengünstling entlarvt und verhaftet worden ist, stellt er die moralische Ordnung wieder her. Die Vorrede gibt Aldermanns Geschichte als ein psychologisch-moralisches Exempel aus, das die Entwicklung bestimmter Charaktere unter bestimmten äußeren Bedingungen demonstrieren soll. Diese Entwicklung besteht in einem Prozeß der Korruption und Verbildung, der aus unbefriedigtem Ehrgeiz einerseits und aus dem desolaten Zustand der Gesellschaft andererseits erklärt wird.

Die Unmöglichkeit einer Entwicklung des Menschen zu vernünftiger Selbstbestimmung und sinnerfüllter Lebensgestaltung demonstriert Johann Carl Wezels bizarrer Roman *Lebensgeschichte Tobias Knauts* (1773–76). Alle Figuren des Buches, insbesondere der Titelheld, sind als verzerrte und verkümmerte Wesen dargestellt, die zu blinden Opfern äußerer Determinationen werden und denen die Welt keinen Raum zur Entfaltung vernunftbestimmter, freier Tätigkeit läßt. Die körperliche Verunstaltung Knauts wird auf störende Einflüsse zurückgeführt, die ihn bereits im Mutterleib erreichten, und auch später legen die Umstände unentrinnbar fest, was aus ihm werden kann:

„Alle diese Ingredienzen – eine *solche* Natur, *solche* Schicksale, *solche* Beispiele – werfe man in Eines Menschen Leben zusammen; und ich bin gut dafür, daß nichts anders aus diesen Elementen entstehn wird, als so eine stoische Karrikatur, wie Tobias Knaut" (Bd. IV, S. 9).

Wezels *Knaut* bezieht eine grimmige Gegenposition zu dem Eudämonismus der Aufklärung, zu ihrem optimistischen Glauben an die lebensgestaltende Kraft der Vernunft. Eine gelingende Einordnung in die Gesellschaft konnte das Buch daher nicht darstellen.

Eine ähnlich desillusionierte Haltung hinsichtlich der Möglichkeit der Selbstfindung und der Integration in die soziale Ordnung zeigt sich – bei allerdings enormen Unterschieden des Darstellungsstils und des geistigen Klimas – in Karl Philipp Moritz' autobiographischem Roman *Anton Reiser*. Der Vorrede zufolge soll der *Anton Reiser* „die innere Geschichte des Menschen schildern" und „die Aufmerksamkeit des Menschen mehr auf den Menschen selbst [...] heften und ihm sein individuelles Dasein wichtiger machen" (K. Ph. Moritz: *Anton Reiser*. Leipzig 1959, S. 7). In diesen Absichten zeigt sich ein psychologisches und allgemeines anthropologisches Interesse, das sich der Vorherrschaft religiöser Gesichtspunkte völlig entzogen hat.

Der *Anton Reiser* schildert eine mißlingende Entwicklung und versucht, die Gründe für das Unglück seines Helden sichtbar zu machen: Da wird von einem lieblosen Elternhaus erzählt, von einer kränklichen Veranlagung, von der unfreundlichen Schule und einem despotischen Lehrherrn. Eine selbstquälerische Religiosität zerstört alle Unbefangenheit und erzeugt Hypochondrie; der Mangel an Nahrung und Kleidung stellt Reiser täglich vor neue Nöte. Angesichts dieser Bedrängnisse kann er kein stabiles Bewußtsein seines eigenen Wertes ausbilden. Er schwankt zwischen maßloser Selbstüberschätzung und Selbsthaß, und er flüchtet aus der tristen Wirklichkeit in das Reich imaginärer Tröstungen, zum Beispiel in eine rauschhaft erlebte Lektüre.

Der Roman bricht ab, ohne daß für den Helden ein rettendes Ufer sichtbar geworden wäre. Zwar ist das Buch von einer überlegen analysierenden, über die Verstrickungen Reisers erhobenen Position aus erzählt. Aber dieser Betrachtungs- und Beurteilungspunkt ist von dem des Helden durch einen Abgrund getrennt, und es ist nicht erkennbar, wie Reiser diesen Abgrund überbrücken sollte.

Moritz' *Anton Reiser* schildert, wie ein begabter und sensibler junger Mensch bei dem Versuch scheitert, seinen Platz in der Gesellschaft zu finden und sich selbst eine bestimmte Identität zu sichern. Man hat das Buch daher mit Recht als einen „Antibildungsroman" bezeichnet (Hans Joachim Schrimpf: *Moritz: Anton Reiser*. In: B. v. Wiese [Hg.]: *Der deutsche Roman*. Düsseldorf 1963. Bd. I, S. 106). Allerdings darf die unglückliche Entwicklungsgeschichte Anton Reisers nicht als Beweis für die grundsätzliche Unmöglichkeit gelingender Bildungsprozesse verstanden werden. Vielmehr soll das negative Beispiel eines gefährdeten und scheiternden Lebens gerade die Notwendigkeit spürbar machen, daß der problematische Einzelne zu einer ausgeglichenen und mit der Welt versöhnten Lebensform findet. Zugleich aber zeigt das Buch auf beklemmende Weise, daß alle Ansätze zur Selbstfindung und alle Versuche zu sozialer Integration dann nicht ans Ziel kommen können, wenn sie von einer ungerecht eingerichteten und verständnislosen Umwelt zurückgewiesen und niedergedrückt werden.

1.2.3. Blanckenburgs Romantheorie

Wielands *Agathon* war der erste deutsche Roman, der eine Bildungsgeschichte zu seinem zentralen Thema machte. Die meisten zeitgenössischen Kritiker spürten, daß mit diesem Buch eine neue Variante der Gattung auftrat, die wichtige thematische Möglichkeiten erschloß. Das wohl wichtigste Zeugnis für diese Wirkung des *Agathon* ist Christian Friedrich von Blanckenburgs 1774 erschienener *Versuch über den Roman*. Dieser umfangreiche Traktat führte zwar keine umstürzend neuen ästhetischen Begriffe ein, er ist aber dennoch von großer historischer Bedeutung, weil er zum ersten Mal in Deutschland einen breit angelegten Ansatz zu einer theoretischen Bestimmung der Gattung Roman unternahm. Blanckenburgs hoher Anspruch zeigt sich darin, daß er bei seinen Überlegungen allenthalben Anschluß an die führenden Autoren der aufklärerischen Dichtungstheorie suchte, vor allem an Henry Home, Diderot, Lessing, Moses Mendelssohn und Christian Garve.

Bei seinem Versuch einer Gattungsdefinition berief sich Blanckenburg auf ein einziges vollgültiges Muster, den wenige Jahre zuvor erschienenen *Agathon*. Zu Recht hat man gesagt, die gattungstheoretische Abhandlung sei über weite Strecken „eine Exegese dieses Romans, ohne dessen Vorbild Blanckenburgs Romanbegriff ohne Anschauung, also leer geblieben wäre" (K. Wölfel: *Ch. F. v. Blanckenburgs ‚Versuch über den Roman'*, S. 32). An dem von Wieland gelieferten Beispiel entwickelte Blanckenburg die Forderung, der Roman solle „wirkliche Individua" darstellen und vor allem „das *Innre* des Menschen" aufklären (Ch. F. v. Blanckenburg: *Versuch über den Roman*. Reprint Stuttgart 1965, S. 410, 310, 356). Auf zahlreiche Bemerkungen im Text des *Agathon* kann sich auch der Gedanke berufen, der Roman solle die Reaktionen und Handlungen seiner Figuren lückenlos in ihrem psychischen Motivationszusammenhang schildern:

„Wenn wir den Agathon untersuchen: so findet es sich so gleich, daß der Punkt, unter welchem alle Begebenheiten desselben vereinigt sind, kein andrer ist, als das ganze jetzige moralische Seyn des Agathon, seine jetzige Denkungsart und Sitten, die durch all' diese Begebenheiten gebildet, gleichsam das Resultat, die Wirkung aller derselben sind, so daß diese Schrift ein vollkommen dichterisches Ganzes, eine Kette von Ursach und Wirkung ausmacht" (S. 10).

Diese Formulierungen deuten schon an, daß der Roman nicht Helden mit unveränderlichen Eigenschaften darstellen soll, sondern „einen ganzen werdenden Menschen" (S. 519), weil der Mensch seine Bestimmung erst am Ende eines längeren Prozesses kontinuierlicher Veränderungen und aufklärender Erfahrungen erreicht: „Das All ist so eingerichtet, daß ein Mensch nicht seine Bildung erhalten kann, ohne durch mannichfaltige Begegnisse hindurch zu gehen" (S. 326). Für den *Versuch über den Roman* steht außer Zweifel, daß der „Romanendichter" seinen Helden an einen Punkt führen müsse, an dem seine „Denkungs- und Empfindungskräfte" zur Reife gekommen sind und er eine feste, seiner Person angemessene Position in der Welt erreicht hat (S. 395, 400). Nur auf diese Weise, so meint Blanckenburg, wird der Romanautor zum „ächten Nachahmer des großen Alls". Denn: „In der wirklichen Welt werden wir, durch alle Begebenheiten unsers Lebens, auf diese oder jene, aber immer auf die, für uns, für unser Seyn, für unsern ganzen Zustand aufs Beste passende Art ausgebildet" (S. 400).

Im *Agathon* sieht Blanckenburg dieses optimistische Konzept bestätigt: Er betont, der Held des Romans habe am Ende aufgrund seiner Erfahrungen einen gefestigten Zustand erreicht (S. 321 f.). Daß er schließlich nach Tarent gelange, sei bloßer Zufall; man könne ihn sich „eben auch an einem anderen Ort [...] ohne Anstoß denken" (S. 255 f.). Mit dieser Bemerkung allerdings setzt sich der Interpret in offenen Widerspruch zum Text des Romans. Dort nämlich erklärt der Erzähler, Agathon werde „in das Land der schönen Seelen und der utopischen Republiken" versetzt, weil weitere Enttäuschungen in der unfreundlichen Wirklichkeit auch noch den „kostbaren Überrest seiner ehemaligen Tugend" zerstören würden (Chr. M. Wieland: *Agathon*. Erste Fassung. Berlin 1961, S. 377, 379). Offensichtlich liest Blanckenburg über die Aporien hinweg, die am Ende des Wielandschen Bildungsromans aufsteigen (vgl. unten Kap. 2.3.3.).

Auch wenn Blanckenburg der ideellen Problematik seines Muster-Romans nicht ganz gerecht wird (übrigens auch nicht dessen Erzählform), so beschreibt seine Gattungstheorie doch wesentliche Momente des Bildungsromans. Vor allem die Konzentration auf die Entwicklungsgeschichte einer zentralen Figur in ihrem inneren Zusammenhang, die Betonung des Zusammenwirkens innerer und äußerer Faktoren in diesem Prozeß (vgl. S. 388) und die Ausrichtung der Romanerzählung auf einen harmonischen Schluß sind typische Merkmale der mit dem *Agathon* hervortretenden Gattung. Daß Blanckenburg diese Kriterien schlechthin allen Romanen als Forderung auferlegen will, ist ohne Zweifel eine dogmatische Übertreibung, die den vielfältigen Möglichkeiten der Gattung nicht gerecht wird. In dieser einengenden Bestimmung jedoch bezeugt sich ohne Zweifel die suggestive Wirkung, die vom Beispiel des *Agathon* ausging.

2. Wieland: ‚Geschichte des Agathon'

2.0. Bibliographie

2.0.1. Texte und Dokumente

Zitiert ist im folgenden nach:
Wieland's Werke. 40 Bde. Berlin o.J. (1879ff.). Verlag Gustav Hempel [Sigle H.].
C. M. Wieland: *Geschichte des Agathon*. Unveränderter Abdruck der Editio princeps (1767). Bearbeitet von K. Schaefer. Berlin 1961 [Sigle Ag.].
Weitere Werkausgaben:
C. M. Wielands Sämmtliche Werke. Leipzig 1794ff. [Ausgabe letzter Hand. Reprint 1984].
C. M. Wieland's Sämmtliche Werke. Leipzig 1853f. [Göschen].
Wielands Gesammelte Schriften. Herausgegeben von der Königlich Preußischen Akademie der Wissenschaften. Berlin 1909ff. [Historisch-kritische Ausgabe, bislang unvollständig].
Chr. M. Wieland: Ausgewählte Werke in drei Bänden. Hg. v. F. Beissner. München 1964f.
Chr. M. Wieland: Werke. 5 Bände. Hg. v. F. Martini und H. W. Seiffert. München 1964ff.
Chr. M. Wieland: Werke. 12 Bde. Hg. v. G.-L. Fink u.a. Frankfurt 1986ff. [Bd. 3: *Geschichte des Agathon*. Hg. v. K. Manger, mit umfangreicher Bibliographie und Kommentar].

Wielands Briefe liegen in einer ganzen Reihe älterer Auswahlausgaben vor, die durch eine große Gesamtedition fortschreitend ersetzt werden, nämlich durch:
Wielands Briefwechsel. Hg. v. der Deutschen Akademie der Wissenschaften zu Berlin. Berlin 1963ff. [Bislang erschienen die Bände 1 bis 5, unten zitiert unter der Sigle Br.].
Taschenbuch-Ausgaben des *Agathon* liegen vor in Reclams Universal-Bibliothek (Nr. 9933, 1. Fassung) und im Deutschen Taschenbuch-Verlag (Nr. 2120, 3. Fassung).

2.0.2. Forschungsliteratur

Als bibliographisches Hilfsmittel liegt vor:

Günther, Gottfried und Zeilinger, Heidi: Wieland-Bibliographie. Berlin und Weimar 1983. [Umfassendes Verzeichnis der Textdrucke, Übersetzungen und Sekundärliteratur bis 1980.]

Beddow, Michael: The Fiction of Humanity. Studies in the Bildungsroman from Wieland to Thomas Mann. Cambridge 1982, S. 8 ff.: Negations: *Geschichte des Agathon.* [Bezeichnet die Frage nach der wahren Natur des Menschen als zentrales Thema des Romans.]

Buddecke, Wolfram: C. M. Wielands Entwicklungsbegriff und die Geschichte des Agathon. Göttingen 1966. [Grundlegende Untersuchung zu den konstituierenden Elementen von Wielands Entwicklungsbegriff. Präzise Analyse des *Agathon* unter dem Aspekt der Entwicklung der Titelfigur.]

Hemmerich, Gerd: Christoph Martin Wielands ‚Geschichte des Agathon'. Eine kritische Werkinterpretation. Nürnberg 1979. [Bestreitet, gestützt auf einen fragwürdigen Gattungsbegriff, die Qualifizierung des *Agathon* als Bildungsroman und will Wieland bei der Entfaltung der moralischen Problematik „Konfusion" nachweisen.]

Jacobs, Jürgen: Wielands Romane. Bern und München 1969. [Versucht, den Ton, die Technik und die Themen von Wielands geselligem Erzählen zu bestimmen.]

Müller, Jan-Dirk: Wielands späte Romane. Untersuchungen zur Erzählweise und zur erzählten Wirklichkeit. München 1971. [Erkennt im Spätwerk die Vollendung der im *Don Sylvio* und im *Agathon* angelegten „Subjektivierung des Erzählens".]

Paulsen, Wolfgang: Christoph Martin Wieland. Der Mensch und sein Werk in psychologischen Perspektiven. Bonn und München 1975. [Versucht, mit psychoanalytischen Kategorien Wielands Werk – und besonders den *Agathon* – aus der Seelengeschichte des Autors zu erläutern.]

Reichert, H. W.: The Philosophy of Archytas in Wieland's ‚Agathon'. Germanic Review 24. 1949, S. 8 ff. [Zeigt, daß Wieland die idealistische Philosophie des Archytas nur für eine kurze Frist nach 1790 vertreten hat.]

Schaefer, Klaus: Das Problem der sozialpolitischen Konzeption in Wielands ‚Geschichte des Agathon' (1766/67). Weimarer Beiträge 16. 1970, S. 171 ff. [Bezieht die im *Agathon* hervortretende Antithese Idealismus – Materialismus auf die Klassenkonflikte des 18. Jahrhunderts und sieht die Grenzen Wielands darin, daß er die „Kluft zu den Volksmassen" nicht überwunden habe.]

Sengle, Friedrich: Wieland. Stuttgart 1949. [Umfassende, immer noch maßgebliche Darstellung von Wielands Leben und Werk.]

Swales, Martin: The German Bildungsroman from Wieland to Hesse. Princeton 1978, S. 38 ff.: Wieland: *Agathon* (1767). [Sieht die Darstellung Agathons in der Spannung zwischen den Festlegungen der einzelnen Lebensmomente und der durch solche Festlegungen nicht auszuschöpfenden inneren Fülle des Selbst.]

Thomé, Horst: Menschliche Natur und Allegorie sozialer Verhältnisse. Zur politischen Funktion philosophischer Konzeptionen in Wielands ‚Geschichte des Agathon'. Jb. der Deutschen Schillergesellschaft 22. 1978, S. 205 ff. [Untersucht „die ‚Weltanschauungen' von Hippias und Agathon auf ihre schichtspezifische und politische Bedeutung hin".]

Thomé, Horst: Roman und Naturwissenschaft. Eine Studie zur Vorgeschichte der deutschen Klassik. Frankfurt, Bern, Las Vegas 1978. [Verfolgt die literarischen Auswirkungen des zunehmend durch die exakten Wissenschaften bestimmten Verhältnisses zur Realität; ausführliche Analyse des *Agathon* unter diesem Aspekt.]

2. Wieland: Geschichte des Agathon

2.1. Agathon als Held einer Bildungsgeschichte

Manche Interpreten haben bezweifelt, ob der Titelheld des Wielandschen *Agathon* überhaupt eine Entwicklung durchläuft, die sich als Bildungsprozeß auffassen ließe. Sie folgerten aus diesem Zweifel, daß man das Buch nicht als Bildungsroman verstehen könne (vgl. z. B. W. Paulsen: *Ch. M. Wieland*, S. 27, 78, 159 und G. Hemmerich: *Ch. M. Wielands ‚Geschichte des Agathon'*, S. 4, 11).

In der Tat scheinen manche Bemerkungen des Autors darauf hinzudeuten, daß er sich die Geschichte seines Helden weniger als einen Vorgang der Entfaltung und Steigerung dachte denn als eine Art Klärung und Zurückführung auf den Wesenskern. Der Vorbericht zur ersten Fassung erklärt es ausdrücklich als Plan des Werks, den Charakter Agathons einer Reihe von „Proben" zu unterziehen, „durch welche seine Denkensart und Tugend erläutert, und dasjenige, was darinn übertrieben und unächt war, nach und nach abgesondert würde" (Ag., S. 4). Der Gedanke an eine Veränderung des Romanhelden scheint ganz außerhalb der Vorstellungen Wielands zu liegen, wenn er in einem Brief über den entstehenden Roman sagt: „Aber es wird Kopf-Arbeit brauchen, den Agathon, nachdem er durch alle die *media* durch gegangen sein wird, die ihm noch bevorstehen, wieder an eben den Punkt zu bringen, von dem er aus gelaufen ist" (Brief vom 20. XII. 1762. Br. III, S. 140).

Nun gibt es aber eine Fülle von Bemerkungen im Text des Romans, die von bedeutsamen Änderungen in der Person des Helden sprechen und ganz allgemein die Notwendigkeit betonen, daß der Mensch sich im Fortgang des Lebens wandelt und durch Erfahrung reift. So heißt es etwa von Agathon, daß „seine Art, Personen und Sachen ins Auge zu fassen, seit einiger Zeit eine merkliche Veränderung erlitten hatte" (Ag., S. 301). Oder es ist die Rede von den „Progressen, welche die schon zu Smyrna angefangene Revolution in seiner Seele während seinem Aufenthalt zu Syracus machte" (Ag., S. 365). Dem Erzähler der *Geschichte des Agathon* scheint es unmöglich und gar nicht wünschenswert, daß der Mensch sich immer gleich bleibt:

„die Besten haben an ihren Ideen, Urtheilen, Empfindungen, selbst an dem worinn sie vortrefflich sind, an ihrem Herzen, an ihrer Tugend, unendlich viel zu verändern. Und die Erfahrung lehrt, daß wir selten zu einer neuen Entwicklung unsrer Selbst, oder zu einer merklichen Verbesserung unsers vorigen innerlichen Zustandes gelangen, ohne durch eine Art von *Medium* zu gehen, welches eine falsche Farbe auf uns reflectirt, und unsre wahre Gestalt eine Zeitlang verdunkelt" (Ag., S. 320).

Obwohl hier von der „Entwicklung unsrer Selbst" die Rede ist, scheint Wieland dann wenige Zeilen später wieder der Auffassung zuzuneigen, daß es eine unveränderliche Natur der Person gebe, die von allen Modifikationen durch äußere Umstände unberührt bleibt und erst am Ende einer längeren Reihe klärender Erfahrungen hervortritt:

„Er [Agathon] schien nach und nach ein andächtiger Schwärmer, ein Platonist, ein Republicaner, ein Held, ein Stoiker, ein Wollüstling; und war keines von allen, ob er gleich in verschiedenen Zeiten durch alle diese Classen gieng, und in jeder eine Nüance von derselben bekam. So wird es vielleicht noch eine Zeitlang gehen – Aber von seinem Character, von dem was er würklich war, worinn er sich unter allen diesen Gestalten gleich blieb, und was zuletzt, nachdem alles Fremde und Heterogene durch die ganze Folge seiner Umstände davon abgeschieden seyn wird, übrig bleiben mag – davon kann dermalen die Rede noch nicht seyn" (Ag., S. 320f.).

Offensichtlich liegt hier nicht die Vorstellung eines wachstumsähnlichen, organischen Prozesses der Entfaltung zugrunde. Andererseits ist nicht zu bezweifeln, daß Agathon sich wandelt und daß er im Durchgang durch seine Wandlungen Fortschritte macht. Das Ziel seiner Entwicklung liegt darin, daß sich seine wahre Natur rein und frei von allen verfälschenden Einflüssen darstellt. Wenn man sich nicht allzu eng auf die goethezeitlichen Bildungsvorstellungen fixiert, läßt sich auch dieser Klärungs- und Läuterungsprozeß Agathons als Bildungsgang bezeichnen. Daß Agathon am Ende derselbe sei wie zu Beginn der Geschichte, läßt sich im Ernst nicht behaupten. Zwar liegt dem Roman daran, den moralischen Kern seines Helden gegen alle Anfechtungen zu erhalten, aber dessen Bekenntnis zur Tugend hat ein anderes Gewicht und einen anderen Charakter, nachdem er seine eigene Täuschungsanfälligkeit und die Unzuverlässigkeit der Welt gründlich erfahren hat. Man hat die Entwicklung Agathons mit folgender Formulierung treffend umschrieben:

„Von einem Zustand seelischer Diffusität, der dadurch gekennzeichnet ist, daß die Tendenzen zum Guten, Schönen und Wahren auf mannigfache Weise mit anderen, ihnen feindlichen Tendenzen verquickt erscheinen, schreitet der Held bei wachsender Fähigkeit, sich selbst zu objektivieren, zu einem Zustand fort, wo sich der Charakter von den übrigen Momenten der Person abhebt, wo er eine scharfe äußere Umgrenzung und eine klare innere Strukturiertheit aufweist (...). Auf einen solchen Prozeß den Begriff ‚Entwicklung' anzuwenden, erscheint umso legitimer, als die Läuterung des Charakters eine Steigerung seiner konstituierenden Merkmale impliziert" (W. Buddecke: *C. M. Wielands Entwicklungsbegriff*, S. 208).

Daß es Wieland am Beispiel Agathons um die Herausbildung eines moralischen Charakters zu tun ist, wird besonders deutlich sichtbar, als er in einer Erzähler-Reflexion mit dem Gedanken eines Miß-Bildungs-Romans spielt: Die Geschichte kenne Fälle, in denen sich edel veranlagte Menschen zu grausamen Despoten entwickelt hätten, weil sie einer falschen Erziehung ausgesetzt gewesen seien. Die fortschreitende Korruption der moralischen Anlagen, die sich an solchen Beispielen beobachten läßt, erscheint dem Erzähler des *Agathon* als „ein sehr nüzlicher Stoff, den wir der Bearbeitung irgend eines Mannes von Genie empfehlen, der bey philosophischen Einsichten eine hinlängliche Kenntniß der Welt besässe" (Ag. S. 266).

2.2. Wielands Entwicklungsbegriff

In Wielands Vorstellungen von der lebensgeschichtlichen Entwicklung des einzelnen Menschen verbinden sich die Elemente der beiden im 18. Jahrhundert kursierenden gegensätzlichen Lehren, der Präformations- und der Milieu-Theorie (vgl. oben Kp. 1.1.2.). Schon der „Vorbericht" des *Agathon* stellt den „Individual-Character" und „die Umstände einer jeden Person" als bestimmende Faktoren nebeneinander (Ag., S. 1). Die Bemühung um eine Synthese (vgl. dazu W. Buddecke: *C. M. Wielands Entwicklungsbegriff,* S. 49), aber auch die große Bedeutung, die Wieland im Anschluß an Montesquieu und Helvétius den äußeren Einflüssen einräumt, wird in einer längeren programmatischen Erklärung des *Agathon*-Erzählers greifbar: „Absicht des Autors" sei es gewesen, das Werden eines „tugendhaften Weisen" zu schildern, –

„und zwar solchergestalt, daß man ganz deutlich möchte begreifen können, wie ein solcher Mann – so gebohren – so erzogen – mit solchen Fähigkeiten und Dispositionen – mit einer solchen Bestimmung derselben – nach einer solchen Reihe von Erfahrungen, Entwicklungen und Veränderungen – in solchen Glüks-Umständen – an einem solchen Ort und in einer solchen Zeit – in einer solchen Gesellschaft – unter einem solchen Himmels-Strich – bey solchen Nahrungs-Mitteln (denn auch diese haben einen stärkeren Einfluß auf Weisheit und Tugend, als sich manche Moralisten einbilden) – bey einer solchen Diät – kurz, unter solchen gegebenen Bedingungen [...] ein so weiser und tugendhafter Mann habe seyn können" (Ag., S. 380).

Zu den „Fähigkeiten und Dispositionen" Agathons gehört seine moralische Sensibilität und das Gefühl, der Idee des Guten verpflichtet zu sein. Aber dies ist nicht nur eine naturgegebene Anlage, die sich wie ein Trieb auswirkt. Vielmehr meldet sich in den spontanen moralischen Regungen die sittliche Natur des Menschen, die er durch den rechten Gebrauch seiner Freiheit verwirklichen soll. Damit ist der dritte Faktor benannt, der neben Anlage und Umwelt den Lebensgang des Einzelnen mitbestimmt. Mit diesem Konzept nähert sich Wieland der Vorstellung, die der klassische Goethe über die Komponenten des Bildungsprozesses entwickeln wird. In seinem Aufsatz *Das Geheimniß des Kosmopoliten-Ordens* von 1788 hat Wieland seine Bildungsvorstellung auf eine knappe Formel gebracht:

„Die *Natur* (...) hat einem jeden Menschen die besondere *Anlage* zu dem, was er sein soll, gegeben, und der Zusammenhang der Dinge setzt ihn in *Umstände,* die der Entwicklung derselben mehr oder weniger günstig sind; aber ihre *Ausbildung* und *Vollendung* hat sie ihm selbst anvertraut" (H 33, S. 134).

2.3. Agathons Bildungsgeschichte

2.3.1. Die Grundfrage

Der schwärmerisch für die Sache der Tugend begeisterte Agathon stößt nach seinen ersten enttäuschenden Erfahrungen auf das Problem, wie der Mensch in einer korrupten Welt dem moralischen Gesetz treu bleiben könne. Zunächst glaubt er, eine Antwort auf diese bedrängende Frage durch Ortsveränderung finden zu können: Er sucht ein Land, „wo die Tugend, von auswärtigen Beleidigungen sicher, ihrer eigenthümlichen Glükseligkeit geniessen könnte, ohne sich aus der Gesellschaft der Menschen zu verbannen" (Ag., S. 23 f.).

Grundsätzlicher und prägnanter ist die Frage nach dem Anspruch der „Tugend" in der Auseinandersetzung mit dem Sophisten Hippias gefaßt. Dieser Mann hält Agathon illusionslos und kühl entgegen, daß die moralischen Prinzipien sich unter dem Einfluß von Ort und Zeit verändern, daß sie erfahrungsgemäß das Handeln der Menschen meist nicht bestimmen und daß nur ein berechnender Eigennutz zu Erfolg und Lebensgenuß verhilft. Ganz offen bekennt sich Hippias zu hedonistischen Maximen:

„Die Frage ist also: Giebt es nicht ein allgemeines Gesez, welches bestimmt, was an sich selbst Recht ist? Ich antworte ja, und dieses allgemeine Gesez kann kein andres seyn, als die Stimme der Natur, die zu einem jeden spricht: Suche dein Bestes; oder mit andern Worten: Befriedige deine natürlichen Begierden, und geniesse so viel Vergnügen als du kanst" (Ag., S. 69).

In den Thesen des Hippias wetterleuchten die Ideen der radikalsten Vertreter der französischen Aufklärung, vor allem La Mettries und Helvétius' (vgl. V. Michel: *C. M. Wieland. La formation et l'évolution de son esprit jusqu'en 1772.* Paris 1938, S. 293 ff. und H. Thomé: *Roman und Naturwissenschaft,* S. 127 ff.). Wieland kannte deren beunruhigende Gedanken genau und äußerte sich in manchen seiner Briefe äußerst skeptisch gegenüber den konventionellen Anschauungen in Religion und Moral. An Julie von Bondeli schreibt er:

„L'expérience m'a désabusé d'une illusion après l'autre, enfin je me suis trouvé au niveau. Je pense sur le Christianisme comme Montesquieu sur son lit de mort; sur la fausse sagesse des esprits sectaires et les fausses vertus des fripons comme Lucien: sur la morale spéculative comme Helvétius, sur la métaphysique – rien du tout; elle n'est pour moi qu'un objet de plaisanterie" (Brief vom 16. VII. 1764, Br. III, S. 289).

Indem Wieland eine immoralistische Position in seinem Roman einführte und dessen Helden vor die Aufgabe stellte, sein spontanes moralisches Gefühl gegenüber einer so radikalen Anzweiflung zu behaupten, nahm er das Grundproblem der Moralphilosophie seines Jahrhunderts auf. Ernst Cassirer hat es als den Widerstreit von apriorischer ethischer Forderung und desillusionierender, weil dem sittlichen Gesetz eklatant widersprechender Erfahrung bezeichnet (E. Cassirer: *Die Philosophie der Aufklärung.* Tübingen 1932, S. 326 ff.).

Agathon hat dem Raisonnement des Hippias keine Argumente entgegenzustellen. Er lehnt dessen verführerische Philosophie allein deshalb ab, weil ihn sein Gefühl in eine andere Richtung drängt (Ag., S. 74). Dem Prinzip des Lebensgenusses hält er die erhabene Idee eines auf Selbstlosigkeit beruhenden Menschheitsglücks entgegen:

„Du erklärst die Ideen von Tugend und sittlicher Vollkommenheit für Phantasien [...]. Laß die Tugend immer eine Schwärmerey seyn, diese Schwärmerey macht mich glüklich, und würde alle Menschen glüklich machen, wenn deine Grundsäze, und diejenige, welche sie ausüben, nicht, so weit ihr anstekendes Gift dringt, Elend und Verderbniß ausbreiteten" (Ag., S. 77).

In der Emphase dieses Bekenntnisses und in der unerschütterlichen Sicherheit, mit der Agathon sich allen Anfechtungen gegenüber gefeit glaubt, steckt – wie der Fortgang der Erzählung zeigt – eine Selbsttäuschung, eine Verfehlung der Wirklichkeit. Am Ende seiner Abenteuer in Smyrna wird offenbar, daß sein Überschwang ihn unfähig machte, sich gegenüber einer zweideutigen Realität zu behaupten. Es war die „unvermerkte Unterschiebung des Idealen an die Stelle des Würklichen" (Ag., S. 251), die ihn mit seinen Prinzipien in Widerspruch geraten ließ.

Thema des Romans ist die Abkühlung und Ernüchterung des Schwärmers durch eine Reihe ebenso schmerzhafter wie belehrender Kollisionen mit der äußeren Welt. Allerdings soll bei diesen Schüben der Desillusionierung nicht der Kern von Agathons idealer Begeisterung zerstört werden. Am Ende soll nicht Hippias recht bekommen, sondern die Geschichte soll – entsprechend ihrem Horazischen Motto – zeigen, „quid virtus et quid sapientia possit". Wieland unterscheidet wie Shaftesburys *Letter concerning Enthusiasm* zwischen wahrer und falscher Begeisterung: „Schwärmerei ist Krankheit der Seele, eigentliches Seelenfieber; Enthusiasmus ist ihr wahres Leben!" (H 32, S. 370) Bei Agathon geht es darum, die pathologischen Züge seiner Begeisterung für das moralische Ideal fortschreitend abzubauen. Daß diese Heilung des Schwärmers für Wieland durchaus auch einen medizinischen Aspekt hat, ist von Hans-Jürgen Schings überzeugend nachgewiesen worden (H.-J. Schings: *Melancholie und Aufklärung*. Stuttgart 1977, S. 197ff.).

2.3.2. Etappen in Agathons Entwicklung

Der Text des Romans selbst macht in einer Erzähler-Reflexion am Ende der Syrakusaner Episode klar, daß Agathons Abenteuer als eine sich steigernde Folge von Desillusionierungen zu verstehen sind, die seinen schönen Glauben an die Güte des Menschen in Frage stellen:

„Es ist oben schon bemerkt worden, daß Agathon bey seinem Auftritt auf dem Schauplatz, von dem er nun wieder abgetreten ist, lange nicht mehr so erhaben und idealisch von der menschlichen Natur dachte, als zu Delphi [...]; aber nachdem er die Beobachtungen, die er zu Athen und Smyrna schon gesammelt, noch durch die nähere Bekanntschaft mit den Grossen, und mit den Hofleuten bereichert hatte, sank seine Meynung von der angebohrnen Schönheit und Würde dieser menschlichen Natur, von Grade zu Grade so tief, daß er zuweilen in Versuchung gerieth, gegen die Stimme seines Herzens [...] alles was der göttliche Plato erhabenes und herrliches davon gesagt und geschrieben hatte, für Mährchen aus einer andern Welt zu halten" (Ag., S. 366).

Der Roman ist so aufgebaut, daß die Erzählung der einzelnen Lebensepisoden jeweils mit längeren reflektierenden Abschnitten schließt, in denen der innere Zustand des Helden erörtert wird. Der Blick auf diese resümierenden Passagen erlaubt es, den Bildungsgang Agathons, das heißt: die fortschreitende Ernüchterung des Schwärmers durch Erfahrung genauer zu erfassen.

II. Aufklärung

Die Resultate seiner Erlebnisse in Athen formuliert Agathon selbst, als er Danae über diese Epoche seines Lebens berichtet. Er spricht von vielen nützlichen Kenntnissen, die er gewonnen habe, aber auch von der desillusionierenden Aufklärung über die selbstsüchtige und skrupellose Natur der meisten Menschen (Ag., S. 207 f.). Er betont indessen nachdrücklich, daß ihn seine Erfahrungen nicht zu einem grundsätzlichen Zweifel an der moralischen Bestimmung des Menschen geführt haben:

> „Kurz, ich dachte darum nicht schlimmer von der Menschheit, weil sich die Athenienser unbeständig, ungerecht und undankbar gegen mich bewiesen hatten; aber ich faßte einen desto stärkeren Widerwillen gegen eine jede andere Gesellschaft, als eine solche, welche sich auf übereinstimmende Grundsäze, Tugend und Bestrebung nach moralischer Vollkommenheit gründete" (Ag., S. 208).

Bitterkeit und Resignation sind dann allerdings in Agathons Entschluß zu spüren, der undankbaren Welt den Rücken zu kehren, sich nur noch der „eigenen Glükseligkeit" zuzuwenden und nach Indien, zu den „Quellen der morgenländischen Weisheit" aufzubrechen (Ag., S. 208). Schon in dieser Weltflucht, die das Ideal gegen die Erfahrung retten soll, zeigt sich das Fortdauern von Agathons Schwärmerei. Wie wenig er diese Schwäche abgestreift hat, wird vollends deutlich, als er von seiner überschwenglichen Liebe zu Danae spricht:

> „Er überredete sie mit eben der Aufrichtigkeit, womit er es zu empfinden glaubte, daß sie allein dazu gemacht gewesen sey, seine Begriffe von idealischen Vollkommenheiten und einem überirdischen Grade von Glükseligkeit zu realisieren" (Ag., S. 210).

Solch enthusiasmierte Reden kommentiert der Erzähler sehr trocken: „Agathon hatte vielleicht in seinem Leben nie so sehr geschwärmt, als izt" (Ag., S. 211). Damit ist auf das nächste Desillusionierungs-Erlebnis schon vorausgedeutet: Es tritt ein, als Agathon einsehen muß, daß er sich in Danae getäuscht hat und somit zum Narren seiner verliebten Begeisterung geworden ist. Er muß zugeben, daß Hippias so unrecht nicht hatte und „daß dieses innerliche Gefühl, durch dessen Zeugniß er die Schlüsse des Sophisten zu entkräften vermeynt hatte, nur ein sehr zweydeutiges Kennzeichen der Wahrheit sey" (Ag., S. 252).

Das Resultat der Erlebnisse in Smyrna besteht, wie der Erzähler konstatiert, in einer moralischen Irritation: Es gelingt Agathon jetzt nicht mehr wie noch am Ende der Athener Episode, seinen Glauben gegen die Erfahrung zu verteidigen. Ein Zweifel beschleicht ihn, dem er allerdings nicht nachgeht und über den er offenbar hinwegleben zu können glaubt:

> „Kurz, seine Erfahrungen machten ihm die Wahrheit seiner ehemaligen Denkungs-Art verdächtig, ohne ihm einen gewissen geheimen Hang zu seinen alten Lieblings-Ideen benehmen zu können. Seine Vernunft konnte in diesem Stüke mit seinem Herzen und sein Herz mit sich selbst nicht recht einig werden" (Ag., S. 253).

So sehr der Erzähler diese moralische Irritation des Helden betont, so deutlich weist er doch auch auf die positiven Resultate des Aufenthaltes in Smyrna hin, nämlich auf den Zugewinn an Welterfahrung, an Gewandtheit und weltmännischer Politur (Ag., S. 310). Diese äußerlichen Fortschritte sind Voraussetzung für die Karriere Agathons am Hof des Dionysius in Syrakus, durch deren dramatisches Ende er in seine tiefste Krise stürzt. In einem ausführlichen Kapitel mit dem Titel „Moralischer Zustand unsers Helden" resümiert der Erzähler die Wirkungen dieser Lebensepisode: Agathon steht jetzt in der Gefahr, seinen Glauben an die sittliche Bestimmung des Menschen preiszugeben und sich den skeptischen Auffassungen des Hippias anzuschließen (Ag., S. 367). Aber seine innere Stimme hält ihn dann doch vor dem Absturz in Hedonismus und Immoralismus zurück, – gerade wie seinerzeit schon bei dem Bekehrungsversuch des Hippias:

> „Diese Betrachtungen führten unsern Helden bis an die äusserste Spize des tiefen Abgrunds, der zwischen dem System der Tugend, und dem System des Hippias liegt; aber der erste schüchterne Blik, den er hinunter wagte, war genug, ihn mit Entsetzen zurükfahren zu machen [...] Die Tugend hatte bey ihm keinen andern Sachwalter nötig als sein eignes Herz" (Ag., S. 368).

Alle schlimmen Erfahrungen haben Agathon seinen „eingewurzelten Hang zu dem idealischen Schönen" nicht austreiben können, auch wenn er der Misanthropie, der Verbitterung und der Preisgabe seines schönen Glaubens an das Gute bedenklich nahe war. Der Erzähler beschwört daher die Hoffnung, „aus dem Streit der beyden widerwärtigen und feindlichen Geister, wodurch seine ganze innerliche Verfassung seit einiger Zeit erschüttert, verwirrt und in Gährung gesezt worden, zulezt eine eben so schöne Harmonie von Weisheit und Tugend hervorkommen zu sehen, wie nach dem System der alten Morgenländischen Weisen, aus dem Streit der Finsterniß und des Lichts, diese schöne Welt hervorgegangen seyn soll" (Ag., S. 376).

2.3.3. Das Ziel von Agathons Bildungsgeschichte

Der Erzähler des Romans gibt sich hinsichtlich der Möglichkeiten Agathons, seine moralische Überzeugung gegen weitere Enttäuschungen zu behaupten, sehr nüchtern und illusionslos. Es scheint ihm außer Zweifel zu stehen, daß der Held seiner Geschichte durch weitere Abenteuer nach Art der in Smyrna und Syrakus erlebten auch den bislang noch geretteten „kostbaren Ueberrest seiner ehemaligen Tugend" verlieren würde (Ag., S. 379, vgl. S. 375). Er gesteht daher offen ein, daß zur Rettung Agathons ein Zusammenhang „glüklicher Umstände" nötig war, der jenseits aller Wahrscheinlichkeit liegt (Ag., S. 380).

Gelegentlich hat man in dieser Wendung einen radikalen Pessimismus finden wollen: Wielands Roman demonstriere mit seinem gewaltsamen und offen als unglaubwürdig deklarierten Happy End nur die finstere Wahrheit, daß die Welt dem Guten keinen gesicherten Platz biete (vgl. Werner Hahl: *Reflexion und Erzählung. Ein Problem der Romantheorie von der Spätaufklärung bis zum programmatischen Realismus*. Stuttgart 1971, S. 42 f.). Nun läßt sich zur Stützung einer solchen Deutung zwar auf gelegentlich gemachte Bekenntnisse des

Autors hinweisen, daß er allen Glauben an die Tugend verloren habe (vgl. den Brief vom 16. II. 1767, Br. III, S. 429). Und ganz offensichtlich steht Wieland am Ende seines Romans vor einem Problem, für das ihm eine glatte Lösung nicht zur Hand war. Aber man kann denn doch nicht über die intensiven und wortreichen Bemühungen des Erzählers hinwegsehen, den moralischen Kern in der Person Agathons als unkorrumpierbar erscheinen zu lassen. Wenn er die Erziehung des Schwärmers durch Erfahrung schildern wollte, so mußte er darauf achten, daß nicht mit der Schwärmerei zugleich der Glaube an das Gute überhaupt ausgerottet wurde. Denn in Agathons Begeisterung hatte ein Moment der Wahrheit gesteckt: Sie war „die Quelle seiner Fehler sowol als seiner schönsten Thaten gewesen" (Ag., S. 354).

Daher mußte die Folge der enttäuschenden Erfahrungen abgebrochen werden, als eine gewisse Ernüchterung des Helden eingetreten war, aber seine „zarte Empfindlichkeit der Seele" noch keinen bleibenden Schaden genommen hatte (Ag., S. 376). Ziel der Entwicklung ist eine Verbindung von skeptisch stimmender Erfahrung und apriorischen moralischen Gewißheiten: Selbsttäuschungen durch rauschhaften Enthusiasmus oder durch windige Spekulationen soll es nicht mehr geben. Aber der Mensch darf auch nicht in einer „gänzlichen Ungewißheit des Geistes" versinken, „welche eine eben so grosse Unentschlossenheit und Muthlosigkeit des Willens nach sich zieht, und dadurch eine Quelle so vieler schädlicher Folgen für die Tugend und Religion, und also für die Ruhe und Glükseligkeit unsers Lebens wird" (Ag., S. 398).

2.3.4. Die dritte Fassung des ‚Agathon'

Schon bald nach dem ersten Erscheinen des *Agathon* hat Wieland den Roman für unvollendet erklärt: Eine definitive Beurteilung des Werks sei erst nach dem Erscheinen eines dritten Teils möglich, der philosophische Unterhaltungen zwischen Archytas und Agathon enthalten solle (Briefe vom 2. VI. 1768 und 29. I. 1769, Br. III, S. 518, 575).

Im Jahre 1773 erschien eine zweite Fassung des Romans, die um die Lebensgeschichte der Danae erweitert war. Die dritte Fassung eröffnete 1794 die Reihe der *Sämtlichen Werke*. Angefügt war hier ein Auftritt des Hippias in Agathons Gefängnis, der die moralische Distanz der beiden Figuren verdeutlichen sollte (H 3, S. 94), und eine ausführliche Darstellung der Philosophie des Archytas. Grundlage dieser Philosophie ist die Lehre, daß die Vernunft des Menschen die Sinnlichkeit beherrschen muß, damit „der Verderbniß unserer Natur und den Übeln aller Arten, die sich aus ihr erzeugen, abgeholfen werden könne" (H 3, S. 210). Zugang zur Wahrheit vermittelt der „innere Sinn" (H 3, S. 203). Es ist daher unsinnig, noch eine ausdrückliche Demonstration, einen förmlichen Beweis, eine äußere Bestätigung dieser Lehre zu erwarten. Denn: „ein solcher Glaube beweist sich selbst" (H 3, S. 215).

Man hat zu Recht darauf hingewiesen, daß diese dritte Fassung des *Agathon* nicht mehr wie die erste auf eine Verbindung von apriorischen Überzeugungen

2. Wieland: Geschichte des Agathon 63

und Erfahrung hinstrebt, sondern daß sie von einem schroffen Dualismus geprägt ist. Das Ideal tritt der Wirklichkeit unversöhnbar entgegen, was sich im permanenten „Krieg" zwischen der geistigen und sinnlichen Natur in jedem Menschen zeigt (H 3, S. 210), aber auch in der unüberbrückbaren Distanz, die sich zwischen dem Reich des Archytas und dem Rest der Welt auftut (vgl. J.-D. Müller: *Wielands späte Romane*, S. 87).

Die meisten Interpreten von Wielands Roman hatten Einwände gegen diese Lösung. Denn die Tendenz zum Ausweichen in die Utopie hat sich gegenüber der ersten Version, die unüberhörbare ironische Vorbehalte gemacht hatte, noch beträchtlich verstärkt. Damit aber wird die Erfahrung zu einer rein negativen Größe: Sie macht nur mit der Korruptheit der Welt bekannt und hat keine fördernde, bildende Wirkung mehr. Es entsteht der Eindruck, daß Agathon nur deshalb seine schmerzhaften Erfahrungen durchlaufen mußte, weil er das Unglück hatte, den Lehren des Archytas erst relativ spät zu begegnen. Daß am Ende Agathons Lebensproblem durch eine sich selbst beweisende, dem „inneren Sinn" unmittelbar evidente Philosophie aufgelöst wird, widerspricht offensichtlich dem ursprünglichen Konzept der Bildungsgeschichte, die durch den Zusammenstoß mit der Realität den schwärmerischen Tugendglauben auf seinen wahren Kern zurückführen sollte. Eine Spannung gerät auch dadurch in das Werk, daß der Rigorismus des Archytas nicht mit den liberaleren Anschauungen übereinstimmt, die der Erzähler in früheren Parteien des Romans hatte erkennen lassen (vgl. W. Buddecke: *C. M. Wielands Entwicklungsbegriff*, S. 233).

Die unter den Interpreten verbreiteten Vorbehalte gegen die dritte Fassung des *Agathon* hat man abzuschwächen versucht, indem man in Analogie zu anderen Spätwerken Wielands die im Roman sichtbar werdenden philosophischen Positionen als jeweils individuell begründete und grundsätzlich gleichberechtigte Weltdeutungen auffaßte. Demnach stünde Archytas nicht als Normfigur über allen anderen, sondern auch er repräsentierte nur eine nicht übertragbare „individuelle Vollkommenheit" (vgl. J.-D. Müller: *Wielands späte Romane*, S. 91). Allerdings kann diese Überlegung nicht darüber hinwegtäuschen, daß Wieland für die Problematik seiner Bildungsgeschichte eine normativ abgesicherte Lösung suchte. Ausdrücklich sagt der Text des Romans, daß die Lehre des Archytas eine Antwort auf die Zweifel des Agathon geben soll, daß sie also sehr wohl als verbindlich und übertragbar aufzufassen ist:

„Die Uneinigkeit, die sich unvermerkt zwischen seinem Kopf und seinem Herzen entsponnen hatte, mußte schlechterdings aufs Reine gebracht werden; und wer hätte ihn in dieser für die Ruhe und Gesundheit seiner Seele so wichtigen Angelegenheit sicherer leiten, ihm gewisser zu einem glücklichen Ausgang aus dem Labyrinth seiner Zweifel verhelfen können als Archytas?" (H 3, S. 192)

Auch ein Brief an den Verleger der dritten *Agathon*-Fassung zeigt, daß Wieland hoffte, mit der Philosophie des Archytas die erzählte Bildungsgeschichte abzurunden. Er begleitet das Manuskript der neuen Schlußkapitel mit folgender Bemerkung:

„Wenn Ihnen die ganz neuen drei ersten Kapitel des 16ten Buches gefallen, und wenn Sie, wie ich, der Meinung sind, daß sie dem ganzen Werke die Krone aufsetzen, und daß der moralische Plan desselben ohne sie unvollständig gewesen wäre, so werde ich mich für die Zeit und Arbeit, so mir diese wenigen Bogen gekostet haben, reichlich belohnt halten" (Brief vom 14. IV. 1794, zit. nach Johann Gottfried Gruber: *C. M. Wielands Leben*. Leipzig 1827/28. 4. Bd, S. 60 f.).

Allerdings bleibt Wieland nicht lange von den erhabenen Gedanken des Archytas überzeugt. Schon zwei Jahre später bekennt er in einem Brief, daß er an diese schöne Philosophie nicht recht glauben könne (Brief vom 26. XI. 1796, in: Robert Keil [Hg.]: *Wieland und Reinhold*. Leipzig und Berlin 1885, S. 226). Die Gründe für diese Unmöglichkeit deuten sich im Roman selbst bereits an, nämlich in der Spannung zwischen der im Lebensgang des Helden erzählerisch entfalteten Bildungsproblematik und der lehrhaft verordneten Lösung.

Arbeitsbereich III

Goethezeit

1. Gattungsgeschichtlicher Überblick

1.0. Bibliographie

Beizuziehen sind auch die in der Bibliographie zum Arbeitsbereich I aufgeführten Titel zum Bildungsbegriff (Kp. 0.1.).

Behler, Ernst: ‚Wilhelm Meisters Lehrjahre' and the Poetic Unity of the Novel in Early German Romanticism. In: W. J. Lillyman (Hg.): Goethe's Narrative Fiction. The Irvine Goethe Symposium. Berlin-New York 1983, S. 110 ff. [Vergleicht die Goetheschen *Lehrjahre* mit dem Romankonzept F. Schlegels und mit den frühromantischen Romanen im Hinblick auf die Vorstellung von poetischer Einheit.]

Behler, Ernst: Der Roman der Frühromantik. In: H. Koopmann (Hg.): Handbuch des deutschen Romans. Düsseldorf 1983, S. 273 ff. [Überblick über die Romantheorie und Interpretation der wichtigsten Romane der Frühromantik.]

Borcherdt, Hans Heinrich: Der Roman der Goethezeit. Urach-Stuttgart 1949. [Breit angelegte Darstellung, in den Interpretationsansätzen und Wertungen vielfach überholt.]

Borchmeyer, Dieter: Die Weimarer Klassik. Eine Einführung. Bd. 1–2. Königstein 1980. [Überblick über die „klassische" Periode Goethes und Schillers, der die sozial- und geistesgeschichtlichen Zusammenhänge besonders berücksichtigt.]

Donner, J. O. E.: Der Einfluß Wilhelm Meisters auf die Romantiker. Helsingfors 1893. [Untersucht die Anlehnung der romantischen Romane an das Goethesche Muster. Materialreich, aber im einzelnen oft mit überanstrengten Thesen.]

Heselhaus, Clemens: Die Wilhelm-Meister-Kritik der Romantiker und die romantische Romantheorie. In: H. R. Jauss (Hg.): Nachahmung und Illusion. Poetik und Hermeneutik I. 2. Aufl. München 1969. [Untersucht die Bedeutung der *Lehrjahre* für das Romankonzept F. Schlegels und Novalis'.]

Korff, Hermann August: Geist der Goethezeit. Bd. 1–4. Leipzig 1923–1957. [Monumentale Darstellung der deutschen Literaturgeschichte zwischen 1770 und 1832. Ist einer „ideengeschichtlichen Betrachtung" verpflichtet.]

Körner, Josef: Romantiker und Klassiker. Die Brüder Schlegel in ihren Beziehungen zu Schiller und Goethe. Berlin 1924, repr. Darmstadt 1971. [Analysiert unter anderem den Wandel in der *Wilhelm Meister*-Deutung der Brüder Schlegel.]

Lützeler, Paul Michael (Hg.): Romane und Erzählungen der Romantik. Neue Interpretationen. Stuttgart 1981. [Bietet informative Deutungen zu Hauptwerken der Romantik, u. a. zu *Sternbald, Lucinde, Ofterdingen* und *Ahnung und Gegenwart*.]

Schanze, Helmut: Friedrich Schlegels Theorie des Romans. In: R. Grimm (Hg.): Deutsche Romantheorien. Frankfurt/Bonn 1968, S. 61 ff. [Zeigt, daß der Roman in den Fragmen-

ten Schlegels „nicht als eine neue Art dem alten poetisch-normativen Kanon zugesellt wird, sondern diesen völlig aufsprengt und in sich auflöst."]
Schuller, Marianne: Romanschlüsse in der Romantik. Zum frühromantischen Problem von Universalität und Fragment. München 1974. [Untersucht, inwieweit das ästhetische Programm der frühen Romantik in den Romanen F. Schlegels, Novalis', Brentanos und Eichendorffs verwirklicht worden ist. Resultat: „Der Versuch, die ‚unendliche Vollendung' im Prozeß des Romans zu erreichen, ist gescheitert."]

1.1. Zur Bildungsvorstellung der Klassik

Wenn Herder, Goethe, Schiller oder Wilhelm von Humboldt den Begriff ‚Humanität' verwenden, dann denken sie an die eigentliche Bestimmung des Menschen, an die Verwirklichung seiner höchsten Möglichkeiten. Ihren Vorstellungen zufolge durchläuft die Menschheit im ganzen einen Bildungsprozeß zur Humanität, innerhalb dessen die Entwicklung des Einzelnen zu der ihm möglichen Vollkommenheit sich vollzieht. Zwar unterscheiden sich die Bildungs- und Humanitätsvorstellungen bei den genannten Autoren in manchen, durchaus nicht immer nebensächlichen Punkten. Gleichwohl scheint es möglich, zusammenfassend von einem humanitätsphilosophischen Bildungsideal der deutschen Klassik zu sprechen und dieses als Hintergrund des Goetheschen *Wilhelm Meister* und damit des traditionsbildenden Paradigmas des Bildungsromans aufzufassen (vgl. Ernst L. Stahl: *Die religiöse und humanitätsphilosophische Bildungsidee und die Entstehung des deutschen Bildungsromans im 18. Jh.* Bern 1934).

Zum historischen Verständnis dieses programmatischen Ideenkomplexes kann ein Hinweis auf antike Quellen, auf die christliche Überlieferung und auf die Anregungen Shaftesburys und Leibniz' beitragen. Im Hinblick auf den Bildungsroman ist es jedoch von vordringlicher Wichtigkeit, sich deutlich zu machen, daß die Humanitätspostulate der Goethezeit auf die Erfahrung einer tiefen Entfremdung von der bestehenden gesellschaftlichen Wirklichkeit antworten. Das ist bereits spürbar im Subjektivismus des Sturm und Drang, der sich gegen die Beengungen und Zwänge der sozialen Ordnung auflehnt, ja im Namen der „Natur" gegen die Unwahrheit der Zivilisation überhaupt protestiert. Auch in der weiteren Entwicklung erhält sich diese kritische Einstellung: In Schillers *Briefen über die ästhetische Erziehung des Menschen* erscheint die moderne, zivilisatorisch fortgeschrittene Gesellschaft als dem Individuum und seiner Entfaltung durchaus feindlich. Auch Goethe zeichnet in den *Lehrjahren* ein wenig günstiges Bild der bürgerlichen Sphäre, aus welcher der Held seines Romans hervorgeht. Bildung, Humanität, Verwirklichung der individuellen Möglichkeiten sind daher nicht erreichbar, indem der Einzelne sich einfach ans Herkömmliche anschließt und ins Gegebene hineinlebt. Vielmehr bedarf es eines bewußten Sich-Losmachens von allen zufälligen Festlegungen und einer auf die eigene Person gerichteten Bemühung, damit durch Welterfahrung und deren produktive Verarbeitung eine neue Lebensorientierung gewonnen werden kann.

Schon in den Tagen des Sturm und Drang hatte sich kraftvoll die Überzeugung ausgesprochen, daß die Individualität begrifflich nicht zu fixieren, daß sie etwas

1. Gattungsgeschichtlicher Überblick

Unableitbares und Unwiederholbares sei. Das Bewußtsein solcher Qualitäten begründet ein prometheisches Selbstgefühl und inspiriert den Einzelnen dazu, das Recht auf Verwirklichung seiner individuellen Natur zu reklamieren. In Goethes Worten: „Diese Begierde, die Pyramide meines Daseyns, deren Basis mir angegeben und gegründet ist, so hoch als möglich in die Luft zu spizzen, überwiegt alles andre und läßt kaum Augenblickliches Vergessen zu" (an Lavater, Sept. 1780, HA Br. I, S. 324, s. Kp. 2.0.1.).

Wenn auch die menschliche Person in ihrer Individualität als etwas Irreduzibles aufgefaßt wird, so läßt sich doch nicht übersehen, daß sie in vielfacher Weise durch äußere Umstände bestimmt ist. Herder hat schon 1768 in seiner Abhandlung *Thomas Abbts Schriften* auf die prägende Wirkung der Erziehung hingewiesen:

„Eine Menschenseele ist ein Individuum im Reiche der Geister: sie empfindet nach einzelner Bildung, und denkt nach der Stärke ihrer geistigen Organen. Durch die Erziehung haben diese eine gewisse eigne, entweder gute oder widrige Richtung bekommen, nach der Lage von Umständen, die da bildeten, oder mißbildeten" (Johann Gottfried Herder: *Sämmtliche Werke*. Hg. v. B. Suphan. Berlin 1877 ff. Bd. 2, S. 257).

Das aber bedeutet, daß die individuelle Natur nicht unangefochten, nicht in einem selbsttätig ablaufenden Wachstumsprozeß zur vollen Verwirklichung und Ausfaltung ihrer selbst findet. Sie stößt vielmehr in aller Regel auf Ablenkungen, Hindernisse und Gefährdungen. Aus diesem Grund bedarf es zum Gelingen individueller Bildung der moralischen Anstrengung, der bewußten Mitwirkung des Subjekts selbst. Herders *Ideen* fassen diese Gedanken wie folgt:

„Jeder einzelne Mensch trägt also, wie in der Gestalt seines Körpers so auch in den Anlagen seiner Seele, das Ebenmaas zu welchem er gebildet ist und sich selbst ausbilden soll, in sich [...]. Durch Fehler und Verirrungen, durch Erziehung, Noth und Uebung sucht jeder Sterbliche dies Ebenmaas seiner Kräfte, weil in solchem allein der vollste Genuß seines Daseyns lieget; nur wenige Glückliche aber erreichen es auf die reinste, schönste Weise" (J. G. Herder, a.a.O. Bd. 14, S. 227).

Natürlich dürfen die bewußte Förderung und die steuernde Korrektur der Entwicklung nicht dazu führen, daß in die Substanz der Person eingegriffen wird. Es ist daher zwischen wahren und falschen Tendenzen in der Entwicklung des Einzelnen zu unterscheiden (J. W. Goethe, vgl. HA IX, S. 746, s. Kp. 2.0.1.). Man muß das bloß Zufällige in sich überwinden, schreibt Humboldt an Schiller, aber man darf dabei nicht die Besonderheit der individuellen Natur zerstören:

„Jeder muß *seine* Eigentümlichkeit aufsuchen und diese reinigen, das Zufällige absondern. Es bleibt dennoch immer Eigentümlichkeit; denn ein Teil des Zufälligen ist an das Individuum unauflöslich gebunden, und dies kann und *darf* man nicht entfernen. Nur dadurch ist eigentlich Charakter möglich und durch Charakter allein Größe" (W. v. Humboldt, Brief vom 23. X. 1795).

Wenn der Bildungsgedanke der Goethezeit bei der Individualität ansetzt, so bedeutet das keineswegs, daß die Entwicklung des Einzelnen aus allen bindenden Bezügen zu umfassenderen Ordnungen herausgelöst würde. Im Gegenteil: Indem der einzelne Mensch seine Besonderheit verwirklicht, so sehen es Herder und Humboldt, leistet er den ihm zugemessenen Anteil an der Realisierung der Humanität. Denn kraft seiner Individualität kann er eine nur einmal gegebene Daseinsmöglichkeit ans Licht treten lassen und damit das Bild der Menschheit bereichern.

Die Bildung des Einzelnen bleibt indessen auch auf konkrete soziale Zusammenhänge bezogen, in denen er sich mit anderen verbindet und mitmenschliche Pflichten anzuerkennen lernt. Dieses Moment hat Goethe besonders betont. Es ist höchst bedeutungsvoll, daß Wilhelm Meisters Lehrzeit in dem Augenblick für beendet erklärt wird, als er sich zu seinen Vaterpflichten gegenüber Felix bekennt (HA VII, S. 497, s. Kp. 2.0.1.). Der Lehrbrief und überhaupt der Schluß des Romans betonen die Notwendigkeit planvollen, nützlichen Handelns in einem überschaubaren Bereich. Darin liegt ein Moment der bewußten Beschränkung. Der Einzelne muß mit der Erkenntnis leben, daß er nur einen Teil der menschlichen Möglichkeiten in seiner Person verwirklichen kann: „Alles das und weit mehr liegt im Menschen und muß ausgebildet werden; aber nicht in einem, sondern in vielen" (HA VII, S. 552, s. Kp. 2.0.1.). Schiller war offenbar zu solchem resignativ gefärbten Sich-Bescheiden weniger geneigt. Jedenfalls weist er am Ende des sechsten seiner *Briefe über die ästhetische Erziehung* den Gedanken zurück, „daß die Ausbildung der einzelnen Kräfte das Opfer ihrer Totalität nothwendig macht".

Dem späten Goethe war deutlich bewußt, daß sich in der von ihm durchlebten Epoche historische Umbrüche ereignet hatten, die auch die bislang angenommenen Voraussetzungen individueller Bildungsprozesse von Grund auf in Frage stellten. Friedrich Wilhelm Riemer notiert im November 1809 anläßlich eines Gesprächs über „die Wirkungen des neuen Romans": „Zustand der Deutschen vor Einfall der Franzosen, daß jedes Individuum sich auf seine Art ausbilden konnte" (Riemer, 21. XI. 1809). Der Zusammenbruch der alten politischen und sozialen Ordnung im Jahre 1806 hatte nach Goethes Einschätzung also auch die Prämissen aller Bildung umgestürzt. In einem Brief von 1824 meint er beim Rückblick auf den Einmarsch Napoleons, daß er „eine Epoche abschließt, von der uns kaum eine Erinnerung übrigbleibt. Jene Weise sich zu bilden, die sich aus der langen Friedens-Epoche des Nordens entwickelte und immerfort steigerte, ward gewaltsam unterbrochen, alles von Jugend und Kindheit auf ward genötigt sich anders zu bilden, da es denn auch in einer tumultuarischen Zeit an Verbildung nicht fehlte" (an Karl Ludwig von Knebel, 24. XII, 1824, HA Br. 4, S. 132, s. Kp. 2.0.1.).

Mit dem Fortschreiten des 19. Jahrhunderts breitete sich, wie Goethe nicht entging, ein neues, unruhigeres Lebensklima aus. Der hektische Lärm des „veloziferischen Zeitalters", die Vielfalt seiner Reize und Anforderungen schienen eine stetig fortschreitende, durch Irrtümer hindurch sich vollziehende individuelle Selbstfindung nicht mehr zuzulassen. Auch die Rolle, die der Einzelne für sich beanspruchen konnte, mußte sich ändern, als die ökonomisch-soziale Entwicklung, insbesondere das heraufziehende „Maschinenwesen", die Lebensbedingungen revolutionierte. Diese Veränderung der historischen Koordinaten, die Goethe mit großer Sensibilität wahrnahm, spiegelt sich in dem Alterswerk *Wilhelm Meisters Wanderjahre,* das keineswegs als einfache Fortsetzung der *Lehrjahre* verstanden werden kann. Hier erscheint der Einzelne auf bestimmte praktische Funktionen festgelegt und in zweckrational organisierte Verbände integriert. Im Begriff der „Weltfrömmigkeit" (HA VIII, S. 243, s. Kp. 2.0.1.) deutet sich an, daß Goethe den desintegrierenden Kräften des neuen Weltzustandes mit religiös gefärbten Ordnungsvorstellungen zu begegnen suchte. Man hat daher die *Wanderjahre* als den „Roman der metaphysischen Rückbindung des neuzeitlichen Menschen in seiner geschichtlichen Krise" bezeichnen können (Hans Joachim Schrimpf: *Das Weltbild des späten Goethe.* Stuttgart 1956, S. 272).

Dem Einzelnen werden in der Welt der *Wanderjahre* Entsagung und Einordnung abgefordert, er darf sich dadurch jedoch in einen großen menschheitlichen Zusammenhang eingebunden fühlen. Zwar wird er auf ein spezialisiertes, zweckvolles Tun verpflichtet, aber er soll dadurch nicht zu einem borniierten, in einen engen Horizont eingeschränkten Wesen werden: „In dem *einen,* was er recht tut, sieht er das Gleichnis von allem, was recht getan wird" (HA VIII, S. 37, s. Kp. 2.0.1.).

Daß hier die Bildungsvorstellung der *Lehrjahre* nicht mehr gilt, zeigt sich auch in der Bauform des Romans. Er erzählt nicht mehr eine teleologisch ausgerichtete, linear fortschreitende Entwicklungsgeschichte, sondern präsentiert sich in einer eigentümlich statischen Komposition, die ihre relativ selbständigen Teile durch ein enges Netz von Verweisen und durch ein Verfahren wechselseitiger Spiegelung miteinander verbindet.

1.2. Die Wirkung der Goetheschen ‚Lehrjahre' auf die Romantik

Als Goethes *Wilhelm Meister* um die Mitte der neunziger Jahre erschien, zog das Werk sofort das leidenschaftliche Interesse der jungen romantischen Generation auf sich. Das bezeugen die Briefwechsel, die dichtungstheoretischen Überlegungen und auch die Romane dieser Epoche. Friedrich Schlegel stellte im 120. seiner Lyceums-Fragmente lapidar fest: „Wer Goethes Meister gehörig charakterisierte, der hätte damit wohl eigentlich gesagt, was es jetzt an der Zeit ist in der Poesie" (F. Schlegel: *Kritische Ausgabe.* Hg. v. E. Behler. Paderborn 1958 ff. Bd. 2, S. 162).

Jean Paul meinte bereits 1812 in der zweiten Auflage seiner *Vorschule der Ästhetik,* der Goethesche *Wilhelm Meister* habe „einige bessere Schüler gebildet, wie Novalis', Tiecks, E. Wagners, de la Motte Fouqués, Arnims Romane" (XII. Programm, § 70). In der Tat hat etwa Novalis mit seinem *Heinrich von Ofterdingen,* ganz unter dem Eindruck Goethes, einen romantischen Gegenentwurf geschrieben (vgl. unten Kp. 3.1.). Und Ernst Wagner hat im Hinblick auf seinen Roman *Wilibald's Ansichten des Lebens* (1805) keinen Zweifel gelassen, daß er sich in die Nachfolge der *Lehrjahre* stellen wollte. Die Vorrede beginnt mit dem Satz: „So oft sich ein Virtuose hören läßt (sagt Herr Geheimrath von Göthe in Wilhelm Meister) finden sich immer Einige, die zugleich dasselbe Instrument zu lernen anfangen." Wenige Zeilen später bezeichnet Wagner seinen Roman als einen Versuch, „zu welchem ihn das Göthe'sche Kunstwerk zunächst veranlaßte" (2. Aufl. Leipzig 1818. Bd. I, S. V).

Blickt man auf die wichtigsten Romane der Romantik, auf den *Ofterdingen* des Novalis, auf Schlegels *Lucinde*, auf Tiecks *Sternbald* und Eichendorffs *Ahnung und Gegenwart*, so erkennt man, daß diese Werke sich mehr oder weniger deutlich auf den *Wilhelm Meister* beziehen, daß sie sich aber nicht eigentlich als Bildungsromane im Goetheschen Sinne verstehen lassen. Ihnen fehlt die Tendenz zu einem Ausgleich zwischen Subjekt und Welt, der durch Konflikte und Krisen hindurch gewonnen wird und den Protagonisten an einen festen Platz in der Gesellschaft führt. Der Grund für diese grundsätzliche Abwendung vom Bildungskonzept Goethes wird sichtbar, wenn man verfolgt, wie die jungen Vertreter der romantischen Generation ihre theoretischen Vorstellungen vom Roman in der Auseinandersetzung mit dem *Wilhelm Meister* entwickeln.

Novalis strebt nach einer „Poetisierung" der Welt und will in seinem Roman das Heraufkommen des goldenen Zeitalters schildern, in dem alle Entzweiungen sich aufheben. Vor solchen hochgespannten Vorstellungen mußte der Goethesche *Wilhelm Meister* mit seinem Plädoyer für nützliche Tätigkeit und mit seinem Sich-Einlassen auf die erfahrbare Welt als prosaisch und schwunglos erscheinen (vgl. unten Kp. 3.1.). Ähnlich ist das Urteil Friedrich Schlegels. Zwar hatte er zunächst eine enthusiastische Rezension über Goethes Roman veröffentlicht (Athenäum I/2. 1798). Aber fast gleichzeitig schon äußert er sich in seinen privaten Notizen äußerst kritisch: Im *Meister* finde sich „nur die Form der Bedeutsamkeit, aber keine wirkliche poetische Bedeutung" (F. Schlegel: *Literary Notebooks*. Hg. v. H. Eichner. London 1957, Nr. 1703); das Buch sei nicht „mystisch" (Nr. 351), in ihm sei „weder Wollust noch Christentum genug für einen Roman" (Nr. 575) – mit einem Wort: es sei nicht „romantisch" (Nr. 289, 1089). Schlegel vermißt offenbar die Fülle der heterogenen Elemente und die Offenheit gegenüber dem Unendlichen, die er für seine „progressive Universalpoesie" fordert. Von deren Prämissen aus erscheint die Bildungsgeschichte Goethescher Prägung mit ihrem passiven Helden, ihrem linearen Fortschreiten und mit ihrer Tendenz zur Selbstbeschränkung in der erfahrbaren Welt als borniert und unpoetisch.

Offensichtlich hat sich bei Friedrich Schlegel ein Gattungskonzept des Romans ausgebildet, das über das Schema des *Wilhelm Meister* hinausdrängt. Schon bald stellt Schlegel den Tieckschen *Sternbald* entschieden höher als das noch 1798 gepriesene Goethesche Muster: „Es ist der erste Roman seit Cervantes, der romantisch ist, und darin weit über Meister" (*F. Schlegels Briefe an seinen Bruder August Wilhelm*. Hg. v. O. Walzel. Berlin 1890, S. 414). Solche Überlegungen mußten den Versuch nahelegen, die Goetheschen *Lehrjahre* durch einen wahrhaft romantischen Roman zu überbieten. So führt, wie man zu Recht

1. Gattungsgeschichtlicher Überblick

festgestellt hat, „ein gerader Weg von der Kritik des ‚Wilhelm Meister' zur Komposition der ‚Lucinde'" (J. Körner: *Romantiker und Klassiker*, S. 98). Schlegels kurzer Roman, der 1799 erschien, lehnt sich in seinem zentralen Teil noch deutlich an Thematik und Struktur der Bildungsgeschichte an. Er schildert dort unter dem Titel „Lehrjahre der Männlichkeit" die problematische Entwicklung des Protagonisten: Julius wird zunächst lange von der „Wut der Unbefriedigung" umgetrieben, findet aber am Ende Erlösung in der Liebe zu Lucinde (F. Schlegel: *Kritische Ausgabe*, a.a.O. Bd. II, S. 46, 57). Im ganzen jedoch hat Schlegels Roman die übersichtliche Form des epischen Nacheinander aufgegeben und strebt zur Form der „Arabeske" (vgl. Karl Konrad Polheim: *F. Schlegels ‚Lucinde'*. Zeitschrift für deutsche Philologie 88. 1969, S. 68). Auf diese Weise soll sich eine Allsynthese jenseits der Entzweiungen der empirischen Welt andeuten und in der Einheit des Werks eine unendliche Fülle anschaulich werden. Mit diesen Ansichten sind die Prämissen der Bildungsgeschichte im Sinne Wielands und Goethes ganz offensichtlich verlassen.

Gleiches gilt für den Gedanken einer Welterlösung durch die Poesie, wie er dem *Heinrich von Ofterdingen* (1802) des Novalis zugrundeliegt. Das Buch schildert nicht mehr ein Sich-Abarbeiten des Subjekts an einer widerständigen Realität, sondern eine konfliktlose Entwicklung, in der sich fortschreitend die Harmonie der Welt enthüllt (vgl. unten Kp. 3.2.).

In dem sehnsuchtsvollen Drang über die Grenzen der Wirklichkeit hinaus bezeugt sich eine Distanz zur gesellschaftlichen Realität der Zeit, die auch bei jenen Autoren zu spüren ist, die nicht zum engeren Kreis der romantischen Schule gehören. Der Hölderlinsche *Hyperion* (1797–99) etwa macht in seiner berühmten Scheltrede auf die Deutschen sichtbar, daß die idealerfüllte Seele keinen Ort findet, an dem sie praktisch wirken könnte. Zwar verspricht die Vorrede des Romans die „Auflösung der Dissonanzen in einem gewissen Charakter" (F. Hölderlin: *Sämtliche Werke*. Hg. v. F. Beissner. Kleine Stuttgarter Ausgabe. 1944 ff. Bd. III, S. 5), aber dies wird nur durch den Rückzug aus der Welt möglich. Hyperion endet als „Eremit in Griechenland" in frommer Verehrung der Natur, mit der Hoffnung freilich, als Dichter erzieherisch zu wirken und zum Heraufkommen eines neuen Weltzustandes beizutragen. Das entscheidende Charakteristikum von Hölderlins Roman ist, daß Hyperion im Prozeß der erzählerischen Wiederholung seiner Lebensgeschichte, das heißt im Medium der Reflexion, eine zweite Entwicklung durchmacht. Sie führt von manifester Verzweiflung („Mein Geschäft auf Erden ist aus", III, S. 8) zu der tröstenden und rettenden Erkenntnis, daß sich die universale Einheit dem Menschen nur in den Dissonanzen seiner Existenz darstellen könne. Mit dieser Deutung der Welt und des eigenen Lebens überwindet Hyperion seine lähmende Enttäuschung. Die Harmonie jenseits der Entzweiung zeigt sich allerdings nur dem philosophischen Gedanken, im handelnden Vollzug des Lebens läßt sie sich nicht ergreifen und verwirklichen. Hier bleibt eine – durch Desillusionierung erzwungene – Distanz zu den praktischen Problemen der individuellen Existenz spürbar, die Hölderlins Roman von der Fragestellung des Bildungsromans trennt. Der *Hyperion* ließe sich daher wohl eher beschreiben als ein Desillusionsroman, der durch philosophische Reflexion aufgefangen ist, wobei die erzählte Lebensgeschichte im Zeichen der Enttäuschung steht, der Vorgang des Erzählens jedoch zum Ort der gedanklichen Verarbeitung wird.

Auch Jean Pauls Romane sind von einem tiefen Bruch zwischen Subjekt und Wirklichkeit, zwischen „höherer" und diesseitig-erfahrbarer Welt geprägt. Im *Titan* (1800–1803) allerdings unternimmt er den Versuch, eine Versöhnung dieser Gegensätze darzustellen, die sich am Muster der Bildungsgeschichte orientiert. Auch dieser Roman jedoch trägt die Spuren des schroffen Dualismus, der für Jean Pauls Werk durchaus charakteristisch ist (vgl. unten Kp. 4.5).

In Tiecks *Franz Sternbalds Wanderungen* (1798) ist der Ansatz zu einer Entwicklungsgeschichte nach dem Muster der *Lehrjahre* nicht zu übersehen: Der Held erscheint zunächst in einem Stadium der Unruhe und Unreife, über das er hinausgeführt werden soll. Sternbalds Lehrmeister Albrecht Dürer läßt keinen Zweifel daran, daß der schwärmerische Überschwang der „frommen Empfindung" der Korrektur bedarf (Ludwig Tieck: *Frühe Erzählungen und Romane*. Hg. v. M. Thalmann. Darmstadt 1969, S. 734). Zum Problem der Geschichte wird, ob sich die künstlerische Begeisterung des Helden in einem abgeklärteren Zustand erhalten kann. Der Roman läßt diese Frage am Ende offen, indem er nicht mehr schildert, wie Sternbald ins wirkliche Leben findet. Der Gedanke daran war für den Helden „drückend" (S. 940), denn er spürte sehr wohl, daß eine solche Fixierung seine von Unendlichkeitsahnungen und Sehnsüchten getragene Künstlerschaft bedrohen müßte. Daher bleibt der Ansatz zu einer Bildungsgeschichte in Tiecks *Sternbald* unentfaltet, offenbar zum Gefallen Friedrich Schlegels, der das Buch, wie schon erwähnt, höher schätzte als den *Wilhelm Meister*.

Der Thematik und der Struktur des Bildungsromans näher bleibt Eichendorff in *Ahnung und Gegenwart* (1815). Der Protagonist Friedrich zeigt den Willen, sich mit der Welt bekanntzumachen und „dem Ganzen treulich zu helfen mit Geist, Mund und Arm" (Joseph von Eichendorff: *Werke*. Hg. v. W. Rasch. München o.J., S. 695f.). Er versucht, an politischen Reformen mitzuwirken, und nimmt an einem patriotischen Krieg teil. Aber er macht – wie sein Freund Leontin – allenthalben die enttäuschende Erfahrung, daß sein guter Wille ohne dauerhafte Resultate bleibt. Daher wendet er sich am Ende in die Einsamkeit des Klosters, Leontin begibt sich in die amerikanischen Wälder. Zwar soll das nicht als Ausdruck der Verzweiflung verstanden werden, sondern als der Versuch, ideale Vorstellungen in trüben Zeiten zu bewahren. Aber es bleibt doch unübersehbar, daß die zeitgenössische Wirklichkeit preisgegeben wird und das Ideal bloße „Ahnung" bleibt. Grund dafür sind sicherlich die gesellschaftlichen Verhältnisse der Epoche, aber auch die Unbestimmtheit und Überschwenglichkeit der romantischen Vorstellungen. Bezeichnend ist etwa, daß die Helden von Eichendorffs Roman ihrem Ideal von Poesie und Freiheit vor allem in den Wäldern, in Burgruinen und im „reinen, kühlen Lebensatem" der Gebirgsvölker nahezukommen glauben (S. 823).

Die Distanz der Romantiker zum Bildungsroman wird vielleicht am deutlichsten sichtbar in E. T. A. Hoffmanns *Kater Murr* (1819/21), der die Gattung ganz offen parodiert. Das zeigt sich schon in den Überschriften, die Murr für die einzelnen Abschnitte seiner Selbstdarstellung wählt. Wenn er den Titel „Lebenserfahrungen des Jünglings. Auch ich war in Arkadien" benutzt, so nimmt er damit das Motto der ersten Teile von Goethes *Italienischer Reise* auf, die wenige Jahre vor Hoffmanns Roman als Teil von Goethes Autobiographie unter dem Titel *Aus meinen Leben* erschienen waren. Murr benutzt diese literarische Anspielung und überhaupt die Bildungsideologie der Klassik, um seine gänzlich philiströse Lebenshaltung aufzuputzen und sich selbst und den Leser über seinen wahren Charakter zu täuschen. Hoffmann macht hier sarkastisch deutlich, auf welches Niveau die hochgesteckten Bildungsideale herabkommen mußten, wenn sie ein selbstzufriedenes, einem vulgären Materialismus ergebenes Bürgertum für sich in Anspruch nahm.

Auch der Anti-Philister des Romans, der Kapellmeister Kreisler, demonstriert die Unmöglichkeit der Bildung im Sinne einer durch Erfahrung gewonnenen Versöhnung des Subjekts mit der Welt. Er ist beherrscht von der ekstatischen Sehnsucht nach einer Sphäre reiner Harmonie jenseits aller irdischen Dissonanzen. Die Möglichkeit eines solchen höheren Daseins erahnt er in der Liebe und in der Musik. Umso krasser sind die Enttäuschungen, die ihm der Zusammenstoß mit seiner banalen und verständnislosen Umwelt bereitet. Seine Unfähigkeit, sich mit der Welt in Einklang zu setzen, ist das Gegenbild zu der faulen Anpassung Murrs. Beide Teile des Doppelromans, die Kreislergeschichte wie Murrs Bekenntnisse, demonstrieren, daß unter den Prämissen des romantischen Poesiebegriffs die erfahrbare Welt nicht als Ort harmonischer Bildung und Selbsterfüllung erscheinen kann.

2. Goethe: ‚Wilhelm Meisters Lehrjahre'

2.0. Bibliographie

2.0.1. Texte und Dokumente

Zitiert ist im folgenden nach:
Goethes Werke. Hamburger Ausgabe. 14 Bände. Hg. v. E. Trunz. Zuerst Hamburg 1948 ff., zuletzt München 1982. [Sigle HA; reich kommentierte, verbreitete Auswahlausgabe.]
Goethes Werke. Hg. im Auftrage der Großherzogin Sophie von Sachsen. Weimar 1887 ff. [Sigle WA; historisch-kritische Ausgabe des gesamten Werks; durch neuere Editionen noch nicht ersetzt.]
Goethes Briefe. Hamburger Ausgabe in 4 Bänden. Hg. v. K. R. Mandelkow unter Mitarbeit von Bodo Morawe. Hamburg 1964 ff.
Goethes Gespräche: Eine Sammlung zeitgenössischer Berichte aus seinem Umgang. Aufgrund der Ausgabe und des Nachlasses von Flodoard Freiherr von Biedermann ergänzt und hg. v. W. Herwig. 3 Bände. Zürich und München 1965 ff.

Auf den Nachweis weiterer Textausgaben wird hier verzichtet. Hingewiesen sei lediglich auf folgende Taschenbuch-Ausgaben von *Wilhelm Meisters Lehrjahren*: Reclams Universal-Bibliothek Nr. 7826; Insel Taschenbuch Nr. 475.

Wilhelm Meisters theatralische Sendung liegt als Insel Taschenbuch Nr. 725 vor.

2.0.2. Forschungsliteratur

Baioni, Giuliano: „Märchen" – „Wilhelm Meisters Lehrjahre" – „Hermann und Dorothea". Zur Gesellschaftsidee der deutschen Klassik. Goethe Jahrbuch 92. 1975, S. 73 ff.
– Auszug aus: G. B.: Classicismo e rivoluzione. Goethe e la rivoluzione francese. Napoli 1969, 2. Aufl. 1982. [Versteht die *Lehrjahre* als Ausdruck einer ästhetisierenden Restauration: Goethes humanistischer Klassizismus entspringe der Verängstigung durch die in der Französischen Revolution sichtbar werdende „plebejische Bedrohung", die zu einem Rückzug auf die Position eines „gemäßigten Reformismus" führe.]
Barner, Wilfried: Geheime Lenkung. Zur Turmgesellschaft in Goethes „Wilhelm Meister". In: W. J. Lillyman (Hg.): Goethe's Narrative Fiction. The Irvine Goethe Symposium. Berlin–New York 1983, S. 85 ff. [Betont, daß die Turmgesellschaft komplexer geschildert ist als die landläufigen Interpretationen erkennen lassen. Stellt ihre leitende und geleitende Funktion in Parallele zur Rolle der Athene in der *Odyssee*.]
Beddow, Michael: The Fiction of Humanity. Studies in the Bildungsroman from Wieland to Thomas Mann. Cambridge 1982, S. 63 ff.: Contingencies and Necessities: *Wilhelm Meisters Lehrjahre*. [Zentrale These: Goethes Roman formuliert sein Bild des Menschen einerseits in den Sentenzen der Turmgesellschaft, andererseits in den erzählten Biographien, besonders in der Wilhelm Meisters. Dessen Geschichte ist zu verstehen als Prozeß der Ausbildung seiner individuellen Person und deren produktiver Verknüpfung mit der Welt.]
Berger, Albert: Ästhetik und Bildungsroman. Goethes „Wilhelm Meisters Lehrjahre". Wien 1977. [Erkennt in der Geschichte Wilhelms eine „Inversion der Teleologie": Es geht nicht um die fortschreitende Entfaltung persönlicher Anlagen, sondern um die Erhaltung eines Zustands „höchster Steigerung", den Wilhelm in der Beziehung zu Mariane erreicht hat. Am Ende des Romans erreicht der Held durch ein „Wunder" das Glück eines ästhetischen Zustands jenseits aller Entzweiungen.]
Blessin, Stefan: Die Romane Goethes. Königstein/Ts. 1979. [Will für den *Wilhelm Meister* zeigen, Goethe habe „die das Individuum bewegenden Kräfte von der gesellschaftlich-ökonomischen Basis her zu bestimmen und von dort aus den Zusammenhang mit seinen ideellen und ästhetischen Bestrebungen durchsichtig zu machen versucht." Höchst spekulative Deutung.]
Borchmeyer, Dieter: Höfische Gesellschaft und Französische Revolution bei Goethe. Adliges und bürgerliches Wertsystem im Urteil der Weimarer Klassik. Kronberg 1977. [Deutet Goethe als „Gestalt des Übergangs vom feudalen zum bürgerlichen Zeitalter" und sieht die gesellschaftlichen Ordnungsvorstellungen der *Lehrjahre* in der Nähe der Stein-Hardenbergschen Reformpläne.]
Conrady, Karl Otto: Goethe. Leben und Werk. Bd II. Königstein 1985, zu den „Lehrjahren" S. 131 ff. [Sieht das Werk bestimmt von der Frage nach „Identitätssuche und -findung", glaubt aber, der Roman stelle mehr die „Metamorphosen des Lebens insgesamt" dar als „die (...) Gestaltung – Umgestaltung des einen Wilhelm Meister."]

2. Goethe: Wilhelm Meisters Lehrjahre

Eichner, Hans: Zur Deutung von „Wilhelm Meisters Lehrjahren". Jahrbuch des Freien Deutschen Hochstifts 1966, S. 165 ff. [Mahnt dazu, den Begriff der ‚Bildung' im Hinblick auf die *Lehrjahre* „mit größerer Vorsicht und in einem eingeschränkteren Sinn" zu benutzen als das gewöhnlich geschieht: Denn Wilhelm Meister gelange nicht zum Ziel einer „ethisch-praktischen Sozialität", sondern erscheine als Held eines pikaresken Romans oder eines „realistischen Märchens".]

Haas, Rosemarie: Die Turmgesellschaft in „Wilhelm Meisters Lehrjahren". Zur Geschichte des Geheimbundromans und der Romantheorie im 18. Jh. Bern, Frankfurt 1975 (zuerst Diss. Kiel 1964). [Sieht in den Emissären der Turmgesellschaft Verkörperungen von Wilhelms Gewissen und Repräsentanten des Lebensziels, das dem Bildungshelden auf seinem Weg nicht bewußt ist.]

Hahn, Karl-Heinz: Zeitgeschichte in Goethes Roman ‚Wilhelm Meisters Lehrjahre'. In: P. Chiarini und W. Dietze (Hg.): Deutsche Klassik und Revolution. Rom 1981, S. 169 ff. [Versucht, „das Bild gesellschaftlicher Entwicklung, das Goethe in seinem Roman entworfen hat, nachzuzeichnen". Erkennt in der Turmgesellschaft sowohl utopische Momente als auch eine „direkte Bezugnahme auf zeitgeschichtliche Gegebenheiten".]

Hass, Hans-Egon: Goethe, Wilhelm Meisters Lehrjahre. In: B. v. Wiese (Hg.): Der deutsche Roman. Bd. I. Düsseldorf 1963, S. 132 ff. [Umfassende Interpretation unter besonderer Betonung der „ironischen Erzählstruktur".]

Irmscher, Hans Dietrich: Beobachtungen zum Problem der Selbstbestimmung im deutschen Bildungsroman am Beispiel von Goethes Roman ‚Wilhelm Meisters Lehrjahre'. Goethe-Jahrbuch Wien. 1982/84, S. 135 ff. [Untersucht die *Lehrjahre* im Hinblick auf die Selbstbestimmung des Romanhelden und das Verhältnis zur Autorität des Vaters. Resultat ist, daß Wilhelm am Ende in die Vater-Welt zurückfindet, vor allem indem er in sich selbst den Vater Felix' erkennt.]

Lukács, Georg: Goethe und seine Zeit. In: G. L.: Werke. Bd. VII. Neuwied, Berlin 1964, S. 39 ff., zu den „Lehrjahren" S. 69 ff. [Sieht in *Wilhelm Meisters Lehrjahren* „das bedeutendste Übergangsprodukt der Romanliteratur zwischen dem 18. und 19. Jahrhundert" und versucht, den historisch-ideologischen Stellenwert der Goetheschen Lösung des Bildungsproblems zu bestimmen.]

Martini, Fritz: Ebenbild, Gegenbild. „Wilhelm Meisters theatralische Sendung" und Goethe in Weimar 1775 bis 1786. Goethe Jahrbuch 93. 1976, S. 60 ff. [Interpretiert die *Sendung* als „eine Auseinandersetzung Goethes mit sich selber in Weimar in den Jahren von 1775 bis 1786".)

May, Kurt: ‚Wilhelm Meisters Lehrjahre', ein Bildungsroman? DVjS 31. 1975, S. 1 ff. [Erkennt in Goethes Roman eine Absage an das Bildungskonzept des „klassischen Humanismus und seine harmonische und universale Humanitätsidee".]

Müller, Günther: Gestaltung-Umgestaltung in Wilhelm Meisters Lehrjahren. Halle 1948. [Versteht Goethes Roman als „eine Dichtung von der Metamorphose des Menschen".]

Øhrgaard; Per: Die Genesung des Narcissus. Eine Studie zu Goethe: „Wilhelm Meisters Lehrjahre". Kopenhagen 1978. [Deutet die Entwicklungsgeschichte Wilhelm Meisters in den Kategorien der Psychoanalyse: Er wird von seiner narzißtischen Ich-Befangenheit durch das Hineinfinden in einen sozialen Zusammenhang befreit.]

Pfaff, Peter: Plädoyer für eine typologische Interpretation von „Wilhelm Meisters Lehrjahren". Text & Kontext 5. 1977. H. 2, S. 37 ff. [Versucht zu zeigen, daß die einzelnen Stufen von Wilhelm Meisters Bildungsgang den „Epochen der Menschheit und ihrer Kulturgeschichte" entsprechen.]

Rasch, Wolfdietrich: Die klassische Erzählkunst Goethes. In: H. O. Burger (Hg.): Begriffsbestimmung der Klassik und des Klassischen. Darmstadt 1972, zuerst in: Formkräfte der deutschen Dichtung vom Barock bis zur Gegenwart. Göttingen 1963. [Charakterisiert durch einen Vergleich der *Theatralischen Sendung* und der *Lehrjahre* Sprache und Erzählweise des klassischen Goethe.]

Röder, Gerda: Glück und glückliches Ende im deutschen Bildungsroman. München 1968, zu den *Lehrjahren* S. 87 ff. [Erkennt im Erzähler von Goethes Roman den Garanten des glücklichen Endes und der mit diesem Ende geleisteten „Theodizee".]

Sagmo, Ivar: Bildungsroman und Geschichtsphilosophie. Eine Studie zu Goethes Roman „Wilhelm Meisters Lehrjahre". Bonn 1982. [Unterscheidet Wilhelm Meisters individuelle Geschichte, die als „kognitiv-psychischer Vorgang" aufgefaßt wird, von der Entfaltung einer geschichtsphilosophischen Thematik, bei der es (vor allem am Beispiel der weiblichen Figuren) um „Stadien auf dem Wege des Menschen zu einer unentfremdeten Existenz" geht.]

Schings, Hans-Jürgen: Wilhelm Meisters schöne Amazone. Jahrbuch der Deutschen Schillergesellschaft 29. 1985, S. 141 ff. [Analysiert das Motivgeflecht der *Lehrjahre* und verdeutlicht die Beziehungen zwischen dem Tassoschen Tankred-Motiv, dem Bild vom „Kranken Königssohn" und der Erscheinung der schönen Amazone. Letztere Episode soll als der „prägnante Moment" des Romans gelten.]

Schödlbauer, Ulrich: Kunsterfahrung und Weltverstehen. Die ästhetische Form von ‚Wilhelm Meisters Lehrjahre'. Heidelberg 1984. [Sucht mit dem Konzept einer „ästhetischen Kritik" Distanz zu herkömmlichen Interpretationsmustern. Begreift die Goetheschen Vorstellungen der dämonischen und der moralischen Weltordnung als „Formparadigmen" und erkennt in den Konstellationen des Romans mythologische Anklänge, die überhaupt erst die „Lesbarkeit" des Romans begründen sollen. Die teilweise verblüffenden Assoziationen und Deutungsvorschläge bleiben vielfach ohne rechte Plausibilität.]

Sorg, Klaus-Dieter: Gebrochene Teleologie. Studien zum Bildungsroman von Goethe bis Thomas Mann. Heidelberg 1983, S. 57 ff.: J. W. Goethe: Wilhelm Meisters Lehrjahre. [Verficht die These, die *Lehrjahre* besäßen kein „Wertzentrum" und damit kein eindeutiges Bildungsziel für den Helden. Der Entwicklungsprozeß sei vom Roman als grundsätzlich unabschließbar aufgefaßt.]

Stadler, Ulrich: Wilhelm Meisters unterlassene Revolte. Individuelle Geschichte und Gesellschaftsgeschichte in Goethes „Lehrjahren". Euphorion 74. 1980, S. 360 ff. [Stellt Wilhelm Meisters Vermeiden einer offenen Auflehnung gegen den Vater in Parallele zu dem von den Schlußpartien des Romans entwickelten Programm, „wie die Mängel des Feudalabsolutismus ohne Revolution behoben werden sollten".]

Staiger, Emil: Goethe. Band II. 1786–1814. Zürich 1956, zu den „Lehrjahren" S. 128 ff. [Vertritt die These, Goethes Roman sei „ausgerichtet auf eine Vollendung des Menschlichen, die der Vollendung eines Naturgeschöpfs oder eines klassischen Kunstgebildes entspricht". Betont die „Abblendung der zeitgeschichtlichen Elemente" am Ende des Werks.]

Wundt, Max: Goethes Wilhelm Meister und die Entwicklung des modernen Lebensideals. Berlin, Leipzig 1913 (2. Aufl. 1932). [Interpretiert die drei Wilhelm-Meister-Romane Goethes als „Spiegel seiner Zeit und ihres Wandels". Erkennt in den *Lehrjahren* nicht eine Entfaltung des Ich aus sich selbst heraus, sondern betont das Wechselverhältnis zwischen Subjekt und Welt im Bildungsprozeß.]

2. Goethe: Wilhelm Meisters Lehrjahre

2.1. Zur Entstehung des Romans

Den Briefen und Tagebüchern Goethes und den Bemerkungen der Zeitgenossen läßt sich entnehmen, daß von etwa 1777 an eine erste Fassung des *Wilhelm Meister* niedergeschrieben wurde. Das Manuskript blieb unveröffentlicht und ist dann in den neunziger Jahren im Text der *Lehrjahre* aufgegangen. Da sich im Nachlaß Goethes keine Kopie des „Ur-Meisters" fand, mußte man diese Vorstufe der *Lehrjahre* als verloren betrachten.

Es gehört bekanntlich nicht zu den Gewohnheiten der Philologen, sich mit Spekulationen deshalb zurückzuhalten, weil man über einen bestimmten Sachverhalt positiv nichts wissen kann. So kursierten abenteuerliche Mutmaßungen über den verschollenen Roman, etwa die, daß er von der Liebesvereinigung Wilhelm Meisters mit Mignon und der gemeinsamen Flucht nach Italien erzähle. Es war keine geringe Sensation, als im Jahre 1910 doch noch eine Abschrift von Goethes verloren geglaubtem Romanfragment auftauchte und sich nun durch einen Vergleich der Texte klären ließ, warum der erste Werkplan aufgegeben worden war und welche neuen thematischen und formalen Elemente sich nach der „klassischen Wendung" des Autors in seinem Romanschaffen durchgesetzt hatten.

Aufschlußreiche Anhaltspunkte bieten in diesem Zusammenhang die Bemerkungen in der *Italienischen Reise,* die vom Plan einer Wiederaufnahme des Romans sprechen und auch eine Änderung der Konzeption andeuten. Daß der neu zu fassende *Wilhelm Meister* die in Italien gewonnenen Erfahrungen aufnehmen sollte, zeigt ein auf den Oktober 1787 datierter Brief:

> „Ich habe Gelegenheit gehabt, über mich selbst und andere, über Welt und Geschichte viel nachzudenken, wovon ich manches Gute, wenngleich nicht Neue, auf meine Art mitteilen werde. Zuletzt wird alles im ‚Wilhelm' gefaßt und geschlossen" (HA XI, S. 411).

Der „Zweite römische Aufenthalt" stellt es als ein wesentliches Resultat der italienischen Reise hin, daß Goethe bewußt wurde, nicht zum bildenden Künstler geschaffen zu sein. Er verzichtete deshalb auf seine Ambitionen auf dem Feld des Zeichnens und der Malerei, um sich der Poesie als seiner eigentlichen Aufgabe zuzuwenden (HA XI, S. 517, 518 f.). Daß eine solche bewußte Beschränkung nötig ist, wenn man zu produktiver Tätigkeit finden will, ist eine der zentralen Bildungserfahrungen Goethes in diesen Jahren: Der Mensch muß sich von „falschen Tendenzen" befreien, er hat ehrgeizige Prätentionen aufzugeben, wenn ihm deutlich wird, daß deren Erfüllung jenseits seiner individuellen Möglichkeiten liegt.

Diese Erkenntnis ist für die Umarbeitung des unvollendeten Wilhelm-Meister-Manuskripts in die *Lehrjahre* von entscheidender Bedeutung. Denn die Fixierung des Helden auf das Theater wird nun als Irrtum, als ambitiöse Selbsttäuschung dargestellt, über die er sich durch desillusionierende Erfahrungen klarwerden muß, um sich am Ende in einer durch sittlichen Entschluß eingeschränkten Lebensform zu beruhigen. Diese Verlagerung der Gewichte führt dazu, daß in den *Lehrjahren* das Theater nicht mehr im Mittelpunkt steht: Es ist jetzt nur noch Etappe der Entwicklungsgeschichte, ein Abweg und Irrtum.

Bei der Umarbeitung war es nicht immer einfach, die veränderten Gesichtspunkte zur Geltung zu bringen. Schiller beanstandete in seinen brieflichen Kommentaren zum Fünften Buch, Goethe habe den Erörterungen zum Schauspielwesen mehr Raum zugebilligt, „als sich mit der freien und weiten Idee des Ganzen verträgt", wodurch der „falsche Schein eines besonderen Zweckes" in den Roman geraten sei (Brief vom 15. VI. 1795). Goethe erkannte diesen Einwand an, ließ „bei einigen Stellen die Schere wirken" und erklärte seine Gestaltungsschwierigkeiten aus den Problemen bei der Umformung des Textes: „Dergleichen Reste der früheren Behandlung wird man nie ganz los, ob ich gleich das erste Manuskript fast um ein Drittel verkürzt habe" (Brief vom 18. VI. 1795).

Erleichtert wurde der Umbau des Theater-Romans zu einer Bildungsgeschichte dadurch, daß auch der Held der *Theatralischen Sendung* bereits in einem Entwicklungsgang vorgeführt worden war. Er hatte sich mit der Welt auseinandersetzen und mit sich selbst ins reine kommen müssen, damit sein künstlerisches Schaffen das nötige Fundament bekam. Außerdem hatte er sich von seiner bürgerlichen Herkunft zu lösen, weil deren Enge keinen Raum für die innere und äußere Entfaltung eines freien Künstlertums bot: Aus der Perspektive seiner Eltern mußte der Schritt zur Bühne als Anschluß ans fahrende Volk erscheinen. Dieses Motiv der Emanzipation aus dem bürgerlichen Milieu bleibt auch in den *Lehrjahren* wichtig – allerdings nicht mehr als Freisetzung für die Laufbahn eines bedeutenden Theatermannes, sondern als Bedingung für die Selbstfindung des Helden.

Der thematischen Umorientierung des Wilhelm-Meister-Romans entsprach eine Änderung des Erzählstils und der Sprache. Das realistische Detail wurde gedämpft, die Gegenstände erschienen nicht mehr in ihrer sinnlich faßbaren Besonderheit, sondern in ihren typischen Qualitäten. Die lebhafte, bisweilen drastische und mundartlich gefärbte Sprache der *Sendung* wurde bei der Überarbeitung in den neunziger Jahren geglättet, die Sätze wurden mit Parallelen und Kontrasten gegliedert und in ausgewogenen Spannungsbögen organisiert (vgl. dazu W. Rasch: *Die klassische Erzählkunst Goethes*).

Unterschiede zwischen der *Theatralischen Sendung* und den *Lehrjahren* festzustellen, bedeutet keineswegs, Werturteile zu fällen. Es wäre ein Mißverständnis, in dem realistischen und spontanen Stil des frühen Fragments einen Mangel an gestalterischer Kraft zu sehen; und es wäre ebenso verfehlt, den *Lehrjahren* Künstlichkeit, Blässe und Wirklichkeitsverlust vorzuwerfen. Die Interpreten, die solche Wertungen verfochten, erwiesen sich als wenig willig oder fähig, die grundsätzlich unterschiedlichen Intentionen der beiden Texte zu erfassen.

2.2. Wilhelm Meisters Entwicklung: Bildung oder Degeneration?

Seit den Tagen der Frühromantik sind immer wieder Einwände gegen *Wilhelm Meisters Lehrjahre*, insbesondere gegen den Schluß des Romans erhoben worden. Novalis tadelte die „ängstliche Peinlichkeit des 4. Teils" und den Sieg der „Ökonomie" über die Poesie, der ihm das Buch „odiös" machte (Brief an L. Tieck vom 23. II. 1800). In der Entwicklung des Helden konnte er nicht mehr finden als eine „Wallfahrt nach dem Adelsdiplom" (Novalis: *Schriften.* Hg. v. P. Kluckhohn und R. Samuel. 3. Aufl. Stuttgart 1976 ff. Bd. III, S. 646). Diese heftige Kritik findet Parallelen in Friedrich Schlegels Notizbüchern, wo dem *Wilhelm Meister* entgegengehalten wird, er sei „nicht ganz mystisch" und ihm fehle „wirkliche poetische Bedeutung" (F. Schlegel: *Literary Notebooks.* Hg. v. H. Eichner. London 1957, Nr. 351 und 1703). Die romantischen Kritiker stießen sich offensichtlich an der Tendenz zum pragmatischen Kompromiß, zum tätigen Sich-Einrichten in der Wirklichkeit, die den Zielpunkt von Wilhelm Meisters Entwicklung bestimmt. Sie sahen hier den Geist der „progressiven Universalpoesie" verraten, die unabschließbare Bewegung zu einer alle Entzweiungen überwindenden Synthese abgebrochen.

Moderne Kritiker, die gegen die Tendenz von Wilhelm Meisters Entwicklung Einwände erhoben, gingen in der Regel nicht mehr von der romantischen Kunstreligion und ihrem hochfliegenden Poesiebegriff aus, sondern von einer Vorstellung persönlicher Selbstverwirklichung, der alle Entsagung und Beschränkung nur als Verstümmelung der Individualität erschien. Diese Auffassung steht offensichtlich hinter Karl Schlechtas These, aus Goethes Romanheld werde im Gang seiner Geschichte „ein schattenhaftes, ein unbestimmtes Etwas" (K. Schlechta: *Goethes Wilhelm Meister.* Frankfurt 1953, S. 246). In ähnliche Richtung deutet Heinz Schlaffers Meinung, man habe die *Lehrjahre* als „Zerstörungsroman" zu verstehen (H. Schlaffer: *Exoterik und Esoterik in Goethes Romanen.* Goethe Jahrbuch 95. 1978, S. 222). Auch Klaus-Dieter Sorg glaubt zu erkennen, Wilhelm Meister verändere sich bei seinem Eintritt in die Turmgesellschaft zu seinem Nachteil (K.-D. Sorg: *Gebrochene Teleologie,* S. 79), und Jochen Hörisch sieht den Goetheschen Bildungshelden am Ende bei einem „wunschlosen Unglück" angelangt (J. Hörisch: *Gott, Geld und Glück.* Frankfurt 1983, S. 79).

Hinter solchen Einwänden steht ein Unbehagen an der Disziplinierung des Helden, an der Dämpfung seiner Emotionen und an der Anerkennung eines auf pflichtmäßige Tätigkeit gegründeten Lebensethos. Daß Wilhelm Meister sich mit temperierten Gefühlen Therese und Natalie zuwendet, wird nicht als Zeichen größerer Bewußtheit und Reife, sondern als Rückschritt und Verlust gewertet (vgl. K.-D. Sorg, a. a. O., S. 79). Diese Deutungsvorschläge stehen im Zeichen eines sensiblen Subjektivismus, der auf alle heteronome Bestimmung allergisch reagiert und das Recht des Einzelnen auf Verwirklichung seiner persönlichen Aspirationen leidenschaftlich verteidigt. Die Aufforderung, sich zu beschränken und äußere Ordnungen anzuerkennen, muß da leicht als Programm einer emotionalen und vitalen Reduktion, ja einer Verkrüppelung der Persönlichkeit erscheinen. Wo solche Wertungen gelten, da fehlen ganz offensichtlich die Voraussetzungen dafür, den in Goethes Roman geschilderten Entwicklungsgang als geglückt und beispielhaft aufzufassen.

Es kann nun allerdings kein Zweifel bestehen, daß die von modernen subjektivistischen Stimmungen getragenen Urteile über *Wilhelm Meisters Lehrjahre* an der Intention des Autors und an der inneren Tendenz des Werks vorbeigehen. Man wird in ihnen eher eine vom Standpunkt des späteren 20. Jahrhunderts aus geführte Polemik gegen das Bildungsideal der deutschen Klassik sehen als eine Deutung des Romans, die dessen Gehalt von seinen konkreten historischen Voraussetzungen her erfassen will. Die Wahrheitsmomente der Goetheschen Bildungsvorstellung einerseits und die eines auf integrale Selbstverwirklichung zielenden Subjektivismus andererseits in einem philosophischen Räsonnement gegeneinander abzuwägen, ist hier nicht der Ort.

Die meisten der zahlreichen Interpreten indessen haben die *Lehrjahre* als glücklich endenden Bildungsroman verstanden. Dieser Deutung hat bereits der erste Leser des Buches, Schiller nämlich, präzis formulierte Leitsätze geliefert, etwa wenn er „das Ziel, bei welchem Wilhelm nach einer langen Reihe von Verirrungen endlich anlangt", mit folgender vielzitierter Wendung beschreibt: „Er tritt von einem leeren und unbestimmten Ideal in ein bestimmtes tätiges Leben, aber ohne die idealisierende Kraft dabei einzubüßen" (Brief an Goethe vom 8. VII. 1796). Schiller sah selber deutlich, daß der Held des Romans nicht in erfolgreicher Lebens-Meisterschaft vorgeführt ist, sondern daß er gewissermaßen an der Schwelle der Erfüllung stehen bleibt:

„Freilich ist es für den Roman ein zarter und heikeligter Umstand, daß er, in der Person des Meister, weder mit einer entschiednen Individualität noch mit einer durchgeführten Idealität schließt, sondern mit einem Mitteldinge zwischen beiden. Der Charakter ist individual, aber nur den Schranken und nicht dem Gehalt nach, und er ist ideal, aber nur dem Vermögen nach. Er versagt uns sonach die nächste Befriedigung, die wir fordern (die Bestimmtheit), und verspricht uns eine höhere und höchste, die wir ihm aber auf eine ferne Zukunft kreditieren müssen" (Brief an Goethe vom 28. XI. 1796).

Goethe hat diesen Deutungsansätzen nicht widersprochen, auch wenn er sich in späteren Jahren bisweilen sehr zurückhaltend über die Möglichkeit äußert, in den *Lehrjahren* einen geistigen Mittelpunkt aufzuzeigen (zu Eckermann, 18. I. 1825). Immerhin steht außer Zweifel, daß er den Helden am Ende des Buches an einem „glücklichen Ziel" angelangt sieht. Wilhelm Meister täuscht sich nicht, wenn er im letzten Satz des Romans von seinem „Glück" spricht, das er nicht verdient habe und das er mit keinem andern Zustand vertauschen möchte (HA VII, S. 610). Indem er die Vaterstelle bei seinem Sohn Felix übernimmt, sich mit Natalie verlobt und im Kreis der Turmgesellschaft einer „reinen und sichern Tätigkeit" entgegengeht (HA VII, S. 491), ist er in feste, auf Dauer angelegte Verhältnisse eingetreten. Wenn dies der Zielpunkt einer zunächst von Irrtümern und falschen Ambitionen bestimmten Lebensgeschichte ist, dann stellt sich dieser Prozeß nicht als Degeneration, als Schwächung und Verkümmerung des Helden dar, sondern eindeutig als ‚Bildung' im Sinne eines Hineinfindens in bejahte Bindungen und als Übernahme einer sinnvollen Bestimmung.

2.3. Faktoren von Wilhelm Meisters Entwicklung

2.3.1. Schwäche und Bildsamkeit. Zur Figur Wilhelm Meisters

Schon eine oberflächliche Betrachtung der *Lehrjahre* zeigt, daß ihr Held nicht als dynamische Figur angelegt ist, die durch entschiedene und zielbewußte Aktivität das erzählte Geschehen beherrschen könnte. Goethe selbst hat das mehrfach ausgesprochen, am deutlichsten wohl in einem Gespräch mit Kanzler von Müller, in dem er seinen Romanhelden einen „armen Hund" nannte. Er habe nicht anders sein können, denn: „nur an solchen lassen sich das Wechselspiel des Lebens und die tausend verschiedenen Lebensaufgaben recht deutlich zeigen, nicht an schon abgeschlossenen, festen Charakteren" (Gespräch vom 22. I. 1821).

Auch spätere Kritiker haben häufig die Schwäche und Passivität Wilhelm Meisters registriert, ja gelegentlich hat man ihm so wenig Bedeutung beigemessen, daß man die *Lehrjahre* als „Raumroman" interpretierte und das Buch in die Nähe der pikaresken Erzählwerke stellte, in denen die zentrale Figur bloß funktionalen Wert bei der Absicht breiter Weltdarstellung hat (vgl. etwa Wolfgang Kayser: *Das sprachliche Kunstwerk*. 12. Aufl. Bern, München 1967, S. 363 f.). Die meisten Deutungen haben indessen daran festgehalten, daß Goethes Roman nur von der Titelgestalt und ihrer Entwicklungsgeschichte her angemessen verstanden werden könne. Die verschiedenen denkbaren Interpretationsaspekte bezüglich der Figur Wilhelm Meisters sind bereits kurz nach dem Entstehen des Buches in der sofort einsetzenden kritischen Diskussion formuliert und gegeneinandergestellt worden. Schiller war zunächst offenbar der Überzeugung, der Goethesche Romanheld erreiche am Schluß den glücklichen Zustand einer harmonischen Selbsterfüllung, der als Inbegriff menschlicher Entwicklungsmöglichkeiten gelten könne. Er schrieb an Goethe, Wilhelm erreiche sein Ziel dadurch, „daß er Bestimmtheit erlangt, ohne die schöne Bestimmbarkeit zu verlieren" (Brief vom 8. VII. 1796).

Schillers Freund Christian Gottfried Körner hat diese Deutung der Wilhelm-Meister-Figur noch verstärkt. In einem Brief, der im Jahrgang 1796 der *Horen* publiziert wurde, sieht er im Titelhelden geradezu den dynamischen Mittelpunkt des Romans: „Was der Mensch nicht von außen empfangen kann – Geist und Kraft – ist bei Meistern in einem Grade vorhanden, für den der Phantasie keine Grenzen gesetzt sind." – Seine „Bildsamkeit" sei ohne „Schwäche", und seine Entwicklung erscheine als die exemplarische Darstellung „einer schönen menschlichen Natur, die sich durch die Zusammenwirkung ihrer inneren Anlagen und äußeren Verhältnisse allmählich ausbildet" (Brief an Schiller vom 5. XI. 1796).

Eine entschieden abweichende Position bezog Wilhelm v. Humboldt, der Körners Auffassung in einem Brief an Goethe ausführlich kritisierte: „Er [Körner] scheint in ihm [dem Helden des Romans] einen Gehalt zu finden, mit dem die Ökonomie des Ganzen, wie ich glaube, nicht würde bestehen können, und dagegen hat er, wie mich dünkt, seine durchgängige Bestimmbarkeit, ohne fast alle wirkliche Bestimmung, sein beständiges Streben nach allen Seiten hin, ohne entschiedene natürliche Kraft nach einer, seine unaufhörliche Neigung zum Räsonieren und seine Lauigkeit, wenn ich nicht Kälte sagen soll, der Empfindung, ohne die sein Betragen nach Marianens und Mignons Tode nicht begreiflich sein würde, nicht genug getroffen" (Brief an Goethe vom 24. XI. 1796). Von diesen Überlegungen her entwickelte Humboldt eine Deutung der *Lehrjahre*, für die es von entscheidender Wichtigkeit ist, daß Wilhelm Meister nicht als strukturbildendes Zentrum des Romans verstanden wird.

Diese Einwände führten Schiller zu einer Revision seiner Deutung, insbesondere zu einer neuen Bestimmung der Rolle des Protagonisten: „Wilhelm Meister ist zwar die notwendigste, aber nicht die wichtigste Person; eben das gehört zu den Eigentümlichkeiten Ihres Romans, daß er keine solche wichtigste Person hat und braucht. An ihm und um ihn geschieht alles, aber nicht eigentlich seinetwegen; eben weil die Dinge um ihn her die Energien, er aber die Bildsamkeit darstellt und ausdrückt, so muß er ein ganz ander Verhältnis zu den Mitcharakteren haben, als der Held in andern Romanen hat" (Brief an Goethe vom 28. XI. 1796).

Zu dem brieflichen Disput zwischen Körner, Humboldt und ihm selber äußerte sich Schiller mit dem Stoßseufzer: „Komisch genug ists, wie bei einem solchen Produkte so viel Streit in den Urteilen noch möglich ist." Man wagt nicht auszudenken, was er über die Meinungsverschiedenheiten späterer Kritiker-Generationen gesagt haben könnte.

Allerdings erklären sich die bei den ersten Interpreten hervortretenden Unterschiede in der Deutung des Goetheschen Romanhelden keineswegs aus der Blindheit der an der Diskussion Beteiligten. Vielmehr läßt sich die Divergenz der Auffassungen aus der ambivalenten Stellung des Helden im Bildungsroman ableiten: Dieser steht nämlich einerseits im Zentrum des erzählerischen Interesses und erscheint am Ende in einem Zustand der Reife und an der Schwelle einer produktiven und innerlich ausbalancierten Lebenspraxis. Andererseits bleibt der Held, solange er sich noch auf dieses Ziel hinentwickelt, weithin unsicher, unfertig, passiv, verführbar und ohne verläßliche Einschätzung seiner Umwelt. Sieht man den Protagonisten der Bildungsgeschichte nun vor allem vom erfüllten Ende her (Körner hat das offenbar getan, zunächst auch Schiller), so verführt das leicht dazu, die Figur in den früheren Phasen ihrer Entwicklung zu überschätzen. Geht man indessen bei der Bewertung von der Kette der Irrtümer und Täuschungen aus, dann kann der Protagonist der Bildungsgeschichte leicht als Schwächling erscheinen, von dem nicht recht begreiflich wird, warum so viel erzählerisches Aufhebens von ihm gemacht wird.

Die Figur Wilhelm Meisters erweckt wohl vor allem deshalb den Eindruck der Schwäche, Unsicherheit und Blässe, weil die praktische Bewährung der gewonnenen Reife, die tätige Auseinandersetzung mit der Welt und die Verbindung mit Natalie nicht ausdrücklich vorgeführt werden. Schiller beschrieb diese Schwierigkeit, als er anmerkte, man müsse dem Helden der *Lehrjahre* die höchste

Erfüllung „auf eine ferne Zukunft kreditieren" (Brief an Goethe vom 28. XI. 1796).

Mit der Schwäche Wilhelms, mit seiner Anfälligkeit für Irrtümer und Selbsttäuschungen hängt es zusammen, daß er vom Erzähler des Romans auf höchst ironische Weise behandelt wird. So berichtet er etwa, daß Wilhelm sich „das häusliche Leben eines Schauspielers als eine Reihe von würdigen Handlungen und Beschäftigungen [dachte], davon die Erscheinung auf dem Theater die äußerste Spitze sei" (HA VII, S. 58 f.). Anschließend schildert er die chaotischen Verhältnisse im Zimmer Marianes und das wenig würdevolle Betragen der übrigen Schauspieler, um damit deutlich zu machen, daß Wilhelm sich in seinen Illusionen durch widersprechende Erfahrungen nicht irritieren läßt. Immer wieder führt der Roman mit mildem Spott die fragwürdigen Ambitionen seines Helden vor (vgl. etwa HA VII, S. 210), und bisweilen kritisiert er ganz unverstellt die Irrtümer und Gefährdungen, in denen Wilhelm befangen ist (vgl. etwa HA VII, S. 284).

Wenn Wilhelm Meisters Lebensgang trotz aller Schwächen und Illusionen eine fruchtbare Entwicklung nimmt, so liegt das an seinem Willen zur Bildung der eigenen Person. Er begnügt sich nicht mit den vorgefundenen Verhältnissen, durch die er sich auf bequeme Weise festlegen lassen könnte, sondern er unterstellt sich bewußt einem höheren Anspruch. Schon früh, als er sich mit Werner über den Sinn der Kaufmanns-Existenz auseinandersetzt, hält er dem beschränkten Räsonnement seines Freundes entgegen: „Gewöhnlich vergeßt ihr aber auch über eurem Addieren und Bilancieren das eigentliche Fazit des Lebens" (HA VII, S. 37). Die Bemühung um ein positives Lebensresultat steht hinter Wilhelms Bildungsvorsatz, den er auf dem Weg über das Theater verwirklichen will. Mag der gewählte Weg falsch sein, der Antrieb ist wertvoll und richtig – denn ohne ihn gäbe es keine Entwicklung. Jarno versteht daher die ehrgeizige und idealerfüllte Unruhe junger Leute als ein produktives Moment:

> „Es ist gut, daß der Mensch, der erst in die Welt tritt, viel von sich halte, daß er sich viele Vorzüge zu erwerben denke, daß er alles möglich zu machen suche; aber wenn seine Bildung auf einem gewissen Grade steht, dann ist es vorteilhaft, wenn er sich in einer größern Masse verlieren lernt, wenn er lernt, um anderer willen zu leben und seiner selbst in einer pflichtmäßigen Tätigkeit zu vergessen" (HA VII, S. 493).

2.3.2. Produktive Wirkungen einer „falschen Tendenz": Wilhelm Meister und das Theater

In den spät niedergeschriebenen autobiographischen Bemerkungen der *Tag- und Jahreshefte* heißt es zum *Wilhelm Meister*, der Roman beruhe auf dem Gedanken,

> „daß der Mensch oft etwas versuchen möchte, wozu ihm Anlage von der Natur versagt ist, unternehmen und ausüben möchte, wozu ihm Fertigkeit nicht werden kann; ein inneres Gefühl warnt ihn abzustehen, er kann aber mit sich nicht ins klare kommen und wird auf falschem Wege zu falschem Zwecke getrieben, ohne daß er weiß, wie es zugeht. Hiezu

kann alles gerechnet werden, was man falsche Tendenz, Dilettantismus usw. genannt hat [...]. Gar viele vergeuden hiedurch den schönsten Teil ihres Lebens und verfallen zuletzt in wundersamen Trübsinn. Und doch ist es möglich, daß alle die falschen Schritte zu einem unschätzbaren Guten hinführen: eine Ahnung, die sich im ‚Wilhelm Meister' immer mehr entfaltet, aufklärt und bestätigt" (HA X, S. 432).

Als Wilhelm Meister kurz vor der Überreichung des Lehrbriefs über die Rolle des Irrtums im Lebensgang aufgeklärt wird, da erkennt er in seiner ehrgeizigen Neigung zum Theater die „falsche Tendenz" seines Lebens (vgl. HA VII, S. 495). Diese Einsicht ist schmerzlich, und sie setzt sich erst nach einer ganzen Reihe von Enttäuschungen und gegen beträchtlichen Widerstand durch. Wilhelm Meisters Begeisterung für die Bühne war auf hohe Ziele gerichtet: Er wollte künstlerischen und nationalpädagogischen Zwecken dienen, durch das Auftreten auf dem Theater zur „öffentlichen Person" werden und sich damit eine freie, vom Gesichtspunkt bürgerlicher Nützlichkeit gelöste Bildung verschaffen (HA VII, S. 290ff.). Die Hoffnung auf die Erfüllung dieser Ziele hat er lange gegen seine durchweg zweifelhaften Erfahrungen festgehalten. Bisweilen waren es aber auch Motive aus ganz anderer Richtung, die ihn an den Kreis der Schauspieler banden. Als die Truppe auf das Schloß des Grafen engagiert wurde und Wilhelm sich ihr anschloß, gab nicht mehr der Theaterenthusiasmus den Ausschlag. Vielmehr sind es die Hoffnung, das geliehene Geld von Melina wiederzubekommen, die Erwartung, in der großen Welt Menschenkenntnis zu gewinnen, und die Aussicht, die schöne Gräfin wiederzusehen, die Wilhelms Entschluß begründen (HA VII, S. 152). Trotzdem ist der Traum von der theatralischen Sendung noch nicht überwunden. Als Wilhelm vor der Unterzeichnung des Vertrages mit Serlo steht, glaubt er an das Wirken einer wohltätigen Fügung: „Und muß ich nicht das Schicksal verehren, das mich ohne mein Zutun hierher an das Ziel aller meiner Wünsche führt? Geschieht nicht alles, was ich mir ehemals ausgedacht und vorgesetzt, nun zufällig ohne mein Mitwirken?" (HA VII, S. 276f.)

Dieser fromme Glaube gerät ins Zwielicht der Ironie, als Wilhelm schon wenig später einsehen muß, „daß dieses Handwerk [das des Theatermannes] weniger als irgendein anderes den nötigen Aufwand von Zeit und Kräften verdiene" (HA VII, S. 345). Jarno gegenüber läßt sich Wilhelm zu einer von Enttäuschung und Empörung gefärbten Strafrede über die Schauspieler hinreißen (HA VII, S. 433 f.). Und doch reagiert er noch empfindlich, als er zur definitiven Absage an das Theater aufgefordert wird, weil ihm das nötige Talent fehle (HA VII, S. 469). Erst als er Serlos Truppe noch einmal besucht und dabei feststellt, daß man ihn keineswegs vermißt und seine Rollen längst von anderen erfolgreich übernommen worden sind (HA VII, S. 474), kann er sich innerlich von seinem alten „Lieblingstraum" lösen. In einem Brief an Werner bekundet er den Entschluß, seiner Existenz eine neue Richtung zu geben: „Ich verlasse das Theater und verbinde mich mit Männern, deren Umgang mich in jedem Sinne zu einer reinen und sichern Tätigkeit führen muß" (HA VII, S. 491).

Durch diese Wendung wird die dem Theater gewidmete Lebensepoche Wilhelm Meisters allerdings nicht zu einem sinnlosen, gänzlich verfehlten Unternehmen erklärt. Was er hier erfahren hat, vermittelt eine Bekanntschaft mit der Welt und den Menschen, die in anderen Sphären ganz ähnlich hätte ausfallen können. Auf seine Scheltrede über die Schauspieler antwortet ihm Jarno: „Wissen Sie denn, mein Freund [...], daß Sie nicht das Theater, sondern die Welt beschrieben haben, und daß ich Ihnen aus allen Ständen genug Figuren und Handlungen zu Ihren harten Pinselstrichen finden wollte?" (HA VII, S. 434) Auch Wilhelms gesellige Talente, sein Aussehen und seine Manieren sind gefälliger und bestimmter geworden. Der Text des Romans sucht das deutlich zu machen, indem er Wilhelm mit seinem Jugendfreund Werner kontrastiert, der sich aus den Grenzen seiner bürgerlichen Herkunft nicht hinausbewegt hatte und dabei zu einem „arbeitsamen Hypochondristen" geworden war (HA VII, S. 499). Die vorteilhaften Veränderungen im Wesen Wilhelms sind jedoch nicht bloß eine Folge des Auftretens auf der Bühne, sondern auch ein Resultat des Umgangs mit Angehörigen anderer sozialer Schichten, insbesondere des Adels. Damit dieser Umgang überhaupt möglich wurde, hatte Wilhelm sich der gewissermaßen außerständischen Gruppe der Schauspieler anschließen müssen. Als reisender Kaufmann wäre er kaum ins Boudoir der Gräfin geraten oder mit dem Prinzen ins Gespräch gekommen, wohl aber als Mitglied der auf das Schloß eingeladenen Theatertruppe. Erfahrungen dieser Art helfen ihm, über seine bürgerliche Unbeholfenheit und Befangenheit hinauszukommen, und sind eine notwendige Vorbereitung für den Eintritt in die Turmgesellschaft.

Vor allem aber vermitteln die Begeisterung für das Theater und deren schließliche Enttäuschung die für den Bildungsprozeß entscheidend wichtige Erfahrung des Auslebens und Überwindens einer „falschen Tendenz". Erst nach dieser Selbsterprobung kann Wilhelm seine eigentliche Bestimmung erkennen.

2.3.3. Zur Rolle der weiblichen Gestalten

Die weiblichen Figuren, denen Wilhelm Meister auf seinem Weg vom Theater zur Turmgesellschaft begegnet, spielen eine wichtige Rolle im Sinngefüge des Romans. Von ihnen gehen bedeutsame Einflüsse auf den Helden aus, und sie veranlassen Wilhelm zu Reaktionen, in denen sein innerer Zustand, seine Illusionen und Irrtümer, aber auch seine zunehmende Reife ans Licht treten. Besondere Bedeutung für die Interpretation des Romans im ganzen haben die Figuren Mignons und Natalies, denen daher auch im hier verfolgten Zusammenhang einige Bemerkungen gewidmet werden müssen.

Als Wilhelm Meister auf Mignon trifft, wird seine Aufmerksamkeit durch das scheue und rätselhafte Wesen des Mädchens angezogen. Angesichts ihrer elenden Lage in der reisenden Artistentruppe erfaßt ihn Mitleid. In der Beziehung zu Mignon manifestiert sich Wilhelms Sehnsucht nach poetischer Freiheit, aber auch jene Bereitschaft, Verantwortung für andere zu übernehmen, die später für seine Lossprechung durch die Turmgesellschaft von entscheidendem Gewicht sein wird. Mignon ist verängstigt durch eine unglückliche Vergangenheit und beherrscht von der Sehnsucht nach der verlorenen Heimat. Wegen ihrer Lieder, in denen sich diese Regungen aussprechen, haben die Interpreten in Mignon immer die Inkarnation der Poesie gesehen. Aber sie zeigt auch eindeutig pathologische Züge, seelische Verkrampfungen und körperliche Anomalien, die sich aus der monströsen Familiengeschichte erklären, die am Ende des Romans aufgedeckt wird.

Umstritten ist die Frage, ob das Ende Mignons der Turmgesellschaft angelastet werden muß. Bei einigen neueren Kritikern findet sich die Meinung, der rational planende und pragmatische Geist des Turms sei der Poesie feindlich und treibe deren Repräsentanten, Mignon und den Harfner, in den Tod. Der Versuch einer „Heilung" und Sozialisierung der poetischen Gestalten beweise durch seine Unangemessenheit und durch seine fatalen Konsequenzen nur die Borniertheit der vom Turm vertretenen Bildungsvorstellung (in diese Richtung argumentieren Schlechta, Baioni, Hannelore Schlaffer, Sorg und Hörisch). Diesem Deutungsansatz ist mit dem Gedanken widersprochen worden, daß Mignon und der Harfner als Opfer einer tragischen Verwicklung nicht für die Gesellschaft gerettet werden können: „We are invited to recognize that no humane ‚development' is possible for either Mignon or the Harper, because their very being is warped by superstitious distortions and misdirections of ‚natural' influences from which no amount of retrospective enlightenment could conceivably release them" (M. Beddow: *The Fiction of Humanity*, S. 143).

Die beiden Figuren machen demnach deutlich, daß es Schicksale gibt, die in die Gemeinschaft der Gebildeten und Tätigen nicht zu integrieren sind. Mignon selbst empfindet die wohlgemeinten Bemühungen um ihre Person als unangemessen, ja als gewaltsam. Das spiegelt sich in ihrem Satz: „Die Vernunft ist grausam, das Herz ist besser" (HA VII, S. 489). Die Turmgesellschaft kann sich die von einem düsteren Geschick gezeichneten Figuren nicht anverwandeln, ja sie kann sie nicht einmal im Leben halten. Ihr bleibt nichts anderes, als sich am Ende in Trauer und Pietät vor dieser Unmöglichkeit zu beugen. Man wird nicht davon sprechen dürfen, Mignon und der Harfner würden am Ende „in die Geborgenheit der Humanität" heimgeholt (so aber H.-E. Hass: *Goethe, Wilhelm Meisters Lehrjahre*, S. 135). Aber es läßt sich sagen, daß der Roman mit diesen beiden Figuren auch das Moment des Tragischen in sich aufnimmt, das in bedeutsamen Kontrast zu der optimistisch-pragmatischen Konzeption gelingender „Bildung" gestellt ist (vgl. G. Röder: *Glück und glückliches Ende im deutschen Bildungsroman*, S. 147).

Nach seinem Eintritt in die Turmgesellschaft kommt Wilhelm zu der Gewißheit, daß er sein Glück nur mit Natalie finden wird. Deren bestimmende Eigenschaft ist, daß sie spontan, ohne allen Zwang, das Gute und Sinnvolle tut. Der Oheim pflegt über sie zu sagen: „Natalien kann man bei Leibesleben selig preisen, da ihre Natur nichts fordert, als was die Welt wünscht und braucht" (HA VII, S. 539). Dieser glücklichen Disposition und einer weisen Erziehung ist zuzuschreiben, daß Natalie eine Entwicklung ohne alle Irrtümer und Abwege durchlaufen hat. Wilhelm stellt den Unterschied zu seiner eigenen unsteten und gefährdeten Lebensgeschichte bewundernd fest: „Sie haben sich, man fühlt es Ihnen wohl an, nie verwirrt. Sie waren nie genötigt, einen Schritt zurück zu tun" (HA VII, S. 526).

Die ins Idealische gesteigerte Vollkommenheit Natalies zeigt sich auch darin, daß ihr die leidenschaftliche Zuwendung zu einer bestimmten Person fremd ist. Wilhelm gegenüber erklärt sie:

„,Es ist vielleicht nicht außer der Zeit, wenn ich Ihnen sage, daß alles was uns so manches Buch, was uns die Welt als Liebe nennt und zeigt, mir immer nur als ein Märchen erschienen sei.'
,Sie haben nicht geliebt?' rief Wilhelm aus.
,Nie oder immer!' versetzte Natalie" (HA VII, S. 538).

Schiller fand es höchst angemessen und „schön", daß Natalie „die Liebe, als einen Affekt, als etwas Ausschließendes und Besonderes gar nicht kennt, weil die Liebe ihre Natur, ihr permanenter Charakter ist" (Brief an Goethe vom 3. VII. 1796). Neuere Kritiker nahmen häufig an dieser Charakterisierung der Figur Anstoß. Sie registrierten „eine gewisse Blässe, einen gewissen Mangel an Vitalität" (H. Eichner: *Zur Deutung von „Wilhelm Meisters Lehrjahren"*, S. 186) oder meinten, in Natalie seien „alle natürlichen Regungen abgestorben" (K.-D. Sorg: *Gebrochene Teleologie*, S. 78).

Unbestreitbar fehlt der Darstellung Natalies eine kräftige individuelle Färbung durch leidenschaftliche Gefühle, durch Energie des Willens oder interessante Eigenheiten. Das kann aber bei einer Figur kaum anders sein, die der Erzähler mit einer „ruhigen, sanften, unbeschreiblichen Hoheit" ausstattet (HA VII, S. 538) und von der es heißt, sie sei „der Anbetung einer ganzen Welt würdig" (HA VII, S. 459). Wenn man die hier wirkende idealisierende Absicht erkennt, wird man der Verhaltenheit und Dämpfung der Darstellung innere Notwendigkeit nicht absprechen.

Ähnliches gilt für die Tonlage, in der die Verbindung Natalies und Wilhelms geschildert ist. Hier ist nicht leidenschaftlicher Überschwang oder romantische Illusion im Spiel, weder sinnliche Anziehung noch vitales Gefühl. Sondern hier waltet vor allem die Übereinstimmung der Seelen, die Harmonie edler Lebenszwecke. Das heißt jedoch nicht, daß die Figuren alles Leben verlören. Der Roman sucht an mehreren Stellen die Intensität von Wilhelms Neigung fühlbar zu machen. Nach der Wiederbegegnung im Schloß des Oheims heißt es, das Bild Natalies scheine Wilhelm „umschaffen" zu wollen (HA VII, S. 516). Und später, als der Weg zu der Geliebten versperrt erscheint, glaubt er in seinen Gefühlen für sie die Summe aller seiner früheren Empfindungen zu erkennen (HA VII, S. 568).

Wenn sich somit von einem Erlöschen der Gefühle bei Wilhelm nicht sprechen läßt, so gilt das gleiche für Natalie: Friedrichs respektlose Anspielungen auf die ungeklärten Gefühlsverhältnisse bringen sie in Verlegenheit und nötigen sie zur Flucht (HA VII, S. 606). Bei dem Gespräch, in dem sie sich dem Abbé erklärt, ist sie „sehr bewegt" (HA VII, S. 609). Es war im übrigen die gemeinsam durchlittene Sorge um den vermeintlich in Lebensgefahr schwebenden Felix, die Wilhelm und Natalie definitiv zusammengeführt hatte:

„Das Kind wollte sich nicht von Natalien trennen lassen. Wilhelm saß vor ihr auf einem Schemel; er hatte die Füße des Knaben auf seinem Schoße, Kopf und Brust lagen auf dem ihrigen, so teilten sie die angenehme Last und die schmerzlichen Sorgen und verharrten, bis der Tag anbrach, in der unbequemen und traurigen Lage; Natalie hatte Wilhelmen ihre Hand gegeben, sie sprachen kein Wort, sahen auf das Kind und sahen einander an" (HA VII, S. 602).

Die Szene stellt die Verbindung Natalies und Wilhelms ins Zeichen eines selbstlosen Handelns für andere: Natalie, deren Lebensgesetz die teilnehmende Zuwendung zu ihren Mitmenschen ist (HA VII, S. 526), gibt zu erkennen, daß sie Mutterstelle bei Felix vertreten will. Wilhelm hatte schon früher die Verantwortung für das Kind anerkannt und war damit ans Ziel seiner Lehrjahre gelangt (HA VII, S. 492, 502). Diesen Entschluß, sich in die moralische Ordnung zu integrieren und für andere zu wirken, bestätigt er nun durch die Verbindung mit Natalie.

Es entspricht Goethes symbolischem Darstellungsverfahren, daß die Reihe der Romanfiguren, auch der weiblichen, auf den ideellen Gehalt des Werks bezogen ist. Der Autor selbst hat diesem Umstand nach einer späteren Lektüre des Werks besonderes Gewicht beigemessen: Er empfand „Freude und Beruhigung" darüber, „daß der ganze Roman durchaus symbolisch sei, daß hinter den vorgeschobenen Personen durchaus etwas Allgemeines, Höheres verborgen liege" (zu Kanzler von Müller, 22. I. 1821).

Es leuchtet ein, daß in Philine eine unreflektierte Sinnlichkeit geschildert ist, während sich in der Schönen Seele ein Übermaß von Reflexion bei Zurückdrängung aller sinnlichen Antriebe und Vernachlässigung der praktischen Weltbewältigung zeigt. In Natalie wird man ohne Schwierigkeit eine Idealfigur erkennen, die für eine anstrengungslos verwirklichte Synthese des Guten und Schönen steht. Aber man sollte die Figuren nicht in eine systematische Ordnung zwingen, in der sie als Momente eines ausgeklügelten Systems figurieren (so der Tendenz nach I. Sagmo: *Bildungsroman und Geschichtsphilosophie*). Ein solcher Ansatz ließe sich mit der Komplexität der im Roman ausgebreiteten Wirklichkeit kaum in Einklang bringen. Goethe selbst hat vor systematisierenden Deutungen gewarnt und das Werk zu seinen „incalculabelsten Produktionen" gerechnet (zu Eckermann, 18. I. 1825).

2.3.4. Die Welt des Adels

Bekanntlich hat Novalis Wilhelm Meisters Geschichte verächtlich als eine „Wallfahrt nach dem Adelsdiplom" bezeichnet (s. o., Kp. 2.2.). Diese Kritik ist ungerecht, da sie wesentliche Aspekte des Romans übergeht, insbesondere die Tendenzen, mit denen er über die soziale und politische Ordnung der Ständegesellschaft hinausstrebt.

Wilhelm Meister bewegt sich in einer Gesellschaft, zu deren bedeutsamsten strukturellen Merkmalen die Trennung von Bürgertum und Adel gehört. Einen Einblick in die Lebensform des Adels zu gewinnen und sich gegenüber den

2. Goethe: Wilhelm Meisters Lehrjahre

Mitgliedern der Aristokratie recht verhalten zu lernen, gehörte daher zur Welterfahrung eines jungen Menschen bürgerlicher Herkunft. Wilhelm betrachtet denn auch den Aufenthalt auf dem Schloß des Grafen, der ihm durch die Theatergruppe möglich wird, als eine willkommene Gelegenheit, „die große Welt näher kennen zu lernen, in der er viele Aufschlüsse über das Leben, über sich selbst und die Kunst zu erlangen hoffte" (HA VII, S. 154). Die Stellung des Adels scheint ihm zunächst bevorzugt und beneidenswert, ja er glaubt, daß nur der Adlige eine treffende und überlegene Einschätzung der Welt erreichen könne: „Allgemein und richtig muß ihr Blick auf dem höheren Standpunkte werden, leicht ein jeder Schritt ihres Lebens" (HA VII, S. 154).

Diese hohen Erwartungen geraten mit der Wirklichkeit bald in Konflikt: Der ins Zimmer der Gräfin gebetene Wilhelm kommt wegen allerlei nichtiger Ablenkungen nicht zum Vorlesen, bei der Arbeit an dem Huldigungs-Spiel für den Fürsten muß Wilhelm sich den Schrullen des Grafen unterwerfen, und er erlebt, wie der Baron wegen seiner Kunstliebhaberei zum Gespött seiner Standesgenossen wird. Der Unterschied der Stände, der einen freien Umgang unmöglich macht, wird immer wieder spürbar, besonders im Verhältnis zu der schönen Gräfin:

„Wie über einen Fluß hinüber, der sie scheidet, zwei feindliche Vorposten sich ruhig und lustig zusammen besprechen, ohne an den Krieg zu denken, in welchem ihre beiderseitigen Parteien begriffen sind, so wechselte die Gräfin mit Wilhelm bedeutende Blicke über die ungeheure Kluft der Geburt und des Standes hinüber, und jedes glaubte an seiner Seite, sicher seinen Empfindungen nachhängen zu dürfen" (HA VII, S. 177).

In der Unterhaltung mit dem Fürsten zeigt Wilhelm jenen Mangel an Sicherheit und Geschmeidigkeit des Betragens, den Christian Garve in einer 1792 erschienenen Abhandlung als Kennzeichen des „bürgerlichen Airs" bezeichnet hatte (Ch. Garve: *Über die Maxime Rochefaucaults: das bürgerliche Air verliehrt sich zuweilen bey der Armee, niemahls am Hofe*. In: *Popularphilosoph. Schriften*. Hg. v. K. Wölfel. Stuttgart 1974. Bd. I, S. 666 f.). Gleichwohl bleibt Wilhelm Meister empfänglich für die Eindrücke, die sich ihm durch den Umgang mit der Welt der Aristokratie eröffnen:

„Wilhelm fing an zu wittern, daß es in der Welt anders zugehe, als er es sich gedacht. Er sah das wichtige und bedeutungsvolle Leben der Vornehmen und Großen in der Nähe und verwunderte sich, wie einen leichten Anstand sie ihm zu geben wußten" (HA VII, S. 180).

Als die Theatertruppe vernachlässigt und schließlich entlassen wird, entlädt sich Wilhelms Verstimmung in einer heftigen Kritik des Adels. Dessen Lebensform erscheint ihm jetzt veräußerlicht und arm an Gefühlen und moralischen Werten, weshalb die Privilegierten eher Mitleid als Neid verdienen. Auch der wahre Kunstsinn bleibt ihnen verschlossen:

„Wie will der Weltmann bei seinem zerstreuten Leben die Innigkeit erhalten, in der ein Künstler bleiben muß, wenn er etwas Vollkommenes hervorzubringen denkt, und die selbst demjenigen nicht fremd sein darf, der einen solchen Anteil am Werke nehmen will, wie der Künstler ihn wünscht und hofft" (HA VII, S. 213).

Seine heftige Kritik an den Weltleuten scheint Wilhelm in dem Augenblick vergessen zu haben, als er in einem Brief an Werner seinen Schritt auf die Bühne rechtfertigt. Er glaubt zu erkennen, daß „eine gewisse allgemeine, wenn ich sagen darf, personelle Ausbildung" nur dem Edelmann, nicht dem Bürger möglich ist. Letzterer könne sich nämlich allein durch seine Leistung, durch praktische Brauchbarkeit Geltung verschaffen:

„Wenn der Edelmann durch die Darstellung seiner Person alles gibt, so gibt der Bürger durch seine Persönlichkeit nichts und soll nichts geben [...]. Jener soll tun und wirken, dieser soll leisten und schaffen; er soll einzelne Fähigkeiten ausbilden, um brauchbar zu werden, und es wird schon vorausgesetzt, daß in seinem Wesen keine Harmonie sei noch sein dürfe, weil er, um sich auf *eine* Weise brauchbar zu machen, alles übrige vernachlässigen muß" (HA VII, S. 291).

Wilhelm glaubt nun, im Beruf des Schauspielers die Möglichkeit zu freier Ausbildung und Selbstdarstellung seiner Person zu finden. Durch körperliche Übungen, durch Schulung seiner Sprache und Stimme, durch geselligen Umgang und durch die Erfahrung des öffentlichen Auftretens auf der Bühne hofft er sich in ähnlicher Weise präsentieren zu können wie der Edelmann: „Auf den Brettern erscheint der gebildete Mensch so gut persönlich in seinem Glanz als in den oberen Klassen; Geist und Körper müssen bei jeder Bemühung gleichen Schritt gehen, und ich werde da so gut sein und scheinen können als irgend anderswo" (HA VII, S. 292).

An dieser Stelle ist für Wilhelms Drang zur Bühne kaum noch ein künstlerisches Motiv, sondern fast ausschließlich das Lebensinteresse der Selbstausbildung entscheidend (vgl. HA VII, S. 290), wobei ihm der Schauspielerberuf nur Mittel zum Zweck ist. Wilhelm hat sich zu diesem Zeitpunkt bereits wieder dem Metier des Kaufmanns innerlich angenähert (HA VII, S. 276). Er wird nun vor allem durch Werners zudringlichen Brief und die Plattheit seiner Vorschläge dazu getrieben, sich von seiner Herkunft mit einem „heimlichen Geist des Widerspruchs" zu distanzieren und sich erneut dem Theater zuzuwenden, um dort „die Bildung, die er sich zu geben wünschte", zu suchen (HA VII, S. 289).

In der Kontrastierung der bürgerlichen und adligen Lebensform zeigen Wilhelms Überlegungen deutliche Parallelen zu denen Christian Garves in der schon erwähnten Abhandlung. Bereits dort fand sich die These, daß der Adlige „die Geschmeidigkeit im Umgange", der Bürgerliche dagegen „die Brauchbarkeit" ausbilde, und daß der letztere im Staatsdienst durch Leistung aufsteige, der Aristokrat aber durch seine geselligen Talente (Chr. Garve, a.a.O., S. 627, 630). Wegen der auffallenden Übereinstimmungen hat man angenommen, Goethe habe bei dieser Passage der *Lehrjahre* Garves Essay vor Augen gehabt (W. H. Bruford: *Germany in the Eighteenth Century*. Cambridge 1971, S. 316).

Das verklärte Bild der adligen Persönlichkeitsbildung steht allerdings in auffälligem Gegensatz zu Wilhelms früheren Erfahrungen. Er selbst hatte die auf

Repräsentation und formelle Contenance angelegte Lebensform des Adels als gefühlsarm und oberflächlich kritisiert, so daß es nicht recht einleuchten will, warum er das Ziel seines Bildungsstrebens jetzt unter dem Bild einer aristokratischen Selbstdarstellung der Person faßt. Zweifelhaft ist auch, ob sich die Bühne als das geeignete Medium für die angestrebte „harmonische Ausbildung" der Person erweisen kann. Es ist vorauszusehen, daß Wilhelm sich vom Theater abwenden wird, wenn er dort keine spürbare Wirkung auf das Publikum erreicht und wenn sich ein Zwang zu künstlerischen Halbheiten einstellen sollte. Nach allem, was der Leser bislang über das Publikum und die Theaterleute erfahren hat, wird Wilhelm diese Enttäuschung kaum erspart bleiben. Daß er sich mit ihr abfinden könnte, ist angesichts des Lebensernstes, der aus seinem Bildungsvorsatz spricht, nicht zu erwarten. Aus diesen Gründen erscheint Wilhelms Lebensplan, wie er in dem programmatischen Brief an Werner formuliert ist, höchst fragwürdig. Das gilt sowohl für die inhaltliche Fixierung auf repräsentative Selbstdarstellung nach aristokratischem Muster als auch für das zur Realisierung dieses Ziels gewählte Mittel der Bühnenlaufbahn.

Am Ende von Goethes Roman scheinen wichtige Regeln der Ständegesellschaft ohne viel Aufhebens außer Kraft gesetzt zu sein. Schiller hat diese Tendenz des Romans besonders begrüßt:

„Es ist übrigens sehr schön, daß Sie, bei aller gebührenden Achtung für gewisse äußere positive Formen, sobald es auf etwas rein Menschliches ankommt, Geburt und Stand in ihre völlige Nullität zurückweisen und zwar, wie billig, ohne auch nur ein Wort darüber zu verlieren" (Brief an Goethe vom 5. VII. 1796).

Die drei Mesalliancen über die Standesschranke hinweg, Lotharios Forderung nach Abschaffung des Lehnswesen und sein Plan, die Arbeiter an den Erträgen seiner Güter zu beteiligen, zeigen einen neuen, von den überkommenen Vorstellungen freien Geist. Es läßt sich daher wohl nicht sagen, daß die Gesellschaft vom Turm, in der Wilhelm am Ende seinen Platz an der Seite Natalies finden soll, die aristokratische Lebensform konserviere (so etwa G. Baioni), – allerdings ebensowenig, daß hier revolutionär-demokratische Ideale oder auch nur ein „radikal-liberales" ökonomisches Konzept dargestellt seien (so S. Blessin). Immerhin beweist Goethe im Arrangement der Heiraten gegen Ende seines Romans eine solche Unbefangenheit gegenüber dem Standesproblem, daß Schiller fürchtete, die zeitgenössischen Leser könnten Anstoß nehmen. Nicht ohne Grund hat Georg Lukács im Schluß der *Lehrjahre* eine „Verschmelzung zwischen den fortgeschrittenen Vertretern des Adels und denen des gebildeten Bürgertums" erkennen wollen (G. Lukács: *Der Briefwechsel zwischen Goethe und Schiller*. In: G. L.: *Werke*. Bd. VII. Neuwied, Berlin 1964, S. 98). Die Turmgesellschaft entspricht mit ihrem Ideal nützlicher Tätigkeit und mit ihrer Großzügigkeit in der Frage standesüberschreitender Heiraten offensichtlich der bürgerlichen Mentalität; die äußere Einrichtung der Existenz und der gesellige Umgang jedoch bleiben vom adligen Lebensstil geprägt.

2.3.5. Die Turmgesellschaft

Wilhelm trifft auf seinem Weg immer wieder auf Vertreter der Turmgesellschaft, die er als solche natürlich nicht erkennen kann, da er von der Existenz ihrer Vereinigung noch nichts weiß. Die Mahnungen und Aufklärungen, die ihm von dieser Seite zukommen, bleiben ohne Wirkung, ja bisweilen entziehen sie sich seinem Verständnis. Was ihm der Unbekannte über die rechte Betrachtung von Kunstwerken und über die Bedenklichkeit eines falschen Schicksalsglaubens sagt (HA VII, S. 69 ff.), findet bei Wilhelm keine Resonanz, obwohl hier bereits wichtige Lehren aus den Schlußpartien des Romans vorweggenommen sind (vgl. HA VII, S. 405, 573). Ebensowenig folgt er der Aufforderung, das Theater zu verlassen, die Jarno ausspricht und die der mysteriöse Darsteller des Geistes in der Hamlet-Aufführung hinterläßt.

Trotz der vordergründigen Erfolgslosigkeit ihrer pädagogischen Bemühungen ist die Turmgesellschaft ein wichtiger Faktor in Wilhelm Meisters Geschichte. Sie verdeutlicht dem Leser, daß die Entwicklung des Helden auf ein bestimmtes Ziel hin orientiert ist, das dieser selbst noch nicht erkannt hat. Die Erzieher und Wächter des Turms müssen sich keineswegs dadurch widerlegt fühlen, daß ihre Winke unverstanden bleiben (vgl. R. Haas: *Die Turmgesellschaft in „Wilhelm Meisters Lehrjahren"*, S. 52). Denn das Prinzip ihrer Pädagogik ist, den Zögling selbst durch seine Irrtümer hindurchfinden zu lassen. Ehe er im Turm den Lehrbrief erhält, hört Wilhelm: „Nicht vor Irrtum zu bewahren, ist die Pflicht des Menschenerziehers, sondern den Irrenden zu leiten, ja ihn seinen Irrtum aus vollen Bechern ausschlürfen zu lassen, das ist Weisheit der Lehrer" (HA VII, S. 494 f., vgl. S. 550). Beim Gedanken an die Wirren seiner Lebensgeschichte kommen Wilhelm später Bedenken gegen diese großzügige Pädagogik, obwohl doch bei ihm selbst deren Erwartungen durchaus eingetroffen sind. Natalie erkennt in ihrer eigenen Entwicklung und in der ihres Bruders Lothario schöne Resultate der vom Abbé verfolgten liberalen Erziehung. Daß diese nicht frei von Risiken ist, zeigt sich indessen an den beiden anderen Geschwistern, der Gräfin und Friedrich (HA VII, S. 521).

Am Ende des Romans tritt Wilhelm selbst in die Sphäre der Turmgesellschaft ein. Dadurch stellt sich ein völlig neues Verhältnis her, das aber keineswegs dazu nötigt, den Turm der ersten Bücher so sehr von dem der letzten abzuheben, daß von einer durchlaufenden Identität kaum noch gesprochen werden dürfte (so aber der Tendenz nach R. Haas, a.a.O., S. 64 u.ö.). Vielmehr zeigt sich bei näherem Hinsehen, daß die Turmgesellschaft eine bewegte Geschichte mit manchen Veränderungen hinter sich hat. Jarno berichtet Wilhelm, die Ursprünge der Verbindungen lägen in der „Neigung der Jugend zum Geheimnis, zu Zeremonien und großen Worten" und die alten Riten seien für die Mitglieder längst zu Formalien geworden, über die „nun alle gelegentlich nur lächeln" (HA VII, S. 548). Es bedurfte eines erzieherischen Impulses von außen, damit die geheime Gesellschaft der jungen Leute eine fruchtbare Orientierung bekam. „Der Abbé kam zu Hülfe und lehrte uns, daß man die Menschen nicht beobachten müsse, ohne sich für ihre Bildung zu interessieren, und daß man sich selbst eigentlich nur in der Tätigkeit zu beobachten und zu erlauschen imstande sei" (HA VII, S. 549).

Unter dem Einfluß dieser Lehre wurde der Turm zu einer von pädagogischen Interessen geleiteten philanthropischen Unternehmung. Am Ende des Romans ist die Gesellschaft in einem neuerlichen Umbruch begriffen. Lothario, die zentrale Figur des Turms, betrachtet nun seine Teilnahme am amerikanischen Unabhängigkeitskrieg als romantische Begeisterung für eine „Idee", die zur Verfehlung konkreter Lebensaufgaben geführt hat: „Wie anders seh' ich jetzt die Dinge, und wie ist mir das Nächste so wert, so teuer geworden!" In seinem Baumgarten, mitten unter den Seinen will er in Zukunft zum Nutzen anderer wirken (HA VII, S. 431).

Schon der Umstand, daß die Turmgesellschaft ihre Zwecke ändert, muß daran hindern, in ihr eine sterile Utopie oder eine ideale Institution zu sehen, in die der Adept aufgrund von Bewährungsproben Eingang findet und in deren Schutz er dann vor jeder weiteren Verirrung bewahrt wäre. Vielmehr hat diese Vereinigung viele Schwächen, die sich auch in anderen menschlichen Zusammenschlüssen finden. Unter ihren Mitgliedern bestehen in zentralen Fragen Meinungsverschiedenheiten, etwa in bezug auf die pädagogischen Prinzipien. Der Vorstellung des Abbé, daß der Irrtum ausgelebt werden müsse, widersprechen Natalie (HA VII, S. 520, 527) und Jarno (HA VII, S. 550). Allerdings ergeben sich daraus keine Konflikte. Auf Wilhelms Erstaunen über die Verschiedenheit der Grundsätze antwortet Natalie:

„Sie können aber hieraus die unglaubliche Toleranz jener Männer sehen, daß sie eben auch mich auf meinem Wege gerade deswegen, weil es mein Weg ist, keineswegs stören, sondern mir in allem, was ich nur wünschen kann, entgegenkommen" (HA VII, S. 527).

Eine Überschätzung der Turmgesellschaft und ihrer feierlichen Lossprechung des Lebens-Lehrlings wird auch dadurch verhindert, daß Wilhelm nach seiner förmlichen Aufnahme noch tiefe Krisen durchmacht. Wiederholt faßt er den Vorsatz, sich von der Gesellschaft loszusagen (HA VII, S. 568, 569, 607), und kurz vor dem Ende des Romans noch hält er sein Leben für gescheitert: „Er übersah den ganzen Ring seines Lebens, nun lag er leider zerbrochen vor ihm und schien sich auf ewig nicht schließen zu wollen" (HA VII, S. 570). Das bedeutet nun aber keineswegs, daß Wilhelm in der Turmgesellschaft Verzichte und Entfremdungen aufgenötigt würden, die ihn nicht zu sich selbst kommen ließen (so aber z.B. Jochen Hörisch: *Gott, Geld und Glück*. Frankfurt 1983, S. 78f.). Sondern hier manifestiert sich Wilhelms desolate Seelenlage angesichts seiner Verlobung mit Therese und der daraus folgenden Unmöglichkeit, zu der geliebten Natalie zu finden. Er glaubt, sein Lebensglück zu verfehlen, obwohl es zum Greifen nahe scheint: „‚So ist denn alles nichts‘, rief er aus, ‚wenn das eine fehlt, das dem Menschen alles übrige wert ist!'" (HA VII, S. 571) Wilhelm weiß sich in dieser Situation nicht zu helfen, er versinkt in Unmut, und auch die Mitglieder der Turmgesellschaft sind ratlos. Das Leben auf dem Schloß gerät durch diese Verwicklungen und durch den Tod Mignons, den Selbstmord des Harfners und die vermeintliche Vergiftung Felix' in eine „Art von fieberhafter Schwingung", aus der man nicht mehr hinauszufinden weiß: „Außer Theresen war niemand in seinem Geleise geblieben; die Männer suchten durch geistige Getränke ihre gute Laune wiederherzustellen, und indem sie sich eine künstliche Stimmung gaben, entfernten sie die natürliche, die allein uns wahre Heiterkeit und Tätigkeit gewährt" (HA VII, S. 605). Die Turmgesellschaft beweist hier keineswegs die Fähigkeit zu einer souveränen Lösung verwickelter Verhältnisse, sondern sie demonstriert Hilflosigkeit. Es bedarf am Ende des respektlosen Enfant terrible Friedrich, damit die Stockung sich löst und die Verbindung Wilhelms mit Natalie noch möglich wird.

Daß der Roman die Schwächen der Turmgesellschaft deutlich ins Licht setzt, verhindert ihre Entrückung ins Chimärisch-Utopische. Es kann jedoch kein Zweifel darüber entstehen, daß sich für Wilhelm mit dem Eintreten in den Lebenszusammenhang des Turms die Möglichkeit einer erfüllten und glücklichen Zukunft eröffnet. Lothario umreißt sie in schwungvollen Sätzen:

„Lassen Sie uns zusammen auf eine würdige Weise tätig sein! Unglaublich ist es, was ein gebildeter Mensch für sich und andere tun kann, wenn er, ohne herrschen zu wollen, das Gemüt hat, Vormund von vielen zu sein, sie leitet, dasjenige zur rechten Zeit zu tun, was sie doch alle gerne tun möchten, und sie zu ihren Zwecken führt, die sie meist recht gut im Auge haben und nur die Wege dazu verfehlen. Lassen Sie uns hierauf einen Bund schließen!" (HA VII, S. 608)

In diesem Plan für eine fruchtbare Tätigkeit zum Wohle anderer wirkt das Ethos des Abbé fort, das früher das Interesse des Turmes auf die „Bildung seiner Mitbürger" gelenkt hatte (vgl. HA VII, S. 427, 549) und das sich im Altruismus Natalies spiegelt. Indem Wilhelm auf die Verbindung mit Natalie zustrebt, gibt er zu erkennen, daß er sich diesem Ethos verpflichtet fühlt.

In einer Äußerung Jarnos deutet sich an, daß die Turmgesellschaft angesichts der veränderten Zeitläufe eine zusätzliche Funktion übernehmen will: Durch Ausbreitung ihrer Aktivitäten über die ganze Welt soll sie ihre Mitglieder gegen politische Umbrüche sichern. „Wir assekurieren uns untereinander unsere Existenz, auf den einzigen Fall, daß eine Staatsrevolution den einen oder den anderen von seinen Besitztümern völlig vertriebe" (HA VII, S. 564). Dieser Plan hat nicht selten mokante Kommentare herausgefordert. Man stellte befremdet fest, daß die von hohen Bildungsvorstellungen beflügelte Gesellschaft sich nun in „eine Kapitalversicherung auf Gegenseitigkeit für den Fall von Revolutionsschäden" verwandele (Gustav Radbruch: *Wilhelm Meisters sozialistische Sendung*. In: G. R.: *Gestalten und Gedanken*. Leipzig 1944, S. 105). Das wiederum erschien als Indiz für die restaurative Orientierung des Romans und der deutschen Klassik überhaupt (vgl. Giuliano Baioni: *Classicismo e rivoluzione*. 2. Aufl. Neapel 1982, S. 164 ff.).

Andere Interpreten jedoch, Georg Lukács zum Beispiel, legten den Akzent auf Lotharios Reformideen, die über die feudalen Verhältnisse hinausdrängen, und erkannten dem Roman eine im ganzen ‚progressive' Tendenz zu. Aber dieses Verfahren einer politisierenden Literaturbewertung, als ‚progressiv' deklarierten Werken den Segen zu geben und über ‚reaktionäre' den Bann zu verhängen, wirkt angesichts so komplexer Texte wie der Goetheschen *Lehrjahre* schulmeisterlich und wenig fruchtbar. In jedem Fall müßte eine historische Einordnung von Goethes Vorstellungen die deutschen Verhältnisse am Ende des 18. Jahrhunderts zur Grundlage nehmen, Verhältnisse also, die – im Gegensatz zu den französischen – nicht die Charakteristika einer revolutionären Situation zeigten (Wilhelm Voßkamp: *Utopie und Utopiekritik in Goethes Romanen*. In: W.V. [Hg.]: *Utopieforschung*. Stuttgart 1982, S. 233 f.).

2.4. Das Ziel der Bildungsgeschichte

2.4.1. Selbst- und Weltkenntnis

Viele Interpreten haben gemeint, bei dem Helden des Goetheschen Bildungsromans lasse sich von kontinuierlichen Erkenntnisfortschritten nicht sprechen (etwa M. Beddow: *The Fiction of Humanity*, S. 71 f.). In der Tat scheint Wilhelm Meister hartnäckig an seinen Irrtümern festzuhalten. Der Belehrung ist er kaum zugänglich, da er, wie der Erzähler feststellt, „eine fast unüberwindliche Neigung" zum Selbstbetrug zeigt (HA VII, S. 210). Offensichtlich weiß Wilhelm an vielen Punkten seiner Geschichte nicht recht, was mit ihm vorgeht und wo seine wahre Bestimmung liegt. Sogar kurz vor dem Schluß des Romans noch will er sich von der Turmgesellschaft trennen (HA VII, S. 607).

Andere Kommentatoren der *Lehrjahre* indessen haben Wilhelms Entwicklung vor allem als einen „kognitiv-psychischen Vorgang" verstanden (vgl. I. Sagmo: *Bildungsroman und Geschichtsphilosophie*, S. 46, 59 ff.). Der Held des Romans nähere sich, so die These, fortschreitend einer Erkenntnis seines eigenen Wesens, aber auch einer „Bewußtseinsstufe, die ihm die empirische Wirklichkeit für die zugrundeliegende Seinsordnung transparent macht" (ebd., S. 231).

Man darf wohl zweifeln, ob Wilhelms Einsichten diesen hohen Anspruch erfüllen, aber es läßt sich doch aus einer ganzen Reihe einzelner Hinweise entnehmen, daß er über sich selbst und sein Verhältnis zur Welt zunehmend Klarheit gewinnt. Vor der Überreichung des Lehrbriefs beispielsweise durchschaut er den Lebensirrtum, der ihn zum Theater führte (HA VII, S. 495). Und als er die Aufzeichnungen des Turm-Archivs über seine Bildungsgeschichte gelesen hat, wird es ihm möglich, seinen eigenen Lebensgang zu überblicken und für Therese niederzuschreiben (HA VII, S. 505).

Aus seinen Erfahrungen wachsen ihm auch Einsichten in die Gesetzmäßigkeiten des menschlichen Lebens zu. So wird ihm die Bedeutung einer fruchtbaren Tätigkeit in einem überschaubaren Lebenskreis bewußt. Außerdem erkennt er, daß sich die Aufgaben seiner Existenz aus deren natürlichem Fortgang selbst ergeben und nicht aus abstrakten Regeln deduziert werden müssen: „‚O, der unnötigen Strenge der Moral!' rief er aus, ‚da die Natur uns auf ihre liebliche

Weise zu allem bildet, was wir sein sollen'" (HA VII, S. 502). Diese Erkenntnisse machen Wilhelm Meister nicht zum Philosophen und Menschheitslehrer, sondern zum Lebenspraktiker, der sein durch Erfahrung gewonnenes Wissen nicht in begriffliche Formeln faßt, sondern in seiner eigenen Existenz bewährt.

2.4.2. Pflichtmäßige Tätigkeit

Am Ende von Wilhelms Bildungsbemühungen steht nicht, wie er in seinem programmatischen Brief an Werner gehofft hatte, das „Scheinen" in repräsentativer Selbstdarstellung, sondern die bewußte Beschränkung in fruchtbarem Handeln. „Lassen Sie uns zusammen auf eine würdige Weise tätig sein!" sagt Lothario, wobei er auf Natalie als „lebhaftes Beispiel" deutet (HA VII, S. 608).

Wie Georg Simmel in seinem Goethe-Buch deutlich macht, hat diese entschiedene Wendung zur Praxis ihren Grund in Goethes allgemeiner Lebensdeutung: „Wie viele Äußerungen zeigen, ist ihm Tätigkeit nicht ein Inhalt oder Bewährung des Lebens neben andern, sondern sie ist ihm das Leben selbst, die spezifische Energie des menschlichen Daseins" (G. Simmel: *Goethe*. 5. Aufl. Leipzig 1923, S. 135). Ihre inhaltliche Orientierung findet die Tätigkeit aus dem Vollzug des Lebens selber, wie Wilhelm Meister erfährt, als er in Felix seinen Sohn erkennt: Er fühlt sich durch diese Lebenstatsache in der Wirklichkeit festgemacht und zur Anerkennung bestimmter moralischer Pflichten aufgerufen (HA VII, S. 502). Auf eben diese Wirkung des Lebensprozesses deutet Goethes Notiz: „Wilhelm, der eine unbedingte Existenz führt, in höchster Freyheit lebt bedingt sich solche immer mehr, eben weil er frey und ohne Rücksichten handelt" (WA I, 21, S. 331). Simmel umschreibt den zugrundeliegenden Gedanken mit folgender Formulierung: „Es ist in seiner [Goethes] Überzeugung von der naturhaften Harmonie dieses Daseins begründet, daß das Leben nur sich selbst überlassen zu werden braucht, d.h. daß die Tätigkeit in jedem Augenblicke ein nächstes Ziel vor sich habe, in dem alles für jetzt Notwendige beschlossen liegt, während vor dem nächsten Augenblick wieder *seine* Notwendigkeit steht" (G. Simmel, a.a.O.).

Indem sich die Tätigkeit Wilhelm Meisters auf andere bezieht und er in Gemeinschaft mit anderen wirkt, läßt er alle subjektivistische Vereinzelung und alle leeren Prätentionen hinter sich. Zugleich erkennt er die Beschränkung an, die sich aus seiner Individualität ergibt, ja er wendet diese Beschränkung ins Positive, indem er sie als Hinweis auf die komplementäre Ergänzung seiner Person durch andere begreift. Die Formulierungen des Lehrbriefs stellen außer Zweifel, daß alle menschlichen Anlagen ausgebildet werden sollen, – „aber nicht in einem, sondern in vielen". Der Gedanke an eine universale Entfaltung des Einzelnen ist damit als illusorisch abgetan. Denn: „Nur alle Menschen machen die Menschheit aus, nur alle Kräfte zusammengenommen die Welt" (HA VII, S. 552).

Daß der Mensch sich beschränken soll, ist keine heteronome Zumutung, die zu den Leiden der Entfremdung führen müßte. Denn die tätig realisierte Einschränkung soll der individuellen Anlage der Person entsprechen. Als konstanter Antrieb in Wilhelms Handlungen ist ein Engagement für andere hervorgetreten, ein Wille zu moralischer Wirkung, eine helfende Teilnahme. Schon hinter seinen Theater-Ambitionen stand der Wunsch, den „besseren Funken" in seinen Mitmenschen anzufachen (HA VII, S. 55) und eine nationalpädagogische Aufgabe zu erfüllen. Mignon und dem Harfner gegenüber beweist er den Willen, für die Hilfsbedürftigen Sorge zu übernehmen. Wilhelms Selbstlosigkeit und Verantwortungsgefühl zeigen sich besonders deutlich, als er den undankbaren und ungerechten Schauspielern nach dem Überfall seine Hilfe anbietet (HA VII, S. 233). Bezeichnend ist, daß dann die Zuwendung zu Felix jenen Punkt seiner Lebensgeschichte bildet, an dem die Lossprechung erfolgt und die Lehrjahre für beendigt erklärt werden. Die Verbindung mit Lothario und Natalie zeigt an, daß Wilhelms Zukunft im Zeichen praktischer Tätigkeit zum Wohle seiner Mitmenschen stehen wird.

Paradigmatisch an Wilhelms Geschichte ist die Art seiner Entwicklung bis zur Übernahme eines Lebensprogramms, in dem sich die in seiner Person angelegten Impulse erfüllen können. Die Besonderheiten seiner Rolle erklären sich aus Zufällen, etwa dem, daß er ein bedeutendes Vermögen erbt, und aus seiner individuellen Natur, beispielsweise aus dem Fehlen eines entschiedenen künstlerischen Talents. Andere Menschen haben jeweils aus ihrer eigenen Individualität eine ihnen angemessene Lebensform zu entwickeln, um den ihnen zugänglichen Aspekt der „Menschheit" zu verwirklichen: „Der geringste Mensch kann komplett sein, wenn er sich innerhalb der Grenzen seiner Fähigkeiten und Fertigkeiten bewegt; aber selbst schöne Vorzüge werden verdunkelt, aufgehoben und vernichtet, wenn jenes unerläßlich geforderte Ebenmaß abgeht" (J. W. Goethe: *Maximen und Reflexionen*. Hg. v. M. Hecker, Nr. 474).

2.4.3. Austreibung der Kunst?

Daß Wilhelm sich vom Theater abwendet und daß Mignon und der Harfner keine Stelle in der Welt der Turmgesellschaft finden, hat man seit Novalis immer wieder als Beweis für einen kunstfeindlichen Rationalismus und Praktizismus des Goetheschen Romans verstehen wollen. Eine Stütze findet diese Deutung darin, daß die Künste für die Mitglieder der Turmgesellschaft offenbar keine zentrale Rolle spielen: Von keinem heißt es, daß er dichte, male oder komponiere. Auch die Kunstsammlung des Oheims wird offenbar nicht erweitert. Natalie bekennt sogar ausdrücklich, sie sei ohne ästhetische Sensibilität:

„Die Reize der leblosen Natur, für die so viele Menschen äußerst empfänglich sind, hatten keine Wirkung auf mich, beinah noch weniger die Reize der Kunst; meine angenehmste Empfindung war und ist es noch, wenn sich mir ein Mangel, ein Bedürfnis in der Welt darstellte, sogleich im Geiste einen Ersatz, ein Mittel, eine Hilfe aufzufinden" (HA VII, S. 526).

Richtig ist auch, daß am Ende die Lieder Mignons und des Harfners verstummen. Deren Grundstimmung war unerfüllte Sehnsucht und unaufhebbare

Fremdheit gegenüber der Welt gewesen. Es ist offensichtlich, daß eine solche Dichtung der weltzugewandten, auf praktische Tätigkeit ausgerichteten Haltung des Turms wenig entspricht.

Trotz dieser Tendenz des Romanschlusses glaubte Schiller, das Werk finde die Lösung für sein zentrales Problem im „ästhetischen Zustand", nicht auf dem Wege der Spekulation:

„Innerhalb der ästhetischen Gemütsstimmung regt sich kein Bedürfnis nach jenen Trostgründen, die aus der Spekulation geschöpft werden müssen; sie hat Selbständigkeit, Unendlichkeit in *sich*; nur wenn sich das Sinnliche und das Moralische im Menschen feindlich entgegenstreben, muß bei der reinen Vernunft Hilfe gesucht werden" (Brief an Goethe vom 9. VII. 1796).

Natalie erschien Schiller als „rein ästhetische Natur" (Brief an Goethe vom 3. VII. 1796), in der es einen Widerstreit von sinnlichen und moralischen Kräften nicht gibt und die sich infolgedessen in schöner Harmonie darstellt. Schiller konnte nicht entgehen, daß Wilhelm Meister selbst am Ende nicht eigentlich in einem freien ästhetischen Zustand anlangt. Dies mußte aus Schillers Perspektive als Mangel an gedanklicher Konsequenz erscheinen, weshalb er Goethe aufforderte, die Entwicklung des Helden durch Ergänzungen und Umformungen des Romantextes plausibler und schlüssiger zu gestalten. Geschehen sollte das Schillers Anregung zufolge dadurch, daß Wilhelm am Ende seiner Bildungsgeschichte in einem freieren und überlegeneren Verhältnis dem Schönen gegenüber vorgeführt würde. Schiller beanstandete, der Held des Buches sei beim Eintreten in den Saal der Vergangenheit

„noch zu sehr der alte Wilhelm, der im Hause des Großvaters am liebsten bei dem kranken Königssohn verweilt und den der Fremde, im ersten Buch, auf einem so unrechten Wege findet. [...] Wäre hier nicht der Ort gewesen, den Anfang einer glücklichen Krise bei ihm zu zeigen, ihn zwar nicht als Kenner, denn das ist unmöglich, aber doch als einen mehr objektiven Betrachter darzustellen [...]?" (Brief an Goethe vom 9. VII. 1796)

Goethe ist dieser Anregung sehr behutsam gefolgt. Zur architektonischen Gestaltung des Saals der Vergangenheit sagt der Erzähler, jeder Besucher scheine „über sich selbst erhoben zu sein, indem er durch die zusammentreffende Kunst erst erfuhr, was der Mensch sei und was er sein könne." Auch Wilhelm unterliegt dieser Wirkung, allerdings „ohne sich davon Rechenschaft geben zu können" (HA VII, S. 541). Darin zeigt sich: Er ist empfänglich für ästhetische Reize und kann im Kunstwerk ein Analogon zum Zustand des gebildeten Menschen erspüren. Ähnlich hatte er schon reagiert, als er im Schloß des Oheims mit der „reinsten, schönsten, würdigsten Baukunst" bekannt wurde: „,Ist doch wahre Kunst', rief er aus, ,wie gute Gesellschaft: sie nötigt uns auf die angenehmste Weise, das Maß zu erkennen, nach dem und zu dem unser Innerstes gebildet ist'" (HA VII, S. 516).

Wilhelm hatte sich früher mit der Absicht der Selbstbespiegelung den Kunstwerken genähert, ohne deren ästhetischen Rang besonders zu würdigen. Das ist am deutlichsten bei seiner Vorliebe für das Bild vom kranken Königssohn, aber es gilt auch noch für seine Beschäftigung mit dem Shakespeareschen *Hamlet* (HA VII, S. 217). Daß die geänderte Haltung gegenüber der Kunst, das heißt die Fähigkeit, „eine gute Statue, ein treffliches Gemälde an und für sich zu beschauen" und objektiv aufzunehmen, Resultat der Bildung und Ausdruck einer Befreiung der Person aus subjektiver Befangenheit ist, spricht der Abbé in einer längeren Reflexion deutlich aus (HA VII, S. 573).

Goethes Roman schildert indessen keine ästhetische Erziehung im Sinne Schillers. Daß Wilhelm Meister durch Freisetzung des „Spieltriebs" in einen „ästhetischen Zustand" versetzt würde, in dem die sinnliche und die vernünftige Natur zugleich aktiviert werden und eine „vollständige Anschauung seiner Menschheit" möglich wird, wäre keine angemessene Beschreibung der erzählten Bildungsgeschichte. Goethe stellt den Entschluß zu einer „reinen und sichern Tätigkeit" (HA VII, S. 491) in den Vordergrund und sieht im Kunstwerk lediglich ein Symbol dafür, „was der Mensch sei und was er sein könne" (HA VII, S. 541).

2.5. Das Bildungskonzept der ‚Lehrjahre'

2.5.1. Subjektive Voraussetzungen für einen gelingenden Bildungsprozeß

Daß Wilhelm Meister am Ende seiner Lehrjahre ein Glück erreicht, das er „mit nichts in der Welt vertauschen möchte" (HA VII, S. 610), verdankt er nicht seinem eigenen Scharfblick und seinem unbeugsamen Willen – im Gegenteil: der gute Schluß kommt offensichtlich ohne sein Zutun zustande. Schon Schiller hatte in einer kantisch klingenden Wendung festgestellt, das Ganze zeige „eine schöne Zweckmäßigkeit, ohne daß der Held einen Zweck hätte" (Brief an Goethe vom 8. VII. 1796).

Dennoch scheint der Roman Wilhelm persönliche Eigenschaften zusprechen zu wollen, die ihn seines Glückes würdig machen. Bei der Gegenüberstellung mit Werner zu Beginn des letzten Buches erscheint die Person Wilhelms in sehr vorteilhaftem Licht, während es von Werner heißt, er sei „eher zurück als vorwärts gegangen" (HA VII, S. 498). Entscheidend für das Stocken oder Fortschreiten der Entwicklung ist die Bildungsbemühung des Einzelnen: Wo sie fehlt, kommt es nur zu einem bequemen Arrangement im Gegebenen, nicht aber zu einer Entfaltung der individuellen Daseinsmöglichkeiten. Jarno resümiert die Erfahrungen der Turmgesellschaft zu dieser Frage:

„Nicht allen Menschen ist es eigentlich um ihre Bildung zu tun; viele wünschen nur so ein Hausmittel zum Wohlbefinden, Rezepte zum Reichtum und zu jeder Art von Glückseligkeit. Alle diese, die nicht auf ihre Füße gestellt sein wollten, wurden mit Mystifikationen und anderem Hokuspokus teils aufgehalten, teils beiseitegebracht. Wir sprachen nach unserer Art nur diejenigen los, die lebhaft fühlten und deutlich bekannten, wozu sie geboren seien, und die sich genug geübt hatten, um mit einer gewissen Fröhlichkeit und Leichtigkeit ihren Weg zu verfolgen" (HA VII, S. 549 f.).

Wilhelm Meister gehört nun ohne Zweifel zu denen, die den Willen zur Entfaltung ihrer Talente und zu fruchtbarer Wirkung nach außen in sich tragen und in die Tat umzusetzen versuchen. Zwar folgt er über lange Strecken einer „falschen Tendenz", doch verrät er dabei nicht jenes Element seiner Natur, das Schiller die „idealisierende Kraft" genannt hat (Brief an Goethe vom 8. VII. 1796). Therese stellt Wilhelm deshalb neben Natalie und entdeckt in ihm „das edle Suchen und Streben nach dem Bessern, wodurch wir das Gute, das wir zu finden glauben, selbst hervorbringen" (HA VII, S. 531).

Der Oheim hatte die Ausbildung der individuellen Natur und ihre produktive Einwirkung auf die Umwelt auf eine „schöpferische Kraft" zurückgeführt, die den Menschen unablässig antreibt (HA VII, S. 405). In der Entwicklungsgeschichte Wilhelm Meisters zeigt sich, daß diese Kraft durch Irrtümer in eine falsche Richtung gedrängt werden kann und daß auch von guten Vorsätzen getragene Aktivitäten unfruchtbar bleiben können. Erst am Ende des Romans, als er zur Aufklärung über sich selbst und zu einer neuen Orientierung seiner Existenz gelangt ist, öffnet sich für Wilhelm der Ausblick auf eine zielbewußte und beständige Lebenspraxis.

Am Beispiel Marianes, Mignons und des Harfners zeigt der Roman, daß der Einzelne als Opfer ungünstiger Verhältnisse oder fataler Konstellationen in die Katastrophe getrieben werden kann. Daß menschliche Lebensläufe zu einem glücklichen Ende finden, ist offensichtlich nicht selbstverständlich, ja nicht einmal die Regel (M. Beddow: *The Fiction of Humanity*, S. 134). Es stellt sich daher die Frage, welche äußeren Faktoren es sind, die Wilhelm Meisters Weg durch alle Irrtümer und Gefährdungen hindurch sichern.

2.5.2. Äußere Bedingungen des guten Endes

Goethe hat aus größerem zeitlichen Abstand erklärt, der Sinn von Wilhelm Meisters Lehrjahren sei in den Worten ausgesprochen, die Friedrich auf der letzten Seite des Buches an den Helden richtet: „Du kommst mir vor wie Saul, der Sohn Kis, der ausging, seines Vaters Eselinnen zu suchen, und ein Königreich fand" (zu Eckermann, 18. I. 1825). Das heißt doch wohl, daß Wilhelms Glück als das Resultat einer über seinen Kopf hinweg wirkenden wohlwollenden Fügung aufzufassen ist. Für eine religiöse Deutung dieser Fügung im Sinne göttlicher Gnade oder providentieller Führung gibt der Roman keinen Anlaß. Manchen Interpreten schien die Affinität zum Glücksmärchen einleuchtender (etwa H. E. Hass: *Goethe, Wilhelm Meisters Lehrjahre*, S. 181 und E. Staiger: *Goethe*. Bd. II, S. 135), ja gelegentlich wollte man in dem Wilhelm Meister des Romanschlusses einen wahren „Hans im Glück" erkennen (H. Eichner: *Zur Deutung von „Wilhelm Meisters Lehrjahren"*, S. 195).

Es ist nun allerdings nicht recht einleuchtend, daß der Roman seinen beträchtlichen erzählerischen Aufwand triebe und den Protagonisten und die Turmgesellschaft über die Probleme menschlicher Bildung ausführlich räsonieren ließe, nur um am Ende das Ganze in einem unverbindlichen Happy-End aufzulösen. So liegt es durchaus nahe, den glücklichen Romanschluß daraufhin zu befragen, was er über die Lebensmöglichkeiten des Menschen, über sein Verhältnis zur Welt und seine Stellung in einer umgreifenden Ordnung aussagt.

2. Goethe: Wilhelm Meisters Lehrjahre

An Wilhelm Meisters Geschichte zeigt sich, daß der Mensch ahnungsweise sein Ziel in sich trägt und daß zwischen seinen Aspirationen und der Weltordnung eine Art prästabilierter Harmonie besteht. Diese garantiert, daß noch der Irrtum förderlich wirken kann. Es bedarf daher keines klaren Bewußtseins über die Richtung des Lebensgangs, um am Ende zu einem „Königreich" zu kommen.

Der Gedanke liegt nahe, eine solche bewußtseinslos sich vollziehende Entwicklung zum vorbestimmten Ziel als Wachstumsprozeß wie bei einer Pflanze aufzufassen. In der Tat hat man in *Wilhelm Meisters Lehrjahren* den Roman „von der Metamorphose des Menschen" sehen wollen (G. Müller: *Gestaltung – Umgestaltung in Wilhelm Meisters Lehrjahren*, S. 10). Nun hat Goethe zwar wiederholt das Entwicklungsgesetz der Metamorphose als für alle organischen Wachstumsprozesse gültig bezeichnet (Brief an Herder vom 17. V. 1787; ferner HA XIII, S. 109). Bei der Bildung des Menschen ergibt sich indessen eine wesentliche Modifikation dadurch, daß hier die Möglichkeit der Selbstbestimmung und damit die Kategorie sittlicher Verantwortung ins Spiel kommt. Andreas B. Wachsmuth hat den kategorialen Unterschied zwischen pflanzenhafter Entfaltung und menschlicher Bildung deutlich betont: „Sie war des Menschen Vorrecht und seine eigene Leistung. Naturgebunden blieb sie nur darin, daß sie im Hausrat der angeborenen Kräfte nicht mit Willkür schalten durfte. Mit der Möglichkeit zur Bildung überließ und übertrug die Natur dem Geisteswesen Mensch ihr eigenes Geschäft zur Weiterführung" (A. B. Wachsmuth: *Geeinte Zwienatur. Aufsätze zu Goethes naturwissenschaftlichem Denken*. Berlin u. Weimar 1966, S. 102).

An planvoller, ihrer Ziele deutlich bewußter Bildungsanstrengung hat es nun aber im irrtumsreichen Lebensgang Wilhelm Meisters offensichtlich gefehlt. Sein dunkler Drang allein kann das gute Ende nicht garantieren. Ihm muß vielmehr eine Weltordnung entgegenkommen, die den gutwillig Strebenden durch die undurchschaubaren Wechselfälle des Lebens hilfreich hindurchführt. Vorausgesetzt ist dabei, daß Individuum und Welt sich nicht feindlich und fremd gegenüberstehen, sondern daß in beiden das gleiche Gesetz wirkt. Eine Deutung des Lebensprozesses nach diesem Muster entsprach offenbar Goethes eigener Erfahrung. Als er in der *Campagne in Frankreich* den inneren Zusammenhang seiner Biographie überdenkt, gelangt er zu der Feststellung, ihm selbst sei „das wunderbare Los" beschieden gewesen, „durch manche Stufen der Prüfung, des Tuns und Duldens durchzugehen, so daß ich, in eben der Person beharrend, ein ganz anderer Mensch geworden, meinen alten Freunden fast unkenntlich auftrat." In diesem Wandel ist ihm eine klare Tendenz nicht erkennbar. Aber auch wenn dem Verstand das Bewegungsgesetz des Lebensprozesses verschlossen bleibt, darf man – wie Goethe in der Fortsetzung der zitierten Stelle andeutet – auf den guten Sinn der Entwicklung vertrauen:

> „Es würde schwer halten, auch in späteren Jahren, wo eine freiere Übersicht des Lebens gewonnen ist, sich genaue Rechenschaft von jenen Übergängen abzulegen, die bald als Vorschritt, bald als Rückschritt erscheinen, und doch alle dem gottgeführten Menschen zu Nutz und Frommen gereichen müssen" (HA X, S. 307 f.).

Diese Sätze bezeugen den „fast freudigen und vertrauenden Fatalismus", den Nietzsche am Grund der Goetheschen Denkweise erkannte (Friedrich Nietzsche: *Werke*. Hg. v. K. Schlechta. München 1966. Bd. III, S. 512). Eben dieser optimistische Fatalismus trägt die Geschichte Wilhelm Meisters und sichert durch alle Verwirrungen und falschen Tendenzen hindurch ihr gutes Ende. Wichtig zu sehen ist, daß Goethe sein Konzept auf eine den Dingen immanente einheitliche Teleologie gründete. Dieser Glaube ermöglichte es ihm, das „Wahre", wie Georg Simmel formuliert hat, als das „in die Lebenstotalität förderlich Eingefügte" zu begreifen (G. Simmel, a.a.O., S. 28).

3. Novalis: ‚Heinrich von Ofterdingen'

3.0. Bibliographie

3.0.1. Texte und Dokumente

Zitiert ist im folgenden nach:

Novalis: Schriften. Die Werke Friedrich von Hardenbergs. Hg. v. P. Kluckhohn und R. Samuel. Dritte, nach den Handschriften ergänzte, erweiterte und verbesserte Auflage in vier Bänden und einem Begleitband. Stuttgart 1976 ff. [Historisch-kritische Ausgabe mit Kommentar.]

Weitere Werkausgaben:

Novalis. Werke. Hg. und kommentiert von G. Schulz. 2. Aufl. München 1981. [Vorzügliche Auswahlausgabe mit Kommentar.]

Novalis. Werke, Tagebücher und Briefe Friedrich von Hardenbergs. Hg. v. H.-J. Mähl und R. Samuel. 3 Bde., München 1978 ff. [Bietet alle Hauptwerke und sämtliche Fragmente, in der Kommentierung der historisch-kritischen Ausgabe überlegen.]

Novalis. *Heinrich von Ofterdingen*. Reclams Universal-Bibliothek, Nr. 8939.

3.0.2. Forschungsliteratur

Forschungsberichte:

Müller-Seidel, Walter: Probleme neuerer Novalisforschung. Germanisch-Romanische Monatsschrift. Neue Folge 3. 1953, S. 274 ff.

Einen knappen Überblick über neuere Tendenzen der Novalis-Deutung bietet:

Kurzke, Hermann: Romantik und Konservatismus. Der ‚politische' Werk Friedrich von Hardenbergs (Novalis) im Horizont seiner Wirkungsgeschichte. München 1983, S. 50 ff.

Zur Deutungsgeschichte des *Heinrich von Ofterdingen* vgl.:

Mahr, Johannes: Übergang zum Endlichen. Der Weg des Dichters in Novalis' „Heinrich von Ofterdingen". München 1970, S. 251 ff.: Hardenbergs Roman in der Forschung.

Barrack, Charles M.: Conscience in „Heinrich von Ofterdingen": Novalis' Metaphysic of the Poet. Germanic Review 46. 1971, S. 257 ff. [Will zeigen, daß der *Ofterdingen* die Philosophie des Novalis implizit und explizit darstellt. Verfolgt die dialektische Entfaltung des Bewußtseins des „absoluten Ich" auf dem Feld der Erkenntnis, des Handelns und der Poesie.]

Beck, Hans-Joachim: Friedrich von Hardenberg. „Oeconomie des Styls". Die „Wilhelm-Meister"-Rezeption im „Heinrich von Ofterdingen". Bonn 1976. [These: Der *Ofterdingen* sei als kritischer Gegenentwurf zu Goethe zu verstehen und intendiere „die Aufhebung der Goetheschen ‚Beschränkung', der ästhetischen sowohl als der politischen im Verhältnis von Bürgertum und Adel". Die Identifizierung von Goethes Position mit einem „geschlossenen" Merkantilismus und deren Kontrastierung mit einem „offenen" ökonomischen Liberalismus bei Novalis bleibt problematisch.]

Dick, Manfred: Die Entwicklung des Gedankens der Poesie in den Fragmenten des Novalis. Bonn 1967. [Verfolgt das Denken des Novalis in seiner Entwicklung und will zeigen, daß die späteren Phasen „nicht mehr von der Transzendentalphilosophie verstanden werden" können. Gelangt zu der These, für Novalis sei das Absolute die „unbegreifliche synthetische Einheit des Schwebens, in der Widerspruch als Nichtwiderspruch gesetzt ist" und in der Ich und Welt als gleich ursprüngliche Instanzen sich wechselseitig aufheben.]

Frank, Manfred: Die Philosophie des sogenannten „magischen Idealismus". Euphorion 63. 1969, S. 88 ff. [Stellt sich der Frage, ob der Philosoph Novalis als „genialer Phantast" gelten muß, und plädiert dafür, ihn als „ernsthaften Denker" anzuerkennen. Vertritt die These, Novalis habe die Poesie als „die einzige dem Menschen mögliche (...) Magie" betrachtet.]

Geppert, Klaus: Die Theorie der Bildung im Werk des Novalis. Frankfurt, Bern, Las Vegas 1977. [Materialreiche Untersuchung, die aus pädagogischer Pespektive eine „Theorie der Bildung" aus den philosophischen und dichterischen Schriften des Novalis gewinnen will.]

Haering, Theodor: Novalis als Philosoph. Stuttgart 1954. [Lehnt es dezidiert ab, Novalis als „Aphoristiker" zu interpretieren, und unternimmt es, dessen philosophische Gedanken in einen systematischen Zusammenhang zu bringen und in die Nähe Hegels zu stellen.]

Heftrich, Eckhard: Novalis. Vom Logos der Poesie. Frankfurt/M. 1969. [Will den Zusammenhang des theoretischen und des dichterischen Werks des Novalis im Zeichen der Idee erfassen, „deren mythischer Name Orpheus lautet". Betont die Bedeutung der mystisch-neuplatonischen Tradition für Novalis.]

Kuhn, Hugo: Poetische Synthesis, oder Ein kritischer Versuch über romantische Philosophie und Poesie aus Novalis' Fragmenten. In: G. Schulz (Hg.): Novalis. Darmstadt 1970, S. 203 ff.; zuerst in: Zeitschr. für philosoph. Forschung V. 1950/51, S. 161 ff., 358 ff.). [Untersucht die erkenntnistheoretischen Voraussetzungen der Novalis'schen Philosophie und verdeutlicht deren Aporien.]

Kurzke, Hermann: Romantik und Konservatismus. Das „politische" Werk Friedrich von Hardenbergs (Novalis) im Horizont seiner Wirkungsgeschichte. München 1983. [Überprüft am Beispiel des Novalis die konservative Deutung der Romantik. Resultat ist, daß sich Novalis aller eindeutigen Rubrizierung entzieht: Seine Gedankenexperimente verstehen sich selbst als revolutionär, sie beziehen sich aber auf ein „zeit- und ortloses Niemandsland". Aus dem Gegebenen soll durch die verwandelnde Kraft des Bewußtseins das goldene Zeitalter hervorgehen. Aber: „Die Verzögerung der Parusie (...) brachte die Affirmation zu Ehren und ließ die Utopie verblassen."]

Link, Hannelore: Abstraktion und Poesie im Werk des Novalis. Stuttgart 1971. [Will die „Denkmethode" der Abstraktion im Werk des Novalis aufweisen und deren „spezifisch poetische Qualität" aufdecken. Für den *Ofterdingen* soll gelten, daß „die durch den Prozeß der Poetisierung schrittweise eliminierte Wirklichkeit (...) durch die Reflexion des Werks auf seine ‚Gemachtheit' und deren Mittel" im Bewußtsein gehalten wird.]

Mähl, Hans-Joachim: Die Idee des goldenen Zeitalters im Werk des Novalis. Heidelberg 1965. [Umfassende Untersuchung zum Gesamtwerk des Novalis, die „das Ineinander (und scheinbare Nebeneinander) seiner mystisch-zeitlosen Erfahrung einer ‚höheren Welt' und der geschichtsphilosophischen Zukunftserwartung eines ‚goldenen Zeitalters'" klären will. Die Idee des goldenen Zeitalters ist nicht als Flucht aus der Realität interpretiert, sondern als „echte, geistige Programmbildung (...), welche die bestehenden Zustände verändern will."]

Mahr, Johannes: Übergang zum Endlichen. Der Weg des Dichters in Novalis' „Heinrich von Ofterdingen". München 1970. [Erkennt als Grundtendenz des *Ofterdingen* die Bewegung „vom Unbestimmten zum Bestimmten, vom Allgemeinen zum Konkreten, von der Einsamkeit zur Gemeinschaft oder mit Hardenbergs Formel: vom Unendlichen zum Endlichen."]

May, Kurt: Weltbild und innere Form der Klassik und Romantik im „Wilhelm Meister" und „Heinrich von Ofterdingen". In: K.M.: Form und Bedeutung. Stuttgart 1957, S. 161 ff. [Will den Roman des Novalis verstehen „als Versuch zur Steigerung der Klassik in einem höheren Ausgleich.")

Nivelle, Armand: Der symbolische Gehalt des ‚Heinrich von Ofterdingen'. Revue des Langues vivantes 16. 1950, S. 404 ff. [Untersucht vor allem die Anschauungen des Novalis über die Aufgaben der Poesie.]

Ritter, Heinz: Der unbekannte Novalis. Friedrich von Hardenberg im Spiegel seiner Dichtung. Göttingen 1967. Darin: Die Entstehung des Ofterdingen, S. 183 ff. [Bietet eine genaue Chronologie der Werkgenese und will zeigen, „daß Leben und Roman bei Novalis eine Einheit bilden".]

Samuel, Richard: Novalis, Heinrich von Ofterdingen. In: B. v. Wiese (Hg.): Der deutsche Roman. Bd. I. Düsseldorf 1963, S. 252 ff. [Eindringliche Interpretation, die den Kern des Romans im „leisen Bilden der inneren Kräfte" des Helden findet. Versteht den *Ofterdingen* als Bildungsroman, weist ihm jedoch eine „eigentümliche Stellung innerhalb dieser Gattung" zu.]

Schulz, Gerhard: Die Poetik des Romans bei Novalis. In: R. Grimm (Hg.): Deutsche Romantheorien. Frankfurt, Bonn 1968, S. 81 ff. [Sieht in den Notizen des späten Novalis „das Weitestreichende (...), was die Romantik zur Poetik des Romans beigesteuert hat". Betont die Distanz des *Ofterdingen* zum Bildungsroman des Goetheschen Typs.]

Stopp, Elisabeth: „Übergang vom Roman zur Mythologie." Formal Aspects of the Opening Chapter of Hardenberg's „Heinrich von Ofterdingen" Part II. DVjS 48. 1974, S. 318 ff. [Will in dem Einleitungskapitel des zweiten Romanteils eine neue Darstellungsform erkennen: Der Text biete „a model for Hardenberg's technique of fusing the plane of real events with the world of myth".]

Strack, Friedrich: Im Schatten der Neugier. Christliche Tradition und kritische Philosophie im Werk Friedrichs von Hardenberg. Tübingen 1982. [Erkennt im Werk des Novalis die Verbindung christlicher (vor allem pietistischer) Vorstellungen mit solchen der rationalistischen Moderne (d.h. der Philosophie Kants und Fichtes). Diese Verbindung läuft auf eine „progredierende Phantasiereligion" hinaus. Dem Traum Heinrichs im ersten Kapitel des *Ofterdingen* wird eine Schlüsselbedeutung für das Gesamtwerk des Novalis zugesprochen.]

3.1. Ein Gegenstück zu ‚Wilhelm Meisters Lehrjahren'

Novalis hat den Goetheschen *Wilhelm Meister* im April und Mai des Jahres 1797 gelesen, er hat sich intensiv mit dem Buch auseinandergesetzt und wichtige Anregungen von ihm empfangen (vgl. Hans-Joachim Mähl: *Novalis' Wilhelm-Meister-Studien des Jahres 1797.* Neophilologus 47. 1963, S. 286 ff.). Ansätze zu einer kritischen Distanzierung von Goethes Roman zeigen sich zu diesem Zeitpunkt nicht. Vielmehr wird er in der Folge zum Orientierungspunkt für Novalis' eigene poetische Pläne:

„Ich möchte eine Büchersammlung, aus allen Kunst, und Wissenschaftsarten, als Werck meines Geistes, vor mir sehn. Und so mit allen. Wilhelm Meisters Lehrjahre – haben wir jetzt allein – Wir sollten soviel Lehrjahre, in demselben Geist geschrieben, besitzen, als nur möglich wären – die sämmtlichen Lehrjahre aller Menschen die je gelebt hätten" (II, S. 664).

Die weitere Beschäftigung mit dem *Wilhelm Meister* führt zu Thesen über das von Goethe befolgte Verfahren der Figurengestaltung (vgl. II, S. 561, 564 und III, S. 312) und zu dem Versuch, das Problem des Romans und das Lebensziel seines Helden in einer handlichen Formel zu erfassen:

„Sinn für schöne Kunst – und Geschäftsleben streiten sich um Meister in ihm. Das Erste und das Zweyte – Schönheit und Nutzen sind die Göttinnen, die ihm einigemal unter verschiednen Gestalten auf Scheidewegen erscheinen – Endlich kommt Natalie – die beyden Wege und die beyden Gestalten fließen in Eins" (II, S. 581).

Notizen aus dem Sommer 1798 bezeichnen Goethes *Meister* als „Roman schlechtweg, ohne Beywort" (II, S. 642), und Novalis steht nicht an, dem Werk das Prädikat „romantisch" zuzuerkennen (vgl. III, S. 256; III, S. 326). Zu einer radikalen Änderung solcher Urteile kommt es im August 1799. Novalis vermißt jetzt im *Wilhelm Meister* das poetische Element und empfindet das Buch als seinen eigenen Intentionen feindlich:

„Wilhelm Meisters Lehrjahre sind gewissermaaßen durchaus *prosaisch* – und modern. Das Romantische geht darinn zu Grunde – auch die Naturpoesie, das Wunderbare [...]. Künstlerischer Atheismus ist der Geist des Buchs. Sehr viel Oeconomie – mit prosaischen, wohlfeilen Stoff ein poetischer Effect erreicht" (III, S. 638 f.).

Nur widerwillig räumt Novalis jetzt in seinen polemischen Kommentaren ein, daß die Form des Goetheschen Romans poetische Qualität besitzt. Das muß ihm umso anstößiger sein, als er das Buch im ganzen für einen „Candide, gegen die Poesie gerichtet", hält (III, S. 646; vgl. IV, S. 323).

„Es ist im Grunde ein fatales und albernes Buch – so pretentiös und pretiös – undichterisch im höchsten Grade, was den Geist betrift – so poetisch auch die Darstellung ist" (III, S. 646).

Die Kritik richtet sich vor allem gegen die Tendenz von Goethes Bildungsroman, seinen Helden in der Realität Wurzel schlagen zu lassen und ihn zu bewußter Selbstbeschränkung in nützlicher Tätigkeit zu führen. Daß Wilhelm Meister am Ende in den adligen Kreis der Turmgesellschaft eintritt, bedeutet für Novalis nur ein fragwürdiges Reüssieren des Helden, der sich damit begnügt, zu den feinen Leuten zu gehören, ohne doch innerlich weitergekommen zu sein. So kann Novalis den ganzen Roman mit der schon zitierten maliziösen Bemerkung als „Wallfahrt nach dem Adelsdiplom" bezeichnen (III, S. 646).

Trotz solcher scharfen Distanzierung bleibt der *Wilhelm Meister*, den Novalis nach Bekunden von Zeitgenossen „fast auswendig" kannte (vgl. IV, S. 540), der entscheidende Bezugspunkt für den *Heinrich von Ofterdingen*. Daß dieser Roman beim gleichen Verleger und im gleichen Druckbild erscheinen sollte wie der Goethesche *Meister*, läßt erkennen, daß der Autor sein Buch als ein Gegenstück zu dem prominenten Muster verstanden wissen wollte. Die Interpreten haben immer wieder darauf hingewiesen, daß der *Ofterdingen* sich in vielen Dingen an den *Wilhelm Meister* anschließt (vgl. etwa H.-J. Beck: *Friedrich von Hardenberg*. „Oeconomie des Styls", S. 35 ff.): Man hat Affinitäten finden wollen in der Simplizität der Sprache, in der Konstellation der Figuren, im Verlauf der Geschichte von einem Zustand der Dissonanz zu einem der Harmonie, in der relativ großen Selbständigkeit der einzelnen Romanteile und in der frühen Einführung eines Motivs, das die Begegnung mit der Geliebten vorbereitet (die blaue Blume einerseits, das Bild vom kranken Königssohn andererseits).

Aber es ist trotz solcher (und vielleicht noch anderer) Verwandtschaften doch unübersehbar, daß die beiden Romane in ganz unterschiedliche Richtungen streben. Wilhelm Meister ist im Unterschied zu Heinrich von Ofterdingen nicht zum Dichter geboren, er läßt alle künstlerischen Ambitionen hinter sich und ordnet sich in die Gesellschaft ein. Novalis dagegen sieht in der „Poetisierung der Welt" das Ziel seines Romans: „Das ganze Menschengeschlecht wird am Ende poetisch. Neue goldene Zeit" (I, S. 347). Dieses Ziel liefert den Maßstab für die kritische Ablehnung von Goethes Bildungsroman, der aus solcher Perspektive in der Tat „prosaisch" erscheinen mußte.

3.2. Das Bildungskonzept des ‚Heinrich von Ofterdingen'

3.2.1. Zur Rolle des Helden

Novalis hat seinen Roman um eine zentrale Figur herum aufgebaut, und er hat diese Figur einen Entwicklungsprozeß durchlaufen lassen. An dieser Struktur hat er auch in seinen romantheoretischen Überlegungen aus den Jahren 1797 und 1798 festgehalten: „Dieser Wechsel, oder die Veränderungen Eines Individuums – in einer *continuirlichen* Reihe machen den interessanten Stoff des Romans aus" (II, S. 580).

Es ist indessen nicht zu übersehen, daß der Held des *Heinrich von Ofterdingen* anders angelegt ist und sich anders durch seine Welt bewegt als die Protagonisten der Bildungsromane Wielands und Goethes. Das hat seinen Grund darin, daß das Verhältnis von Subjekt und Welt von völlig anderen Prämissen her gedeutet wird, aber auch darin, daß die Hauptfigur der Erzählung dezidiert zum „Organ des Dichters" gemacht ist (I, S. 340). Das heißt: sie interessiert nicht um ihrer Individualität oder um ihrer besonderen Erfahrungen willen, sondern weil sie funktionalen Wert für eine bestimmte Demonstrationsabsicht hat.

Die Kritik hat oft festgestellt, Heinrich sei keine Figur mit einprägsamen persönlichen Zügen, er sei vielmehr Repräsentant und Exempel zur Veranschaulichung spekulativer Gedankenentwürfe. Aus dieser Besonderheit ist allerdings nicht zu folgern, daß der *Ofterdingen* vom Bildungsroman durch unüberbrückbare Differenzen geschieden sei (so aber G. Schulz: *Die Poetik des Romans bei Novalis*, S. 99). Im Gegenteil: Vom *Agathon* bis zum *Zauberberg* ist der Entwicklungsgang der zentralen Figur immer wieder als erzählerisches Substrat für die Entfaltung eines ideellen Gehalts behandelt worden. Allerdings ist das nur selten in so bestimmender Weise der Fall wie im *Heinrich von Ofterdingen*.

Während der Arbeit an seinem Roman deutet Novalis an, daß ihm das Entwicklungskonzept des Goetheschen Bildungsromans fremd geworden ist und daß er für sein eigenes Werk eine grundlegend andere teleologische Orientierung gefunden hat. In einem Brief vom 27. II. 1799 heißt es:

„Ich habe Lust mein ganzes Leben an Einen Roman zu wenden – der allein eine ganze Bibliothek ausmachen – vielleicht Lehrjahre einer *Nation* enthalten soll. Das Wort *Lehrjahre* ist falsch – es drückt ein bestimmtes *Wohin* aus. Bei mir soll es aber nichts, als *Übergangs-Jahre* vom Unendlichen zum Endlichen bedeuten. Ich hoffe damit zugleich meine historische und philosophische Sehnsucht zu befriedigen" (IV, S. 281).

Der wesentliche Unterschied zu den Bildungsromanen Wielands und Goethes liegt im Verhältnis des Helden zu der ihn umgebenden Wirklichkeit: Diese ist nicht mehr als Widerstand begriffen, an dem das Subjekt sich abarbeiten muß, um am Ende zu einem Ausgleich seiner Ambitionen mit den Ansprüchen der äußeren Realität zu finden. Richard Samuel hat betont, daß bei Novalis das Problem der ‚Bildung' und der Modus der Entwicklung in einer ganz neuen Weise bestimmt sind:

„Heinrich von Ofterdingen ist in der Tat ein Bildungsroman, nimmt aber eine eigentümliche Stellung innerhalb dieser Gattung ein. Es sind weniger die äußeren Verhältnisse der Welt, die auf den Helden einwirken, als innere Kräfte, die sich in ihm entfalten und die nicht von der Welt, wie sie sich uns darbietet, beeinflußt sind, sondern Brücken schlagen zu einer höheren Welt, die für Novalis eine absolute Realität war" (R. Samuel: *Novalis, Heinrich von Ofterdingen*, S. 298).

Wenn man den *Ofterdingen* im Rahmen der Gattungsgeschichte des Bildungsromans betrachtet, sollte man zur Vermeidung von Mißverständnissen die Besonderheiten dieses Werks im Vergleich zu den meisten Exemplaren der Gattung deutlich hervorheben: Zu nennen wäre da nicht nur die vollkommen konfliktfreie Entwicklung der Hauptfigur und die Eliminierung einer widerständigen Außenwelt, sondern auch die Tendenz zur Aufhebung der zeitlichen Abfolge. Mit Recht hat man sagen können, „die sich ausdehnende Handlung [sei] nur vorgetäuscht, denn ‚alles' ist ja schon in ‚jedem', in jedem Satz, in jeder Episode da" (H. Kuhn: *Poetische Synthesis*, S. 244). Immerhin ist eine zeitliche Reihenfolge der Ereignisse beibehalten, und der Roman selbst deutet sie als ein sinnvolles Fortschreiten, dessen Ziel sowohl die Realisierung von Heinrichs persönlicher Bestimmung als auch die „Poetisierung der Welt" und damit das Anbrechen eines neuen goldenen Zeitalters ist (I, S. 347). Es ist offensichtlich, daß mit dieser Universalisierung des Entwicklungskonzepts jene Grenzen überschritten sind, in denen der Bildungsroman sich sonst bewegt.

3.2.2. Ziele der Bildung

Obwohl Novalis seinen Roman unvollendet hinterlassen hat und Tiecks Skizze der geplanten Fortsetzung sehr umstritten ist, sind Aussagen über den Fortgang und Zielpunkt des *Ofterdingen* möglich. Zwar sind die Notizen des Autors vage und ungeordnet, doch eröffnet die eigentümliche Bauform des Romans einen recht eindeutigen Ausblick auf das Telos des Ganzen. Novalis hat nämlich den Ablauf von Heinrichs Geschichte und deren Ziel in einigen Einlagen gespiegelt. Dazu gehören Heinrichs Traum von der blauen Blume, das Atlantis-Märchen und Klingsohrs Märchen von Fabel und Eros. In allen diesen Teilen des Romans deutet sich der Übergang in ein goldenes Zeitalter an, der sich nach einer Äußerung des Autors im Zeichen einer „Apotheose der Poesie" vollziehen sollte (I, S. 356).

Im Gang des Romans treten immer wieder Anzeichen eines eschatologischen Denkens hervor. Am Ende von Klingsohrs Märchen ist eine so reine und umfassende Harmonie erreicht, daß Entzweiung und Streit nur noch in der symbolischen Form des Schachspiels vorstellbar sind: „Es ist ein Denkmal der alten trüben Zeit" (I, S. 314). Ein Lied des jungen Dichters im Atlantis-Märchen spricht von „dem Ende der Trübsale, der Verjüngung der Natur und der Wiederkehr eines ewigen goldenen Zeitalters" (I, S. 225). Und der alte Bergmann glaubt in der Natur Anzeichen für eine fortschreitende Überwindung der Gegensätze und Entfremdungen wahrzunehmen (I, S. 261 f.).

In den Fragmenten des Novalis ist von einem Bildungsprozeß der Menschheit im ganzen die Rede (III, S. 356), aber auch von der Entwicklung des einzelnen Menschen (vgl. II, S. 433). Alle diese unter dem Begriff ‚Bildung' subsumierten Prozesse stehen Novalis zufolge in einem inneren Zusammenhang. In der Bildung des Einzelnen nämlich liegt ein Beitrag zur Bildung des „Weltgeistes" und der „Weltseele" (III, S. 317).

Der paradiesische Zustand liegt in der Zukunft und muß erst durch die Überwindung des Zeitalters der Entzweiungen wirklich gemacht werden. Zugleich aber ist die Harmonie auch jetzt schon erfahrbar, als „höhere Welt" hinter den Erscheinungen. Heinrich erklärt im Gespräch mit Mathilde:

„Könntest du nur sehn, wie du mir erscheinst, welches wunderbare Bild deine Gestalt durchdringt und mir überall entgegen leuchtet, du würdest kein Alter fürchten. Deine irdische Gestaltung ist nur ein Schatten dieses Bildes. [...]. Ja Mathilde, die höhere Welt ist

3. Novalis: Heinrich von Ofterdingen

uns näher, als wir gewöhnlich denken. Schon hier leben wir in ihr, und wir erblicken sie auf das Innigste mit der irdischen Natur verwebt" (I, S. 288 f.).

In der „Ahndung", in der Erinnerung und im Traum wird die Sphäre der alltäglich erfahrbaren Realität durchstoßen und der Zusammenhang mit der „unbekannten heiligen Welt" hergestellt. Auch der Poesie gelingt dies. Denn im Dichter „redet die höhere Stimme des Weltalls und ruft mit bezaubernden Sprüchen in erfreulichere, bekanntere Welten" (I, S. 333). So erklärt sich, daß die Poesie in „nahe Verwandtschaft mit dem Sinn der Weissagung und dem religiösen, dem Sehersinn überhaupt" gestellt wird (III, S. 686) und daß in ihr die erlösende Kraft zur Überwindung der Entzweiungen liegen soll:

„Durch die Poesie entsteht die höchste Sympathie und Coactivität, die innigste *Gemeinschaft* des Endlichen und Unendlichen" (II, S. 533).

Der Zielpunkt des Romans, die „Apotheose der Poesie" und die Ankunft des goldenen Zeitalters, ist, wie schon erwähnt, in den Märchen des ersten Romanteils vorweggenommen. Es entspricht der inneren Logik des Werkplans, wenn der Roman im ganzen gegen Ende „allmälich in Märchen übergehen" sollte (I, S. 357). Denn die ungebundene Phantastik des Märchens ist besonders geeignet, eine „Potenzierung" des gemeinen Wirklichen und eine „Logarithmisierung" des Höheren zu bewirken (vgl. II, S. 545) und auf diese Weise die „innigste Gemeinschaft des Endlichen und Unendlichen" anschaulich zu machen: „Die Auflösung der Welt in das ‚gebildete Chaos' [des Märchens] ist die Erhebung des Wirklichen zur ‚Chiffre' und ‚Hieroglyphe'. Der ‚Welt' ist damit ihr ursprünglicher Sinn wiedergegeben" (M. Dick: *Die Entwicklung des Gedankens der Poesie in den Fragmenten des Novalis*, S. 412).

Novalis' Auffassung von der weltverwandelnden Kraft der Poesie ist – was hier nur angedeutet werden kann – verständlich allein aus seiner eigenwilligen Fortbildung der Gedanken Kants und Fichtes. Wenn die kritische Philosophie gelehrt hatte, die formalen Bedingungen der Erkenntnis im Subjekt zu suchen, so radikalisiert Novalis diesen Denkansatz zu der Vorstellung, das Ich könne aus sich heraus die Welt erschaffen: „Die Dinge werden in ihrem eigenen Sein absolut aufgehoben und als Produkte des absoluten, sich selbst erzeugenden Willens des Ich gesetzt" (ebd., S. 230).

Dieser Grundgedanke des „magischen Idealismus" offenbart seine Aporien, wenn sich das Ich am Ende vor der unauflöslichen Positivität des Gegebenen wiederfindet. Zwar versucht Novalis, die äußere Welt dem Ich in einem schwebenden Verhältnis wechselseitiger Aufhebung gegenüberzustellen, aber letztlich entgeht er nicht dem Zwang, daß die vermeintlich welterzeugende Spontaneität des Ich sich doch an bestimmten empirischen Gegenständen festmacht. In Hermann Kurzkes Formulierung: „Das Verfahren des magischen Idealismus zwingt, soll es nicht schon daran scheitern, daß beliebige Wunder zu vollbringen des Menschen Sache nicht ist, in der Anwendung Objektivierungen auf: Die Magie des Positiven, die Natur, das Leben, die Monarchie, die katholische Kirche etc." (H. Kurzke: *Romantik und Konservatismus*, S. 229, N. 18). Diese Objektivierungen, in denen das Ich sich selbst eine Bestimmung zu geben sucht, scheitern an der Widerständigkeit und an den Unvollkommenheiten der Dinge, die das überschwengliche Sinnbedürfnis des Ich nicht erfüllen. Es entbehrt nicht der inneren Konsequenz, daß Novalis sich vor solchen Enttäuschungen auf die Poesie zurückzieht, denn in ihr kann sich die produktive Einbildungskraft frei entfalten und in der Tat aus sich eine Welt hervorbringen. Sie ist, wie man treffend gesagt hat, „ein Bereich, der per definitionem romanticam der Kontrolle durch die ‚Welt' entzogen ist." Diese Problematik der Novalis'schen Philosophie spiegelt sich auch in der Anlage des *Ofterdingen* und seines Dichter-Helden: „Der magische Idealist zaubert nur noch in der Dichtkunst: Heinrich von Ofterdingen geht einen Weg, in dem alle Verhältnisse der Außenwelt auf die Bedürfnisse der Innenwelt zugeschnitten sind, in der alles Objektive sich vereinigt, um einem Subjekt den Weg zu zeigen. Die Poesie ist so das letzte Resultat des magischen Idealismus, nachdem alle anderen Positivierungsformen vom Ich nicht festgehalten werden konnten" (ebd., S. 229f.).

3.2.3. Faktoren des Bildungsprozesses

Trotz der besonderen spekulativen Voraussetzungen und trotz der konzeptionellen Abweichungen von anderen Bildungsromanen zeigen sich im *Heinrich von Ofterdingen* und in den theoretischen Überlegungen des Novalis Parallelen zu den am Ende des 18. Jahrhunderts herrschenden Auffassungen zum Bildungsproblem: Wie Wieland, Herder und Goethe betrachtet auch Novalis die individuelle Anlage, die Umwelt und den sittlichen Willen als die Faktoren, die den Bildungsprozeß des Einzelnen bestimmen (vgl. dazu K. Geppert: *Die Theorie der Bildung im Werk des Novalis*, S. 262ff.). Man sollte diese Übereinstimmung allerdings in ihrer Bedeutung nicht überschätzen, da die einzelnen Elemente im Denken des Novalis einen veränderten Sinn bekommen und in ganz neu aufgefaßten Zusammenhängen auftreten.

Über Heinrich von Ofterdingen sagt der Erzähler des Romans, er sei „von Natur zum Dichter geboren" (I, S. 267). Der alte Bergmann spricht von „Beschäftigungen, für die man von der Wiege an bestimmt und ausgerüstet ist" (I, S. 242). Erfüllung und Glück erreicht der Mensch nur, wenn er dieser angeborenen Anlage folgt. Ein Beispiel für einen verfehlten Lebensgang bietet Heinrichs Vater, der auch einmal von der blauen Blume geträumt hatte (I, S. 202), dann aber der damit angedeuteten höheren Bestimmung auswich. Sylvester beschreibt die Grenzen seiner Existenz:

„Er wollte nicht Achtung geben auf den Ruf seiner eigensten Natur. Die trübe Strenge seines vaterländischen Himmels hatte die zarten Spitzen der edelsten Pflanze in ihm verdorben. Er ward ein geschickter Handwerker und die Begeisterung ist ihm zur Thorheit geworden" (I, S. 326).

In den Fragmenten fordert Novalis die Ausbildung der Individualität (III, S. 248; III, S. 290) und spricht von der „heiligen Eigenthümlichkeit" des Menschen (III, S. 519). Die Orientierung aufs Unendliche soll also die Besonderheit

3. Novalis: Heinrich von Ofterdingen

der einzelnen Existenz keineswegs zum Verschwinden bringen. Im Gegenteil: Der Mensch soll „unendlich gebildetes Individuum" (III, S. 248) werden, denn nur so kann er seinen Beitrag zum universellen Bildungsprozeß leisten.

Die Entwicklung des Einzelnen ist nun aber, wie der *Ofterdingen* an mehreren Stellen deutlich macht, nur in Abhängigkeit von äußeren Einflüssen zu denken. Der Einsiedler spricht die Erkenntnis aus, „daß der Mensch erst durch vielfachen Umgang mit seinem Geschlecht eine gewisse Selbständigkeit erlangt" (I, S. 256). Und Sylvester betont die glücklichen Umstände von Heinrichs Jugendentwicklung (I, S. 328).

Mehrfach spricht Novalis in den Fragmenten davon, daß Bildung eine sittliche Aufgabe sei. Der Mensch bedarf der „Selbsterziehung" (vgl. II, S. 529), ja er hat seine Bildung als „religiöse Pflicht" aufzufassen (III, S. 317). Dieser Aspekt wird im *Ofterdingen* nicht deutlich, da der Held keine moralischen Proben zu bestehen hat und er keine falschen Tendenzen in seinem eigenen Innern bekämpfen muß. Daß es somit auf den sittlichen Willen kaum ankommt und daß die Entwicklung Heinrichs als widerstandslos ablaufender, wachstümlicher Prozeß erscheint, bezeichnet die Besonderheit der im *Ofterdingen* erzählten Bildungsgeschichte.

3.3. Stationen von Heinrichs Bildungsgang

An der einzigen umfangreicheren Stelle, an der sich der Erzähler des Romans kommentierend einschaltet, gibt er dem Leser zu verstehen, daß der Held der Geschichte eine folgerichtige Kette von Episoden durchläuft, an deren Ende er seine Bestimmung zum Dichter verwirklichen wird:

„Mannichfaltige Zufälle schienen sich zu seiner Bildung zu vereinigen, und noch hatte nichts seine innere Regsamkeit gestört. Alles was er sah und hörte schien nur neue Riegel in ihm wegzuschieben, und neue Fenster ihm zu öffnen. Er sah die Welt in ihren großen und abwechselnden Verhältnissen vor sich liegen. Noch war sie aber stumm, und ihre Seele, das Gespräch, noch nicht erwacht. Schon nahte sich ein Dichter, ein liebliches Mädchen an der Hand, um durch Laute der Muttersprache und durch Berührung eines süßen zärtlichen Mundes, die blöden Lippen aufzuschließen, und den einfachen Accord in unendliche Melodien zu entfalten" (I, S. 267f.).

Die Folge der bedeutungsvollen Begegnungen wird eröffnet durch den Fremden, dessen Erzählung in Heinrich den prophetischen Traum von der blauen Blume aufsteigen läßt. In den Kaufleuten treten ihm praktisch denkende Männer entgegen, denen „Einsicht und Ansehn in irdischen Dingen" wichtig ist (I, S. 207). Heinrich widerspricht ihnen und erklärt sich unter Berufung auf seinen Lehrer, den Hofkaplan, für den „Weg der Betrachtung" (I, S. 208), wird aber später von Klingsohr ganz ähnliche Lehren über die Bedeutung der Weltkenntnis hören (I, S. 281f.).

Die Kreuzritter erwecken in Heinrich „kriegerische Begeisterung" (I, S. 231), was möglicherweise auf eine für den unvollendeten zweiten Teil des Romans geplante Episode vorausdeutet, in der Heinrich als siegreicher Held figurieren sollte (vgl. I, S. 341, 346). In der unmittelbar folgenden Begegnung mit der Morgenländerin Zulima werden ihm die leidvollen Konsequenzen kriegerischer Auseinandersetzungen vor Augen geführt. Zugleich lernt er durch Zulimas Erzählung eine fremde Welt kennen, in der eine „reine starke Empfänglichkeit für die Poesie des Lebens" herrscht und die Natur eine „wunderbare, geheimnißvolle Anmuth" zeigt (I, S. 236).

In der Gestalt des alten Bergmanns trifft Heinrich auf ein tätiges und zugleich andächtiges Verhältnis zur Natur. Die einsame Arbeit in den unterirdischen Schächten erhält die „kindliche Stimmung", in der „alles mit seinem eigenthümlichsten Geiste und in seiner ursprünglichen bunten Wunderbarkeit erscheint" (I, S. 245). Diese Begegnung ist von großer Bedeutung für Heinrich, da er durch sie die Natur neu zu sehen lernt:

„Die Worte des Alten hatten eine versteckte Tapetenthür in ihm geöffnet [...]. Wie wunderte er sich, daß ihm diese klare, seinem Daseyn schon unentbehrliche Ansicht so lange fremd geblieben war. Nun übersah er auf einmal alle seine Verhältnisse mit der weiten Welt um ihn her" (I, S. 252).

Durch den Einsiedler erfährt Heinrich in der nächsten Episode, daß auch die Geschichte mit frommem Sinn zu betrachten ist und daß sie nur in poetischem Geist dargestellt werden kann (I, S. 258 f.). Auch hier wird die verwandelnde Wirkung dieser Erfahrung besonders hervorgehoben: Heinrich, so heißt es, fühlte „neue Entwickelungen seines ahndungsvollen Inneren. Manche Worte, manche Gedanken fielen wie belebender Fruchtstaub, in seinen Schooß, und rückten ihn schnell aus dem engen Kreise seiner Jugend auf die Höhe der Welt" (I, S. 263).

Die letzten Abschnitte des ersten Romanteils stehen im Zeichen der Begegnung mit der Liebe und der Dichtung. Beide Bereiche sind miteinander verbunden: Die Geliebte ist die Tochter des poetischen Lehrers, und die beiden Erfahrungen führen in dieselbe Richtung, ja sie verfließen ineinander. Für Heinrich ist Mathilde „der sichtbare Geist des Gesanges" (I, S. 277). Als Klingsohr die Momente aufzählt, in denen Heinrich „der Geist der Dichtkunst" nähergekommen ist (I, S. 283), da fällt ihm sein Zögling ins Wort: „Ihr vergeßt das Beste, lieber Meister, die himmlische Erscheinung der Liebe" (I, S. 284). Und im Gespräch mit Mathilde läßt er keinen Zweifel, daß die Liebe ihn in die gleiche Sphäre erhebt wie die Poesie: „Von dir allein kommt mir die Gabe der Weißagung [...]; deine Liebe wird mich in die Heiligthümer des Lebens, in das Allerheiligste des Gemüths führen, du wirst mich zu den höchsten Anschauungen begeistern" (I, S. 289). Klingsohr selbst, der Heinrich über das Geschäft des Dichters belehrt, hat einen universalen Begriff von der Poesie: Sie ist ihm „die eigenthümliche Handlungsweise des menschlichen Geistes". Zur Erläuterung verweist er auf die Liebe, die er mit der Poesie gleichsetzt:

„Nirgends wird wohl die Nothwendigkeit der Poesie zum Bestand der Menschheit so klar, als in ihr. Die Liebe ist stumm, nur die Poesie kann für sie sprechen. Oder die Liebe ist selbst nichts, als die höchste Naturpoesie" (I, S. 287).

3. Novalis: Heinrich von Ofterdingen

Alle Erfahrungen, die Heinrich auf seinem Weg macht, erweisen sich als Förderung, nirgendwo gerät er in Konflikte, in Irrtümer oder in die Gefahr des Scheiterns. Was ihm an Neuem begegnet, irritiert ihn nie, denn es scheint ihm längst bekannt. Langer Verarbeitung und Durchdringung bedarf es nicht, denn Heinrichs Natur war darauf angelegt, alle begegnenden Erfahrungen spontan aufzunehmen und zu verstehen. Wohin er auch gelangt, er kommt immer bei sich an. Kaum hat er die Worte des Einsiedlers gehört, glaubt er, „nie anders gedacht und empfunden zu haben" (I, S. 263). Daß die äußere Welt dem sich bildenden Poeten stets entgegenkommt (vgl. I, S. 283), zeigt sich auch im Ablauf der Liebesgeschichte: Sie hat kaum begonnen, da ist sie schon am Ziel. Mathilde und Heinrich sinken sich ohne Zögern und ohne alle Hinderung von außen in die Arme.

Daß allerdings die Poesie und die Wirklichkeit nicht immer in einem harmonischen Verhältnis stehen, deutet Klingsohr an:

„Ich weiß nicht [...], warum man es für Poesie nach gemeiner Weise hält, wenn man die Natur für einen Poeten ausgiebt. Sie ist es nicht zu allen Zeiten. Es ist in ihr, wie in den Menschen, ein entgegengesetztes Wesen, die dumpfe Begierde und die stumpfe Gefühllosigkeit und Trägheit, die einen rastlosen Streit mit der Poesie führen. Er wäre ein schöner Stoff zu einem Gedicht, dieser gewaltige Kampf" (I, S. 284).

Die Konflikte, die hier angedeutet sind, bleiben jedoch in der Geschichte Heinrichs ausgespart. Sie demonstriert lediglich jene schöne Entsprechung zwischen Ich und Welt, von der auch die Fragmente des Novalis sprechen: „Das Universum völlig ein Analogon des menschlichen Wesens in Leib – Seele und Geist. Dieses Abbreviatur, jenes Elongatur derselben Substanz" (II, S. 651).

Die Entwicklung Heinrichs, die der Roman selbst als „Bildung" bezeichnet (I, S. 268), kommt an ihr Ziel, ohne daß der Held sich unter dem Eindruck seiner Erfahrungen substantiell verändern müßte. Er durchlebt einen ruhig fortschreitenden Prozeß der Ausfaltung seiner Natur und gelangt zu einem immer breiter fundierten Einklang mit der Welt. Diese Harmonie und Konfliktlosigkeit der erzählten Entwicklung macht den *Ofterdingen* zu einem besonderen Fall in der Geschichte des deutschen Bildungsromans – ebenso wie das anvisierte Ziel, das in nichts Geringerem besteht als in der Erlösung der Welt durch die Wiederkehr des goldenen Zeitalters. Man kann sehr wohl fragen, ob man das Buch wegen dieser Besonderheiten überhaupt als Bildungsroman bezeichnen sollte. Denn ist nicht gerade der Kern des Bildungsproblems, die spannungsvolle Auseinandersetzung zwischen Subjekt und Welt, bei Novalis eliminiert? Immerhin entstand der *Ofterdingen* auf dem Hintergrund einer intensiven Auseinandersetzung mit dem Goetheschen *Wilhelm Meister* und gehört somit untrennbar zu dessen Wirkungsgeschichte. Außerdem war es die – freilich unter besonderen philosophischen Prämissen verfolgte – Absicht des Romans, das Werden eines Dichters und damit die exemplarische Erfüllung einer individuellen Lebensgeschichte zu schildern. Es scheint daher sinnvoll, ja unumgänglich, den *Ofterdingen* im Rahmen einer Geschichte des deutschen Bildungsromans zu betrachten.

3.4. „Die Erfüllung". Zum zweiten Teil des Romans

Ludwig Tieck hat 1802 im zweiten Band seiner Novalis-Ausgabe einen Bericht über die geplante Fortsetzung des Romans veröffentlicht, der sich auf Gespräche mit dem Autor und auf dessen hinterlassene Notizen stützt (vgl. I, S. 359 ff.). Dieser Versuch, den Werkplan zu rekonstruieren, ist indessen oft mit Skepsis und Ablehnung betrachtet worden. Die Unsicherheiten über den Fortgang des *Ofterdingen* werden vermehrt durch Friedrich Schlegels Mitteilung, Novalis habe noch kurz vor seinem Tod „seinen Plan ganz und durchaus geändert" (*F. Schlegels Briefe an seinen Bruder A. W. Schlegel*. Hg. v. O. Walzel. Berlin 1890, S. 447).

Immerhin scheinen wichtige Grundtendenzen der weiteren Entwicklung des Werks erkennbar. Die Titel der beiden Teile, „Die Erwartung" und „Die Erfüllung", finden in einer brieflichen Bemerkung des Autors eine Erläuterung:

„Heinrich von Afterdingen wird im 1sten Theile zum Dichter reif – und im Zweyten als Dichter verklärt" (IV, S. 322).

Ging es im ersten Teil um die Selbstfindung des zum Poeten geborenen Heinrich, so sollte die Fortsetzung nach Ausweis der Notizen weiter in die äußere Welt ausgreifen und „die Verwandlung der Natur- und Menschenwelt durch die Macht des zu sich selbst erwachten poetischen Geistes, die Durchdringung der inneren und äußeren Welt, die sichtbare Erscheinung der Poesie ‚auf Erden' schildern" (H.-J. Mähl: *Die Idee des goldenen Zeitalters im Werk des Novalis*, S. 412). Dabei wollte sich Novalis offensichtlich zunehmend wunderbarer Motive bedienen und den Roman „allmälich in Märchen übergehn" lassen (IV, S. 330).

Gelegentlich hat man bezweifelt, daß Novalis, hätte er länger gelebt, die „Poetisierung der Welt" im zweiten Teil seines Romans hätte plausibel darstellen können. In dem vorliegenden Fragment des Eingangskapitels wollte man geradezu das „drohende Scheitern" des Werks angedeutet sehen: „Heinrich ist nun endgültig geworden, was er von Anfang an zu werden drohte: ein Sprachrohr, durch das von jenen Wundern geredet wird, die eigentlich im Schicksal dieses Dichters hätten vorgeführt werden sollen." Die Selbstthematisierung der Poesie führe zu einem fortdauernden Räsonnement und hintertreibe die sinnliche Veranschaulichung, die doch in dichterischer Darstellung gefordert sei (E. Heftrich: *Novalis*, S. 111 ff.).

Andere Interpreten meinten dagegen, der *Ofterdingen* verwirkliche mit dem knappen Fragment seines zweiten Teils eine ganz neue Form des Romans: Er erfülle durch die Einbeziehung des Wunderbaren und durch die Einführung des philosophischen Dialogs jene Forderungen, die Friedrich Schlegel an die Gattung gestellt habe (so. E. Stopp: „*Übergang vom Roman zur Mythologie*", S. 318 ff.). Man wird indessen bezweifeln müssen, ob eine so deutliche formale Unterscheidung zwischen den Kapiteln des ersten Teils und dem Textfragment des zweiten sich treffen läßt. Denn philosophische Gespräche (mit dem Einsiedler und mit

Klingsohr) gibt es in den früheren Partien ebenso wie wunderbare Momente (etwa die provenzalische Handschrift oder die Erfüllung des Traums von der blauen Blume). Immerhin wird man den Notizen des Autors entnehmen dürfen, daß der zweite Teil des *Ofterdingen* die bislang geltenden Gattungskonventionen ostentativ durchbrechen sollte. Dieser Absicht diente die in den Fortsetzungsplänen angedeutete völlig enfesselte Phantastik der erzählten Vorgänge und die Auflösung der Figuren, deren Identität offenbar mit dem Personal des Atlantis- und des Klingsohr-Märchens verschwimmen sollte (vgl. I, S. 342).

In die Lücke zwischen die beiden Teile des Romans fällt der Tod Mathildes, den Heinrich bereits in seinem Traum nach der ersten Begegnung vorausgesehen hatte (I, S. 278). Als die Erzählung wieder einsetzt, zeigt sie den Helden in Schmerz und Verzweiflung über diesen Verlust. Seine seelische Erstarrung löst sich durch die Betrachtung der „unübersehlichen Herrlichkeit" der Natur (I, S. 320) und durch eine wunderbare Vision, in der ihm Mathilde erscheint. Danach fühlt er sich befreit und verwandelt. Er glaubt durch die Erfahrung des Todes einen neuen, tieferen Zugang zur Welt und zum Leben gefunden zu haben:

„Stimme und Sprache waren wieder lebendig bei ihm geworden und es dünkte ihm nunmehr alles viel bekannter und weissagender, als ehemals, so daß ihm der Tod, wie eine höhere Offenbarung des Lebens, erschien, und er sein eignes, schnellvorübergehendes Daseyn mit kindlicher, heitrer Rührung betrachtete" (I, S. 322).

Heinrich gelingt eine neue Zuwendung zur Welt, indem er durch den Tod der Geliebten zu der Erkenntnis findet, daß der Fluchtpunkt aller irdischen Zusammmenhänge im Unendlichen liegt. Damit ist er für das große Lehrgespräch mit Sylvester vorbereitet, das die Natur, die Poesie und den „Geist der Tugend" behandelt und das in einer Verheißung für Heinrichs Zukunft gipfelt: „Die Unschuld Eures Herzens macht Euch zum Propheten [...]. Euch wird alles verständlich werden, und die Welt und ihre Geschichte verwandelt sich Euch in Heilige Schrift" (I, S. 333 f.).

3.5. Das „goldene Zeitalter" – regressive Utopie oder Ziel eines revolutionären Denkens?

Die zahlreichen Versuche zu einer ideologiekritischen Einordnung des Novalis'-schen Werks haben nicht zu einheitlichen Resultaten geführt. Nicht selten galt Novalis als der „absolut reaktionärste Vertreter der Romantik" (Claus Träger: *Novalis und die ideologische Restauration*. Sinn und Form 13. 1961, S. 651; vgl. auch J. Droz: *Le Romantisme et l'état*. Paris 1966, S. 49). Andere dagegen erkannten in Novalis einen entschiedenen Anhänger der Revolution und des Fortschritts (vgl. Richard Faber: *Novalis: Die Phantasie an die Macht*. Stuttgart 1970, oder H.-J. Beck: *Friedrich von Hardenberg. „Oeconomie des Styls"*).

Immer wieder wurde Novalis zum Objekt wohlgemeinter ‚Rettungen', etwa gegenüber dem Einwand, er habe eine „Weltanschauung märchenhaft-utopischen Charakters" vertreten (vgl. H.-J. Mähl: *Die Idee des goldenen Zeitalters im Werk des Novalis*, S. 416). Man verteidigte seine Vorstellung vom goldenen Zeitalter als eine „echte, geistige Programmbildung [...], welche die bestehenden Zustände verändern will und diese Veränderung von einer innerlichen Erweckung und Umwandlung des Menschen abhängig macht" (ebd., S. 385). Man betonte ferner, daß man den „Weg nach innen" nicht einseitig als die Denk- und Lebenstendenz des Novalis verstehen dürfe: Er habe nämlich zugleich die ergänzende Wendung nach außen gefordert (vgl. II, S. 423). Allerdings kommt dieser Hinweis kaum darüber hinweg, daß die Gegenstände der äußeren Erfahrung immer schon in prästabilierter Harmonie zum Subjekt gedacht sind, ja daß sie im Kontext des „magischen Idealismus" als Hervorbringungen des Ich gelten.

Bei der Suche nach eindeutigen politischen Tendenzen im Werk des Novalis wurde nicht selten gewaltsam interpretiert. Ein Beispiel bietet folgende Argumentation: „Und nur weil die Französische Revolution als garantierendes Indiz humaner Perfektibilität die selbstverständliche und darum stillschweigende Voraussetzung dieses Romans darstellt, erscheint ‚Heinrich von Ofterdingen' ohne jeglichen expliziten Bezug zur aktuellen geschichtlichen Realität" (H.-J. Beck: *Friedrich von Hardenberg*. „*Oeconomie des Styls*", S. 121). Nun findet sich bei Novalis ohne Zweifel eine Kritik der vorgefundenen Wirklichkeit und das Programm des historischen Fortschreitens in Richtung auf ein enthusiastisch beschworenes Ziel. Aber dadurch wird der *Ofterdingen* noch nicht zu einem „historischen Zeitroman" (so aber H.-J. Beck, a.a.O., S. 122). Denn seine Vorstellung vom Ziel der Menschheit und vom Telos der Naturentwicklung sind so überschwenglich, daß sie als Maßstäbe einer zeitkritischen Analyse oder als Elemente eines politisch-praktischen Programms denn doch kaum brauchbar sind. Wo sich bei Novalis ein revolutionäres Pathos bemerkbar macht, muß man sich, wie Hermann Kurzke gezeigt hat, vor Äquivokationen und undifferenzierten Parallelisierungen hüten: „Der formale Revolutionarismus mancher Stellen gilt der romantischen, nicht der politischen (französischen) Innovation. Der falschen, philiströsen, partikulären, habsüchtigen, rationalistischen und egoistischen Revolution wird die wahre, die deutsche, die romantische, schwärmerische, transzendentale und universale erst folgen" (H. Kurzke: *Romantik und Konservatismus*, S. 258).

Novalis' Wille zur Veränderung der Welt steht unter hochfliegenden spekulativen Voraussetzungen, er richtet sich auf die Utopie des goldenen Zeitalters und bewegt sich daher in einer sehr abstrakten Sphäre. Auf dem Boden des romantischen Dichtungsverständnisses hat bei Novalis das Ungenügen an der Wirklichkeit und die Hoffnung auf eine Erlösung der Welt zur Ausbildung einer privaten Mythologie geführt. Auf diese Weise hat Karl Wilhelm Ferdinand Solger schon den *Ofterdingen* verstanden:

> „Nach meiner Einsicht sollte der Roman in dem wirklichen Leben absichtlich anfangen, und je mehr H[einrich] selbst nach und nach in die Poesie überging, auch sein irdisches Leben darin übergehn. Es würde also dies eine mystische Geschichte, eine Zerreißung des Schleiers, welchen das Endliche auf dieser Erde um das Unendliche hält, eine Erscheinung der Gottheit auf Erden, kurz ein wahrer Mythos, der sich von andern Mythen nur dadurch

unterschiede, daß er sich nicht in dem Geist einer ganzen Nation, sondern nur eines einzelnen Mannes bildete" (K. W. F. Solger: *Nachgelassene Schriften und Briefwechsel.* Leipzig 1826. Bd. I, S. 95).

Dieser komplexe Entwurf mit seinen kritischen, vorwärtsdrängenden Motiven, mit seiner phantasievollen Überschwenglichkeit und mit seiner eigenwilligen philosophischen Begründung entzieht sich offenbar einer Ideologiekritik, der lediglich die Kategorien „affirmativ" oder „kritisch" beziehungsweise „reaktionär" oder „progressiv" zu Gebote stehen. Um den historischen Ort des *Ofterdingen* und der philosophischen Konzepte des Novalis zu bestimmen, bedürfte es einer Analyse der geistigen und gesellschaftlichen Lage der jungen romantischen Generation um 1800, die genauer und eindringlicher verfährt als die bisher vorliegenden.

4. Jean Paul: ‚Titan'

4.0. Bibliographie

4.0.1. Texte und Dokumente

Zitiert ist im folgenden nach:

Jean Pauls Sämtliche Werke. Historisch-kritische Ausgabe. Hg. v. E. Berend. Erste Abteilung: Zu Lebzeiten des Dichters erschienene Werke. Weimar 1927 ff. [Maßgebliche Edition, noch nicht abgeschlossen.]

Die in der dritten Abteilung dieser Ausgabe publizierten Briefe Jean Pauls werden unter der Sigle Br. zitiert.

Weitere Werkausgaben:

Jean Paul: Sämtliche Werke (in zehn Bänden). Hg. v. N. Miller. München 1960 ff. [Umfangreiche Auswahlausgabe in modernisierter Orthographie und mit sorgfältigem Kommentar.]

Jean Paul: Werke in drei Bänden. Hg. v. N. Miller. München 1982. [Auswahl der wichtigsten Texte.]

Eine Taschenbuchausgabe des *Titan* liegt in der Reihe der Insel Taschenbücher vor (it 671, Frankfurt 1983).

Die Rezeption Jean Pauls ist dokumentiert bei:

Wölfel, Kurt (Hg.): Sammlung der zeitgenössischen Rezensionen von Jean Pauls Werken. Jahrbuch der Jean-Paul-Gesellschaft 13. 1978, 16. 1981, 18. 1983.

Sprengel, Peter (Hg.): Jean Paul im Urteil seiner Kritiker. Dokumente zur Wirkungsgeschichte Jean Pauls in Deutschland. München 1980.

4.0.2. Forschungsliteratur

Forschungsberichte:

Martini, Fritz: Jean-Paul-Forschung und Jean-Paul-Literatur. DVjS 14. 1936, S. 205 ff.

Krogoll, Johannes: Probleme und Problematik der Jean-Paul-Forschung (1936–1967). Ein Bericht. Jahrbuch des Freien Deutschen Hochstifts 1968, S. 425 ff.

Müller, Götz: Neuere Tendenzen der Jean-Paul-Forschung. Jahrbuch der Jean-Paul-Ges. 14. 1979, S. 163 ff.

Jean Paul. Sonderband Text + Kritik. Hg. von H. L. Arnold. 3. erw. Auflage. München 1983. Darin: Krumme, Peter und Burckhardt Lindner: Absolute Deutung und Politik. Tendenzen der Jean-Paul-Forschung (1963–1969); Weigl, Engelhard: Subjektivismus, Roman und Idylle: Anmerkungen zur Jean-Paul-Forschung (1968–1973); Birus, Hendrik: Über die jüngste Jean-Paul-Forschung (1974–1982).

Berger, Georg: Die Romane Jean Pauls als Bildungsromane. Diss. Leipzig 1923. [Untersucht mit z. T. fragwürdigen Resultaten das gesamte Romanwerk Jean Pauls auf Züge des Bildungsromans. Zum *Titan* heißt es, dessen Held sei am Ende kein „Genie" mehr und „mit dem reifen Wilhelm Meister innerlich verwandt".]

Böschenstein, Bernhard: Jean Pauls Romankonzeption. In: R. Grimm (Hg.): Deutsche Romantheorien. Frankfurt, Bonn 1968, S. 111 ff. [These: Da Jean Pauls Erzählen über die beengenden Grenzen des Gegebenen hinausdrängt, bleiben die Roman-Charaktere „immer von einer mittleren Wilhelm-Meister-Linie entfernt". Der Held des *Titan* erscheint als „der einzige Versuch Jean Pauls, einen ausgeglichenen Menschen zu schaffen".]

Bosse, Heinrich: Theorie und Praxis bei Jean Paul. § 74 der ‚Vorschule der Ästhetik‘ und Jean Pauls erzählerische Technik, besonders im ‚Titan‘. Bonn 1970. [Analysiert auf dem Hintergrund von Jean Pauls Romanpoetik den *Titan* vor allem im Hinblick auf die Anlage von Fabel und Charakteren. Eines der Resultate ist, daß der Roman „Anläufe zur Bildungsgeschichte" unternimmt, daß aber der Held sich gegen die verwandelnde Einwirkung der Welt sperrt, um die Reinheit seines Ich zu bewahren, weshalb es zu einem kontinuierlichen und teleologisch ausgerichteten Bildungsprozeß nicht kommt.]

Garte, Hansjörg: Kunstform Schauerroman. Eine morphologische Begriffsbestimmung des Sensationsromans im 18. Jh. von Walpoles „Castle of Otranto" bis Jean Pauls „Titan". Diss. Leipzig 1935. [Verweist vor allem auf die Rolle des Schillerschen *Geistersehers* als Anregung für die mystifizierenden und schaurigen Elemente in der Fabel des *Titan.*]

Harich, Wolfgang: Jean Pauls Revolutionsdichtung. Versuch einer Deutung seiner heroischen Romane. Berlin 1974. [Sieht Jean Pauls Haltung bestimmt von einem „revolutionären Demokratismus" und versteht den *Titan* als den Gipfel seiner „Revolutionsdichtung".]

Hartmannshenn, Herta: Jean Pauls ‚Titan‘ und die Romane Fr. H. Jacobis. Diss. Marburg 1934. [Untersucht, ausgehend von Jean Pauls Selbstzeugnissen, den Einfluß des *Allwill* und des *Woldemar* auf die Problematisierung des Genies im *Titan.*]

Kiermeier, Joseph: Der Weise auf den Thron! Studien zum Platonismus Jean Pauls. Stuttgart 1980. [Sieht den in Jean Pauls Werk hervortretenden schroffen Dualismus in der Tradition der platonischen Philosophie begründet. Erkennt im Helden des *Titan* „das Bild des ‚hohen Menschen‘ ganz und voll im Sinne des platonischen Weisen auf dem Thron."]

Kommerell, Max: Jean Paul. Frankfurt 1933 (4. Aufl. 1966). [Eigenwillige und anspruchsvolle Gesamtdeutung von Jean Pauls Werk aus geistesgeschichtlicher Perspektive. Biographische und philologische Aspekte sind vernachlässigt, daher bleiben manche Thesen problematisch.]

Köpke, Wulf: Jean Pauls Auseinandersetzung mit Werther und Wilhelm Meister im Titan. In: W. Wittkowski (Hg.): Goethe im Kontext. Ein Symposium. Tübingen 1984, S. 69 ff. [Findet im *Titan* Kritik an den „falschen Tendenzen seines Zeitalters", insbesondere an

4. Jean Paul: Titan

der titanisch-einseitigen Weimarer Klassik, und eine „Warnung vor der Wirkung Goethes".]

Mayer, Gerhart: Jean Pauls ambivalentes Verhältnis zum Bildungsroman. Jahrbuch der Jean-Paul-Ges. 11. 1976, S. 51 ff. [Interpretiert den *Titan* als Bildungsroman, der einmal die Erziehung Albanos zum Herrscher und daneben ausführlicher die Bildung des „inneren Menschen" verfolgt. Sieht am Ende des Romans beide Prozesse zusammengeführt, allerdings sei auf eine Verwirklichung der idealen Vorsätze des Helden angesichts der Korruptheit der Welt nicht zu hoffen.]

Michelsen, Peter: Laurence Sterne und der deutsche Roman des 18. Jahrhunderts. Göttingen 1962 (2. Aufl. 1972), zu Jean Paul S. 311 ff. [Tiefschürfende, über den komparatistischen Aspekt hinausgreifende Untersuchung von Jean Pauls Romanwerk. Grundthese: Bei Jean Paul bleiben die Empfindungen des Subjekts ohne alle Vermittlung zur Wirklichkeit, ja sie dienen zur Flucht aus der empirischen Welt in eine selbstgenügsame und gegenstandslose Gefühlsseligkeit. Auch der Held des *Titan* findet am Ende nicht zur Realität, sondern nur „zu einer andern Variation der Phantasie-Entfaltung des Ichs".]

Müller, Volker Ulrich: Die Krise aufklärerischer Kritik und die Suche nach der Naivität. Eine Untersuchung zu Jean Pauls Titan. In: B. Lutz (Hg.): Literaturwissenschaft und Sozialwissenschaften 3. Deutsches Bürgertum und literarische Intelligenz 1750–1800. Stuttgart 1974. S. 455 ff. [These: Jean Paul versuche mit dem Helden des *Titan* eine „Ebene der Naivität jenseits der Reflexion zu erreichen" und damit einen Weg aus der „Legitimationskrise" zu finden, vor die das Denken der Aufklärung geraten war. Allerdings konnte nur ein „märchenhaftes Romanende" die Verbindung von republikanischer Freiheitsbegeisterung und individueller Größe als möglich hinstellen.]

Rehm, Walther: Roquairol. Eine Studie zur Geschichte des Bösen. In: W. R.: Begegnungen und Probleme. Bern 1957, S. 155 ff. [Geistesgeschichtliche Untersuchung, die Roquairol als „zweideutige Inkarnation des Satanischen" versteht, mit der sich Jean Paul an die Seite Baudelaires, Dostojewskijs und Nietzsches stellt. Allerdings bleibt Roquairol als „Antiheld" immer auf den positiven Helden Albano bezogen und wird damit Teil einer komplexen, gegensätzliche Dimensionen umgreifenden „epischen Totalität des Menschlichen".]

Retzlaff, Hartmut: Die Rücknahme eines Leitbilds. Der Hohe Mensch in Jean Pauls ‚Titan'. AION. Studi tedeschi 27. 1984, S. 31 ff. [Sieht im Schicksal Roquairols, Lianes und Lindas den Beweis für die „Selbstdestruktivität des Hohen Menschen". Die Kontrastfigur Albano jedoch hat den Konflikt zwischen Subjekt und Welt nicht wirklich ausgetragen, daher auch keine eigentliche Entwicklung durchgemacht.]

Rohde, Richard: Jean Pauls Titan. Untersuchungen über Entstehung, Ideengehalt und Form des Romans. Berlin 1920 (Reprint 1967). [Findet in der Geschichte Albanos „die Wirkung einer gesunden Erziehung auf ein Genie". Diese Wendung des Themas sei für den Roman in ästhetischer Hinsicht „katastrophal": Albano nämlich sei „immer mehr verkümmert" und habe sich nicht „kraftvoll aufwärts entwickelt".]

Schlaffer, Heinz: Epos und Roman. Tat und Bewußtsein. Jean Pauls „Titan". In: H. S.: Der Bürger als Held. Frankfurt 1973, S. 15 ff. [Findet in Albanos Revolutionsbegeisterung ein heroisches Ideal, das in ein Spannungsverhältnis zur inneren Tendenz des bürgerlichen Bildungsromans tritt. Vertritt die These, Jean Pauls Roman halte den „Widerspruch zwischen Bildung und Heroismus, Untätigkeit und Tatendrang, Innerlichkeit und Weltlichkeit" offen, – „auch in den Gattungsformen, die der ‚Titan' mischt, aber nicht vereint: die des modernen bürgerlichen Romans (...) und die des älteren heroischen Romans".]

Schweikert, Uwe: Jean Paul. Stuttgart 1970. [Knapper, gut dokumentierter Überblick mit sicherer Akzentsetzung. Wertvolle bibliographische Hinweise.]
Sprengel, Peter: Innerlichkeit. Jean Paul oder Das Leiden an der Gesellschaft. München, Wien 1977. [Will „die Frage nach dem Standort der Jean-Paulschen Innerlichkeit im Übergangsfeld von feudaler zu bürgerlicher Gesellschaftsordnung" klären. Resultat: Jean Pauls Haltung ist „von der durch die bürgerliche Gesellschaft produzierten Entfremdung von Gebrauchs- und Tauschwert, Subjekt und Objekt geprägt – so sehr, daß ihm jeder Versuch einer Versöhnung im Diesseits undenkbar erschien."]
Staiger, Emil: Jean Paul: „Titan". Vorstudien zu einer Auslegung. In: E. S.: Meisterwerke deutscher Sprache aus dem 19. Jahrhundert. Zürich 1943 (3. Aufl. 1957), S. 57 ff. [Erkennt die Grundhaltung Jean Pauls in der Weigerung, „ins Endliche einzugehen". Das prägt auch den *Titan,* dessen Held nicht wirklich zum „heroischen Dasein" findet.]
Stern, Lucie: Wilhelm Meisters Lehrjahre und Jean Pauls Titan. Zeitschrift für Ästhetik und allgemeine Kunstwissenschaft 16. 1921, S. 35 ff. [Erkennt zwar gewisse formale Übereinstimmungen der beiden Romane, will aber den *Titan* nicht als Bildungsroman deuten, weil dieser sich den „titanischen Menschen" zum Thema mache. Jean Pauls Roman sei, „als Ganzes betrachtet, eine Phantasieorgie, durchzogen von psychologischen und pädagogischen Interessen".]
Widhammer, Helmuth: Satire und Idylle in Jean Pauls „Titan". Mit besonderer Berücksichtigung des „Luftschiffers Giannozzo". Jahrbuch der Jean-Paul-Gesellschaft 3. 1968, S. 69 ff. [Betont die Fragwürdigkeit des Romanschlusses und warnt vor einer harmonisierenden Deutung von Albanos Bildungsgang.]
Wölfel, Kurt: Jean Paul und der poetische Republikanismus. Jahrbuch der Jean-Paul-Gesellschaft 11. 1976, S. 79 ff. [Zeigt unter anderem am Beispiel des *Titan,* daß der „Republikanismus" Jean Paulscher Figuren nicht auf die Sphäre politischen Handelns zielt, sondern nur als „Kundgabe der (moralischen) Idealität eines Charakters" zu verstehen ist. Daraus folgt: „Auch Heroismus ist bei Jean Paul eine Kategorie der Innerlichkeit."]

4.1. Zur Stellung des ‚Titan' im Werk Jean Pauls

Für Jean Paul ist die Poesie „die einzige zweite Welt in der hiesigen" (XI, S. 21). Die empirische erste Welt erscheint ihm platt, öde, seelenlos und von allem höheren Sinn verlassen. Daher muß sich die Seele mit Hilfe der Phantasie über sie hinausschwingen, um ihrer höheren Bestimmung innezuwerden. Das Gegebene kann ihr nie Erfüllung bieten, es kann nur Anstoß für eine frei ins Unendliche strebende Bewegung sein. Distanz zur Welt und Fixierung auf eine jenseitige Sphäre des Ideals sind daher die Charakteristika der „Hohen Menschen", die im Zentrum von Jean Pauls Romanen stehen. In der *Unsichtbaren Loge* wird ihnen „die Erhebung über die Erde, das Gefühl der Geringfügigkeit alles irdischen Thuns und der Unförmlichkeit zwischen unserem Herzen und unserem Orte" zugeschrieben (II, S. 209). Gustav, der Held dieses Romans, findet über den schroffen Gegensatz von Ideal und Wirklichkeit, von hochfliegenden Ambitionen und desillusionierender Erfahrung nicht hinaus: „Seine innere Welt steht weit abgerissen neben der äußern, er kann von keiner in die andre, die äußere ist nur Trabant und Nebenplanet der innern" (II, S. 252).

4. Jean Paul: Titan

Es ist offensichtlich, daß die Hohen Menschen in Jean Pauls Romanen wegen ihrer „Erhebung über die Erde" vor Aporien geraten müssen, deren Lösung ihnen letztlich nur in der Befreiung von den Fesseln der irdischen Existenz, im Tod also, möglich scheint. Auch Jean Pauls Dichtungskonzept, das von eben diesem Dualismus bestimmt ist, droht einen prekären Charakter anzunehmen, indem es nämlich die Verbindlichkeit jener zweiten Welt, auf die es sich so emphatisch bezieht, nicht dartun kann. Die Interpreten haben auf diese Problematik immer wieder hingewiesen. Peter Michelsen etwa bemerkt im Anschluß an eine Stelle aus der *Unsichtbaren Loge:* „Für das dichterische Geschehen ist das Jenseits eine Annahme, die zur Rechtfertigung der objektlosen Gefühlsbewegungen ergriffen wird, es ist als Grenzwert, an den die Sehnsucht sich hält, für diese vom Wert" (P. Michelsen: *Laurence Sterne und der deutsche Roman des 18. Jh.,* S. 332). Die rauschhaft beschworene Transzendenz bleibt leer, aber sie liefert gleichwohl die Begründung für eine verachtungsvolle Preisgabe der Realität. Emil Staiger hat die Weigerung, „ins Endliche einzugehen", als die Grundhaltung Jean Pauls bezeichnet und in ihr die „Größe und Fragwürdigkeit seines Werks" gefunden (E. Staiger: *Jean Pauls „Titan",* S. 97).

In seinem *Titan* nun, den er mit höchstem Anspruch schrieb und den er auch später noch für sein bedeutendstes Buch hielt, hat Jean Paul den Versuch unternommen, den geschilderten schroffen Dualismus zu überwinden. Das mußte darauf hinauslaufen, den Hohen Menschen innerhalb der Welt heimisch zu machen und eine Vermittlung zwischen der Sphäre des Ideals und der irdischen Existenz herzustellen. Die äußere Welt durfte daher nicht mehr ausschließlich negativ geschildert werden, vielmehr mußte der Auseinandersetzung mit ihr jetzt eine regulierende, produktive Wirkung zukommen. Die Tendenz zu einer solchen Wertung läßt sich in zahlreichen Wendungen des *Titan* erkennen. Mehrfach betont der Erzähler, der Held des Buches bedürfe der erziehenden und aufklärenden Wirkung fortschreitender Welterfahrung. Bezeichnend ist auch die Vorstellung, daß der Mensch zu einer Balance zwischen inneren Kräften und äußeren Einwirkungen finden müsse:

„Der geistige wie der physische [Mensch] wird ohne Widerstand der äußern Luft von der innern aufgeblasen und zersprengt, und ohne Widerstand der innern von der äußern zusammengequetscht; nur das Gleichgewicht zwischen innerer Wehr und äußerem Druck hält einen schönen Spielraum für das Leben und sein Bilden frei" (IX, S. 22 f.).

Gegen Ende des Buches blickt der Protagonist Albano auf die gescheiterten Hohen Menschen zurück, die zum Opfer ihrer titanischen Ambitionen geworden sind: „Er dachte [...] an die vom Schicksal geopferten Menschen, welche die Milchstraße der Unendlichkeit und den Regenbogen der Phantasie zum Bogen ihrer Hand gebrauchen wollten, ohne je eine Sehne darüber ziehen zu können" (IX, S. 447 f.). Und er stellt sich die Frage, warum er selbst verschont blieb, da doch „jener Schaum des Übermaßes" auch seinem Leben nicht fremd war.

Daß Jean Paul mit dem *Titan* eine konstruktive, auf die Lebenspraxis bezogene Darstellung pädagogischer und philosophischer Probleme anstrebte, zeigen seine Briefe aus der Entstehungszeit des Buches. An Friedrich Heinrich Jacobi schreibt er am 3. XII. 1798:

„Mein Titan ist und wird gegen die allgemeine Zuchtlosigkeit des Säkulums gewafnet, gegen dieses irrende Umherbilden ohne ein punctum saliens – gegen jede genialische Plethora, d. i. Parzialität" (Br. III, S. 129).

Solche Absichten mußten auch den von Weltlosigkeit bedrohten Hohen Menschen ins Licht kritischen Zweifels rücken. Jean Pauls Selbstdeutung bekennt sich ausdrücklich zu dieser Konsequenz:

„Titan solte heissen Anti-Titan; jeder Himmelsstürmer findet seine Hölle; wie jeder Berg zulezt seine Ebene aus seinem Thale macht. Das Buch ist der Streit der Kraft mit der Harmonie. Sogar Liane (Schoppe) mus durch Einkräftigkeit versinken; Albano streift daran und leidet wenigstens" (Br. IV, S. 236 f., vom 8. IX. 1803).

Es kann kein Zweifel bestehen, daß Albano mit seinem „Hang zu übermäßigen Menschen" (VIII, S. 11) und seiner leidenschaftlichen Ausrichtung auf „Größe und Unsterblichkeit" (VIII, S. 13) an die „Himmelsstürmer" nicht nur streift, sondern daß er in vielen Situationen zu ihnen zu gehören scheint. Nicht zu Unrecht hat man feststellen können: „Die Absage an das Ideal des hohen Menschen wird in einem Roman vorgenommen, dessen Held selber ein hoher Mensch ist" (H. Bosse: *Theorie und Praxis bei Jean Paul*, S. 174).

Eine der entscheidenden Fragen bei der Interpretation des Romans wird sein, ob es Jean Paul gelingt, Albano von seinem Titanismus zu befreien und in der Gesellschaft Wurzel schlagen zu lassen, ohne seine moralische Integrität und sein persönliches Format anzutasten. Angesichts der Emphase, mit der die „Erhebung über die Erde" und die höhere Wahrheit der „zweiten Welt" ansonsten in Jean Pauls Werk beschworen werden, darf man zweifeln, ob ihm ein „Anti-Titan" überzeugend gelingen konnte. Daß er jedoch in der Tat einen Roman schreiben wollte, der seinen Helden durch einen Bildungsprozeß zu einem Ausgleich mit der Welt führt, bestätigt der Text des *Titan* auf Schritt und Tritt.

4.2. Albano

4.2.1. Der „genialisch-energische Geist"

Schon in den frühen *Titan*-Entwürfen aus der ersten Hälfte der neunziger Jahre bezeichnet Jean Paul den Protagonisten des geplanten Romans als „Genie" und als dessen wichtigsten Zug „Kraft" (Eduard Berend: Einleitung, S. XII f.). Er hat später Friedrich Heinrich Jacobi gegenüber erklärt, dessen Roman *Allwill*, der die Lebensproblematik des Genies behandelt, sei ihm die wichtigste Anregung für den *Titan* gewesen:

„Die Stelle im Alwil, wo Du von [der] poetischen Auflösung in lauter unmoralische Atonie (,Gesezesfeindschaft") durch lauter Reflexion sprichst, gab mir die erste Idee des Titans" (Brief vom 16. VIII. 1802, Br. IV, S. 168).

4. Jean Paul: Titan

Welchen Gang die Geschichte des Romans nehmen sollte, blieb in der Zeit der Pläne und Entwürfe lange offen. Immerhin war deutlich, daß eine psychologisch-moralische Entwicklung zu schildern war. Als Goethes *Wilhelm Meister* erschien, konnte Jean Paul nicht umhin, dieses Werk aus der Perspektive seines eigenen *Titan*-Projekts zu betrachten. Es erstaunt nicht, daß er an der Schwäche und Durchschnittlichkeit des Goetheschen Romanhelden Anstoß nahm. In einer Notiz aus der Zeit der Beendigung des *Titan* heißt es:

„Bei dem Meister besteht das Kunstwerk bloß in der durchgehenden Gesinnung Goethes. Hätt' er aber den Helden etc. zu einem Goethe [*darübergeschrieben:* oder Jarno etc.] gemacht: welch ein Werk!" (zit. nach: Eduard Berend: *Jean Pauls Ästhetik*. Berlin 1909, S. 202).

Der Text des *Titan* rückt gleich zu Anfang das ungewöhnliche Format des Helden ins Licht, seine reiche Begabung, seine große Gesinnung, seinen flammenden Ehrgeiz. Der Erzähler betont, Albano lege „an alles antediluvianische Riesenellen" und er zeige einen „Hang zu übermäßigen Menschen": „Er las die Lobreden auf jeden großen Menschen mit Wollust als wären sie auf ihn" (VIII, S. 11). „Größe und Unsterblichkeit" sind die Ideen, die ihn beherrschen (VIII, S. 13). Augusti und Schoppe, die Albano als Erzieher beigegeben sind, konstatieren bei ihrem Zögling eine fast beunruhigende Fülle der inneren Kräfte (VIII, S. 26).

Der Reichtum an Empfindungen und träumerisch in die Zukunft greifenden Ambitionen ist bei Albano nicht mit Willensschwäche und gefühligem Selbstgenuß verbunden. Der Erzähler betont in nachdrücklichen Wendungen die Fähigkeit Albanos, sich selbst zu disziplinieren und konkrete Aufgaben ins Auge zu fassen:

„In ihm wohnte ein mächtiger Wille, der blos zur Dienerschaft der Triebe sagte: es werde! Ein solcher ist nicht der Stoizismus, welcher blos über innere Missethäter oder Hämlinge oder Kriegsgefangene oder Kinder gebeut, sondern es ist jener genialisch-energische Geist, der die gesunden Wilden unsers Busens dingt und bändigt [...]" (VIII, S. 169).

4.2.2. Stellung des Helden zur Welt

Die einleitenden Partien des Romans lassen keinen Zweifel daran, daß die reichen Anlagen des Helden erst durch die Erfahrung zu voller Entfaltung kommen werden. Albano scheine, so heißt es, „ein dunkler Edelstein von zu vieler Farbe zu sein, den die Welt, wie andere Juwelen, erst durch Holschleifen lichtet und bessert" (VIII, S. 8). Ausdrücklich ist hier die fördernde Wirkung der „Welt", das heißt der äußeren Umstände betont, wobei das Bild des Hohlschleifens darauf hindeutet, daß der Entwicklungsprozeß nicht als wachstumsähnliche Entfaltung, sondern als ein gegen Widerstände sich vollziehender und in die Substanz der Person eingreifender Vorgang gedacht ist.

Wenn wenig später Pflanzenmetaphern zur Schilderung von Albanos Jugendgeschichte benutzt werden, so bezieht sich das auf die erzieherischen Maßnahmen des vermeintlichen Vaters Gaspard:

„Hier ließ er ihn im Hause eines biedern Edelmanns so lange erziehen, oder deutlicher und allegorischer, er ließ hier die pädagogischen Kunstgärtner so lange mit Gießkannen, Inokuliermessern und Gartenscheeren um ihn laufen, bis sie an den hohen schlanken Palmbaum voll Sagomark und Schirmstacheln mit ihren Kannen und Scheeren nicht mehr langen konnten" (VIII, S. 8).

Die späteren pädagogischen Mahnungen und Pläne Gaspards jedoch stehen in offenem Widerspruch zu den inneren Tendenzen Albanos. Wenn dieser sich in seinen enthusiastischen Vorstellungen an die Seite der großen Menschen gestellt hatte, so muß er nun die desillusionierende Empfehlung hören: „Du hast höchstens die Menschen zu fliehen, die dir zu ähnlich sind, besonders die ädeln" (VIII, S. 35). Gaspard versucht, ihn von der moralischen Schwärmerei abzubringen und auf die Maximen eines nüchternen Pragmatismus zu verpflichten: „Unglück ist nichts wie Unverstand, und nicht sowohl durch Tugend als durch Verstand wird man furchtbar und glücklich" (VIII, S. 35). Albanos Begeisterung jedoch ist durch solche Sentenzen nicht abzukühlen. Ausdrücklich bekennt er sich zu den Regungen seines Herzens und zu der „Tugend", von denen Gaspard ihn durch den Hinweis auf den planenden, die Welt beherrschenden Verstand abbringen wollte: „Ja, Vater, das Schicksal werfe einen Grabstein auf diese Brust und zermalme sie, wenn sie die Tugend und die Gottheit und ihr Herz verloren hat" (VIII, S. 36).

„Tugend" ist für Jean Paul jenes Prinzip, das den Menschen „über dem moralischen Kothe aufrecht erhält oder aus diesem empor zieht" (IV, S. 75), das heißt: sie ist die Kraft, die den Hohen Menschen von dem niederen unterscheidet. Der Kontext der Szene läßt keinen Zweifel daran, daß Albanos Bekenntnis zur Tugend aus einem begeisterten, die besten Kräfte seiner Person zusammenfassenden Aufschwung in höhere Sphären hervorgeht:

„Es war diesem [Albano], als werde von einem steigenden Genius sein Herz und sogar sein Körper, wie der eines betenden Heiligen, gehoben über die Laufbahnen einer gierigen kriechenden Zeit – die großen Menschen einer größern traten unter ihre Triumphbogen und winkten ihm, näher zu ihnen zu kommen – im Osten lag Rom und der Mond und vor ihm der Alpen-Zirkus, eine große Vergangenheit neben einer großen Gegenwart – er ergriff mit dem liebend-stolzen Gefühl, daß es noch etwas Göttlicheres in uns gebe als Klugheit und Verstand, den Vater [...]" (VIII, S. 36).

Der Roman gibt indessen der hochfliegenden Begeisterung für die „Tugend" nicht vorbehaltlos recht. Gleich zu Beginn war die Notwendigkeit einer pragmatischen Annäherung an die Welt, einer Änderung der Person angedeutet worden. Auch später noch meldet sich der Erzähler mit Bemerkungen, in denen er es für unumgänglich erklärt, daß Albano seine Überzeugungen durch Erfahrung korrigiert und seinen jugendlichen Radikalismus ablegt. Den heftigen Attacken auf gesellschaftliche Konventionen stimmt der Erzähler nicht zu: „Freund Albano! du mußt erst noch lernen [...]" (VIII, S. 182). Allerdings nimmt er die kompromißlos moralisierende Kritik seines Helden gleich wieder in Schutz, indem er sie als Ausdruck einer reinen und groß denkenden Seele interpretiert: „Aber ein

4. Jean Paul: Titan

Jüngling wäre mittelmäßig, der das bürgerliche Leben sehr zeitig lieb hätte" (VIII, S. 182).

Die Ambivalenz von Albanos Entwicklung wird erkennbar, wenn man sich vor Augen führt, in welchem doppelten Licht Gaspard erscheint. Sein Pragmatismus und seine Kälte machen ihn zum Antipoden des idealerfüllten Hohen Menschen. Aus dessen Perspektive erscheint er als gefühlloser, finsterer Intrigant. Betrachtet man Albanos Entwicklung jedoch unter dem Gesichtspunkt einer Erziehung zur Welt, einer Ernüchterung seiner überschwenglichen Natur durch Erfahrung, dann vertritt Gaspard höchst wichtige und fruchtbare, wenn auch für den Helden schmerzliche Wahrheiten. Zwar ist Gaspard am Ende mit dem ehrgeizigen und auf dubiose Weise betriebenen Projekt gescheitert, seine Tochter Linda mit dem Thronfolger von Hohenfließ zu verheiraten. Aber mit seinen Bemühungen, Albanos titanische Bestrebungen herabzustimmen, hat er offensichtlich eine dem guten Ende förderliche Entwicklung unterstützt. Weil Gaspard unter diesem Aspekt als positive Figur erscheint, kann ihm der Roman höchst bedeutungsvolle und treffende Sätze in den Mund legen, „die den Jüngling auf allen Seiten griffen" und seinen Bildungsgang erläutern:

„Es gibt (sagt' er) einige wackere Naturen, die gerade auf der Gränze des Genies und des Talentes stehen, halb zum thätigen, halb zum idealischen Streben ausgerüstet – dabei von brennendem Ehrgeize. – Sie fühlen alles Schöne und Große gewaltig und wollen es aus sich wieder erschaffen, aber es gelingt ihnen nur schwach; sie haben nicht wie das Genie Eine Richtung nach dem Schwerpunkt, sondern stehen selber im Schwerpunkte, so daß die Richtungen einander aufheben. [...] Sie sollten aber einsehen, daß gerade sie, wenn sie ihren Ehrgeiz früh einzulenken wissen, das schönste Loos vielartiger und harmonischer Kräfte gezogen; sowol zum Genusse alles Schönen als zur moralischen Ausbildung und zur Besonnenheit ihres Wesens scheinen sie recht bestimmt zu sein, zu *ganzen* Menschen; wie etwan ein Fürst sein muß, weil dieser für seine allseitige Bestimmung allseitige Richtungen und Kenntnisse haben muß" (IX, S. 227).

Hier ist die Aufgabe beschrieben, die „Vielkräftigkeit" des Helden, das heißt: die Fülle seiner Talente vor der Vereinseitigung durch falschen Ehrgeiz zu bewahren, ihn auf diese Weise zu einem „ganzen Menschen" zu bilden und auf eine fruchtbare Tätigkeit vorzubereiten. Ironischerweise versteht Albano die auf ihn gemünzten Wahrheiten gar nicht und hält ihnen den Traum von einer ruhmreichen Kriegslaufbahn entgegen (IX, S. 228).

Wenn Gaspard darauf abzielt, daß Albano sich der Wirklichkeit annähert, daß er seinen Enthusiasmus dämpft und mit Männern wie dem Minister Froulay in freundschaftliche Beziehung tritt (VIII, S. 32), so will er durch ein solches Sich-Einlassen mit der Welt keineswegs die moralische Integrität Albanos gefährden. Deren Erhaltung gehört vielmehr zu den Zielen einer geglückten Bildungsgeschichte, wie Gaspard beim Abschied in Rom ausdrücklich zu erkennen gibt: „Albano, ich bin mit dir zufrieden, ich wär' es unendlich, wenn die Reinheit des Jünglings in den Mann überginge – noch hab' ichs nie gefunden" (IX, S. 317). Dieser Satz beschreibt präzise die Sendung Albanos, die idealischen

Bestrebungen des Hohen Menschen in der vorgefundenen Realität zu behaupten und fruchtbar werden zu lassen.

4.3. Roquairol

4.3.1. Zur Entstehungsgeschichte der Figur

Wie man aus Jean Pauls Entwürfen und Arbeitsmaterialien weiß, sollte der Held des *Titan* ursprünglich sowohl die positiven als auch die negativen Seiten einer genialisch angelegten Existenz in sich verbinden (vgl. Eduard Berend: Einleitung, S. XV). Während der Fortentwicklung des Romankonzepts spaltete sich die Figur in einen Helden und einen Antihelden, indem sich die problematischen Züge in der Gestalt Roquairols verselbständigten. Die Entwürfe betonen die „öde Leerheit" von dessen Existenz und schreiben ihm eine nihilistische Tendenz zu: „Stirbt ohne Glauben und Unglauben – hat zuletzt nichts als Eitelkeit – tödtet sich auf dem Liebhabertheater als Franz Moor wirklich" (zit. nach W. Rehm: *Roquairol*, S. 174). Es war offenbar die Absicht Jean Pauls, mit der Figur Roquairols die Gefährdung durch ästhetizistische Verantwortungslosigkeit gegenüber dem Leben und durch eine von bodenloser Selbstreflexion genährte Egozentrik in ihrer extremen Konsequenz vorzuführen.

Wenn die dämonischen und destruktiven Tendenzen des Genies sich auf diese Weise in Roquairol konzentrieren, so bedeutet das für die Figur Albanos, daß sie an Komplexität, an innerer Spannung und Problematik verlieren muß. Die Interpreten haben das oft beanstandet (am entschiedensten wohl R. Rohde: *Jean Pauls Titan*). Allerdings wird man feststellen müssen, daß Albano die Neigung zu titanischer Unbedingtheit keineswegs ganz genommen ist.

Grund für die Aufspaltung der ursprünglich geplanten höchst komplexen Hauptfigur war offensichtlich, daß Jean Paul seinen Helden, um ihn zu einem harmonischen Ende führen zu können, nicht zu sehr mit bedrohlichen und selbstzerstörerischen Zügen belasten durfte. Andererseits brauchte er die ins Diabolische gesteigerte und dem Selbstmord zutreibende Figur Roquairols, um eine radikale Kritik an bestimmten, ihm fragwürdig erscheinenden Tendenzen seiner Epoche formulieren zu können. Wie man aus Jean Pauls Briefen weiß, hat er Goethe und Schiller wegen ihrer vermeintlichen Kälte und moralischen Verödung mit Befremden, ja mit Erschrecken betrachtet. Ein irritierendes Zeugnis für diese Deutung der Weimarer Klassiker liegt darin, daß Jean Pauls Vorarbeiten für den 53. Zykel des *Titan*, der die zusammenfassende Charakteristik Roquairols enthält, die Überschrift „Goethe" tragen (vgl. Eduard Berend: Einleitung, S. XXXVI f.).

4.3.2. Ein „Abgebrannter des Lebens"

Wie sich in Roquairols Verhalten gegenüber Rabette, Linda oder Albano zeigt, hat er alle Aufrichtigkeit, allen Respekt vor moralischen Normen, allen Lebensernst verloren. Er ist „mit ruchloser Kraft vermögend, alles zu wagen und zu opfern, was ein Mensch achtet, weil er nichts achtete" (VIII, S. 314). Gefühle dienen ihm nur zur Selbstspiegelung: „Er stürzte sich in gute und böse Zerstreuungen und Liebeshändel und stellte hinterher alles auf dem Papier und Theater wieder dar, was er bereuete oder segnete" (VIII, S. 313). Er führt eine scheinhafte, die Lebenssituationen nach den Erfordernissen des Effekts arrangierende, schauspielerhafte Existenz. Schoppe erkennt scharfsichtig die moralische Bedenklichkeit dieses Charakters. Als dessen Kardinalfehler bezeichnet er „das chronische Geschwür der Eitelkeit und ein unheiliges Schlemmen und Prassen in Gefühlen" (VIII, S. 319). Der Erzähler verdeutlicht die Heillosigkeit und innere Verödung Roquairols, indem er ihn zu den „Abgebrannten des Lebens" zählt (VIII, S. 312).

Die moralische Haltlosigkeit, die übersteigerte Reflektiertheit, die maßlose Egozentrik Roquairols resultieren aus einer falschen Erziehung, die ihren Zöglingen alles zu früh und zu leicht zugänglich macht und damit Übersättigung erzeugt. Neue Erkenntnisse werden nur noch als intellektuelles Reizmittel genossen, nicht mehr im Lebensprozeß fruchtbar gemacht. Und die Empfindungen sind längst in der Imagination erprobt und durchgeschmeckt, bevor ihre Stunde gekommen ist.

„Alle herrliche Zustände der Menschheit, alle Bewegungen, in welche die Liebe und die Freundschaft und die Natur das Herz erheben, alle diese durchging er früher in Gedichten als im Leben, früher als Schauspieler und Theaterdichter denn als Mensch, früher in der Sonnenseite der Phantasie als in der Wetterseite der Wirklichkeit; daher als sie endlich lebendig in seiner Brust erschienen, konnt' er besonnen sie ergreifen, regieren, ertödten und gut ausstopfen für die Eisgrube der künftigen Erinnerung" (VIII, S. 312f.).

Roquairol ist ein Beispiel für jene pädagogische Erkenntnis, die Jean Paul schon in der *Unsichtbaren Loge* ausgesprochen hatte: „Eh' der Körper des Menschen entwickelt ist, schadet ihm jede künstliche Entwicklung der Seele; philosophische Anstrengung des Verstandes, dichterische der Phantasie zerrütten die junge Kraft selber und andere dazu" (II, S. 125). Da diese künstlich und zu schnell Gereiften alles schon wissen und kennen, ohne es doch erlebt zu haben, fehlt ihnen später die Möglichkeit, überhaupt noch Erfahrungen zu machen, die das Innere der Person ergreifen und formen: „Eine vertrocknete Zukunft voll Hochmuth, Lebensekel, Unglauben und Widerspruch liegt um sie her" (VIII, S. 312). Absichtsvoll ist das organisch fortschreitende Wachstum Albanos der forcierten und korrumpierten Entwicklung Roquairols gegenübergestellt. Ein Anklang an das Rousseausche Erziehungsideal wird spürbar, wenn der Erzähler des Romans die Integrität von Albanos Person aus der Umschütztheit seiner Jugend ableitet: „Die ländliche Erziehung und Dian, welcher den gehaltenen Gang der Natur verehrte, hatte den Knospengarten seiner Kräfte vor frühzeitiger Morgensonne und schnellem Aufspringen bewahret" (VIII, S. 28).

Roquairols diabolischer Charakter enthüllt sich am deutlichsten in dem monströsen Betrug, den er an Linda verübt. Wenig später setzt er seinem Leben ein

Ende, bezeichnenderweise während der Aufführung eines eigenen Stücks mit dem Titel „Der Trauerspieler". Der tödliche Schuß durchbricht auf verstörende Weise den ästhetischen Schein der Theaterdarbietung und rückt noch einmal auf krasse Weise das Prinzip von Roquairols Existenz ins Licht: die Preisgabe allen moralischen Lebensernstes im ästhetizistischen Selbstgenuß und die Bodenlosigkeit eines auf den Effekt hin inszenierten Lebens. Der theatralische Abgang auf offener Bühne ist – wie Gaspard „mit einer anatomischen Kälte" feststellt – Ausdruck innerer Konsequenz: „Jetzt kann man doch Respekt vor ihm haben, er hat seinen Charakter wirklich durchgeführt" (IX, S. 385 f.).

4.3.3. Zum Verhältnis Roquairols zu Albano

So sehr Roquairol als „Abgebrannter des Lebens" dargestellt ist, als immoralistischer, von Reflexion ausgehöhlter Schauspieler seiner selbst, so sehr behält er doch gewisse Züge des Hohen Menschen, vor allem die Weltverachtung und die Affinität zum Tode, seinem „eisernen Schutzheiligen" (VIII, S. 314). Ihm sind die „heiligen Empfindungen" keineswegs fremd, aber sie werden ihm bloß „eine neue Schwelgerei, höchstens ein Stärkungsmittel (ein tonicum)" (VIII, S. 313). In der Freundschaft mit dem reinen und enthusiastischen Albano spürt er noch einmal die Möglichkeit, sich aus seinem heillosen Leben zu befreien:

„Es ist schändlich von mir (sagte Roquairol); ist er nicht so gläubig und offen und bieder? – Nein, die ganze Welt will ich belügen, nur seine Seele nicht! – [...] Von dieser Stunde an stand sein Entschluß zur herzlichsten Beichte und Buße fest" (VIII, S. 315).

Trotz solcher Vorsätze kann es zu einer Bekehrung Roquairols und zu einer dauerhaften Freundschaft mit Albano nicht kommen. Die Beziehung, die im Zeichen des emphatischen Satzes „Ich bin wie du" begonnen hatte (vgl. VIII, S. 216; 217), trägt von Anfang an illusionäre Züge. Albano nähert sich dem Freund mit überhitzten und ganz unbegründeten Erwartungen, wie sich vor allem darin zeigt, daß er zur engsten Seelengemeinschaft schon entschlossen ist, bevor er Roquairol kennengelernt, ja überhaupt gesehen hat. Der Erzähler kann daher bei der Charakteristik im 53. Zykel zur Warnung des Lesers einschalten: „Aber Roquairol war nicht der, der er ihm schien" (VIII, S. 311).

Der Gegensatz erweist sich als unüberbrückbar. Zum definitiven, klärenden Bruch kommt es, als Roquairol in einem Brief an Albano sein wahres Gesicht zeigt: „Einmal muß es geschehen, wir müssen uns sehen, wie wir sind, und dann hassen, wenn es sein muß" (IX, S. 128). Er gesteht, Rabette verführt zu haben, und bekennt sich offen zu einem egozentrischen Immoralismus: „Es gibt einen kalten, kecken Geist im Menschen, den nichts etwas angeht, nicht einmal die Tugend; denn er wählt sie erst, und er ist ihr Schöpfer nicht ihr Geschöpf" (IX, S. 129). Solche Sätze müssen Albano, dem die Tugend heilig ist, in einen unversöhnlichen Gegensatz zu dem ehemals leidenschaftlich gesuchten Freund treiben. Der Schluß des Romans betont diese schroffe Antithese, indem er Roquairol im theatralischen Selbstmord enden läßt und Albano der Bewährung im Amt des Fürsten entgegenführt.

4.4. Albanos Entwicklung

4.4.1. Ein doppeltes Bildungsproblem

Jean Pauls *Titan* will vorführen, wie sein Held zum Herrscher eines monarchisch regierten deutschen Kleinstaats erzogen wird, und er will zugleich zeigen, wie sich die Kräfte eines Hohen Menschen in ihm entfalten. Den ersten dieser beiden Entwicklungsprozesse versucht Gaspard zu steuern und zu fördern, der zweite vollzieht sich vor allem in Albanons Freundschaften und Liebesaffären.

Nun können die gefühlsbewegten Lehrjahre des Herzens, die den Inhalt des Romans überwiegend bestimmen, kaum als angemessene und hinreichende Schule für die Aufgaben des Regenten gelten. Offenbar besteht eine Differenz zwischen der inneren Entwicklung Albanos und dem Lebensziel, auf das ihn die Intrige hinführt (vgl. H. Bosse: *Theorie und Praxis bei Jean Paul*, S. 51): In den Gefühlsräuschen und enthusiastischen Aufschwüngen bezeugt sich keineswegs eine zwingende innere Tendenz zur Übernahme eines politischen Amtes. Vielmehr wird Albano dieses Amt von außen zugewiesen, wie es denn ja auch kaum anders möglich war, da man sich zum Thronfolger nicht in folgerichtiger innerer Entwicklung heranbilden kann. Denn in diese Position wird man hineingeboren.

Das Bildungsproblem des *Titan* wäre also darin zu sehen, daß Albano sich – in Unkenntnis seiner hohen Bestimmung – durch die Erfahrungen seiner *Éducation sentimentale* zum wahren Herrscher qualifizieren soll. Die damit anvisierte Verbindung von innerer Entwicklung des Hohen Menschen und der Orientierung des Helden auf das höchste Staatsamt sucht der Roman dadurch plausibel zu machen, daß er die Dämpfung des titanischen Gefühlsüberschwangs als unumgängliche Aufgabe hinstellt. Als Albano pathetisch erklärt, „Mäßigen [...] sei nur für Pazienten und Zwerge", distanziert sich der Erzähler und erläutert in einer längeren Fußnote, daß alle Einseitigkeiten bedenklich seien und „langsamere individuelle, aber harmonische Ausbildung" das gesündere Prinzip bleibe (IX, S. 6). In eine ähnliche Richtung deuten die pädagogischen Mahnungen Gaspards (IX, S. 227).

Andererseits versucht der Roman anzudeuten, daß diese Mäßigung und Herabstimmung nicht zu einem Erlöschen des idealischen Schwungs führen muß. Vielmehr soll sich das Ungenügen des Hohen Menschen an der bestehenden Welt in konstruktives Handeln umsetzen. In diese Richtung weist Albanos Absicht, ein Regent zu sein, „um Selbstregenten zu bilden" (VIII, S. 224), ebenso sein – bereits in Kenntnis seiner Berufung zur Thronfolge ausgesprochener – Vorsatz, sich „aus dem hellen, freien Aetherkreise des ewigen Guten" nicht hinabziehen zu lassen „in die schmutzige Landenge des gemeinen Seins" (IX, S. 447). Schon die Formulierung läßt spüren, daß dieses Lebens- und Regierungsprogramm, in dem die Bildungsgeschichte Albanos ihre krönende Synthese finden soll, einen höchst prekären Charakter behält.

4.4.2. Erzieher

Der *Titan* umgibt seinen Helden mit einem großen Aufgebot von Erziehern. In der Blumenbühler Jugendepoche sind es der biedere Landschulmeister Wehmeier und der „niedliche freundliche Falterle" (VIII, S. 94), der in Tanzen, Fechten, Pianospielen und feinem Benehmen unterrichtet. Beide beeinflussen Albano, intensiver wirken indessen die Anregungen Wehmeiers, der seinen Zögling in die Heldenwelt des Plutarch einführt (VIII, S. 92). Wichtiger als diese beiden Lehrer ist der Grieche Dian, „dessen innerer Mensch ein ganzer war" (VIII, S. 120): Er macht Albano mit Homer und Sophokles bekannt und schafft ihm „mit schöner liberaler Freiheit" Raum, „sich breit und hoch zu entwickeln" (VIII, S. 120).

Als Albano nach Pestitz übersiedelt, bekommt er neue Mentoren: Der weltläufige Augusti soll ihn auf den Umgang mit der vornehmen Gesellschaft vorbereiten. Obwohl Albano die Hofleute haßt, kann er Augusti seine Anerkennung wegen seiner Kenntnisse und seiner Zurückhaltung nicht versagen (VIII, S. 21). Das Verhältnis trübt sich später, weil Albano seinen Hofmeister verdächtigt, selber Absichten auf die geliebte Liane zu haben, und weil Augusti den Umgang mit Roquairol nicht billigt. Der Erzähler jedoch nimmt Augusti gegen die Verdächtigungen und die Abneigung Albanos in Schutz (IX, S. 185).

Am nächsten steht Albano von allen seinen Erziehern Schoppe, und zwar deshalb, weil er als einziger Züge des Hohen Menschen trägt. Er ist ein „ganz freier Mensch" (VIII, S. 366), dem seine Erfahrungen einen kräftigen „Welt-Ekel" eingeflößt haben (IX, S. 325). Sich auf die Erwartungen der Gesellschaft einzulassen, etwa einen Beruf auszuüben, lehnt er ab. Er ist deshalb auch nicht wirklicher, sondern nur Titular-Bibliothekar des Malteser Großmeisters (VIII, S. 22) und besteht auf völliger Ungebundenheit, als ihn Gaspard mit der Erziehung Albanos beauftragt. Da sein Lebensgesetz „Freiheit" heißt (IX, S. 413), ist ihm auch der Gedanke an autoritäre Gängelung seines Zöglings fremd (IX, S. 160). Gleichwohl sucht er ihn zu beeinflussen, indem er vor den „heiligen Übertreibungen" warnt (VIII, S. 366), indem er die haltlosen Prätentionen der Menschen entlarvt und über schmerzliche Erfahrungen, etwa über den Verlust Lianes, hinwegzuhelfen sucht.

Albano spürt deutlich, daß Schoppe einer starken inneren Gefährdung ausgeliefert ist. Gegen dessen Gewohnheit, „alles Große ruhig aufzunehmen und die Welt still in einen innern Traum zu zerschmelzen", stellt er die Frage: „Kommst du aber doch nicht zu tief in dieses Gefühl, in diese kalte Gruft hinunter?" (IX, S. 223) Da Schoppe die Welt verachtet und an die Unsterblichkeit nicht glaubt, könnte er Halt nur in sich selbst finden. Das aber mißlingt: Ihn überfällt die wahnhafte Angst, das Ich könne ihm von außen entgegentreten, als etwas Fremdes, dessen er nicht mächtig ist (IX, S. 412). In dieser Selbstauflösung des Bewußtseins spiegelt sich jener „Ich-Schauer", den Kommerell bei Jean Paul selbst diagnostiziert hat (M. Kommerell: *Jean Paul*, S. 302).

Zu den Erziehern Albanos gehört auch Gaspard, der Ritter vom Goldenen Vließ und stellvertretende Vater. Er zieht die Fäden in der Intrige, die Albanos

4. Jean Paul: Titan   131

fürstliche Identität zunächst verdeckt halten soll. Aber er steuert mit seinen Weisungen auch die Erziehung, die auf das hohe Amt vorbereitet. Es ist Gaspard, der Albanos Wesen in einer präzisen Formel beschreibt und daraus das Ziel für dessen Bildungsgang ableitet: Reich begabte Naturen wie er seien bestimmt „zu *ganzen* Menschen; wie etwan ein Fürst sein muß, weil dieser für seine allseitige Bestimmung allseitige Richtungen und Kenntnisse haben muß" (IX, S. 227).

Bei seinen pädagogischen Maßnahmen verzichtet Gaspard auf allen autoritären Zwang. Er bestellt einen so unkonventionellen und liberalen Hofmeister wie Schoppe und erweist sich als souverän genug, Albanos Begeisterung für den Französischen Revolutionskrieg als notwendiges Stadium in dessen persönlicher Entwicklung zu tolerieren: „Mit seiner alten Achtung für jede starke Individualität nahm er es heiter auf, daß so merklich des Jünglings Sonne in die Zeichen des Sommers trat und über die Erde sowol höher stieg als wärmer" (IX, S. 229).

Gaspard wird geschildert als weltklug, kalt und distanziert. Seine eiserne Haltung steht in äußerstem Kontrast zu dem sich verströmenden Enthusiasmus Albanos. Diese Eigenschaften des Ritters sind – wie der Roman gleich zu Beginn deutlich macht – das Resultat bitterer Erfahrungen: Er „hatte in der Jugend wilde Kräfte, zu deren Spiel nur ein Schlachtfeld oder Königreich geräumig gewesen wäre und die sich im vornehmen Leben so wenig bewegen konnten als ein Seekraken im Hafen" (VIII, S. 9). Daß er an der Intrige um Albano beteiligt ist, hat einen wichtigen Grund in einer alten, durch beleidigende Behandlung begründeten Feindschaft gegenüber dem fürstlichen Haus von Haarhaar. Ein persönliches Motiv für seine Steuerung von Albanos Weg ist ferner die Absicht, seine leibliche Tochter Linda mit dem Thronerben zu verheiraten.

Mit diesen beiden privaten Absichten scheitert Gaspard. Albano hat sich am Ende von Linda abgewandt, diese selbst ist zum Opfer von Roquairols Betrug geworden und kann diese Erfahrung nicht verwinden. Als Braut fungiert nun Idoine, eine Prinzessin aus dem verhaßten Haus von Haarhaar. Angesichts dieser Konstellation verläßt der Ritter ohne jede weitere Erklärung die Szene. Daß er mit seiner Erziehung Albanos ebenso gescheitert sei, wird man kaum sagen können. Der Roman bemüht sich in seinen Schlußpartien offensichtlich, Albano so vorzuführen, wie es Gaspards programmatischen Erklärungen entspricht: „halb zum thätigen, halb zum idealischen Streben ausgerüstet", als „ganzen Menschen" (IX, S. 227).

4.4.3. Die Geliebten

Daß die Liebesaffären mit Liane und Linda den größten Teil des Romans einnehmen, zeigt die Bedeutung dieser rauschhaften Erprobung der Gefühle für Albanos Bildungsgang. Die Liebe der Hohen Menschen ist eine religiöse Erfahrung, die im anderen und durch ihn das Göttliche sucht und damit über alles Irdische hinausstrebt. Der alte Spener wird zum Sprachrohr einer solchen Deutung der erotischen Gefühle:

„Daher müsse sich das liebekranke Herz in den Geber dieser und jeder Liebe selber, in die Fülle alles Guten und Schönen, in die uneigennützige, unbegränzte All-Liebe senken und darin zergehen und aufleben, seelig im Wechsel des Zusammenziehens und Ausdehnens. Dann sieht es zurück auf die Welt und findet überall Gott und seinen Wiederschein – die Welten sind seine Thaten – jeder fromme Mensch ist ein Wort, ein Blick des All-Liebenden; denn die Liebe zu Gott ist das Göttliche, und ihn meint das Herz in jedem Herz" (VIII, S. 390 f.).

Im Zeichen dieses religiösen Liebesverständnisses steht vor allem die Verbindung Albanos mit Liane. Die Geliebte ist beherrscht von einer unwiderstehlichen Todes-Sehnsucht. Albano sieht sie schon früh „für die Flora der zweiten Welt in den Leichenschleier eingesponnen" (VIII, S. 153) und lehnt sich gegen die Weltflüchtigkeit und Todessüchtigkeit der Geliebten auf. Auch der Erzähler nennt ihre Neigung zu schwärmerischen Vorstellungen einen „heiligen Fehler" (VIII, S. 386). Aber die Trennung von Albano ist nicht das Resultat eines Konflikts, der aus Lianes festem Glauben an ihren baldigen Tod hätte erwachsen können. Es bedarf vielmehr der Intrige, um einen Keil zwischen die Liebenden zu treiben. Froulays Heiratsprojekte für seine Tochter, die er durch Zimmerarrest zu fördern hofft, können nur eine äußerliche Trennung erzwingen. Als wirksamer erweist sich der von dem frommen Spener abgeforderte Eid, mit dem Liane ihren Verzicht auf Albano besiegelt. Aus dem Ende der Beziehung resultiert daher kein Vorwurf gegen Liane. Ihr Tod wird zur Apotheose. Die Reinheit und die Selbstlosigkeit ihrer Gefühle lassen sie später zur Schutzheiligen für Albanos Liebe zu Linda (IX, S. 262) und für die Verbindung mit Idoine werden (IX, S. 454).

Die Ambivalenz der Figur spiegelt die Grundspannung des Romans. Einerseits sind Lianes Selbsttäuschung, ihre Schwärmerei und Todessucht Einwänden ausgesetzt. Denn offensichtlich kann Albano nicht bei der ätherischen Beziehung zu dieser fragilen, schon in höheren Sphären schwebenden Geliebten stehenbleiben, da er sich doch als Held einer Bildungsgeschichte tätig in der Welt bewähren soll. Andererseits wird Liane zur Heiligen verklärt, weil ihre Schwärmerei auf die idealische zweite Welt orientiert ist und damit der Weltüberwindung des Hohen Menschen entspricht. In dieser Tendenz erkennt Jean Pauls Roman offenbar ein Moment der Wahrheit, das letztlich der Kritik entzogen bleiben soll (vgl. H. Bosse: *Theorie und Praxis bei Jean Paul*, S. 230).

War Lianes Liebe und ganze Existenz auf Entselbstung angelegt, so ist egozentrische Unbedingtheit des Gefühls das Lebensprinzip Lindas. Wegen ihrer genialischen Eigenschaften erkennt Albano sie als ebenbürtige Partnerin an:

„Albanos Geist stand hier von der Fürstenbank auf, um die hohe Verwandte zu grüßen, und sagte: ‚Unsterbliche! und wär' es sonst niemand!'" (IX, S. 261)

Bei der ersten Begegnung ist er „von einem Gott erschüttert und von einem Wunder geblendet" (IX, S. 257). Bald indessen kommt es zum Konflikt, weil Albanos Drang nach heroischer Selbstbewährung sich nicht mit Lindas Forderung in Einklang bringen läßt, das Leben ganz aus der erotischen Passion zu gestalten. Dem Tatendrang Albanos hält sie entgegen:

4. Jean Paul: Titan

„Wem die Liebe nicht allein genügt, der ist von ihr nicht erfüllet worden [...]. Ich dächte, wenn ein Mensch nur für sich etwas würde, nicht für andere, das reichte zu. Was *große Thaten* sind, das kenn' ich gar nicht; ich kenne nur ein *großes Leben*; denn jenen Ähnliches vermag jeder Sünder" (IX, S. 298).

Zwar scheint eine Annäherung, ein Kompromiß zwischen den beiden Liebenden bisweilen möglich, aber am Ende steht doch die Entzweiung. Sie ergibt sich zwangsläufig aus der Divergenz der Lebensentwürfe.

„Idoine", so hat man gesagt, „ist der Komparativ Lianes, Linda war ihr Gegensatz" (H. Bosse: *Theorie und Praxis bei Jean Paul*, S. 189). In der Tat ist die Ähnlichkeit Idoines mit Liane der Grund von Albanos Neigung. Er hegt die Hoffnung, „daß die Überirdische aus dem stillen Spiegel der zweiten Welt und aus dessen unabsehlichen Fernen herausträte wieder in den irdischen Luftzug und nach der Verklärung wieder verkörpert hier ginge" (IX, S. 415). Noch ganz am Ende des Romans, als die Verbindung mit Idoine bereits beschlossene Sache ist, scheint es Albano, „als glänze sie überirdisch, und wie auf eine Luna die Sonne unter der Erde, strale Liane aus der andern Welt auf ihr Angesicht und schmücke das Ebenbild mit einer Helligkeit jenseits der Erde" (IX, S. 454). Der Glanz ihrer Person ist also ein abgeleiteter, er stammt aus der Erinnerung an eine andere.

Allerdings besitzt Idoine auch Eigenschaften, die sie in bedeutsamer Weise von Liane unterscheiden. Bei aller Zartheit nämlich lebt in ihr „der feste Geist [...], der das Leben regieren konnte" (IX, S. 455). Der Roman schreibt ihr eine Lebenstüchtigkeit und einen praktischen Sinn zu, die der ätherischen Liane ganz fremd waren. In deren Mund wäre Idoines (durchaus wie eine Goethesche Maxime klingender) Satz undenkbar: „Ernste Thätigkeit söhnet zuletzt immer mit dem Leben aus" (IX, S. 421).

Zunächst scheint eine Verbindung Albanos mit Idoine unmöglich, da diese ihrer Familie das Versprechen gegeben hatte, nur einen Mann von fürstlichem Stand zu heiraten. Albano fügt sich resigniert und strebt, wie mehrfach bei enttäuschenden Erfahrungen, nach dem Tod auf dem Schlachtfeld (IX, S. 422). Erst als die Intrige an ihrem Ziel ist und Albanos hohe Abkunft aufgedeckt wird, entfallen die äußeren Hindernisse für die Heirat. Diese ist dem Roman ein Zeichen für Albanos Wendung zur Realität, für den Beginn einer tätigen, auf das Wohlergehen seiner Mitmenschen gerichteten Existenz. Dieses Ziel wäre mit der sterbenssüchtigen Liane nicht zu erreichen gewesen, ebensowenig mit Linda, die ihre Leidenschaft verabsolutierte. Wegen ihrer Einseitigkeiten, so erkennt Albano am Ende, mußten diese früheren Geliebten untergehen: „Das ganze Sternbild seiner glänzenden Vergangenheit, seiner hohen Menschen war hinunter unter den Horizont, und nur Ein heller Stern davon stand noch schimmernd über der Erde, Idoine" (IX, S. 453).

4.4.4. Die Französische Revolution

Während des Aufenthalts in Rom steigern sich Albanos Tatendrang, seine Begeisterung für die Freiheit und das Verlangen nach Bewährung im Krieg. Die Erinnerung an die Heroen einer versunkenen Epoche erfüllt ihn bei seinem ersten Besuch auf dem Forum Romanum mit dem Wunsch, diesen erhabenen Vorbildern nachzustreben:

„O ihr großen Schatten, die ihr einst hier strittet und lebtet, ihr blickt herab vom Himmel, aber verachtend, nicht trauernd, denn euer großes Vaterland ist euch nachgestorben! Ach, hätt' ich auf der nichtigen Erde voll alter Ewigkeit, die ihr groß gemacht, nur eine That eurer werth gethan!" (IX, S. 213)

Die heroischen Ambitionen Albanos richten sich offenbar nicht auf bestimmte irdische Zwecke, sondern auf Selbstverklärung in der Rolle des Helden und auf Überwindung der „nichtigen Erde". Der gewaltige Scherbenhaufen des *Monte testaccio* wird ihm zum Symbol der sinnleeren Weltgeschichte, gegen deren zermalmende Kraft sich nur der Ruhm der großen Täter behauptet:

„Ein solcher namenloser Töpfer-Berg ist im Ganzen auch die Geschichte der Völker. – Aber man möchte sich doch lieber auf der Stelle tödten, als erst nach einem langen Leben sich so namen- und thatenlos in die Menge eingraben" (IX, S. 228).

Albanos Entschluß, im französischen Revolutionsheer zu kämpfen, resultiert daher kaum aus einem politisch bewußten Eintreten für die Rechte des dritten Standes oder für die Ideale von Freiheit, Gleichheit und Brüderlichkeit. Sondern ihm ist der Krieg vor allem „die *tragische Bühne* eines höhern Geistes" (IX, S. 223), weshalb ihm denn auch Schoppe später entgegenhalten kann: „Nicht aus Mangel an Kunstgeist]...], sondern aus Überfluß daran gehst du unter die Soldaten" (IX, S. 392).

Manche Interpreten des *Titan* haben in Albanos Wunsch, sich auf der französischen Seite am Revolutionskrieg zu beteiligen, eine radikale politische Parteinahme sehen wollen. Wolfgang Harich zum Beispiel versteht den *Titan* als den Gipfel der Jean Paulschen Revolutionsdichtung, in der sich ein entschiedener politisch-sozialer Veränderungswille spiegele. Auch wenn man erkannte, daß Albanos heroische Ambitionen in seinem Inneren eingeschlossen bleiben und nicht zur Tat finden, glaubte man bisweilen, der Roman im ganzen halte mit dem Bezug auf die Revolution eine ins Politische strebende „Alternative zur melancholischen Untätigkeit des bürgerlichen Daseins" fest (H. Schlaffer: *Epos und Roman*, S. 50).

Zweifel an einer solchen Deutung ergeben sich schnell, wenn man auf die Motive Albanos blickt. In Rom ist es, wie angedeutet, der Wunsch, sich über die Nichtigkeit des Welttreibens durch ruhmvolle Taten zu erheben. Als er Linda gegenüber seinen Plan begründet, für die Franzosen zu kämpfen, geht es Albano darum, der eigenen Person durch sichtbare Verdienste Gewicht zu geben und sich dadurch als würdiger Geliebter zu erweisen. „Ich bin noch nichts", erklärt er Linda (IX, S. 297), und an anderer Stelle: „Sobald der Krieg und die Freiheit auf einander stoßen, so will ich dich im Sturm der Zeit verdienen und dir Thaten mitbringen und die unsterbliche Liebe" (IX, S. 278). Später greift Albano auf seine Kriegspläne zurück, wenn er aus verzweifelten Lagen einen gewaltsamen Ausweg sucht. Das ist der Fall, als der Betrug Roquairols an Linda ans Licht kommt (IX, S. 390), und später noch einmal, als er glaubt, Idoine sei für ihn unerreichbar (IX, S. 422).

Alle Entschlüsse, für die Sache der Revolution zu fechten, lösen sich mit einem Schlage auf, als Albano den Brief der Fürstin Eleonore, seiner leiblichen Mutter, gelesen hat und ihm seine Berufung zum Amt des Herrschers vor Augen steht: „Du schickst den Frieden – ich soll nicht in den Krieg – wohlan, ich habe mein Loos!" (IX, S. 439). Die großen „Thaten", nach denen er sich sehnte, wird er nicht als heroischer Streiter auf dem Schlachtfeld, sondern als maßvoller und friedlicher Regent seines Landes vollbringen: „Sein frommer, von Landes-Enkeln noch gesegneter Vater zeigte ihm die reine Sonnenbahn seiner Fürsten-Pflicht – nur Thaten geben dem Leben Stärke, nur Maß ihm Reiz" (IX, S. 447).

Es spricht daher alles für die von Kurt Wölfel vorgetragene These, daß man Albanos republikanische Begeisterung gar nicht politisch verstehen darf und daß auch sein Heroismus „eine Kategorie der Innerlichkeit" bleibt (K. Wölfel: *Jean Paul und der poetische Republikanismus*, S. 84, 118). Der Hohe Mensch dient nicht konkreten politischen Zwecken, sondern er manifestiert in seinem Handeln nur seinen erhabenen Charakter. In Wölfels Worten: „Die Tat des großen Menschen ist das Spiegelbild seiner selbst [...]. Sie führt nicht vom Subjekt über die Tat hinaus in den Bereich der res publica, in welchem die objektiven Resultate der Tat das Interesse beanspruchen könnten, sondern zurück zum Subjekt, das sich in der Tat reflektiert" (ebd., S. 126 f.).

4.4.5. Bildung durch Welterfahrung?

Der Roman erzählt von einschneidenden, krisenhaften Erfahrungen Albanos: vom Tod Lianes, dem Ende der Freundschaft mit Roquairol, der Trennung von Linda. Schoppe versucht solche Erschütterungen als notwendige Lebens-Lektionen zu deuten: „Was thut es denn (sagt' er), wenn das Unglück den jungen Menschen derb durchknätet? – Das nächstemal wird *er* den Schmerz, der ihn jetzt in der Gewalt hat, in der seinigen haben. Wer nichts getragen, lernt nichts ertragen" (IX, S. 103). Allerdings will Schoppe seinen Zögling keineswegs nur dazu bringen, mit unvermeidlichen Enttäuschungen und Verlusten sich besser abzufinden. Sondern er will die einzelne schmerzhafte Erfahrung nur als eines von zahllosen ähnlichen Beispielen im „Nichtigkeits-Spiel" der Welt erscheinen lassen (IX, S. 105). Vor den Ruinen Roms gelangt Albano zu dieser Relativierung aller persönlichen Erfahrungen angesichts der Trümmerberge der Geschichte:

„O Dian, wie kann ein Mensch, der in Rom einen Vater, eine Geliebte verliert, eine einzige Thräne vergießen und bestürzt um sich sehen, wenn er hierhertritt, vor dieses Schlachtfeld der Zeit, und hineinschauet ins Gebeinhaus der Völker? (IX, S. 214)

Der Text des Romans spricht mehrfach davon, daß Albano in Italien bedeutsame Entwicklungen durchmache. Es heißt, er sei „wie eine Welt von Rom wunderbar verändert" worden: „Er wurde kräftiger, ungeselliger, schärfer – ein tief eingesenkter Ernst waltete auf der hohen Stirn und durch das Auge brannte ein düsterer Geist" (IX, S. 220). In diesen äußeren Merkmalen spiegelt sich Albanos Bestreben, als Hoher Mensch die Nichtigkeit der Welt hinter sich zu lassen und sich einer höheren Sphäre zu verpflichten. Eine reflektierende Verarbeitung der Erfahrung und die Sicherung eines tragfähigen Verhältnisses zu den Mitmenschen sind auf dieser Grundlage nicht möglich. Albanos hochfliegende heroische Projekte finden denn auch bezeichnenderweise nicht zu konkreten Handlungsansätzen, sondern behalten ganz den Charakter rauschhafter Phantasien. Es bestätigt sich somit als Charakteristikum des Hohen Menschen, daß ihm eine produktive Anverwandlung der Wirklichkeit nicht möglich ist, sondern nur deren Abwehr.

Hauptinhalt des Romans sind Albanos Begegnungen mit großen Seelen, die – mit Ausnahme Idoines – untergehen. Als Grund ihres Scheiterns erkennt Albano am Ende, daß sie die Möglichkeiten des menschlichen Daseins überspannt haben (IX, S. 447f.). Ihm selbst als dem Überlebenden fiele es nun zu, seine Existenz den irdischen Verhältnissen anzupassen und allen idealischen Überschwang abzulegen. Dieses Resultat allerdings ist nicht schrittweise aus Albanos Erfahrungen entwickelt. Weder haben sich seine Gefühlsräusche in einem Prozeß der Desillusionierung abgekühlt, noch sind die Träume von einer heroischen Existenz der Probe der Wirklichkeit ausgesetzt worden. Vielmehr scheint Albano die Notwendigkeit eines Ausgleichs mit der gegebenen Welt erst in jenem Augenblick aufzugehen, der ihm überraschend das Amt des Herrschers und damit eine feste Aufgabe in der Gesellschaft zuweist. Mit Recht hat man zu Jean Pauls *Titan* angemerkt, der Konflikt des Hohen Menschen mit der ihm feindlichen Wirklichkeit sei nicht ausgetragen, er werde vielmehr am Ende gleichsam im Handstreich, auf dem Wege einer forcierten Versöhnung zum Verschwinden gebracht (vgl. H. Retzlaff: *Die Rücknahme eines Leitbilds*, S. 49).

4.5. Zur Problematik des Romanschlusses

Jean Pauls *Titan* führt seinen Helden am Ende auf den Thron eines deutschen Kleinstaates und will ganz offenbar dieses Resultat als Ankunft an dem vorgezeichneten und durch eine lange Entwicklung vorbereiteten Ziel verstehen. Als Albano die ersten Entschlüsse für die Ausübung seines Herrscheramtes faßt, handelt er endlich frei und selbstverantwortlich, ohne wie bisher von Intrigen und Erziehungsplänen gegängelt und über seine Identität im unklaren gehalten zu werden. Diese Schlußwendung kommt für den Helden der Geschichte überraschend, auch für den Leser. Der Roman nimmt sich nicht viel Raum, Albano auf dem Gipfel seiner Bildungsgeschichte und bei der Bewährung in seinem hohen Amt vorzuführen. Immerhin gibt er seinem Helden Gelegenheit, einige programmatische Überlegungen anzustellen und den guten Vorsatz zu verkünden, daß

4. Jean Paul: Titan

„Volksglück" und „höchste Gerechtigkeit" Maximen seiner Regierung werden sollen (IX, S. 447).

Viele ältere Interpreten haben diesen Schluß des Romans als das exemplarische Ende einer geglückten Bildungsgeschichte betrachtet. Sie sahen kein Hindernis, Albano neben den Goetheschen Wilhelm Meister zu stellen (vgl. z.B. Wilhelm Scherer und Oskar Walzel: *Geschichte der dt. Literatur.* 3. Aufl. Berlin 1921, S. 523; G. Berger: *Die Romane Jean Pauls als Bildungsromane,* S. 55; Hans Heinrich Borcherdt: *Der Roman der Goethezeit.* Urach 1949, S. 304; Hermann August Korff: *Der Geist der Goethezeit.* Bd. III. 3. Aufl. Leipzig 1957, S. 123f., 164ff.).

Neuere Interpreten jedoch wiesen zunehmend auf Brüche im Schluß des *Titan* hin und sahen dessen idealbegeisterten Helden nicht eigentlich bei der Wirklichkeit angelangt. Man wandte ein, die praktische Bewährung des Hohen Menschen bleibe bloße Verheißung, deren Erfüllung sei kaum vorstellbar (vgl. z.B. E. Staiger: *Jean Paul: „Titan",* S. 74; P. Michelsen: *Laurence Sterne und der deutsche Roman des 18.Jahrhunderts,* S. 365; K. Wölfel: *Jean Paul und der poetische Republikanismus,* S. 104).

Gelegentlich hat man daher den Versuch unternommen, das Erreichen des Ziels vollständiger menschlicher Bildung allein in jenem hervorgehobenen Moment zu finden, in dem Albano seine Bestimmung erkennt, in dem seine idealische Begeisterung und sein Tatendrang sich verbinden und seine vielfältigen Anlagen nunmehr im Gleichgewicht stehen (G. Mayer: *Jean Pauls ambivalentes Verhältnis zum Bildungsroman,* S. 58). Wenn allerdings zugestanden wird, daß die Bewahrung dieses Zustands nicht möglich ist (ebd., S. 59), dann ist damit eigentlich das Scheitern der Bildungsgeschichte eingeräumt: Offenbar kann sie von ihren Prämissen her nicht glaubhaft machen, ihr Ziel für immer erreicht zu haben.

Das Problem tritt deutlich hervor, wenn man Albanos Vorsätze für die Ausübung des Herrscheramtes ins Auge faßt. Zwar rückt er von der titanischen Überspannung der menschlichen Möglichkeiten ab (IX, S. 447f.), doch verpflichtet er sich auch jetzt noch ganz im Geist des Hohen Menschen einem überirdischen Ideal:

„Er war sich höherer Zwecke und Kräfte bewußt, als alle harten Seelen ihm streitig machen wollten; aus dem hellen, freien Ätherkreise des ewigen Guten ließ er sich nicht herabziehen in die schmutzige Landenge des gemeinen Seins – ein höheres Reich, als was ein metallener Zepter regiert, eines, das der Mensch erst erschafft, um es zu beherrschen, that sich ihm auf" (IX, S. 447).

Man muß nicht Zyniker sein, um diesem Programm den Einwand entgegenzuhalten, daß sich die Regierung eines Landes und die Durchsetzung von Reformen nicht im „hellen, freien Ätherkreise des ewigen Guten" abspielen. Das Scheitern des Vorsatzes, sich von der „schmutzigen Landenge des gemeinen Seins" fernzuhalten, ist daher absehbar.

Befremdlich muß auch Albanos Absicht scheinen, den Minister Froulay, den der Roman als intrigantes Scheusal vorgeführt hat, in seinem Amt zu lassen:

„Höchste Gerechtigkeit war sein Entschluß und Beförderung alter Feinde, besonders des verständigen Froulay" (IX, S. 447). Bisweilen hat man darin den bewußten Plan gesehen, an der Handhabung der politischen Geschäfte nichts zu ändern und deren „amoralische Eigengesetzlichkeit" anzuerkennen (H. Schlaffer: *Epos und Roman*, S. 26). Diese Deutung ist allerdings wenig einleuchtend, da sich Albano im gleichen Atemzuge ganz ohne Vorbehalt zu den reinsten moralischen Grundsätzen bekannt hat. Plausibler scheint da schon die Feststellung, daß der Roman dabei scheitert, „menschliche" und „fürstliche" Existenz auf einen Nenner zu bringen (H. Bosse: *Theorie und Praxis bei Jean Paul*, S. 204). Grund dafür ist, wie Kurt Wölfel gezeigt hat, daß Jean Paul das Politische als eigenständige Kategorie gar nicht in den Roman einführt. Albanos Haltung gegenüber Froulay darf daher nur als Ausdruck seiner moralischen Natur, keinesfalls als Element eines politischen Kalküls verstanden werden: Er beweist selbstlose Großmut und versöhnungsbereite Güte, indem er sogar die „alten Feinde" fördert. „So kommt es zustande, daß Jean Paul die politische Wirkung, die Albanos ‚Entschluß' für das Ganze der res publica zeitigen könnte (er bedeutete für das Land Hohenfließ ja in der Tat kaum anderes als: der Fürst wechselt, der Minister bleibt – neuer Wein in alten Schläuchen – was soll sich Großes ändern?), außer aller Beachtung und Betrachtung lassen kann" (K. Wölfel: *Jean Paul und der poetische Republikanismus*, S. 110).

Den Helden zu einem Kompromiß mit der Welt zu führen und ihm damit den Weg zu praktischer Bewährung zu eröffnen, ist die Intention des Bildungsromans. Die Realisierung dieser Intention im *Titan* bleibt indessen höchst prekär. Sie konnte nicht bruchlos gelingen, da zum Hohen Menschen Jean Pauls definitionsgemäß die Distanz zur „schmutzigen Landenge des gemeinen Seins" gehört. Albano bestimmt auch am Ende des Romans seine persönliche Existenz allein aus der Beziehung zum Ideal. Demgegenüber sind, wie man zu Recht angemerkt hat, „der Fürst, der Mann, die ausgeglichene Persönlichkeit" nichts weiter als „Akzidentien" (H. Bosse: *Theorie und Praxis bei Jean Paul*, S. 208 f.). So hat Albano zwar seine Reinheit bewahrt, aber er ist kaum auf überzeugende Weise in der wirklichen Welt heimisch geworden.

Arbeitsbereich IV

19. Jahrhundert

1. Gattungsgeschichtlicher Überblick
1.0. Bibliographie
1.0.1. Texte und Dokumente

Die Romane Freytags, Immermanns und Raabes werden nach folgenden Ausgaben zitiert:
Freytag, Gustav: Gesammelte Werke. 2. Aufl. Bd. 1–22. Leipzig 1896 ff. [Sigle FGW; erste Ausgabe der gesammelten Werke, unter Mitwirkung des Autors.]
Immermann, Karl: Werke. Hg. v. B. von Wiese. Bd. 1–5. Frankfurt/M. 1971 ff. [Sigle IW; sorgfältig edierte Auswahlausgabe, bietet „die *gesamte* von I. veröffentlichte Prosa".]
Raabe, Wilhelm: Sämtliche Werke. Hg. v. K. Hoppe. Bd. 1–20. Freiburg und Braunschweig (ab 1960: Göttingen) 1951 ff. [Sigle RSW; historisch-kritische Gesamtausgabe.]

Steinecke, Hartmut (Hg.): Romanpoetik in Deutschland. Von Hegel bis Fontane. Tübingen 1984. [Sammlung ausgewählter Texte zur Romantheorie im 19. Jahrhundert, eingeleitet durch einen zusammenfassenden Überblick des Herausgebers.]
Bucher, Max u.a. (Hg.): Realismus und Gründerzeit. Manifeste und Dokumente zur deutschen Literatur 1848–1880. Bd. 1–2. Stuttgart 1975–76. [Ergiebige Quellenbibliographie und -publikation u.a. zur Literaturtheorie, zur Literaturkritik und zum literarischen Leben der zweiten Jahrhunderthälfte.]

1.0.2. Forschungsliteratur

Bark, Joachim: Bildungsromane. In: H. A. Glaser (Hg.): Deutsche Literatur. Eine Sozialgeschichte. Bd. 7. Vom Nachmärz zur Gründerzeit: Realismus. 1848–1880. Reinbek 1982, S. 144 ff. [Sozialgeschichtlich und ideologiekritisch orientierter Überblick über den Bildungsroman der zweiten Jahrhunderthälfte.]
Baumgart, Wolfgang: Goethes „Wilhelm Meister" und der Roman des 19. Jahrhunderts. Zeitschrift für deutsche Philologie 69. 1944/45, S. 132 ff. [Skizziert u.a. die Vorbildfunktion der Goetheschen Bildungsidee für ausgewählte Romane zwischen Romantik und *Nachsommer*: Der Bildungs*gang* des Helden ist in dieser Hinsicht bedeutsamer als sein Bildungs*ziel*.]
Hasubek, Peter: Karl Immermann: *Die Epigonen* (1836). In: P. M. Lützeler (Hg.): Romane und Erzählungen zwischen Romantik und Realismus. Neue Interpretationen. Stuttgart 1983, S. 202 ff. [Versteht *Die Epigonen* nicht als Bildungsroman in der *Wilhelm*

Meister-Tradition, sondern als „breitangelegte Analyse der Zeit um 1830"; die nur schwach ausgebildete Individualität des Helden tritt zurück gegenüber der Darstellung der durch seine Person verbundenen Realitätsbereiche.]

Irmscher, Hans Dietrich: Keller, Stifter und der Bildungsroman des 19. Jahrhunderts. In: H. Koopmann (Hg.): Handbuch des deutschen Romans. Düsseldorf 1983, S. 370 ff. [Beschränkt sich im wesentlichen auf die gründliche, eng am Text argumentierende Interpretation der Bildungsromane Kellers und Stifters.]

Kafitz, Dieter: Die Appellfunktion der Außenseitergestalten: Zur näheren Bestimmung des Realismus der mittleren und späten Romane Wilhelm Raabes. In: L. A. Lensing und H.-W. Peter (Hg.): Wilhelm Raabe. Studien zu seinem Leben und Werk. Braunschweig 1981, S. 51 ff. [Sieht den Raabeschen Realismus konstituiert durch die Darstellung des problematischen Verhältnisses von „individuellem Persönlichkeitsideal und sozioökonomischem Konformitätsdruck".]

Kaiser, Herbert: Studien zum deutschen Roman nach 1848. Karl Gutzkow: Die Ritter vom Geiste. Gustav Freytag: Soll und Haben. Adalbert Stifter: Der Nachsommer. Duisburg 1977, S. 57 ff. [Im Freytag-Kp. aufschlußreiche Interpretation des Romans und des in ihm gestalteten Wertsystems: Die ‚ehrliche' Poesie des Geschäfts und der bürgerlichen Existenz dominiert über die trügerische Poesie unbürgerlicher Ambitionen.]

Kolbe, Hans: Wilhelm Raabe. Vom Entwicklungs- zum Desillusionierungsroman. Berlin 1981. [Beschreibt den gesellschaftsgeschichtlich bedingten Desillusionierungsprozeß, der Raabes literarisches Schaffen bestimmt: In den späten Romanen erweist sich – anders als etwa im *Hungerpastor* – eine Übereinstimmung von Allgemeinem und Individuellem nicht mehr als realisierbar.]

Martini, Fritz: Deutsche Literatur im bürgerlichen Realismus. 1848–1898. Stuttgart 1962. (3. Auflage 1974). [Standardwerk zur deutschen Literaturgeschichte der zweiten Jahrhunderthälfte.]

Martini, Fritz: Zur Theorie des Romans im deutschen „Realismus". In: R. Grimm (Hg.): Deutsche Romantheorien. Bd. 1. Frankfurt/M. 1974², S. 186 ff. [Bemerkenswert als einer der ersten Versuche, den deutschen Roman des 19. Jahrhunderts von seinen theoretischen Prämissen her zu erfassen.]

Mayer, Gerhart: Wilhelm Raabe und die Tradition des Bildungsromans. Jahrbuch der Raabe-Gesellschaft 1980, S. 97 ff. [Betont die Beziehungen zwischen Raabes *Hungerpastor* und der romantischen Bildungsidee; *Stopfkuchen* erscheint demgegenüber als „Antibildungsroman", der die traditionellen Gattungsmuster wie die zeitgenössischen Bildungsvorstellungen in Frage stellt.]

McInnes, Edward: Zwischen „Wilhelm Meister" und „Die Ritter vom Geiste". Zur Auseinandersetzung zwischen Bildungsroman und Sozialroman im 19. Jahrhundert. DVjS 43. 1969, S. 487 ff. [Umreißt die Bemühungen wichtiger Kritiker und Literaturwissenschaftler zwischen etwa 1830 und 1855, vor allem in der Auseinandersetzung mit dem *Wilhelm Meister* eine neue, der Zeit adäquate Theorie des Romans zu begründen.]

Miles, David H.: The Picaro's Journey to the Confessional: The Changing Image of the Hero in the German Bildungsroman. Publications of the Modern Language Association of America 89. 1974, S. 980 ff. [Verfolgt die u. a. durch die Entfremdungserfahrungen des 19. Jahrhunderts beeinflußte Entwicklung der Helden- und Erzählerfiguren in den Bildungsromanen Goethes und Kellers und in Rilkes *Die Aufzeichnungen des Malte Laurids Brigge*.]

Rhöse, Franz: Konflikt und Versöhnung. Untersuchungen zur Theorie des Romans von Hegel bis zum Naturalismus. Stuttgart 1978. [Untersucht die Entwicklung der Roman-

1. Gattungsgeschichtlicher Überblick

theorie unter besonderer Berücksichtigung des Problems, „wie die außerliterarisch erfahrenen Konflikte und die Diskussion ihrer möglichen Lösungen durch die Romanliteratur bestätigt, abgelehnt, antizipiert oder schlicht negiert wurden".]

Roeder, Arbo von: Dialektik von Fabel und Charakter. Formale Aspekte des Entwicklungsromans im 19. Jahrhundert. Tübingen o. J. (1969). [Beschränkt sich im wesentlichen auf einen Vergleich der Bildungsromane Novalis' und Kellers, der nicht nur aufgrund der unglücklichen definitorischen Eingrenzung und Gegenüberstellung der Begriffe ‚Fabel' und ‚Charakter' zu wenig überzeugenden Ergebnissen führt.]

Schwering, Markus: Epochenwandel im spätromantischen Roman. Untersuchungen zu Eichendorff, Tieck und Immermann. Köln und Wien 1985. [Zeigt an drei symptomatischen Beispielen, wie das Konzept des Bildungsromans in Reaktion auf die soziale und geistesgeschichtliche Krise des frühen 19. Jahrhunderts sich fortschreitend auflöst.]

Seidler, Herbert: Wandlungen des deutschen Bildungsromans im 19. Jahrhundert. Wirkendes Wort 11. 1961, S. 148 ff. [Thematisch eingegrenzt auf Funktion und Bedeutung der Gestaltung bestimmter Raumstrukturen im Bildungsroman zwischen *Wilhelm Meister* und 20. Jahrhundert.]

Sengle, Friedrich: Biedermeierzeit. Deutsche Literatur im Spannungsfeld zwischen Restauration und Revolution 1815–1848. Bd. 1–3. Stuttgart 1971–1980. [Einflußreiches, wenn auch in der Begriffsbestimmung des literarischen ‚Biedermeier' nicht unumstrittenes Standardwerk zur Literaturgeschichte der ersten Jahrhunderthälfte.]

Steinecke, Hartmut: Gustav Freytag: Soll und Haben (1855). Weltbild und Wirkung eines deutschen Bestsellers. In: H. Denkler (Hg.): Romane und Erzählungen des bürgerlichen Realismus. Neue Interpretationen. Stuttgart 1980, S. 138 ff. [Gesamtdarstellung, die den Roman nicht nur unter den wesentlichen, eng aufeinander bezogenen Gesichtspunkten der bürgerlichen Ideologie, der Ökonomie und der Bildungsgeschichte des Helden interpretiert, sondern auch einen Abriß seiner Wirkungsgeschichte bis in die jüngste Vergangenheit bietet.]

Steinecke, Hartmut: Die Rolle von Prototypen und kanonisierten Werken in der Romantheorie. In: E. Lämmert (Hg.): Erzählforschung. Ein Symposium. Stuttgart 1982, S. 335 ff. [Beschreibt die Funktion von norm- und strukturbildenden Vorbildern am Anfang einer Gattungsentwicklung, u. a. in bezug auf den Bildungsroman im 19. Jahrhundert: Formale, strukturelle und thematische Aspekte lassen den *Wilhelm Meister* als Prototyp der Gattung erscheinen.]

Steinecke, Hartmut: Romanpoetik von Goethe bis Thomas Mann. Entwicklungen und Probleme der „demokratischen Kunstform" in Deutschland. München 1987. [Eine Art ‚Summe' – mit Ergänzungen – der bisherigen Forschungen St.'s: konzise, gut lesbare Einführung in wichtige Bereiche der Romantheorie im 19. Jahrhundert.]

Steinecke, Hartmut: Romantheorie und Romankritik in Deutschland. Die Entwicklung des Gattungsverständnisses von der Scott-Rezeption bis zum programmatischen Realismus. Bd. 1–2. Stuttgart 1975–76. [In Bd. 1 grundlegende Darstellung der Romantheorie – unter Einbezug der Romankritik in Rezensionen, programmatischen Erklärungen u. ä. –, in Bd. 2 Auswahl wichtiger Quellen; eine knappe Zusammenfassung der Ergebnisse bietet: H. St.: Romantheorien der Restaurationsepoche. In: P. M. Lützeler (Hg.): Romane und Erzählungen zwischen Romantik und Realismus. Stuttgart 1983, S. 11 ff.]

Steinecke, Hartmut: ‚Wilhelm Meister' und die Folgen. Goethes Roman und die Entwicklung der Gattung im 19. Jahrhundert. In: W. Wittkowski (Hg.): Goethe im Kontext. Kunst und Humanität, Naturwissenschaft und Politik von der Aufklärung bis zur Restauration. Tübingen 1984, S. 89 ff. [Versucht nachzuweisen, daß und wie die Rezeption des *Wilhelm Meister* im 19. Jahrhundert die romantheoretische Auseinandersetzung geprägt hat; plädiert in diesem Zusammenhang für die Einführung des Begriffs ‚Individualroman' als umfassenderer Bezeichnung.]

Stockinger, Ludwig: Realpolitik, Realismus und das Ende des bürgerlichen Wahrheitsanspruchs. Überlegungen zur Funktion des programmatischen Realismus am Beispiel von Gustav Freytags *Soll und Haben*. In: K.- D. Müller (Hg.): Bürgerlicher Realismus. Grundlagen und Interpretationen. Königstein/Ts. 1981, S. 174 ff. [Weit ausgreifender Versuch, Freytags Roman als „Antwort auf die Legitimationskrise des Liberalismus um die Jahrhundertmitte" zu interpretieren; betont die gerade an der Gestaltung des Schlusses deutlich werdende Spannung zwischen Telos der Bildung und dürftigem äußeren Lebensziel.]

Wiese, Benno von: Karl Immermann. Sein Leben und Werk. Bad Homburg, Berlin, Zürich 1969, zu *Die Epigonen* S. 172 ff. [Weist darauf hin, daß Hermann kaum die Funktion eines Bildungshelden im Sinne Wilhelm Meisters erfüllt, da das Buch mit einiger Berechtigung auch als Zeitroman, als Abenteuerroman oder als romantische Schicksalsdichtung interpretiert werden kann.]

Wirschem, Karin: Die Suche des bürgerlichen Individuums nach seiner Bestimmung. Analyse und Begriff des Bildungsromans, erarbeitet am Beispiel von Wilhelm Raabes „Hungerpastor" und Gustav Freytags „Soll und Haben". Frankfurt/M., Bern, New York 1986. [Vorwiegend nacherzählender, gedanklich wenig stringenter Versuch des exemplarischen Vergleichs beider Romane.]

1.1. Individuum und Gesellschaft

Die (Literatur-)Geschichte des 19. Jahrhunderts ist weithin geprägt von einem allgemeinen Krisenbewußtsein, das kaum einen Bereich der privaten wie der gesellschaftlichen Existenz verschonte und besonders das Identitätsgefühl des Einzelnen und dessen Stellung im sozialen und politischen Kontext verunsicherte. Vor diesem Hintergrund wurde die entscheidende Prämisse des Bildungsromans, daß nämlich ein individueller Entwicklungsgang zu einer Synthese der Bedürfnisse von Ich und Welt führen könne, immer problematischer.

Die Ursachen solcher Zweifel und Krisengefühle sind vielfältig und können im hier verfolgten Zusammenhang nur angedeutet werden: Die zunehmende, Spannungen schaffende innere Differenzierung des Bürgertums, dessen konfliktträchtige Abgrenzung gegenüber dem in der zweiten Jahrhunderthälfte an Bedeutung gewinnenden vierten Stand, die dynamische Entwicklung der Technik, insbesondere der Produktions- und Kommunikationsmittel, die fortschreitende Spezialisierung in Arbeit und Beruf – all dies waren Tendenzen, welche die überlieferte Weltdeutung auflösten, das Individuum aus eingelebten Bindungen herausrissen und im allgemeinen als Gefahr der Entfremdung erfahren wurden. Schon in den Tagen der klassischen Literaturperiode hatte Schiller im sechsten der Briefe *Ueber die ästhetische Erziehung des Menschen* hellsichtig die Deformation beschrieben, welche der individuellen Existenz in der bürgerlichen Gesellschaft drohte: „Ewig nur an ein einzelnes kleines Bruchstück des Ganzen gefesselt, bildet sich der Mensch selbst nur als Bruchstück aus"; da die Gesellschaft an ihrem Mitglied stets nur einzelne Fähigkeiten schätzt, kann der Mensch nie die

1. Gattungsgeschichtlicher Überblick

wahre „Harmonie seines Wesens" entwickeln (Friedrich Schiller: *Werke*. Nationalausgabe. Bd. 20. Hg. v. B. von Wiese. Weimar 1962, S. 323). In der bürgerlichen Gesellschaft, die Hegel als das „System der Atomistik" kennzeichnete, da in ihm die Einzelnen allein „ihre eigene Besonderheit und ihr Fürsichsein in ihrem Bewußtsein und zu ihrem Zwecke" haben, stehen Ich und Welt, Besonderes und Allgemeines sich so fremd gegenüber, daß jede Vermittlung grundsätzlich problematisch wird (G. W. F. Hegel: *Enzyklopädie der philosophischen Wissenschaften im Grundrisse*, § 523: G. W. F. H.: *Werke*. Bd. 10. Frankfurt/M. 1986, S. 321). Sowohl Hegel als auch später Marx, der aus ähnlichen Prämissen andere, radikalere Schlüsse zog, betonten die historische Bedingtheit dieser im 18. Jahrhundert entstandenen Gesellschaftsform der „freien Konkurrenz", in der „der Einzelne losgelöst [erscheint] von den Naturbanden usw., die ihn in früheren Geschichtsepochen zum Zubehör eines bestimmten, begrenzten menschlichen Konglomerats machen" (Karl Marx: *Einleitung [zur Kritik der politischen Ökonomie]*. In: K. M. und Friedrich Engels: *Ausgewählte Werke*. Bd. 2. Frankfurt/M. 1970, S. 466). Wenn das 19. Jahrhundert, um noch einmal mit Marx zu sprechen, tatsächlich die Epoche des „vereinzelten Einzelnen" war (ebd., S. 467), dann mußte auch der Bildungsroman mit seinem Streben nach harmonischem Ausgleich zwischen Ich und Welt vor schwer auflösbare Probleme geraten (s. u. Kp. 1.3.1.). Dies gilt um so mehr, als nicht nur das Verhältnis zwischen dem Subjekt und seiner natürlichen wie gesellschaftlichen Umwelt fragwürdig wurde, sondern dieser Konflikt bis in den Kern des Individuums ausstrahlte: Wenn der Einzelne – wie etwa Kellers *Grüner Heinrich* zeigt – vergeblich seiner eigenen Identität ansichtig zu werden versuchte und sich selbst als zerrissen und isoliert empfand, wie sollte er dann ein produktives Verhältnis zu der von widersprüchlichen Tendenzen durchwalteten äußeren Welt gewinnen können?

Gerade in Verbindung mit der Geschichte des Bildungsromans sollte man allerdings nicht übersehen, daß vor allem in der zweiten Hälfte des Jahrhunderts auch eine harmonisierende Auffassung verbreitet blieb, die das Ideal im Leben finden wollte, d. h. (in zumeist wohl unbewußter und trivialisierender Nachfolge Hegels) das Wirkliche als das Vernünftige und das Vernünftige als das Wirkliche nahm. Bezeichnenderweise gewannen nach der gescheiterten Revolution von 1848 (und verstärkt nach den politischen Zäsuren von 1866 und 1871) solche Überzeugungen an Verbreitung und Wirkung. Größere Teile des Bürgertums hielten es durch diese politischen Erfahrungen für erwiesen, daß der bestehenden gesellschaftlich-staatlichen Ordnung der Vorrang vor den Ansprüchen des Individuums zukomme: „Der gewaltige Stimmungsumschwung im Lauf des Jahres 1848, der alle Bereiche des öffentlichen Lebens erfaßte, führte [...] nicht zur Resignation des Bürgertums, sondern zu einem pragmatischen Umdenken, das den sozialen und politischen Status quo zwar längerfristig als evolutionär interpretierte, ihn aber doch im Augenblick akzeptierte und sich ihm anpaßte." (Helmuth Widhammer: *Die Literaturtheorie des deutschen Realismus*. Stuttgart 1977, S. 1).

Angesichts der einengenden politischen Verhältnisse, die weiten Teilen des Bürgertums die freiwillige Unterordnung als das Gebot der Stunde erscheinen ließen, setzten sich auch in der Literatur restaurative Grundströmungen durch (vgl. etwa Kp. 1.3.1., 1.3.3.). So postulierte beispielsweise der einflußreiche Kritiker und Literaturtheoretiker Julian Schmidt 1849 in einem Beitrag zu „Goethes Jubelfeier", erst als „Bürger" erhalte der

„Mensch seinen vollen Werth [...], als integrirendes Glied einer sittlichen Gemeinschaft, deren Inhalt er in sich weiß und fühlt. In diesem souveränen Staat findet die ‚menschliche' Freiheit, wie sie Werther [...] Faust [...] Goethe für sich fordern, keinen Raum; mit zwingender Gewalt bannt der Geist des Staats den Einzelnen in seine Kreise" (zit. nach H. Widhammer, a.a.O., S. 69).

Ein solcher Versuch, den Antagonismus zwischen Individuum und größerem Ganzen zu leugnen, setzte – obwohl er selbst wahrscheinlich ein Reflex latent vorhandener Ängste und Unsicherheiten war – als selbstverständliche Gegebenheit voraus, was Hegel noch als Problem formuliert hatte. Dieser hatte nämlich noch zwischen einer falschen und wahren Integration des Einzelnen ins Ganze unterschieden: Das „Anschließen an die objektive Vernünftigkeit des von der subjektiven Willkür unabhängigen Staates kann entweder eine bloße Unterwerfung sein [...], oder es kann aus der freien Anerkennung und Einsicht in die Vernünftigkeit des Vorhandenen hervorgehen, so daß das Subjekt in dem Objektiven sich selber wiederfindet" (G. W. F. Hegel: *Vorlesungen über die Ästhetik:* G. W. F. H.: *Werke,* Bd. 13. Frankfurt/M. 1986, S. 240). Und im Zusammenhang seiner Bemerkungen zum modernen Roman (vgl. AB I, Kap. 3.2.) hatte Hegel den literarischen Helden die Aufgabe gestellt, angesichts des „Konflikt[s] zwischen der Poesie des Herzens und der entgegenstehenden Prosa der Verhältnisse", der das bürgerliche Leben präge, „von dem, was sie wirken und vollbringen, die prosaische Gestalt ab[zu]streifen und dadurch eine der Schönheit und Kunst verwandte und befreundete Wirklichkeit an die Stelle der vorgefundenen Prosa [zu] setzen" (ebd., Bd. 15. Frankfurt/M. 1986, S. 393).

In dieser Formulierung scheint die Grundfrage des Bildungsromans auf, die unter den Bedingungen des 19. Jahrhunderts besondere Virulenz gewann: Wie muß eine Bildungsgeschichte beschaffen sein, die mit der dialektischen Überwindung des geschilderten Dualismus endet? Oder radikaler: Ist die individuelle Realisierung einer solchen teleologischen Vorgabe unter den gegebenen gesellschaftlichen Umständen überhaupt noch denkbar?

Diese Frage ist im Verlauf des 19. Jahrhunderts je nach der weltanschaulichen Position der Autoren ganz unterschiedlich beantwortet worden. Der Philosoph Friedrich Theodor Vischer hat sie beispielsweise im 1847/48 erschienenen zweiten Teil seiner *Ästhetik* im Unterschied zu vielen seiner Zeitgenossen eindeutig verneint:

„Die Aufgabe der neuen Welt ist die Verwirklichung der wahren Freiheit aus der Einsicht. Darin ist enthalten, daß die Subjektivität wahrhaft in sich zurück und wahrhaft in die Objektivität eingeführt, und ebenso, daß die Individualität als lebendiges Glied eines vernünftigen und verbürgten Organismus gesetzt werden soll. Beides ist bis jetzt unvollkommen geleistet" (F. Th. Vischer: *Ästhetik*. Bd. 2. Hg. v. R. Vischer. München 1922, S. 320).

Folgt man Vischers These, so ergibt sich, daß die intendierte Synthese von Besonderem und Allgemeinem nicht Realität geworden ist und daß demnach jede literarische Darstellung einer angeblich gelungenen Versöhnung erst einmal unter Ideologieverdacht fallen müßte.

1.2. Zur Problematik des Bildungsbegriffs

Die tiefgreifende Problematik des Bildungsbegriffs im 19. Jahrhundert steht in engem Zusammenhang mit den soeben skizzierten Entwicklungen. Denn Bildung meint, soweit sie nicht im engeren Sinne pädagogisch zu vermittelnder Lerninhalte, sondern im weiteren der Bildungsroman-Tradition definiert wird, gerade jenes Verhältnis des Einzelnen zum Ganzen und damit den Prozeß des individuellen Hineinwachsens in einen wie auch immer bestimmten umfassenderen gesellschaftlichen Zusammenhang. Die lebhafte Diskussion um Zielsetzung und Methoden wahrer Bildung im 19. Jahrhundert spiegelte demgemäß das sich verstärkende Bewußtsein von der Fragwürdigkeit überkommener Ordnungen und Vorstellungen, die der Anpassung an die veränderten Verhältnisse zu bedürfen schienen.

Im Hinblick auf das Problem individueller Bildung lassen sich im 19. Jahrhundert zwei Hauptströmungen unterscheiden: Einerseits wirkte ein neuhumanistischer Bildungsbegriff in der Nachfolge Humboldts fort, der das Ideal der harmonischen, allseitig gebildeten Persönlichkeit über das Nützlichkeitsdenken der bürgerlichen Welt stellte, aber auch in der höchsten individuellen Bildung den größten Nutzen für Staat und Gesellschaft sah. Diese Auffassung findet sich nicht nur ganz explizit bei Stifter (s. u. Kp. 2), sondern in abgewandelter Form auch in anderen Bildungsromanen des 19. Jahrhunderts.

Hiermit konkurrierte zum anderen eine pragmatische, Utilitätsgesichtspunkte betonende Auffassung von Bildung, der es um Kenntnisse und praktische Fertigkeiten ging, die in der arbeitsteiligen Gesellschaft verwertbar waren. Dieses Konzept konnte für den Bildungsroman allerdings schon deshalb nicht relevant werden, weil es diesem in der *Wilhelm-Meister*-Nachfolge weniger um die Darstellung der Vermittlung und Aufnahme speziellen Wissensstoffes als um die Ausbildung des ‚ganzen Menschen' ging. Generell läßt sich festhalten, daß im Lauf des Jahrhunderts die moderne, auf konkrete Verwertbarkeit orientierte Bildungsvorstellung an Bedeutung gewann. Allerdings sind genaue Grenzlinien kaum zu ziehen, da die beiden eigentlich konträren Bildungsvorstellungen vielfach aufeinander bezogen waren.

Vor allem nach den Ereignissen von 1848/49 lief die Entwicklung, selbst soweit sie nach außen hin von neuhumanistischen Ideen beeinflußt blieb, auf ein materielles und zweckhaftes Bildungsdenken hinaus. Zunehmend wurde die durch staatliche Institutionen vermittelte und durch Diplome beglaubigte ‚Bildung' zum Statussymbol, das berufliche Chancen, besondere Rechte und soziales Prestige verschaffte. Damit wurde der Besitz oder Nicht-Besitz von Bildung in dieser Phase der bürgerlichen Gesellschaft zu einem der entscheidenden Kriterien für die Abgrenzung der sozialen Schichten (vgl. Ulrich Engelhardt: „*Bildungsbürgertum*". *Begriffs- und Dogmengeschichte eines Etiketts*. Stuttgart 1986, S. 86).

Diese Verdinglichung und Veräußerlichung der Bildungskonzeption wurde zum Hauptangriffsziel der Kulturkritik bei Autoren wie Arnold Ruge, Paul de Lagarde und – bis heute besonders wirkungsmächtig – bei Friedrich Nietzsche. Für letzteren war der bürgerliche „Bildungsphilister", der glaubte, Bildung ‚besitzen' zu können, der Inbegriff aller kulturellen Unzulänglichkeiten. In ihm erkannte er mit beißendem Spott

„das Hinderniss aller Kräftigen und Schaffenden, das Labyrinth aller Zweifelnden und Verirrten [...], die Fussfessel aller nach hohen Zielen Laufenden [...], die ausdorrende Sandwüste des suchenden und nach neuem Leben lechzenden deutschen Geistes" (Friedrich Nietzsche: *Unzeitgemäße Betrachtungen I. 1872*. In: F. N.: *Werke*. Hg. v. G. Colli und M. Montinari. 3. Abt. Bd. 1. Berlin, New York 1972, S. 162f. Zu Nietzsches Bildungskritik im allgemeinen Zusammenhang der Bildungsdiskussion im 19. Jahrhundert vgl. u. a.: Peter Uwe Hohendahl: *Literarische Kultur im Zeitalter des Liberalismus 1830–1870*. München 1985, S. 272 ff.).

Zweifellos lief der individualistisch-neuhumanistische Bildungsgedanke gerade im politisch restaurativen Klima nach 1848 Gefahr, die Bildung des Einzelnen nur als widerspruchslos ablaufende, formalisierte Sozialisation und damit als Anpassung an die Gesetze der bürgerlichen Gesellschaft aufzufassen und ihr so jedes emanzipatorische, nicht nur das Subjekt, sondern auch die objektiven Verhältnisse auf die Probe stellende Moment zu nehmen. Im Hinblick auf diese Gefahr hat man die Wiederbelebung des deutschen Bildungsromans nach 1848 interpretiert als „unzeitgemäße, das heißt nicht auf der Höhe der Geschichte stehende, unter Umständen radikal oppositionelle Kritik an der Verdinglichung und Formalisierung jener Bildungsidee, die die *Wilhelm-Meister*-Tradition bezeichnete" (J. Bark: *Bildungsromane*, S. 150). Allerdings verweisen gerade die bedeutenderen Beispiele der Gattungsgeschichte auf die zunehmende Fragwürdigkeit des traditionellen Bildungskonzepts. Die großen Bildungsromane Kellers, Stifters und Raabes, aber auch schon Immermanns *Epigonen* machen deutlich, daß unter den komplexen Bedingungen der entwickelten bürgerlichen Gesellschaft die individuelle Verwirklichung der idealistisch-neuhumanistischen Bildungsidee mit ihrem Ideal der Synthese von Ich und Welt grundsätzlich problematisch wurde: Die Schwierigkeiten der geschilderten Bildungsprozesse und mehr noch die Brüche in der Gestaltung der Romanschlüsse legen davon Zeugnis ab.

1.3. Die Gattung zwischen Trivialisierung und Desillusionierung

1.3.1. Der Bildungsroman in der literaturtheoretischen Diskussion

Das 19. Jahrhundert erlebte den Aufstieg des Romans zur repräsentativen und führenden Literaturgattung. Der Roman schien aufgrund der Prosaform, die dem Autor vielfältige schriftstellerische Freiheiten ließ, besonders geeignet, die Wirklichkeit der Gegenwart, die man von Hegel bis Vischer als ‚Zeit der Prosa' zu apostrophieren gewohnt war, im Medium der Kunst möglichst unmittelbar widerzuspiegeln. Da das damit angesprochene Verhältnis von Realität und Literatur sich allerdings weiterhin als problematisch, da nicht abschließend definierbar erwies, blieb es eines der zentralen und umstrittensten Themen der literaturkritischen und -theoretischen Auseinandersetzungen in der Epoche zwischen Romantik und Naturalismus. (Die sich ergänzenden oder widerstreitenden Positionen in dieser vor allem auf die historischen Zäsuren von 1830 und 1848 zu beziehenden Diskussion können hier nicht in extenso nachgezeichnet werden; in bezug auf die Romanpoetik der Zeit vgl. im besonderen die Publikationen Hartmut Steineckes.)

Die Romanliteratur des 19. Jahrhunderts erprobte ein ganzes Spektrum von Möglichkeiten, auf die heterogenen Tendenzen des Zeitalters zu reagieren. Zu nennen wäre etwa der historische Roman in der Nachfolge Walter Scotts, der mit seiner Propagierung des ‚mittleren Helden' das Leserinteresse weniger auf dessen Individualität als auf die äußeren Bedingungen des Geschehens lenkte und sich damit dem Typus des Zeit- und Raumromans annäherte. Eine andere Möglichkeit repräsentiert eben dieser definitorisch nicht ganz einfach zu fassende Zeitroman, dessen Autoren bewußt versuchten, die Gegenwart in all ihrer Komplexität literarisch zu gestalten. So spricht etwa Karl Gutzkow im Vorwort zu seinem vielbändigen Werk *Die Ritter vom Geiste* (1850/51) von der Notwendigkeit, die heterogenen und widerstreitenden Elemente der zeitgenössischen Wirklichkeit in einem „Roman des Nebeneinanders" zu erfassen: Das herkömmliche Nacheinander der geschilderten Begebenheiten sei allenfalls für eine individuelle, bloß partikulare Geschichte geeignet, nicht aber für das Gesamtbild eines widerspruchsvollen Gesellschaftszustandes. Indem der Zeitroman unter solchen und ähnlichen Prämissen Abschied von der Figur des zentralen Helden nahm, auf dessen Person die beschriebene Wirklichkeit stets bezogen blieb, entstand ein Gegenmodell zum Individualroman in der Tradition des *Wilhelm Meister*. Dies schloß allerdings nicht aus, daß bisweilen eine Synthese beider Typen angestrebt wurde, so beispielsweise von Karl Immermann in seinen *Epigonen* (1836, s. u. Kp. 1.3.2.).

Goethes Roman blieb jedoch trotz allen gegenläufigen Entwicklungen der allgemein anerkannte Bezugspunkt in der literaturtheoretischen und literaturkritischen Auseinandersetzung. Seine fortdauernde, wenn auch keineswegs unumstrittene Wirkung korrespondiert der Tendenz der Romanpoetik, über alle sich anbahnenden Umbrüche des Weltverständnisses hinweg an der Forderung nach einer Versöhnung von Ideal und Wirklichkeit festzuhalten – und zwar bis hin zu Otto Ludwig und Friedrich Spielhagen.

Wilhelm Meisters Lehrjahre wurden so zum einerseits bewunderten und nachgeahmten, andererseits kritisierten und abgelehnten Prototyp des Bildungsromans im 19. Jahrhundert, und dies aufgrund formaler, struktureller wie thematischer Aspekte, deren bedeutendster sicherlich die dem Roman immanente Konzeption individueller Entwicklung als Ausbildung der gesamten Persönlichkeit war. (Siehe zu dieser wirkungsgeschichtlichen Fragestellung v. a. H. Steinecke: *Die Rolle von Prototypen und kanonisierten Werken in der Romantheorie,* bes. S. 337 ff. Zur Auseinandersetzung um Goethes Roman vgl. auch die einschlägigen Beiträge von Steinecke, Baumgart und McInnes sowie die entsprechenden Kapitel in der Untersuchung von Rhöse.)

Je nach dem Maß des Interesses an einer breiten Darstellung der zeitgenössischen gesellschaftlichen Realität setzte die Kritik bei der Bewertung des Goetheschen *Meister* unterschiedliche Akzente: Bald legte sie das Gewicht allein auf den Helden und seine individuelle Bildungsgeschichte, bald betonte sie, daß es Goethe gelungen sei, den gesellschaftlichen Kontext von Wilhelm Meisters Entwicklung zu verdeutlichen und gleichwohl das poetische Moment nicht in der Schilderung einer prosaischen Welt untergehen zu lassen. Die Tendenz, dem *Wilhelm Meister* eine kanonische Bedeutung in der deutschen Literaturentwicklung zuzusprechen, zeigt sich wohl am deutlichsten in der Bemerkung Theodor Mundts aus dem Jahre 1833, Goethes Buch könne als der „deutsche Normal-Roman" gelten, da es die „Bildungsgeschichte eines Individuums" im Kontext der historischen Realität zum „Normal-Thema" des deutschen Romans gemacht habe (zit. nach: Hartmut Steinecke: *Romantheorien der Restaurationsepoche,* S. 20).

Zwischen 1830 und 1848 hielt sich der *Wilhelm Meister* im Brennpunkt der Diskussion, doch forderte man mit zunehmender Dringlichkeit, der Roman müsse eine umfassende Darstellung der gesellschaftlichen Wirklichkeit bieten. Diese Auffassung mußte schließlich zu einer grundsätzlichen Kritik an Goethes Roman und dem traditionellen Schema des Bildungsromans führen. So monierten etwa die Jungdeutschen, im *Meister* sei die Entwicklung des Einzelnen rein innerseelisch, das heißt nicht in ihren Bezügen zur Umwelt erfaßt und „das Bildungsziel [...] ausschließlich vom Individuum her" konzipiert (E. McInnes: *Zwischen „Wilhelm Meister" und „Die Ritter vom Geiste",* S. 493). Radikaler noch war wenig später die Ablehnung des Bildungsromans durch die Junghegelianer, die ihm vorwarfen, wegen seiner subjektiven und privatistischen Beschränktheit komme es nicht zu einer wahrheitsgetreuen Wiedergabe der sozialen und politischen Realitäten. Die wesentliche Ursache dieser (vor allem im Vergleich mit der englischen und französischen Literatur auffallenden) thematischen Bescheidung des deutschen Romans sahen übrigens schon zeitgenössische Kritiker darin, daß die politischen, sozialen und ökonomischen Verhältnisse in Deutschland vergleichsweise zurückgeblieben waren, was sich vor allem in der staatlichen Zersplitterung und der fehlenden Beteiligung des Bürgertums an politischen Entscheidungsprozessen ausdrückte. Diese Diagnose hat sich, modifiziert und präzisiert, bis in die Gegenwart behauptet. Erst nach den ernüchternden Erfahrungen von 1848/49 verlor das Ideal des Zeitromans wieder an Geltung. Dem entsprach eine neue Vorliebe für den *Wilhelm Meister* im besonderen und für den Bildungsroman im allgemeinen. Bezeichnend für diese Entwicklung sind die an Hegel anknüpfenden, zu ihrer Entstehungszeit allerdings kaum ein breiteres Echo findenden Ausführungen Vischers über den Roman im sechsten Band seiner *Ästhetik*, die den Inbegriff der Gattung in der *Meister*-Tradition finden wollen:

„Die moderne Zeit hat an die Stelle des Epos [...] den Roman gesetzt. Diese Form beruht auf dem Geiste der Erfahrung [...] und ihr Schauplatz ist die prosaische Weltordnung, in welcher sie aber die Stellen aufsucht, die der idealen Bewegung noch freieren Spielraum geben" (Friedrich Theodor Vischer: *Ästhetik*, Bd. 6. Hg. v. R. Vischer. München 1923, S. 174).

Diese ‚grünen Stellen' der Poetizität und Idealität, wie Vischer sie auch genannt hat, liegen vor allem im Familienkreis, im Privatleben, im Innern des Individuums:

„Die Geheimnisse des Seelenlebens sind die Stelle, wohin das Ideale sich geflüchtet hat, nachdem das Reale prosaisch geworden ist. Die Kämpfe des Geistes, des Gewissens, die tiefen Krisen der Überzeugung, der Weltanschauung, die das bedeutende Individuum durchläuft, vereinigt mit den Kämpfen des Gefühlslebens: dies sind die Konflikte, dies die Schlachten des Romans" (ebd., S. 181).

Solchem Rückzug aus der feindlich und verwirrend erscheinenden Welt stand allerdings nach 1848 eine gegenläufige, von den Zeitgenossen entschieden höher geschätzte Tendenz gegenüber, die vor allem von Gustav Freytag und Julian Schmidt, den Herausgebern der einflußreichen Zeitschrift *Die Grenzboten*, vertreten wurde. Ihnen ging es gerade nicht um die Distanzierung von der alltäglich erfahrbaren gesellschaftlichen Wirklichkeit, sondern um deren realistische, wenn auch bewußt poetisch überhöhte literarische Gestaltung: „So lange man eine unendliche Kluft zwischen dem Wirklichen und dem Möglichen zu finden glaubt, und in das Mögliche das Ideal legt, ist die Kunst krank" (Julian Schmidt: *Die Reaction in der deutschen Poesie*. In: *Die Grenzboten*. 1851. Zit. nach: Claus Richter: *Leiden an der Gesellschaft. Vom literarischen Liberalismus zum poetischen Realismus*. Königstein 1978, S. 143.

Für den Bildungsroman – etwa für Freytags nach diesen Prinzipien konstruierten Roman *Soll und Haben* (s.u. Kp. 1.3.3.) – bedeutete eine solche Gleichsetzung des Realen mit dem Poetischen, daß die Entwicklung seines Protagonisten, ganz im Sinne der referierten konservativen Bildungsauffassung, nur zur Integration in den Status quo führen konnte. Der auf Versöhnung angelegte Bildungsprozeß des bürgerlichen Individuums sollte die geschilderten gesellschaftlichen Verhältnisse als grundsätzlich gerechtfertigt erweisen.

Es fällt allerdings auf, daß gerade die großen Bildungsromane der zweiten Jahrhunderthälfte – *Der Nachsommer, Der grüne Heinrich* oder die Romane

Raabes (s.u. Kp. 1.3.4.) – quer zu diesen apologetischen Tendenzen standen. Von solchen herausragenden, zu ihrer Zeit bezeichnenderweise kaum angemessen gewürdigten Beispielen der Gattung aus gesehen, präsentierten sich die Verhältnisse keineswegs so überzeugend harmonisch, wie sie die Verteidiger der überkommenen Ordnung sehen wollten. Der Versuch, die traditionelle, biographisch-teleologisch orientierte Erzählform mit der Schilderung der realen gesellschaftlichen Komplexität in Einklang zu bringen, mußte sich, wie bereits erwähnt, insbesondere im Hinblick auf die Romanschlüsse als problematisch erweisen. Sobald eine vorurteilslose, ungeschönte Darstellung der zeitgenössischen Wirklichkeit angestrebt wurde, erwies sich ein harmonischer Lebenszustand, der nicht abstrakt-ideales Postulat blieb, sondern den Protagonisten der Bildungsgeschichte zu aktiver Teilhabe am gesellschaftlichen Ganzen führte, als kaum mehr möglich oder doch jedenfalls als nicht mehr bruchlos und glaubhaft darstellbar. Statt dessen lassen die Romane an vielen Stellen – auch und vor allem dort, wo sie von Wichtigem schweigen – Isolation, Entsagung und Melancholie spüren. F. Th. Vischer war es, der wie kaum ein anderer im 19. Jahrhundert diese innere Fragwürdigkeit des auf individuelle Bildungsgeschichten orientierten Romans beim Namen genannt hat:

„Dem [Bildungs-]Romane fehlt der Schluß durch die Tat, ebendaher hat er keinen rechten Schluß. Er hat die Stetigkeit des Prosaischen vornherein anerkannt, muß wieder in sie münden und verläuft sich daher ohne festen Endpunkt. [Daher das resignierte Resümee:] Es bleiben Tätigkeiten ohne bestimmte Form übrig, die aber sämtlich etwas Prekäres haben (F. Th. Vischer: *Ästhetik*, a.a.O., S. 183).

1.3.2. *Immermann: ‚Die Epigonen'*

Karl Leberecht Immermanns Roman *Die Epigonen* (1836) ist, wie der Autor ausdrücklich vermerkte, zu lesen als bewußte literarische Reaktion auf die Widersprüche der Zeit, das heißt auf die „Doppelnatur" und die „Zweideutigkeit aller gegenwärtigen Verhältniße" (K. L. I.: *Briefe*. Hg. v. P. Hasubek. Bd. 2. München und Wien 1979, S. 579). Hermann, der Protagonist des Buches, teilt diese zeitkritische Diagnose und akzeptiert sie als wesentliche Prämisse seiner Bildungsbemühungen. So beklagt er etwa, daß „alle Gegensätze [...] bloßgelegt" und Politik, Religion, das Ästhetische, ja selbst das Privatleben „zum Gegenstande des Zwiespalts" geworden seien (IW 2, S. 28).

Die divergierenden Tendenzen des Zeitalters versucht der Roman in ihrer ganzen Vielfalt und am Beispiel zentraler Realitätsbereiche dem Leser vor Augen zu führen, ohne doch auf ein dem herkömmlichen Bildungsroman analoges, an der Biographie des Helden orientiertes Handlungsgerüst zu verzichten: Der Bildungsroman nähert sich, auch in der Intention des Autors, dem Gesellschafts- oder Zeitroman. (Zur in dieser Hinsicht aufschlußreichen Entstehungsgeschichte vgl. P. Hasubek: *Karl Immermann: Die Epigonen (1836)*, S. 202ff.) Deutlich wird in den *Epigonen* aber auch, wie schwierig es unter den geschilderten, das Individuum verunsichernden Voraussetzungen sein mußte, den Werdegang eines

Einzelnen als teleologischen Prozeß zu beschreiben, der zu einem klar umrissenen positiven Bildungsziel führt.

Hermann ist nicht ein exemplarischer, dominanter Bildungsheld, um dessen auf harmonische Erfüllung zulaufender Geschichte willen der Roman erzählt würde. Seine wenig ausgeprägte Individualität hat im wesentlichen zwei eng aufeinander bezogene Ursachen: Zum einen hängt sie mit der Konzeption des Buches als breit angelegtes Zeitpanorama zusammen. Denn je weniger der Held als aktiv handelnde, alles Interesse auf sich ziehende Persönlichkeit auftritt, desto mehr Facetten der zeitgenössischen Realität kann der Roman am ‚roten Faden' der individuellen Lebensgeschichte episodisch aufgereiht reproduzieren.

Zum andern repräsentiert Hermann gerade aufgrund dieser Eigentümlichkeiten seines Wesens das „Charakteristische der modernen Zeit", das darin besteht, daß „alle Menschen [...] jetzt ein Bedürfniß [empfinden] nach allgemein gültigen Unterlagen des Daseyns, nach organischen, objectiven Lebensformen, ohne gleichwohl zur Ergreifung derselben schon geschikt [?] zu seyn" (K. L. Immermann: *Briefe*, a.a.O., S. 618). Auch Hermann strebt vorerst vergeblich nach der Übereinstimmung von persönlichen Ansprüchen und äußeren Bedingungen. Bis zum guten Schluß erscheint sein Werdegang statt vom notwendigen „Zusammenhang in der Welt" von „Launen und Seltsamkeiten", ja von „lauter Widersprüchen" bestimmt (IW 2, S. 457 f.).

Bezeichnend für die Situation des ‚Epigonen' ist die Tatsache, daß ihm in dieser Sinnkrise keine klar definierbare Bildungsidee zu Hilfe kommt, aus der sich ein konkretes Bildungsziel ableiten ließe. Die Bildungsvorstellungen der Vergangenheit erweisen sich als nicht mehr aktuell und produktiv; neue Bildungsinhalte, die den Erfordernissen der disparaten Gegenwart standhalten könnten, sind nicht in Sicht.

So verwundert es nicht, daß nach dem Erlebnis in Flämmchens Landhaus Ich und Welt so weit auseinanderfallen, daß Bildung als allmählicher Gewinn von Identität endgültig unmöglich erscheint (vgl. u.a. ebd., S. 560). Die Geisteskrankheit ist nur der extreme Ausdruck dieser Aporien, angesichts derer sich das Subjekt selbst aufgibt: „Das Individuum schien in ihm völlig untergegangen zu sein" (ebd., S. 564). Der psychopathische Ich-Verlust erweist sich damit als Folge und zugleich als radikale Zuspitzung aller bisherigen Entfremdungserfahrungen.

In der eingeschobenen Korrespondenz mit dem Arzt resümiert der ‚Herausgeber' in kühner Verkürzung die Geschichte seines Protagonisten:

„Eine sentimentale, genußsüchtige Vergangenheit hat heimliche Irrungen aufgehäuft, an welchen die schuldlosen Enkel sich zu plagen haben. Die Verhältnisse sind verschoben, die Menschen voneinander entfernt, sich halb fremd geworden, der Held ist kindisch, und nur die Maschinen des Oheims arbeiten, wie von je, in toter, dumpfer Tätigkeit fort" (ebd., S. 567).

Bliebe es bei diesem Stand der Dinge, so fände die geschilderte Bildungsgeschichte ein paradoxes, dem herkömmlichen Bildungsroman diametral entgegengesetztes Ende – die ‚lebendige' Individualität des Helden wäre unwiderruflich zerstört, während die Maschinen als Symbole der neuen Zeit in rastloser, aber ‚toter' Aktivität fortdauerten.

Da diese zutiefst pessimistische Auffassung aber offensichtlich der Relativierung bedurfte, werden gegen die Mechanisierung des Lebens und gegen die totale Desillusionierung des Menschen bereits im folgenden Satz die bezeichnenderweise wenig Kontur gewinnenden „unendlichen Heilungs- und Herstellungskräfte" der Gegenwart ins Feld geführt (ebd., S. 567; vgl. auch IW 4, S. 490). Sie erst scheinen eine humane Zukunftsperspektive eröffnen und so den harmonischen Ausklang des Romans herbeiführen zu können.

Zu fragen ist allerdings nach der Überzeugungskraft und nach der überindividuellen Geltung der vorgeschlagenen Lösung. Hermann vermag, indem er das „Erbe des Feudalismus und der Industrie" (IW 2, S. 650) antritt, zwar die Fabriken stillegen, die Maschinen verstummen zu lassen und – anders als es sich zuvor angedeutet hatte – die eigene Existenz in geregelte, Identität ermöglichende Bahnen zu lenken. Der agrarromantische Rückzug auf ein an Vischers ‚grüne Stellen' (s.o. Kp. 1.3.1.) erinnerndes „grünes Plätzchen", abseits vom „Sturz der vorbeirauschenden industriellen Wogen" (ebd., S. 650), kann aber, wie bereits in der zeitgenössischen Rezeption angemerkt wurde, kaum als allgemeingültige, überzeugende Antwort auf die Fragen der Zeit gelten (vgl. die Materialien zur Rezeptionsgeschichte in: *Die Epigonen*. Hg. v. P. Hasubek. München 1981, S. 672 ff.).

Mit dieser kritischen Feststellung ist wiederum auf die generelle Problematik des Bildungsromans im 19. Jahrhundert verwiesen. Dessen immanente, auch durch die tendenzielle Ausweitung zum Zeitroman nicht aufzuhebende Widersprüchlichkeit brachte der Literarhistoriker Rudolf Gottschall einige Jahre später prägnant auf den Begriff, als er in bezug auf *Die Epigonen* konstatierte, „die Versöhnung am Schlusse [bleibe] eine äußerliche", da für die Probleme der Gegenwart „in individueller Fassung kein genügender Schluß zu finden" sei (R. G.: *Die deutsche Nationalliteratur* [...]. Bd. 1. Breslau 1855, S. 396).

1.3.3. Freytag: Soll und Haben

Waren *Die Epigonen* Ausdruck der von Immermann tief empfundenen Zerrissenheit und Zwiespältigkeit der Zeit, so verdankt Gustav Freytags knapp zwei Jahrzehnte später erschienener Erfolgsroman *Soll und Haben* (1855) seinen optimistischen Grundtenor einer ganz anderen, durchaus positiven Einstellung zur zeitgenössischen Realität. Der Roman sollte nämlich nach Freytags Auffassung zeigen, daß nun, nach den glücklich überwundenen Erschütterungen der Revolution, Wirklichkeit und Poesie nicht länger Gegensätze sein mußten (s.o. Kp. 1.3.1.):

„Wenn doch nur einer von all den Romanen, welche im letzten Jahr in Deutschland geschrieben sind, uns das tüchtige, gesunde, starke Leben eines gebildeten Menschen, seine Kämpfe, seine Schmerzen, seinen Sieg so darzustellen wüßte, daß wir eine heitere Freude daran haben könnten. Wir haben doch in der Wirklichkeit eine große Anzahl tüchtiger

1. Gattungsgeschichtlicher Überblick

Charaktere unter unsren Landwirthen, Kaufleuten, Fabrikanten u. s. w., deren Lebenslauf und Verhältnisse dem, der sie kennen lernt, das höchste menschliche Interesse einflößen; warum haben wir keinen Dichter, der Analoges für ein Kunstwerk verarbeitete?" ([Gustav Freytag]: *Deutsche Romane*. [1853]; zit. nach: M. Bucher u. a. [Hg.]: *Realismus und Gründerzeit*. Bd. 2. Stuttgart 1976, S. 71).

Die so beschworene Wirklichkeit soll in erster Linie das Leben des deutschen Bürgers sein, das vor allem bestimmt ist vom Ethos der Arbeit und Pflichterfüllung: „Der Deutsche ist am größten und schönsten, wenn er arbeitet" ([Gustav Freytag]: *Neue deutsche Romane*. [1853]; ebd., S. 73; vgl. auch das dem Roman vorangestellte Motto). Daher beschreibt Freytag den Bildungsgang seines exemplarischen, auf Leseridentifikation hin angelegten Helden als immer bewußtere, von Anbeginn an kaum grundsätzlich in Frage stehende Eingliederung in das bürgerliche Erwerbsleben. Auch Irrtümer und Anfechtungen, wie sie etwa aus den zeitweilig engen Beziehungen zum Adel resultieren, verstärken letztlich nur seine bürgerliche Orientierung. Wie auch die gegenbildlichen Handlungsstränge im adligen und jüdischen Milieu verdeutlichen, winken sowohl soziale Anerkennung als auch ökonomischer Erfolg auf Dauer allein demjenigen, der das System der bürgerlichen Werte – Fleiß, Ordnungsliebe, Ehrlichkeit, Pflichtgefühl, Nationalbewußtsein – bedingungslos akzeptiert.

Das problematische Verhältnis des Subjekts zur Welt reduziert sich angesichts dieser apriorischen Wertsetzungen auf die Auseinandersetzung mit un- oder antibürgerlichen Auffassungen und Einflüssen; Bildung degeneriert zur widerstandslosen Übernahme bürgerlicher Normen, die die möglichst reibungslose Integration in den gesellschaftlichen Status quo zum Ziel hat. Bezeichnend für die ausgeprägt ökonomische Fundierung des Romans sind die engen Beziehungen zwischen Bildung und wirtschaftlichem Erfolg. So wird beispielsweise in bezug auf die Slawen negativ vermerkt, daß sie es nicht verstünden, „sich durch ihre Capitalien Menschlichkeit und Bildung zu erwerben" (FGW 4, S. 382). Mit Stolz betonen demgegenüber die deutschen Kaufleute, daß auf ihrer Seite „die Bildung, die Arbeitslust, der Credit" seien (FGW 5, S. 155). Bildung und Besitz also sind die wesentlichen Mächte, welche die individuelle ebenso wie die nationale Identität gewährleisten sollen (s. o. Kp. 1.2.).

Damit tritt an die Stelle des ‚ganzen Menschen', zu dessen Erziehung der Bildungsroman einmal aufgerufen hatte, als Idealbild der ökonomisch prosperierende Bürger, dessen Existenz in Profession, Familie und sozialer Selbstbeschränkung aufgeht. Diese Reduktion des Menschlichen wird allerdings nur im ‚Blick von außen' sichtbar. Denn der Roman selbst versucht mit allen Mitteln, die bürgerliche Wirklichkeit poetisch zu verklären, um ihr den Anschein allgemeingültiger Idealität zu verleihen und sie damit jeglicher Kritik zu entziehen. Die „Poesie des Geschäfts" (FGW 4, S. 377) wirft ihre verklärenden, idealisierenden Reflexe auf das ganze bürgerliche Leben; das Bürgertum allein wird zu dem Stand erklärt, „welcher Civilisation und Fortschritt darstellt" (ebd., S. 383). Dementsprechend werden die realiter immer deutlicher zutage tretenden negativen Aspekte des industriell-kapitalistischen Entwicklungsprozesses entweder vernachlässigt, auf unbürgerliche Figuren – Veitel Itzig, Hirsch Ehrenthal – projiziert oder in die geographische Ferne – amerikanisches Geschäftsgebaren – verwiesen. Nicht ohne Grund trägt die Schrötersche Handlung, dieser vorbildliche bürgerliche Mikrokosmos, die eher vorkapitalistischen Züge eines patriarchalischen Regimes.

Gerade weil aber in Freytags Roman ein Idealbild der bürgerlichen Gesellschaft gezeichnet wird, in dem jeder grundsätzliche Antagonismus zwischen gutwilligem Einzelnen und größerem Ganzen undenkbar erscheint, gerade weil die objektiven Tendenzen der Gegenwart partiell ausgeblendet werden, entsprach *Soll und Haben* in hohem Maße den ideologischen Bedürfnissen des zeitgenössischen Bürgertums. Der immense, über Jahrzehnte andauernde Erfolg beim Lesepublikum legt davon Zeugnis ab. (Zur zeitgenössischen Rezeption siehe: M. Bucher u. a. [Hg.]: *Realismus und Gründerzeit*, a. a. O., S. 323 ff.).

1.3.4. Der Bildungsroman bei Wilhelm Raabe

Daß einige der wichtigsten Werke Wilhelm Raabes deutliche Affinitäten zum Bildungsroman aufweisen, kann kaum verwundern, wenn man bedenkt, wie sehr die Frage nach den Möglichkeiten der Selbstverwirklichung unter den problematischen Bedingungen des 19. Jahrhunderts gerade diesen Autor immer wieder beschäftigte. So hat man, was die frühe Schaffensperiode betrifft, vor allem *Die Leute aus dem Walde* (1862) sowie die sogenannte ‚Stuttgarter Trilogie' – *Der Hungerpastor* (1863/64), *Abu Telfan* (1867), *Der Schüdderump* (1869/70) – aufgrund inhaltlicher wie formaler Kriterien der Gattung des Bildungsromans zugeordnet (vgl. u. a. Jürgen Jacobs: *Wilhelm Meister und seine Brüder*. München 1983², S. 194 ff.; Hermann Helmers: *Wilhelm Raabe*. Stuttgart 1968, S. 37 f.).

Der Hungerpastor beispielsweise beschreibt den von mancherlei Entbehrungen begleiteten Werdegang des Schustersohnes Hans Unwirrsch, der seinen „Hunger nach dem Idealen, dem Überirdischen" in Einklang zu bringen versucht mit dem ebenso mächtigen „Hunger nach dem Wirklichen" (RSW 6, S. 156). Damit klingt die zentrale Thematik des Bildungsromans an, ohne doch in bezug auf die Entwicklung des Helden eigentlich produktive Kraft zu entfalten. Denn wie dessen Widerpart Moses Freudenstein kritisch und durchaus zutreffend bemerkt, lebt Hans in mancherlei Hinsicht „außerhalb [s]einer Zeit" (ebd., S. 247), abseits der „Disharmonien der Gegenwart" (ebd., S. 249). Der Erzähler bemüht sich allerdings stets aufs neue, die Lebensgeschichte des Helden als in sich schlüssigen Prozeß der Reifung in Auseinandersetzung mit der Realität auszugeben (siehe etwa ebd., S. 432, 443).

Doch verweist gerade der Schluß auf die implizite Fragwürdigkeit der geschilderten Bildungsgeschichte. Die seelsorgerische Tätigkeit in der abgelegenen Hungerpfarre an der Ostsee soll zwar als entschiedene Hinwendung zum Realen, als Synthese von Ideal und Wirklichkeit erscheinen (vgl. u. a. ebd., S. 440), läßt sich aber auch als Rückzug in einen im Grunde gesellschafts- und geschichtsfernen Raum des Idylls interpretieren. Insofern das ‚reine Herz' am Ende aus allen Anfechtungen und Enttäuschungen unversehrt hervorgeht und für seine Standhaftigkeit belohnt wird, kommen dem Roman, wie der Text selbst beiläufig bestätigt, Züge des Märchens oder, negativer, des Trivialen zu (vgl. ebd., S. 414).

Wird hier noch zumindest an der Möglichkeit der Konkretisierung des Ideals, der Übereinstimmung von Ich und Welt festgehalten, so ändert sich dieses Bild in den auf die Reichsgründung folgenden Jahren grundlegend. Die politische und gesellschaftliche Entwicklung nach 1871, die auf stärkere Beschränkung der subjektiven Entfaltungsmöglichkeiten, aber auch auf die Legitimierung rein egoistischer Tendenzen vor allem im ökonomischen Bereich zielte, tritt in immer schärferen Widerspruch zu Raabes individualistischem, auf Ausgleich bedachten Menschenbild. Literarisch manifestiert sich dieser Prozeß der Desillusionierung, den der Autor mit vielen seiner Protagonisten teilt, in der bewußten Ausgrenzung des wahren Menschen aus der sozialen Gemeinschaft. Allein der Außenseiter verfügt nun noch über „geistige Eigenständigkeit", die „sich nur außerhalb und gegen die gesellschaftlichen Konventionen bilden" kann (D. Kafitz: *Die Appellfunktion der Außenseitergestalten*, S. 60).

Die fortschreitende Skepsis gegenüber den sich anbahnenden Veränderungen ist bereits wesentlicher Grundton der 1882/83 erschienenen Erzählung *Prinzessin Fisch* (die eher als die Geschichte einer pubertären Verkennung der Realität im Zeichen einer gesteigerten Phantasie und Einbildungskraft aufzufassen ist denn als genuiner, eine widerständige Realität breit entfaltender Bildungsroman). Allerdings bleibt der vorausgesetzte „Zusammenhang der Dinge" (RSW 15, S. 385) letztlich gewahrt, so daß der Held am Ende zwar ernüchtert, gerade dadurch aber „reif für eine höhere Schule des Daseins" (ebd., S. 349) ferneren Aufgaben und Prüfungen zuversichtlich entgegensehen kann.

Sehr viel radikaler und kompromißloser gestaltet Raabe das problematische Verhältnis von Einzelnem und Gemeinschaft wenige Jahre später in der „Seeund Mordgeschichte" *Stopfkuchen* (1891). Bildung bedeutet im Falle Heinrich Schaumanns, der schon als Kind die ihm zugewiesene Rolle des Außenseiters akzeptiert hat, nicht mehr auswählende Aneignung vorgegebener Denk- und Verhaltensmuster, sondern verabsolutiertes Streben nach persönlicher Autonomie im bewußten Gegensatz zu den Normen und Werten der bürgerlichen Umwelt: Heinrich erklärt sich zu seinem eigenen Ideal und zugleich zu dessen gelungener Verwirklichung (vgl. RSW 18, S. 81 f. und 96).

Der glückliche Ausgang der Bildungsgeschichte ist allerdings erkauft mit der freiwilligen Isolation auf der Roten Schanze; persönliche Identität und Integrität scheinen nur in der bewußten Absonderung, im Verzicht auf aktive Teilhabe an der gesellschaftlichen Realität möglich. Eingedenk dieser tiefgreifenden Abweichungen vom klassischen Schema des Bildungsromans hat man Raabes *Stopfkuchen* mit einiger Berechtigung als „Antibildungsroman" bezeichnen können (Gerhart Mayer: *Zum deutschen Antibildungsroman*. Jahrbuch der Raabe-Gesellschaft 1974, S. 50 ff.).

Als pessimistischer noch erweist sich die Sicht der Welt und der Rolle des Einzelnen in den Akten des Vogelsangs (1896). Die sinnstiftende, harmonische Vermittlung von Allgemeinem und Besonderem ist, so macht das Schicksal des Velten Andres deutlich, angesichts der Entfremdungstendenzen der Gegenwart nicht mehr zu verwirklichen. Ja sie wird – sieht man einmal von der unerfüllt bleibenden Liebe zu Helene ab – gar nicht mehr angestrebt: „Nur immer über den Dingen bleiben und möglichst wenig von ihnen haben wollen!" (RSW 19, S. 290) Die Verabsolutierung der subjektivistischen Lebenshaltung führt nun allerdings nicht mehr in die Idylle, sondern zur vollkommenen Ernüchterung, zum psychischen Zerfall des Individuums, zum frühzeitigen Tod.

In beiden Romanen besteht die wesentliche Funktion der Außenseitergestalten darin, die bürgerliche Sphäre mit ihren festgefügten Wertvorstellungen kritisch zu relativieren. Ablesbar wird diese letztlich auf den Leser zielende Wirkungsstrategie innerhalb der Texte an den Reaktionen der fiktiven Ich-Erzähler. Wie sie, die im herkömmlichen Sinne gebildeten, erfolgreichen Bürger, die Erinnerung an ihre Freunde als allmählich aufdämmernden Zweifel am eigenen Selbstverständnis erfahren (vgl. etwa ebd., S. 295, 366), so soll auch der Leser kritische Distanz zu seiner Welt und zu den in ihr geltenden Kriterien für eine gelungene Bildungsgeschichte gewinnen.

2. Stifter: ,Der Nachsommer'

2.0. Bibliographie

2.0.1. Texte und Dokumente

Zitiert ist im folgenden – ohne Sigle, mit Angabe der Seitenzahl – nach:

Adalbert Stifter: Der Nachsommer. Eine Erzählung. Hg. v. M. Stefl. Augsburg 1954 (= Bd. 5 der „Gesammelten Werke" in Einzelausgaben. Hg. v. M. Stefl. Augsburg 1950–60, Nachdruck Darmstadt 1960–63). [Vorläufig brauchbare Lese- und Arbeitsausgabe; wird hoffentlich in Kürze ersetzt durch den entsprechenden Band der im Erscheinen begriffenen „Werke und Briefe. Historisch-kritische Gesamtausgabe". Hg. v. A. Doppler und W. Frühwald. Bd. 1 ff. Stuttgart 1978 ff.]

Stifters Briefe sind zitiert nach:

Adalbert Stifter: Sämmtliche Werke. Begr. u. hg. mit anderen v. A. Sauer. Bd. 1–24. Prag 1904 ff., Reichenberg 1927 ff., Graz 1958–60. [Sigle SW; entspricht – auch was den Nachsommer angeht – in bezug auf Textgestaltung, Kommentar etc. nicht mehr den heutigen wissenschaftlichen Ansprüchen.]

Materialien zur Stifter-Rezeption im 19. Jahrhundert finden sich in:

Moriz Enzinger (Hg.): Adalbert Stifter im Urteil seiner Zeit. Wien 1968.

Hingewiesen sei auf folgende Taschenbuch-Ausgaben des Romans:
- dtv klassik 2018;
- Goldmann Klassiker 07544;
- Insel Taschenbuch 653.

2.0.2. Forschungsliteratur

Als Bibliographien und Forschungsberichte zu Stifter liegen u. a. vor:

Eisenmeier, Eduard: Adalbert Stifter-Bibliographie. Linz 1964. 1., 2. und 3. Fortsetzung Linz 1971, 1978, 1983.

Lunding, Erik: Probleme und Ergebnisse der Stifter-Forschung 1945–1954. Euphorion 49. 1955, S. 203 ff.

Seidler, Herbert: Adalbert-Stifter-Forschung. 1945–1970. Teil 1–2. Zeitschrift für deutsche Philologie 91. 1972, S. 113 ff., 252 ff.

Seidler, Herbert: Die Adalbert-Stifter-Forschung der siebziger Jahre. Vierteljahresschrift des Adalbert-Stifter-Instituts des Landes Oberösterreich 30. 1981. Folge 3/4, S. 89 ff.

Amann, Klaus: Adalbert Stifters „Nachsommer". Studie zur didaktischen Struktur des Romans. Wien 1977. [Versucht, die didaktischen Intentionen und Elemente des Romans nicht nur in bezug auf den Inhalt, sondern auch auf die spezifische Erzählstruktur als der ästhetischen Vermittlung von Normen und Werten aufzuweisen.]

Amann, Klaus: Zwei Thesen zu Stifters „Nachsommer". Vierteljahresschrift des Adalbert-Stifter-Instituts des Landes Oberösterreich 31. 1982. Folge 3/4, S. 169 ff. [Begreift den *Nachsommer* als „Zweischichtenroman" mit zwei „konkurrierenden Erzählintentionen"; plädiert in diesem Zusammenhang dafür, die Bedeutung der Bildungsgeschichte Heinrich Drendorfs zugunsten der Risachschen Lebensgeschichte zu relativieren.]

Aspetsberger, Friedbert: Der Groß-Sprecher Heinrich Drendorf. Zu Adalbert Stifters ‚Nachsommer'. Vierteljahresschrift des Adalbert-Stifter-Instituts des Landes Oberösterreich 32. 1983. Folge 3/4, S. 179 ff. [Beschreibt die „kontrollierte Gewaltanwendung", durch die allein die Rosenhaus-Welt garantiert werden kann, und – damit in engem Zusammenhang stehend – die Funktion des Helden als Ich-Erzähler.]

Bandet, J[ean] L[ouis]: La structure reconstituée. Remarques sur la composition de ‚Der Nachsommer'. Études Germaniques 26. 1971, S. 46 ff. [Untersucht die auf Balance und Symmetrie zielende Struktur des Romans, die dem doppelten Gesetz von Wiederholung und Entwicklung unterworfen ist.]

Beddow, Michael: The Fiction of Humanity. Studies in the Bildungsroman from Wieland to Thomas Mann. Cambridge 1982, S. 159 ff.: Submissions: *Der Nachsommer* and *Der grüne Heinrich*. [Betont den vorbildhaften, grundsätzlich nicht-mimetischen Charakter der Rosenhaus-Welt, deren Ordnungsprinzipien allerdings die ‚natürliche Ordnung' der Welt spiegeln sollen, der sich der Held in seinem Bildungsgang zu unterwerfen hat.]

Borchmeyer, Dieter: Ideologie der Familie und ästhetische Gesellschaftskritik in Stifters *Nachsommer*. Zeitschrift für deutsche Philologie 99. 1980, S. 226 ff. [Analysiert die im Mittelpunkt des Romans stehende privat-familiäre Sphäre als Bedingung eines „ästhetischen Ausnahmedaseins", in dem – allerdings nur in bewußter Entgegensetzung zur Zweckrationalität der modernen Gesellschaft – die Versöhnung von Ich und Welt, und damit die Autonomie des Individuums, noch einmal möglich erscheint.]

Borchmeyer, Dieter: Stifters „Nachsommer" – eine restaurative Utopie? Poetica 12. 1980, S. 59 ff. [Widerspricht in der kritischen Auseinandersetzung u. a. mit den Thesen Glasers und K.-D. Müllers entschieden der Auffassung, sowohl die soziale als auch die ästhetische Sphäre des Romans seien grundsätzlich von restaurativ-utopischen Tendenzen geprägt.]

Buggert, Christoph: Figur und Erzähler. Studie zum Wandel der Wirklichkeitsauffassung im Werk Adalbert Stifters. München 1970. [Überzeugender Versuch, in bezug auf

Stifters erzählerisches Gesamtwerk die „ästhetische Differenz zwischen Werkwirklichkeit und empirischer Wirklichkeit" herauszuarbeiten; gerade der *Nachsommer* belegt in diesem Zusammenhang, daß und wie epische Totalität nur mehr mit auffälliger artifizieller Anstrengung gestaltet werden kann.]

Glaser, Horst Albert: Die Restauration des Schönen. Stifters „Nachsommer". Stuttgart 1965. [Ebenso konsequente und einflußreiche wie umstrittene, der Kritischen Theorie verpflichtete Studie, die Stifters „restaurative Utopie" in ihrer Differenz zur historisch-gesellschaftlichen Realität seiner Zeit zu beschreiben versucht, dabei Form- und Inhaltsproblematik eng aufeinander beziehend.]

Hohendahl, Peter Uwe: Die gebildete Gemeinschaft: Stifters *Nachsommer* als Utopie der ästhetischen Erziehung. In: W. Voßkamp (Hg.): Utopieforschung. Interdisziplinäre Studien zur neuzeitlichen Utopie. Bd. 3. Stuttgart 1982, S. 333 ff. [Untersucht den utopischen Gehalt des *Nachsommer*, der sich aus historisch divergenten Elementen zusammensetzt; betont in diesem Kontext als übergreifenden Bezug weniger die Entwicklung eines Individuums als die Frage nach der Ordnung u. a. der familiären und der gesellschaftlichen Verhältnisse.]

Irmscher, Hans Dietrich: Adalbert Stifter. Wirklichkeitserfahrung und gegenständliche Darstellung. München 1971. [Breit angelegte Untersuchung, die vor dem Hintergrund der problematischen Wirklichkeitserfahrung in Stifters erzählerischem Werk vor allem die Raumdarstellung sowie, für den *Nachsommer* von größerer Relevanz, die jeweilige Erzählweise thematisiert.]

Kaiser, Herbert: Adalbert Stifter: Der Nachsommer. Dialektik der ästhetischen Bildung. In: H. K.: Studien zum deutschen Roman nach 1848. Duisburg 1977, S. 107 ff. [Überzeugende Analyse der ästhetisch-ungeschichtlichen Bildung des Helden als „wechselseitiger Prozeß der Ästhetisierung von Mensch und Wirklichkeit"; der Antagonismus zwischen Ideal und historischer Realität, der in der intendierten ästhetischen Totalität des Romans aufgehoben sein soll, wird durch die gesellschaftsferne Isolation der *Nachsommer*-Welt implizit bestätigt.]

Ketelsen, Uwe-K.: Adalbert Stifter: *Der Nachsommer* (1857). Die Vernichtung der historischen Realität in der Ästhetisierung des bürgerlichen Alltags. In: H. Denkler (Hg.): Romane und Erzählungen des Bürgerlichen Realismus. Neue Interpretationen. Stuttgart 1980, S. 188 ff. [Gesamtinterpretation, konzentriert auf das gegenbildliche Verhältnis der Rosenhaus-Welt zur historischen Realität, auf das durchgängige Prinzip der Entindividualisierung und auf die problematische Funktion des Schönen bei Stifter.]

Killy, Walther: Utopische Gegenwart. Stifter: ‚Der Nachsommer'. In: W. K.: Wirklichkeit und Kunstcharakter. Neun Romane des 19. Jahrhunderts. München 1963, S. 83 ff. [Interpretiert den *Nachsommer* als „Bildungsroman schlechthin", der gleichzeitig als konservative Utopie gelten kann, da der Bildungsgang des Helden aufgrund der absichtsvollen Ausblendung des realen historischen Kontexts unter idealen Voraussetzungen stattfindet.]

Lange, Victor: Stifter. Der Nachsommer. In: B. von Wiese (Hg.): Der deutsche Roman. Vom Barock bis zur Gegenwart. Bd. 2. Düsseldorf 1963, S. 34 ff. [Aufschlußreiche Gesamtinterpretation, die unter dem speziellen Gesichtspunkt der Bildung weniger Heinrichs Entwicklung als vielmehr „die alles umgreifende Geschichte Risachs und Mathildes" als sinngebende Mitte des Romans auffaßt.]

Müller, Klaus-Detlef: Utopie und Bildungsroman. Strukturuntersuchungen zu Stifters ‚Nachsommer'. Zeitschrift für deutsche Philologie 90. 1971, S. 199 ff. [Beschreibt die Stellung des *Nachsommer* im Spannungsfeld zwischen Idylle, Utopie und Bildungsro-

man: „Der durch die Form des Bildungsromans gegebene Anspruch auf Totalität weitet [...] die Idylle zur Utopie."]
Rehm, Walther: Nachsommer. Zur Deutung von Stifters Dichtung. Bern 1951, 2. Auflage Bern und München 1966. [Einfühlsamer, in dieser Einfühlung aber einseitiger Essay, in dessen Mittelpunkt nicht Heinrichs Entwicklungsgeschichte, sondern Risachs und Mathildes ‚Nachsommer' steht.]
Schuller, Marianne: Das Gewitter findet nicht statt oder die Abdankung der Kunst. Zu Adalbert Stifters Roman *Der Nachsommer*. Poetica 10. 1978, S. 25 ff. [Interpretiert die „ästhetische Resignation" des Romans, bezogen vor allem auf die zentralen Bereiche Kunst und Natur, als Resultat der bewußten Aussparung jeder Kontingenz, d.h. des Verzichts auf den offenen Konflikt zwischen Ich und Welt.]
Sieber, Dorothea: Stifters Nachsommer. Jena 1927. [Überraschend aktuelle, von Lukács' *Theorie des Romans* beeinflußte Auseinandersetzung u.a. mit der problematischen Darstellung der gesellschaftlichen Wirklichkeit im *Nachsommer*.]
Sorg, Klaus-Dieter: Gebrochene Teleologie. Studien zum Bildungsroman von Goethe bis Thomas Mann. Heidelberg 1983, S. 101 ff.: Adalbert Stifter: *Der Nachsommer*. [Betont die Einseitigkeit der dargestellten teleologischen Bildungskonzeption, deren grundsätzliche Brüchigkeit sich vor allem darin erweist, daß die Protagonisten des Romans ihr diesbezüglich durchaus vorhandenes Problembewußtsein ständig negieren müssen.]
Swales, Martin: The German Bildungsroman from Wieland to Hesse. Princeton 1978, S. 74 ff.: Stifter: *Indian Summer* (1857). [Interpretiert den Roman u.a. in bezug auf das problematische Verhältnis von bewußter Beschränkung – in der vorbildlichen Welt des Rosenhauses – und implizitem Anspruch auf Totalität.]
Weinhold, Ulrike: Uneigentliche Eigentlichkeit. Zum Problem der Authentizität in Stifters „Nachsommer". Neophilologus 68. 1984, S. 247 ff. [Versucht nachzuweisen, daß und wie sich das in seiner Subjektivität verunsicherte Individuum gerade durch das Postulat einer vom Subjekt unabhängigen Authentizität der Dinge auch einer Authentizität der eigenen Person vergewissern will.]
Wildbolz, Rudolf: Adalbert Stifter. Langeweile und Faszination. Stuttgart u.a. 1976. [Interpretiert den *Nachsommer* als „Spielroman": Aufgrund der vom Autor konsequent durchgeführten ökonomischen wie anthropologischen Reduktion handelt es sich weder um einen Bildungsroman noch um eine literarische Utopie.]
Wittkowski, Wolfgang: Daß er als Kleinod gehütet werde. Stifters „Nachsommer". Eine Revision. Literaturwissenschaftliches Jahrbuch. Im Auftrage der Görres-Gesellschaft hg. v. H. Kunisch. Neue Folge 16. 1975, S. 73 ff. [Plädiert für eine neue Wertung des Risachschen Rückblicks, die weniger die Leidenschaft der Liebenden als die schuldhaften Verfehlungen der Eltern Mathildes für den prekären Ausgang der Liebesgeschichte verantwortlich macht.]

2.1. Stifters Bildungsideal – Rettung in heilloser Zeit

Adalbert Stifters 1857 erschienener und im Untertitel schlicht als „Erzählung" bezeichneter Roman *Der Nachsommer* kann als ein Sonderfall nicht nur in der zeitgenössischen Literatur, sondern auch in der Geschichte des Bildungsromans gelten. Denn die durchgängige Ästhetisierung der dargestellten Welt und der in ihr agierenden Charaktere entspricht weder den auf wahrheitsgetreue Wiedergabe der Realität drängenden literarischen Tendenzen nach 1848 noch dem den

Bildungsroman als Gattung kennzeichnenden Postulat, den Helden in seinen – grundsätzlich problematischen – Beziehungen zur äußeren Wirklichkeit seiner Zeit zu zeigen. Dieser Versuch der harmonisierenden Reduzierung gesellschaftlicher, aber auch psychologischer Komplexität wird verständlich nur vor dem Hintergrund der Revolutionsereignisse der Jahre 1848/49: Stifter hatte sich unter dem Eindruck der revolutionären Turbulenzen, die gerade auch den Vielvölkerstaat der Donaumonarchie erschüttert hatten und schließlich gewaltsam niedergeschlagen worden waren, vom gemäßigten Liberalen zum Verteidiger der hergebrachten monarchisch-ständischen Ordnung gewandelt. (Zu Stifters politischen Anschauungen nach 1848 siehe u.a.: A. St.: *Kulturpolitische Aufsätze*. Hg. v. W. Reich. Einsiedeln/Zürich 1948.) In diesem Kontext ist der *Nachsommer* als literarische Verarbeitung politischer Erfahrungen zweifellos, wie Max Rychner hervorgehoben hat, „eine Gegengründung zur Revolution, seine Starre das Gegenstück zu ihrer Bewegtheit, seine Zartheit zu ihrer Roheit, seine Beherrschung zu ihrer Entfesselung" (M. Rychner: *Stifters „Nachsommer"*. In: M. R.: *Welt im Wort. Literarische Aufsätze*. Zürich 1949, S. 167).

Die kompromißlose Ablehnung jeder radikalen politischen Veränderung bedeutete nun allerdings nicht, daß Stifter – wie etwa die Theoretiker der *Grenzboten* (s.o. Kp. 1.3.1.) – die Gesellschaft seiner Zeit vorbehaltlos bejaht und die fraglose Integration in dieselbe propagiert hätte. Seine Diagnose der nachrevolutionären Verhältnisse war ganz im Gegenteil geprägt von tiefer Skepsis: „Die Verschlechterung und das Zerfallen der menschlichen Gesellschaft halte ich für das erste und größte Übel unserer Zeit, und dem muß abgeholfen werden, wenn wir zu retten sein sollen" (A. Stifter: *Kulturpolitische Aufsätze*, a.a.O., S. 72).

Abhilfe konnte aber, wie Stifter immer wieder betonte, nicht von politischen und schon gar nicht von revolutionären Bestrebungen erhofft werden, sondern allein – analog der im Grunde genommen moralischen Kritik an den realen Mißständen – von der Rückbesinnung auf die sittlich-ethischen Möglichkeiten des Menschen:

„Das Ideal der Freiheit ist auf lange Zeit vernichtet, wer sittlich frei ist, kann es staatlich sein, ja ist es immer; den andern können alle Mächte der Erde nicht dazu machen. Es gibt nur eine Macht, die es kann: Bildung" (Brief an Gustav Heckenast vom 6. 3. 1849, SW 17, S. 322).

In dieser hohen Wertschätzung der Bildung ging das Erbe der idealistischen Philosophie und der klassischen deutschen Literatur eine enge Verbindung ein mit Traditionen der josephinischen Aufklärung, so etwa wenn Stifter immer wieder die positive Funktion der menschlichen Vernunft hervorhob, die da fordere, „daß ein jeder seine Affekte dahin zu bändigen hat, daß alle gleichmäßig, als vernünftige Wesen, ihrem Vernunftzwecke: größter menschlicher Vervollkommnung, nachgehen können" (A. Stifter: *Kulturpolitische Aufsätze*, a.a.O., S. 37).

In diesem Prozeß sowohl der individuellen Bildung als auch der sukzessiven Fortentwicklung des menschlichen Geschlechts war der Literatur eine produktive Rolle zugewiesen; Stifter selbst betrachtete die eigenen Werke demgemäß nicht als „Dichtungen allein [...], sondern als sittliche Offenbarungen", die gerade als solche einen besonderen Wert beanspruchten, „der bei unserer elenden, frivolen Litteratur länger bleiben wird, als der poetische" (Brief an Joseph Türck vom 22. 2. 1850, SW 18, S. 38).

Im *Nachsommer* fanden diese Auffassungen von Aufgabe und Würde des Schriftstellers ihre unmittelbare literarische Konkretion – im geschlossenen Kosmos der Romanwelt ‚lebte' ein Ideal, das in der historischen Realität nicht mehr auffindbar schien, das aber in der literarischen Darstellung noch einmal als Gegenbild zum schlechten Tatsächlichen aufscheinen, den Leser in seinen Bann ziehen und so sittlich-produktive Wirkungen entfalten sollte:

> „Ich habe wahrscheinlich das Werk der Schlechtigkeit willen gemacht, die im Allgemeinen mit einigen Ausnahmen in den Staatsverhältnissen der Welt, in dem sittlichen Leben derselben und in der Dichtkunst herrscht. Ich habe eine große einfache sittliche Kraft der elenden Verkommenheit gegenüber stellen wollen" (Brief an G. Heckenast vom 11. 2. 1858, SW 19, S. 93).

Die didaktischen Absichten hatten nun allerdings Folgen für das, was an Welt, an äußerer Realität im *Nachsommer* erscheint. Denn Stifter konnte sich unter den angedeuteten Voraussetzungen weder mit der bloßen Wiedergabe der zeitgenössischen Wirklichkeit noch mit der psychologisch stimmigen Beschreibung einer durchschnittlichen Bildungsgeschichte begnügen. Statt dessen thematisiert der Roman bewußt den Dualismus von „tieferem", „vollendetem Leben" – repräsentiert vor allem durch die Sphäre des Rosenhauses – und „gewöhnlichem", „mechanischem Leben", das sich auf prosaische Geschäfte, politische Fragen u. ä. beschränkt:

> „Ich habe ein tieferes und reicheres Leben, als es gewöhnlich vorkömmt, in dem Werke zeichnen wollen und zwar in seiner Vollendung und zum Überblike entfaltet da liegend in Risach und Mathilden, [...] in seiner Entwicklung begriffen und an jenem vollendeten Leben reifend in dem jungen Naturforscher an Natalie Roland Klotilde Gustav" (Brief an G. Heckenast vom 11. 2. 1858, SW 19, S. 94).

Die Bildungsgeschichte Heinrich Drendorfs ist also durchaus als exemplarische Entfaltung des skizzierten Ideals menschlicher Existenz aufzufassen und an ihm zu messen. Deutlich wird, daß und wie Stifter den „vorbildhaften Bildungsprozeß eines Individuums zum letzten Ordnungsfaktor einer verwirrten Epoche" zu erheben versucht (Rolf Selbmann: *Der deutsche Bildungsroman*. Stuttgart 1984, S. 144).

2.2. Die Ordnung der Dinge – epische Totalität

Strebt der Bildungsroman als Gattung idealiter eine Balance zwischen Individuum und Welt an, so ist dieses Verhältnis im *Nachsommer* von vornherein zuungunsten des Protagonisten verschoben. Denn Bildung wird hier verstanden als fraglose Integration in das Gefüge der geschilderten Welt, deren Harmonie immer wieder beschworen wird, so daß es gerechtfertigt erscheint, sich mit der im Ganzen des Romans repräsentierten ‚Ordnung der Dinge' zu beschäftigen, bevor der Bildungsgang des Protagonisten in seinen wesentlichen Zügen nachgezeichnet wird.

Die Feststellung des den eigenen Bildungsweg rekapitulierenden Erzählers, er sei schon im Kindesalter „ein großer Freund der Wirklichkeit der Dinge" (S. 25) gewesen, verweist ebenso wie etwa Risachs Forderung nach „Ehrfurcht vor den Dingen, wie sie an sich sind" (S. 701), auf das Bestreben des Romans, die fiktive Realität, in der sich Heinrichs Bildungsprozeß vollzieht, primär als ein Ordnungssystem aufzufassen, das sich als a priori gegebenes der Kritik und dem Einfluß des Menschen entzieht. Das Zusammenspiel der Dinge, seien sie nun natürlicher oder auch künstlich-künstlerischer Provenienz, umschreibt den Lebenszusammenhang, in den der Mensch sich einzuordnen hat: Denn das, was ist, ist grundsätzlich „heilig", da von der göttlichen Vernunft durchwaltet; der Einzelne muß also – und zwar bezeichnenderweise nicht nur in den Naturwissenschaften – bestrebt sein, „auf die Merkmale der Dinge zu achten, diese Merkmale zu lieben, und die Wesenheit der Dinge zu verehren" (S. 329).

Für die Bildungskonzeption des *Nachsommer* ist entscheidend, daß die Bedürfnisse und Wünsche des Einzelnen kein selbständiges Recht gegenüber der vernünftigen Ordnung der Natur beanspruchen können. Denn diese Ordnung fundiert die sittlichen Normen und die Muster des sozialen Lebens, in die hineinzufinden einzige Aufgabe des Individuums ist. In Erziehung, Familie, Freundschaft, Liebe, sozialem Zusammenleben gelten für den Einzelnen die Gesetze einer prästabilierten Harmonie, vor deren allumfassender Geltung sich alle Auseinandersetzungen und tiefgreifenden Konflikte von vornherein als nicht nur sinnlos, sondern auch als unberechtigt erweisen. Da Heinrichs Werdegang sich innerhalb dieser unumstößlichen Setzungen der Natur und der Vernunft vollzieht, erscheint jeder antagonistische Zwiespalt zwischen ihm und den objektiven Verhältnissen eo ipso unmöglich: Der Prozeß seiner ‚Bildung' reduziert sich auf das organische Hineinwachsen in eine vorgegebene Ordnung, deren Legitimation nicht anzufechten ist.

Stifters Versuch, unter den Bedingungen des 19. Jahrhunderts noch einmal epische Totalität so zu gestalten, daß Gültigkeit wie Praktizierbarkeit der propagierten Normen verbürgt zu sein schienen, wurde allerdings, wie nicht nur Arno Schmidt kritisch vermerkte, erkauft mit einem hohen Maß an „Sekretieren und Unterdrücken unangenehmer Fakten", das heißt mit dem Verzicht auf die realistische Darstellung der tatsächlichen gesellschaftlichen Verhältnisse der Zeit (Arno Schmidt: *Der sanfte Unmensch. Einhundert Jahre Nachsommer*. In: A. S.: *Nachrichten von Büchern und Menschen*. Bd. 2. Frankfurt/M. 1971, S. 126). Bezeichnenderweise verzichtete der Autor selbst auf den ursprünglich geplanten Untertitel „eine Erzählung aus unseren Tagen" zugunsten der neutralen Bezeichnung „Erzählung": „Die Zeit muß der Leser finden" (Brief an G. Heckenast vom 22. 3. 1857, SW 19, S. 14).

Wie bereits die zeitgenössische Kritik beiläufig konstatierte (vgl. M. Enzinger [Hg.]: *A. Stifter im Urteil seiner Zeit,* u. a. S. 211, 218), kann die *Nachsommer*-Welt kaum beanspruchen, die tatsächliche Wirklichkeit des Jahrhunderts in all ihrer Widersprüchlichkeit zu repräsentieren, zumal bedeutende Aspekte der modernen gesellschaftlichen Existenz gar nicht oder (wie beispielsweise das aufkommende Fabrik- und Maschinenwesen mit seinen sozialen Folgen) nur am Rande thematisiert werden. Wesentliche Voraussetzung des *Nachsommer*-Modells ist also die Idealisierung der Realität, die sich in der Stilisierung oder Ausblendung komplexer gesellschaftlicher Verhältnisse manifestiert und den Rückzug in die konfliktfreie Sphäre des Rosenhauses und der wesensverwandten väterlichen Familie begründet. Diese weltflüchtig-idealisierende Tendenz speist sich, wie bereits angedeutet, kontrastiv aus der ursprünglichen Erfahrung der Zerrissenheit der Welt und versucht, dieser einen konkreten Gegenentwurf entgegenzusetzen, in dem sowohl die Überschaubarkeit als auch die Sinnhaftigkeit aller Lebensbereiche realisiert erscheinen.

Es ist allerdings bezeichnend für die im literarischen Kunstwerk nicht einfach zu negierende Macht der gesellschaftlichen Verhältnisse, daß diese sich im Zusammenhang mit der ökonomischen Absicherung der Hauptfiguren trotz allem im idealen Kosmos des Rosenhauses bemerkbar machen (vgl. u. a. H. A. Glaser: *Die Restauration des Schönen,* S. 56; D. Borchmeyer: *Ideologie der Familie und ästhetische Gesellschaftskritik,* S. 253). Denn die Vermögensverhältnisse eines wohlsituierten Bürgertums sind notwendige Voraussetzung für die idealen Bestrebungen Risachs, Heinrichs und seines Vaters. Gerade die Tatsache, daß die autonome Existenz so offensichtlich von materiellem Wohlstand abhängt, verweist auf die Partikularität der in Stifters Roman propagierten Vorstellungen von persönlicher Autonomie und Identität.

Aus der Tendenz zu einer idealisierten Darstellung der Wirklichkeit resultiert auch eben jene Stillstellung von Zeit und Geschichte, die man dem Roman und seinem Autor häufig zum Vorwurf gemacht hat (siehe z. B. K.-D. Sorg: *Gebrochene Teleologie,* S. 106 ff.; Hannelore und Heinz Schlaffer: *Die Restauration der Kunst in Stifters ‚Nachsommer'.* In: H. u. H. Sch.: *Studien zum ästhetischen Historismus.* Frankfurt/M. 1975, S. 114). Dieser doppelten Entzeitlichung des Geschehens – in bezug auf den individuellen Entwicklungsprozeß wie auf dessen historische Rahmenbedingungen – entsprechen drei von Stifter bewußt eingesetzte Kunstmittel der literarischen Gestaltung, nämlich „die Verräumlichung von menschlichen Verhältnissen, die Ritualisierung zwischenmenschlicher Aktionen und die Wiederholung von Zeitabläufen, so daß das Gleiche wiederkehrt" (P. U. Hohendahl: *Die gebildete Gemeinschaft,* S. 340 f.).

In den vom Roman beschriebenen Räumen, seien es nun einzelne Zimmer, ganze Häuser oder Gärten und ländliche Anwesen, manifestiert sich der Wille ihrer jeweiligen Bewohner zu bewußter Anerkennung und Aufrechterhaltung bestimmter Ordnungen. Vor allem der Landsitz Risachs legt Zeugnis ab von dieser Anstrengung, die disparaten Elemente natürlich-menschlichen Lebens in eine einheitliche, harmonische Form zu integrieren. Jedem Menschen und jedem

Ding wird der ihm zustehende Platz zugewiesen (was allerdings auch impliziert, daß alles Störende und Schädliche wie der arme Rotschwanz erbarmungslos eliminiert wird).

Ähnlich wie die Raumdarstellung haben im Gefüge des Romans die Prinzipien der Wiederholung und der Ritualisierung die Aufgabe, Ordnung sinnfällig zu machen. Sie tragen wesentlich dazu bei, den zeitlichen Ablauf des Geschehens einer rigiden Strukturierung zu unterwerfen, so daß er über weite Strecken als Wiederkehr des bereits Bekannten und Vertrauten erscheint. Dabei werden jedoch die jeweiligen Themen und Motive, die zumeist gleichzeitig Faktoren der Bildung des Helden sind, nicht bloß schematisch repetiert, sondern auf einer höheren Stufe des Bewußtseins in neue Zusammenhänge gestellt, die sich Heinrich – und dem Leser – erst allmählich erschließen. Was bei vordergründiger Lektüre als ermüdende Fülle von Redundanzen erscheinen mag, erweist sich unter diesem Aspekt als absichtsvolle didaktische Präsentation der entscheidenden Bildungselemente, und zwar nicht nur in bezug auf den Protagonisten selbst, sondern auch auf den Leser (vgl. etwa K. Amann: *Zwei Thesen zu Stifters „Nachsommer"*, S. 175).

Auch diese heute eher befremdlich wirkende Interpretation der Welt und der Erfahrungsmöglichkeiten des Subjekts kann als Indiz gelten für Stifters Versuch, im bewußten Gegensatz zu den Aporien der Zeit epische Totalität literarisch zu gestalten und am Beispiel eines individuellen Bildungsgeschicks dem Leser anschaulich zu vermitteln.

2.3. Die Bildungsgeschichte Heinrich Drendorfs

2.3.1. Maximen der Bildung

„[...] Wenn ich mir einige Kenntnisse und eine bestimmte Empfindung des Schönen erworben habe, so danke ich alles dem Besitzer dieses Hauses, der mich so gütig aufgenommen, und manches in mir hervor gezogen hat, das wohl sonst nie zu irgend einer Bedeutung gekommen wäre" (S. 484f.).

Mit dieser bescheidenen Bemerkung macht Heinrich im Gespräch mit Mathilde darauf aufmerksam, daß er die zentrale Bedeutung des Rosenhauses und seines Besitzers für den eigenen Bildungsgang durchaus erkannt hat. Vor allem in der Begegnung mit Risach und der nach dessen Maximen gestalteten, abgeschlossenen Welt des Asperhofes vollzieht sich die harmonische Entfaltung der inneren Kräfte und Anlagen des Helden, die allerdings bereits im Elternhaus zu einer solchen Entwicklung vorbereitet und angeregt worden sind.

Diese Vorbildfunktion Risachs und des Vaters, in geringerem Maße auch Mathildes oder Eustachs, ist um so wichtiger, als sich individuelle Bildung im *Nachsommer* so gut wie ausschließlich im ständigen Umgang mit bereits gebildeten Menschen vollzieht und nicht in konfliktreicher Auseinandersetzung mit einer äußeren, widerständigen Realität. So kann Risach anläßlich der Hochzeit des Helden zufrieden den positiven Abschluß eines Bildungsprozesses proklamieren, für dessen Gelingen alle Menschen guten Willens, und nicht zuletzt er selbst, sich verantwortlich gefühlt haben: „[...] Sein Selbst hat sich entwickelt, und aller Umgang, der ihm zu Teil geworden [...], hat geholfen" (S. 816, siehe auch 723).

Damit ist eine Vorstellung von Bildung umrissen, die den Zögling nicht einer rigiden Erziehung und Indoktrination unterwerfen will, bei der ihm nur eine passive Rolle zufiele. Statt dessen wird Bildung, ganz im klassisch-humanistischen Sinne, als Entwicklung verstanden, die sich mit innerer Notwendigkeit aus den subjektiven Voraussetzungen des Individuums ergibt und zu ihrer Erfüllung höchstens der behutsamen Lenkung bedarf. Wie für die Kunst, so gelten auch für die Bildung die grundlegenden Maximen von „Ergebung Vertrauen Warten" (S. 440).

Ein solches Vertrauen sowohl auf die sittlichen Kräfte des Einzelnen als auch auf den fördernden Einfluß der Mitmenschen gründet in dem festen Glauben an die prinzipiell sinnvolle Einrichtung der Welt und an die Vernunft des Menschen. Nur weil alle Beteiligten sich von vornherein als Glied dieser vernünftigen Ganzheit verstehen, die ihren objektiven Ausdruck in der apriorischen Ordnung der Dinge findet (s. o. Kp. 2.2.), ist ein so harmonischer Bildungsgang wie derjenige Heinrich Drendorfs überhaupt möglich. Unter diesen Voraussetzungen kann aber Freiheit stets nur die Freiheit im Rahmen des Gesetzes sein, und die tätige Inanspruchnahme persönlicher Freiheit muß sich auf die „verständige", das heißt freiwillige Unterordnung unter das Gesetz beschränken (siehe etwa die Bemerkungen zu Gustavs Erziehung, S. 214). Maß und Beschränkung sollen also nicht als von außen auferlegt erscheinen, sondern als Resultat der freien Entscheidung des Individuums.

Damit sind alle jene Konflikte ausgeschlossen, die ansonsten im Bildungsroman thematisiert werden (und die etwa Kellers *Grünen Heinrich* in bezug auf die Psychologie des Helden so modern wirken lassen). Im *Nachsommer* ist beispielsweise kein Raum für den produktiven Irrtum, der auch Umwege und Enttäuschungen zu wichtigen Bildungserfahrungen macht. Vor allem aber fehlt der offen ausgetragene Widerspruch zwischen den Bedürfnissen des Ich und den objektiven Anforderungen der Welt, da der Einzelne gegen die Ordnung der Dinge keine eigenen Rechte geltend machen kann.

Solche Pflicht zur Integration in vorgegebene Sinnzusammenhänge bedeutet nun aber keineswegs, daß die individuelle Natur des einzelnen Menschen zurückgedrängt oder gar ausgelöscht werden sollte. Vielmehr sieht auch Stifter in der umfassenden Ausbildung aller Kräfte das höchste Ziel der Bildung, vor dem die Ansprüche von Staat und Gesellschaft zurückzutreten haben. Heinrichs Vater und Risach meinen übereinstimmend,

„[...] der Mensch sei nicht zuerst der menschlichen Gesellschaft wegen da sondern seiner selbst willen. Und wenn jeder seiner selbst willen auf die beste Art da sei, so sei er es auch für die menschliche Gesellschaft" (S. 14, siehe fast gleichlautend S. 704).

Diese Betonung des klassischen Individualitätsgedankens ist zu verstehen als Reaktion auf die Erfahrungen, die dem Einzelnen unter den Bedingungen der bürgerlichen Erwerbsgesellschaft durch den Zwang zur Spezialisierung und Funktionalisierung drohen. Da ist es nur natürlich, daß Heinrichs Vater seinen Sohn nicht etwa zum Kaufmann oder zum Beamten, sondern zum „Wissenschafter im allgemeinen" (S. 13) bestimmt. Auf diese Weise will er ihm die Schwierigkeiten auf dem Weg zu ‚wahrer' Bildung ersparen, die ihn selbst – als typischen bürgerlichen Aufsteiger – ein Leben lang geprägt haben. Wie der Vater warnt auch Risach eindringlich vor allen vorschnellen und einseitigen Festlegungen:

> „Ihr sollt zu Eurem Wesen eine breitere Grundlage legen. Wenn die Kräfte des allgemeinen Lebens zugleich in allen oder vielen Richtungen tätig sind, so wird der Mensch, eben weil alle Kräfte wirksam sind, weit eher befriedigt und erfüllt, als wenn eine Kraft nach einer einzigen Richtung hinzielt. [...] Später, wenn der Grund gelegt ist, muß der Mann sich wieder dem Einzigen zuwenden, wenn er irgendwie etwas Bedeutendes leisten soll. Er wird dann nicht mehr in das Einseitige verfallen" (S. 339f.).

Der Freiherr von Risach vermag allein deshalb so großen Einfluß als Heinrichs Mentor und väterlicher Freund zu gewinnen, weil er selbst – einen friedlichen ‚Nachsommer' durchlebend, frei von ökonomischen, beruflichen und anderen gesellschaftlichen Abhängigkeiten – das dem Roman inhärente Menschen- und Bildungsideal wie kein anderer verkörpert: Seine Gelehrsamkeit und tiefe Menschlichkeit, die Vielfalt und Pracht seiner Kunstsammlungen, sein wohlgeordnetes, Schönheit und Nutzen verbindendes ländliches Besitztum – all diese Elemente eines bewußt und planvoll geführten Daseins gewinnen Vorbildfunktion für Heinrichs Bildungsgang. Hier zeigt sich ihm eine vollendete menschliche Existenz in der Synthese von Natur, Kunst und praktischer Lebensführung.

2.3.2. Die Naturwissenschaft, die Kunst und die Liebe

Die Natur (und die auf sie bezogenen Wissenschaften), die Kunst (und die Probleme ihrer Genese, Funktion und Geschichte) und das menschliche Leben (in seiner individuellen Entwicklung wie in seinen Beziehungen zu den Mitmenschen) gelten im *Nachsommer* nicht als isolierte, sondern als miteinander untrennbar verbundene Bereiche. Das höchste Streben muß deshalb dahin zielen, die lebendige Ganzheit der Schöpfung angemessen zu erfassen und darüber hinaus die eigene Existenz dieser Ganzheit entsprechend zu gestalten. Die Summe singulärer Kenntnisse und Erkenntnisse kann niemals wahre Bildung ergeben, realisiert sich diese doch allein im Nachvollzug der „innern Schönheit [der Welt], die man auf ein Mal fassen soll, nicht zerstückt" (S. 499).

Dieser ganzheitlichen Zielsetzung, die Heinrich fortschreitend zu seiner eigenen macht, widerspricht durchaus nicht, daß sein Bildungsgang hierarchisch strukturiert ist: nämlich als sukzessive Erweiterung seines Horizonts in der Beschäftigung zuerst mit den verschiedenen Bereichen der Natur, später auch mit den Problemen des Kunstgewerbes, der Malerei, der Plastik und schließlich der Dichtung. Dieses Interesse für die Kunst, das sowohl durch Risach und das Rosenhaus als auch durch die eigenen zeichnerischen Bemühungen angeregt

2. Stifter: Der Nachsommer

worden ist, ergänzt die naturwissenschaftlichen Studien, ersetzt sie aber nicht. Im Erlebnis der Liebe gewinnt es dann eine neue, tiefere Dimension. Wenn Heinrich die Naturwissenschaften zu seinem Hauptarbeitsgebiet macht, so geschieht dies nicht mit dem Ziel moderner technischer Naturbeherrschung und -ausbeutung, sondern stets im Hinblick auf die postulierte Universalität der Natur, da zumindest sie noch den inneren Zusammenhang alles Getrennten und Widersprüchlichen zu gewährleisten scheint.

„[...] Gerade die Naturwissenschaft ist das für Stifters Wirklichkeitserfahrung bedeutsamste Hilfsmittel, die Negativität dieser Erfahrung [der Heterogenität der Erscheinungen] zu entschärfen. [...] Das Naturgesetz ist hier das letzte [...] Vorstellungsschema, das dem Bewußtsein erlaubt, die in der primären – wir dürfen auch sagen: in der konkreten, erlebten – Wirklichkeit disparaten Erscheinungen in folgerichtigem Zusammenhang zu sehen" (Chr. Buggert: *Figur und Erzähler*, S. 144).

So nimmt es nicht wunder, daß nicht zuletzt die Naturwissenschaften dazu ausersehen sind, die Negativität der Gegenwart zu überwinden und die Menschheit in eine „Zeit der Größe" zu führen, „die in der Geschichte noch nicht dagewesen ist" (S. 521). Die Aufgabe eines exemplarisch gebildeten Individuums, wie Heinrich es zweifellos vorstellen soll, kann unter diesen Umständen nur darin liegen, die Welt auf diesem Wege ein kleines Stück weiterzubringen.

Als Maßstab für den historischen Zustand der Menschheit und für den Grad individueller Bildung fungiert im *Nachsommer* das Verhältnis zur Kunst: Wo das wahre Verständnis für die Kunst fehlt, da mangelt es auch an moralisch-ethischen Qualitäten. In dieser engen Korrespondenz zwischen dem Schönen und dem Sittlichen, der Stifter nicht nur im *Nachsommer* Ausdruck gegeben hat (siehe etwa den Aufsatz *Ueber Kunst. 1853.* SW 14, S. 26ff.), ist der Kunst in bezug auf die menschliche Existenz die Funktion zugewiesen, „als Spiegel, Echo, Erinnerung, Anruf, Gestalt" dazu beizutragen, „das Gesetz jenseits aller Willkür und Leidenschaft auszusprechen und es als schönes Bild beispielhaft zu erheben" (V. Lange: *Stifter. Der Nachsommer*, S. 73).

Insofern sie die Ganzheit der Schöpfung ästhetisch reproduziert, hat daher auch die Kunst Anrecht darauf, als „Zweig der Religion" (S. 439) geachtet zu werden, ebenso wie die Künstler gar als „Götter", die Kunstkenner und -liebhaber als „Priester dieser Götter" (S. 703) und die Dichter als „Priester des Schönen" Würdigung finden, da sie „das ewig Dauernde in uns und das allzeit Beglückende" (S. 334) vermitteln. In diesem Sinne ist die Kunst – und hier vor allem die der Antike – nicht ein beiläufiges Akzidenz des Lebens, sondern dessen beste Lehrmeisterin. Das ist der Grund, warum in der Welt des Rosenhauses die Restauration exemplarischer Kunstwerke und die Nachahmung des Alten, aus der erst allmählich Neues in organischer Entwicklung entstehen soll (vgl. u.a. S. 620), eine so wesentliche Rolle spielen: Erst das vollständig restituierte Werk ist in der Lage, als ästhetisches Ganzes die ihm immanente didaktisch-sittliche Wirkung auszuüben.

Der Bildungsprozeß des Helden ist unter diesen Prämissen gekennzeichnet durch die „stufenweise Entfaltung der Erkenntnismöglichkeit von Schönheit"

(M. Schuller: *Das Gewitter findet nicht statt oder die Abdankung der Kunst*, S. 42). In dem schönen, da in sich stimmigen und die Ordnung der Natur ästhetisch verdoppelnden Kunstwerk tritt die lebendige Ganzheit ans Licht, die der Betrachter in der eigenen Existenz als Versöhnung von Allgemeinem und Besonderem, von Gesellschaft und Individuum zu realisieren strebt.

Die *Nachsommer*-Forschung der jüngstvergangenen Jahre hat in diesem Zusammenhang allerdings zu Recht die Frage gestellt, ob nicht eine solche Identitätsfindung am Leitfaden der Kunsterfahrung nur unter der Bedingung einer im wesentlichen ästhetisch strukturierten Wirklichkeit konzipierbar war. Damit ist der Einwand erhoben, daß die intendierte Versöhnung in Stifters Roman nur als Resultat einer ausschließlich *ästhetischen* Bildung erscheint, die als „der wechselseitige Prozeß der Ästhetisierung von Mensch und Wirklichkeit" zu umreißen wäre: „Damit der Mensch zu schöner Vollkommenheit gelange, muß er die Welt ästhetisch umformen" (H. Kaiser: *A. Stifter: Der Nachsommer*, S. 132). Eben solche Anstrengungen beschreibt der *Nachsommer* am Beispiel des Rosenhauses in extenso. Die ästhetische Überformung der Wirklichkeit aber kann, wie der Roman indirekt und entgegen der Intention des Autors offenbart, nur einen abgegrenzten Bereich der Realität im Sinne des Ideals verwandeln; daß wichtige Elemente der erfahrbaren Wirklichkeit von vornherein ausgespart werden, nährt den Zweifel an der Allgemeingültigkeit des idealen Weltentwurfs.

Die Beschäftigung mit Natur und Kunst reicht jedoch nicht aus, den (ästhetischen) Bildungsgang des Helden zum glücklichen Ende zu führen. Heinrichs zweifelnde Frage, „ob die Kunst die Dichtung die Wissenschaft das Leben umschreibe und vollende, oder ob es noch ein Ferneres gäbe, das es umschließe, und es mit weit größerem Glück erfülle" (S. 442), wird in der Begegnung mit Natalie klar beantwortet (vgl. S. 838): Erst das Erlebnis der Liebe erschloß, wie Risach resümierend hervorhebt, Heinrichs „Herz zu einer früheren Blüte der Kunst und zu einem Eingehen in die tieferen Schätze der Wissenschaft" (S. 781) und ermöglichte ihm so die endgültige Erkenntnis der Ganzheit des Seins. In der Person Natalies, die Heinrich selbst nicht ohne Grund immer wieder in Beziehung zu der antiken Marmorstatue als dem zentralen Symbol seiner Bildung setzt (siehe etwa S. 685 f.), tritt das Schöne unmittelbar ins Leben, die Verbindung mit ihr symbolisiert den Abschluß seines Bildungsganges.

Diese enge Wechselwirkung zwischen ästhetischer Erkenntnis und Erfüllung in der Liebe entspricht zudem den Gesetzen der Natur, da die Natur wie die Liebe weder Zerrissenheit noch Leidenschaft kennt. Letztere kann überhaupt in die ideale Sphäre des *Nachsommer* keinen Eingang finden, müßte sie doch als „ein die andern Seelenkräfte überragendes Streben nach einem Sinnlichen" (A. Stifter: *Kulturpolitische Aufsätze*, a.a.O., S. 17) die harmonische Ordnung der Lebensverhältnisse verwirren. Diese zerstörerische Wirkung ist in der Geschichte Risachs und Mathildes demonstriert, die als ein Gegenbeispiel zum Verhältnis zwischen Heinrich und Natalie angelegt ist.

Eine an modernen, individualpsychologischen Kriterien orientierte Interpretation wird zwar diesem grundsätzlich idealistisch-ästhetischen Aspekt der geschilderten Liebesbeziehung kaum gerecht, sie trifft aber mit ihrer Kritik solcher Auffassungen die ideologischen Grundlagen des Romans insgesamt. Das wird etwa in dem Einwand deutlich, Liebe entfalte sich im *Nachsommer* nur „gebunden innerhalb starrer Konventionen, die ihre Manifestation versagen" (H. A. Glaser: *Die Restauration des Schönen*, S. 27). Denn gerade darin, daß „Innerlichkeit [...] Äußerlichkeit des Geschehens geworden" ist (ebd., S. 25), spiegelt sich die prinzipielle Dominanz alles Äußeren, der Gesetzmäßigkeit der Dinge, aus der die unabdingbare Eingliederung des Subjekts in die Ordnung der menschlichen Verhältnisse abgeleitet ist (s. o. Kp. 2.2.).

Im idealen Raum des Romans erscheinen diese gesellschaftlichen Verhältnisse bezeichnenderweise vor allem als familiäre. Heinrichs Liebe zu Natalie wird zum Kristallisationspunkt einer bürgerlichen Familie, über die der Einzelne in produktive Beziehung zur Gesellschaft zu treten versucht:

„Die Familie ist es, die unsern Zeiten not tut, sie tut mehr not als Kunst und Wissenschaft als Verkehr Handel Aufschwung Fortschritt, oder wie alles heißt, was begehrungswert erscheint. Auf der Familie ruht die Kunst die Wissenschaft der menschliche Fortschritt der Staat" (S. 819; vgl. auch A. Stifter: *Kulturpolitische Aufsätze*, a.a.O., S. 74).

So ermöglicht in erster Linie die Familie als naturwüchsige Form sozialen Lebens die Selbstverwirklichung des Individuums, und zwar in einem überschaubaren, auf Harmonie ausgerichteten Bereich fern von allen gesellschaftlichen Zwängen.

2.3.3. Die Bildung des Helden – ein individueller Entwicklungsprozeß?

Hinter der Formulierung dieser Frage verbergen sich gleich zwei Probleme, die eng aufeinander bezogen und für die Interpretation des *Nachsommer* als Bildungsroman wesentlich sind: Ist Heinrich Drendorf ein unverwechselbarer, psychologisch glaubwürdiger Charakter oder ist er eher ein exemplarisch gemeinter Idealtypus? Und zweitens: Weist sein Werdegang nicht Besonderheiten auf, die zu der Vermutung Anlaß geben, hier könne eigentlich gar nicht mehr von einer individuellen Entwicklung im herkömmlichen Sinne des Wortes die Rede sein?

Daß der Protagonist und Ich-Erzähler des Romans merkwürdig blaß bleibt und als Person den Leser kaum zu fesseln vermag, ist bereits der zeitgenössischen Kritik aufgefallen (und bestimmt als negativer Einwand bis heute weite Teile der Rezeption). So rügte etwa, von seinen literarischen Prämissen her nicht gerade überraschend, Julian Schmidt in den *Grenzboten*, Stifter sei offensichtlich „nicht im Stande, eine ganze Individualität in lebendige Gegenwart umzusetzen"; und der Rezensent der *Wiener Zeitung* bemängelte, der Held des Buches sei „nichts weniger als ein Charakter" (zit. nach: M. Enzinger [Hg.]: *A. Stifter im Urteil seiner Zeit*, S. 211 und 208).

Dieses Zurückdrängen individueller Züge hat verschiedene Ursachen. Zum einen ist Heinrich, wie im folgenden Kapitel näher zu erläutern sein wird, als Erzähler seiner Lebensgeschichte wichtiger denn als derjenige, der sie erlebt – er ist, pointiert ausgedrückt, „nicht der Gegenstand, sondern das Mittel des Erzählens" (V. Lange: *Stifter. Der Nachsommer*, S. 49). Zum anderen ist die Art und Weise *wie* er erzählt, kaum dazu angetan, unmittelbare Teilnahme an seiner Person zu wecken. Das verhindert schon die überwiegend indirekte, verschlüsselte Form aller Gefühlsäußerungen, die beispielsweise dazu führt, daß Heinrichs Neigung zu Natalie zunächst nur aus seinem Verhalten gegenüber Natur und Kunst zu erschließen ist (siehe etwa S. 236, 268, 302, 306, 311, 465). Wichtiger noch dürfte allerdings sein, daß der Held als Individuum gegenüber der prinzipiell gerechtfertigten Ordnung der Dinge und der menschlichen Verhältnisse kaum subjektive Ansprüche erheben darf. Das Ziel der Bildung ist also letztlich nicht die Entfaltung einer kräftig ausgeprägten Individualität, sondern die Integration in das übergreifende Ganze. Diese aber kann so reibungslos und harmonisch, wie im *Nachsommer* vorgeführt, nur gelingen, weil der Protagonist ein mittlerer Charakter, ein Mann ohne (besondere) Eigenschaften ist: „[...] Vorzüge von was immer für einer Art sind gar nicht an mir" (S. 786).

Nur weil er von einem ganz und gar durchschnittlichen Helden erzählt, kann der Roman den Anspruch erheben, Modell zu sein für wahre Bildung und wahres Leben. Gerade gemäß dieser didaktischen Intention ist Heinrich, wie die meisten Personen in seiner Umgebung, eben nicht ein unverwechselbarer Charakter, sondern – als zu Bildender wie als Gebildeter – ein „vorbildliche[r] Typus", das heißt der „wünschbare Mensch" (W. Killy: *Utopische Gegenwart*, S. 99). Daß er so wenig individuelle Züge, so wenig subjektives Temperament aufweist, ist Voraussetzung dafür, daß an seinem Beispiel ein vorbildlicher Bildungsprozeß vorgeführt werden kann, dessen einzelne Stufen und dessen Ziel exemplarischen Wert beanspruchen.

Verglichen mit Heinrich wirken der Vater und besonders Risach als sehr viel ausgeprägtere Charaktere. Dies hängt wohl in erster Linie damit zusammen, daß sie bewegtere Lebensgeschichten hinter sich gebracht haben, die – auch aus ökonomischen Gründen – nicht von Kindesbeinen an im Bannkreis des Ideals verliefen, sondern sich über weite Strecken auf die tätige Auseinandersetzung mit der Prosa der Welt konzentrierten. Daß dies speziell für die vormals durchaus konfliktreiche Biographie des Freiherrn von Risach gilt, mag der Hauptgrund dafür sein, daß seine vorbildliche Existenz wie sein Lebensrückblick – S. 693 ff., 706 ff. – immer wieder als der eigentliche Kern des Romans angesehen worden sind (so z. B. von: V. Lange: *Stifter. Der Nachsommer*, S. 45 f.; K. Amann: *Zwei Thesen zu Stifters „Nachsommer"*, S. 173, 179).

Als idealer, vor allen möglichen Anfechtungen gefeiter Bildungsprozeß kann Heinrichs Werdegang mit modernen individualpsychologischen Maßstäben kaum angemessen erfaßt werden. Diesem Dilemma versuchte vor allem die ältere Forschung häufig dadurch zu entgehen, daß sie seine Entwicklung biologisch-organisch deutete statt psychologisch, so etwa als „pflanzenhaftes Wachstum" (Otto Friedrich Bollnow: *Der „Nachsommer" und der Bildungsgedanke des Biedermeier*. In: G. Haselbach und G. Hartmann [Hg.]: *Beiträge zur Einheit von Bildung und Sprache im geistigen Sein*. Berlin 1957, S. 30). Noch Herbert Kaiser geht davon aus, daß „die Teleologie seiner Entwicklung [...] sich nicht von der einer Pflanze [unterscheide]", da Heinrich von Anfang an in der Ordnung der Natur stehe und seine Bildung „lediglich der Prozeß ihrer Bewußtwerdung" sei (H. Kaiser: *A. Stifter: Der Nachsommer*, S. 115). Die Pflanzenwelt aber, so ließe sich entgegnen, kennt kein Bewußtsein, während doch Stifter zufolge die bewußte Erkenntnis der Vernünftigkeit der Dinge die Bedingung wahrer Bildung sein soll.

Insofern Heinrich Drendorf von Beginn an in seiner Individualität unbestimmt bleibt, fehlt die wichtigste Voraussetzung für eine eigenständige psychische Entwicklung der Figur. Gleichwohl erfaßt der Roman die Geschichte seines Helden in der Kategorie fortschreitender Entwicklung, indem er sie nämlich als Weg zu einer immer umfassenderen Erkenntnis des Seins-Ganzen, als allmähliche Erweiterung des Bewußtseins also vorführt. Abzulesen ist das Fortschreiten Heinrichs beispielsweise an seiner sich wandelnden Haltung gegenüber der Literatur, gegenüber der Kunst im allgemeinen und der antiken Marmorstatue im besonderen (vgl. u. a. S. 219, 370 f., 383, 393, 414, 446).

Als Erzähler versteht Heinrich sein Leben sicherlich als einen – ihm selbst zuweilen gar „abenteuerlich" (S. 456) vorkommenden – Bildungsprozeß, der sich zum guten Schluß einem Zustand nähert, in dem „jedes [,] selbst das wissenschaftliche Bestreben [...] Einfachheit Halt und Bedeutung" hat (S. 838). Es läßt sich allerdings nicht übersehen, daß Stifter mit dieser Lösung eine betont einseitige Antwort auf die Grundfrage des Bildungsromans gegeben hat. Denn die im *Nachsommer* dargestellte Synthese von Ich und Welt wird mit der Selbstaufgabe des Individuums bezahlt, das in eine prinzipiell „subjektunabhängige Wahrheit eingeweiht wird", so daß sich die dargestellte Bildung weniger im Prozeß als „in der zeitlosen Sicherheit des Resultats" vollzieht (K.-D. Sorg: *Gebrochene Teleologie*, S. 129). Wo das Subjekt sich so widerstandslos an die vorgegebene Ordnung entäußert, tendiert die Dynamik individueller Entwicklung zur demütigen Unterordnung unter statisch gedachte Normen und Gesetze.

2.4. Zur erzähltechnischen und gattungstypologischen Problematik

Die Negierung spontaner Individualität betrifft nicht nur die inhaltliche Ebene des Romans, sondern spiegelt sich auch in der Erzählform. Die literarische Darstellung verharrt bewußt an der Oberfläche der Dinge und der menschlichen Verhältnisse; erzählt wird im wesentlichen nur das, was konkret vorhanden und anschaulich vermittelbar ist. Stifters ‚objektives' Erzählen verzichtet, vor allem in der ersten Hälfte des Buches, fast vollständig auf die monologische oder dialogische Wiedergabe von Empfindungen, Gefühlen, Gedanken, Bewußtseinsvorgängen. Durch diesen literarischen Kunstgriff fällt dem Leser die Aufgabe zu, das verschwiegene Innerliche zu erschließen.

Der Verzicht auf die Darstellung innerer Vorgänge, der als ‚Sicht von außen' auf epische Objektivität zielt, ist um so bemerkenswerter, als die Welt des Romans eigentlich ganz aus der Perspektive des sich bildenden Protagonisten geschildert wird. „Dinge und Ereignisse sollen nach der Absicht des Dichters also nur *so* und zu *der* Zeit im Erzählen erscheinen, wie und wann sie sich dem Blick und der Erlebnisfähigkeit Heinrich Drendorfs darbieten" (H. D. Irmscher: *A. Stifter*, S. 328).

Es fehlt also, anders als beispielsweise im *Grünen Heinrich,* jeder Wechsel der Perspektive, jede Spannung zwischen dem erlebenden und dem erzählenden Ich. Dementsprechend gibt es auch nur wenige, eher zufällig wirkende Wertungen und Kommentare des Rückschau haltenden Erzählers, in denen sich dessen fortgeschrittenes Bewußtsein ausdrücken könnte (als Ausnahme siehe etwa S. 481). So wird auch und gerade in der Logik des Erzählens deutlich, wie ausschließlich hier Bildung als allmähliche Initiation in den Zusammenhang der Dinge verstanden wird.

Wie die Ereignisstruktur des Romans, so ist auch seine sprachlich-stilistische Gestalt geprägt von den Prinzipien der Wiederholung und der Ritualisierung, die sich beispielsweise in einer Fülle von bewußt eingesetzten Aufzählungen, Reihungen, Parallelismen und Pleonasmen konkretisieren: „Die wogenden Felder, die ich im vorigen Jahre um dieses Anwesen getroffen hatte, waren auch heuer wogende [...]" (S. 234). Betrachtet man die damit nur andeutungsweise beschriebenen ästhetischen Besonderheiten losgelöst von der didaktischen Intention und den weltanschaulichen Überzeugungen des Autors, so verfällt der *Nachsommer* – vor allem im Kontrast zur westeuropäischen realistischen Literatur der Zeit – leicht dem Verdikt der Monotonie, der Konventionalität, ja der bombastischen Trivialität (siehe exemplarisch die vernichtende Kritik Arno Schmidts: *Der sanfte Unmensch. Einhundert Jahre Nachsommer,* a.a.O., S. 114 ff.).

Versucht man jedoch, die ästhetische Wertung auf Stifters Zeitkritik und auf sein Ordo-Denken zu beziehen, so erweisen sich gerade diese sprachlich-stilistischen Eigentümlichkeiten als spezifische Reaktion auf den aktuellen, als negativ empfundenen Zustand der bürgerlichen Gesellschaft. Daß trotz gewaltiger artifizieller Anstrengungen aber die Stabilität und die Ausgewogenheit der dargestellten Welt mit bewußter erzählerischer Beschränkung erkauft werden mußten, verweist auf die brüchigen, weil allein aus dem subjektiven Wollen des Autors sich herleitenden Fundamente dieses Entwurfs einer durch und durch ästhetischen Existenz.

Daß der *Nachsommer* die Bildungsgeschichte seines Helden in einer absichtsvoll idealisierten, ‚vollendeteren' Sphäre des Daseins ansiedelt (s. o. Kp. 2.1.), macht ihn zu einem Ausnahmefall unter den großen deutschen Bildungsromanen. Dementsprechend ist, vor allem in jüngster Zeit, in der Forschungsliteratur immer wieder die Frage erörtert worden, ob Stifters Werk überhaupt als Bildungsroman im eigentlichen Sinne gelten könne oder ob es nicht besser als literarische Utopie oder gar als Idylle zu bezeichnen sei.

Insofern der *Nachsommer* eine ideale Form menschlicher Existenz und sozialen Lebens schildert, kommen ihm sicherlich Züge der Utopie zu (siehe dazu zusammenfassend den Beitrag von P. U. Hohendahl). Michael Beddow beispielsweise hat in diesem Sinne die Welt des Rosenhauses als „self-contained Utopia"

2. Stifter: Der Nachsommer

charakterisiert (M. Beddow: *The Fiction of Humanity*, S. 189), während Horst Albert Glaser sie einige Jahre früher unter ideologiekritischen Vorzeichen als restaurative, „rückwärtsgewandte Utopie" entlarvt hatte: Die im *Nachsommer* gestaltete, literarisch überhöhte Versöhnung sei, „als ästhetisches Gebilde", nichts anderes als „ein sich zum Sein setzendes Scheinen" (H. A. Glaser: *Die Restauration des Schönen*, S. 1 und 63).

Gegen die These, der Roman sei im Grunde genommen eine literarische Utopie, sind vor allem zwei Einwände erhoben worden: Der eine beruft sich auf die Zurückdrängung aller individuellen Züge und aller vitalen Antriebe, die in der Schilderung Heinrich Drendorfs von Beginn seines Werdegangs an zu registrieren sei (s. o. Kp. 2.3.3.). Es könne nämlich „das seiner Subjektivität beraubte Ich nicht Gegenstand einer wünschenswerten Utopie sein, die als resignative ihrem eigenen Begriff widerspräche" (R. Wildbolz: *A. Stifter*, S. 17, auch 96, 106).

Der andere Einwand betrifft die Partikularität des im *Nachsommer* literarisch gestalteten Modells, das – auch im Selbstverständnis des Autors (s. o. Kp. 2.1.) – durchaus nicht, wie für die Utopie typisch, auf Allgemeingültigkeit ziele, sondern sich auf „eine von Stifter selbst als solche konzipierte Sonderform der Existenz in einem Randbereich der Gesellschaft" beschränke (K.-D. Müller: *Utopie und Bildungsroman*, S. 202). Dieses Argument kann sich im übrigen auf den Text selber stützen, insofern dort an einer wichtigen Stelle von einem „Einerlei" die Rede ist, „welches so erhaben ist, daß es als Fülle die ganze Seele ergreift, und als Einfachheit das All umschließt" (S. 518). Bezieht man diese Bemerkung Risachs auf das ideale ‚Einerlei' des Rosenhauses, so wird dessen Sonderstellung deutlich: „Es sind erwählte Menschen, die zu diesem [Einerlei] kommen, und es zur Fassung ihres Lebens machen können" (ebd., vgl. auch S. 257).

Wenn der *Nachsommer* also nur mit Abstrichen als Utopie oder als Idylle (siehe dazu den Beitrag von Klaus-Detlef Müller) gelten kann, läßt er sich dann wenigstens ohne Vorbehalt als Bildungsroman rubrizieren? Die differenzierten Analysen der letzten Jahre scheinen bewirkt zu haben, daß kaum noch ein Interpret diese Frage eindeutig zu bejahen wagt. Die Auffassung, der *Nachsommer* sei der „Bildungsroman schlechthin" (W. Killy: *Utopische Gegenwart*, S. 84), wird besonders im Hinblick auf die mangelnde Individualität des Helden, aber auch mit Rücksicht auf die Realitäts- und Geschichtsferne der geschilderten Welt relativiert: Bildung bedeutet hier allein Annäherung an das Ideal; der Raum gesellschaftlicher Erfahrung ist im wesentlichen reduziert auf die ästhetische Welt des Rosenhauses, die dafür Sorge trägt, daß Heinrich Drendorf alle Konflikte, Krisen, Irrtümer, Umwege und Enttäuschungen erspart bleiben. Aufgrund dieser Feststellungen wird man sagen müssen, daß der *Nachsommer* die Grundkonstellation der Bildungsgeschichte harmonisierend behandelt, ja daß er ihr eigentlich den beunruhigenden Problemgehalt nimmt. Zwar fällt Stifters Roman dadurch keineswegs ganz aus der Gattungsgeschichte heraus, aber er erweist sich doch als ein bewußt einseitig angelegter und in vieler Hinsicht problematischer Sonderfall.

3. Keller: ‚Der grüne Heinrich'

3.0. Bibliographie

3.0.1. Texte und Dokumente

Zitiert ist im folgenden nach:

Gottfried Keller: Sämtliche Werke. Aufgrund des Nachlasses besorgte und mit einem wissenschaftlichen Anhang versehene Ausgabe. Hg. v. J. Fränkel und C. Helbling. Bd. 1–22. Bern (und Leipzig) 1926–1948 (Bd. 3–8 und 16–18 Erlenbach-Zürich und München 1926/27). [Sigle SW; zwar zumindest in Teilen überarbeitungs- und korrekturbedürftige, trotzdem aber heute noch nützliche Gesamtausgabe; enthält in Bd. 3–6 die zweite Fassung des Grünen Heinrich, in Bd. 16–19 die erste Fassung.]
Gottfried Keller: Sämtliche Werke und ausgewählte Briefe. Bd. 1–3. Hg. v. C. Heselhaus. München 1956–1958, 4. Auflage 1978–1980. [Auch wissenschaftlich brauchbare neuere Werkausgabe; in Bd. 1 die erste Fassung des Grünen Heinrich sowie die zweite Fassung vom Ende der Jugendgeschichte an.]
Gottfried Keller: Der grüne Heinrich. Erste Fassung. Hg. v. G. Kaiser und T. Böning. Frankfurt/M. 1985 [= Bd. 2 der im Erscheinen begriffenen „Sämtlichen Werke"; sorgfältige kritische Edition mit ebenso ausführlichem wie instruktivem Kommentar.]

Der grüne Heinrich ist in folgenden Taschenbuch-Ausgaben lieferbar:
– Diogenes Taschenbuch 20521/2 (2. Fassung);
– dtv Taschenbuch 2034 (1. Fassung);
– Goldmann Klassiker 7549 (1. Fassung und 2. Fassung vom Ende der Jugendgeschichte an);
– Insel Taschenbuch 335 (1. Fassung).

Briefe von und an Keller werden im folgenden zitiert nach:
Gottfried Keller: Gesammelte Briefe. Bd. 1–4. Hg. v. C. Helbling. Bern 1950–1954. [Sigle GB]

Schriftliche und mündliche Äußerungen Kellers u. a. zum Grünen Heinrich finden sich in:
Klaus Jeziorkowski (Hg.): Gottfried Keller. Dichter über ihre Dichtungen. München 1969.

3.0.2. Forschungsliteratur

Als Bibliographien bzw. Forschungsberichte zur Keller-Forschung liegen u. a. vor:

Baechtold, Jakob: Gottfried Keller-Bibliographie. Verzeichnis der sämtlichen gedruckten Werke. Berlin 1897.
Zippermann, Charles C.: Gottfried Keller. Bibliographie 1844–1934. Zürich, Leipzig, Stuttgart, Wien 1935.
Preisendanz, Wolfgang: Die Keller-Forschung der Jahre 1939–1957. Germanisch-Romanische Monatsschrift. Neue Folge 8. 1958, S. 144ff.

Beddow, Michael: The Fiction of Humanity. Studies in the Bildungsroman from Wieland to Thomas Mann. Cambridge 1982, S. 159 ff.: Submissions: *Der Nachsommer* and *Der grüne Heinrich*. [Interpretiert die zweite Fassung vor allem in bezug auf den Konflikt zwischen Heinrichs Individualität und den Normen der Gesellschaft: Der harmonisierende Schluß erscheint in kritischer Beleuchtung eher als bedingungslose Kapitulation denn als fruchtbarer Kompromiß.]

Boeschenstein, Hermann: Gottfried Keller. Stuttgart 1969, 2. Auflage 1977. [Zusammenfassende Einführung in Leben und Werk, die sich im wesentlichen auf ein Referat der kritischen Literatur beschränkt; in den Wertungen stellenweise überholt; ausführliche Bibliographie.]

Ehrensperger, Armin: Individuum und öffentliche Gemeinschaft bei Gottfried Keller. Diss. Zürich 1972. [Analysiert Kellers angesichts der gesellschaftlich-ökonomischen Entwicklung der Schweiz aufsteigende Zweifel an der Möglichkeit eines „Ausgleichs zwischen Ich und Kollektiv".]

Heesch, Käthe: Gottfried Kellers „Grüner Heinrich" als Bildungsroman des deutschen Realismus. Diss. Hamburg 1939. [Interpretation des grundlegenden Spannungsverhältnisses zwischen Phantasie und Wirklichkeit – und dessen letztlicher Auflösung in der Synthese einer „höheren Wirklichkeit".]

Hildt, Friedrich: Gottfried Keller. Literarische Verheissung und Kritik der bürgerlichen Gesellschaft im Romanwerk. Bonn 1978. [Literatursoziologisch-ideologiekritisch orientierter Versuch, u. a. durch die vergleichende Analyse des *Grünen Heinrich* und des *Martin Salander* Kellers ambivalente Haltung gegenüber der bürgerlichen Gesellschaft herauszuarbeiten.]

Kaiser, Gerhard: Gottfried Keller. Das gedichtete Leben. Frankfurt/M. 1981. [Anregender, psychoanalytisch orientierter Versuch, Werk und Autor so aufeinander zu beziehen, daß „im Werk das Verfahren der gestaltenden Phantasie" rekonstruierbar wird; dieser Ansatz erweist sich gerade in bezug auf den *Grünen Heinrich* als fruchtbar.]

Kaiser, Gerhard: Gottfried Keller: Eine Einführung. München und Zürich 1985. [Anspruchsvoller und instruktiver Überblick über das Gesamtwerk, streng auf den einen Aspekt des Verhältnisses von Leben und Dichtung konzentriert; kommentierte Auswahlbibliographie.]

Laufhütte, Hartmut: Gottfried Keller: ‚Der grüne Heinrich'. Zur Problematik literaturwissenschaftlicher Aktualisierung. In: H. Steinecke (Hg.): Zu Gottfried Keller. Stuttgart 1984, S. 18 ff. [Schlägt auf der Basis einer knappen Interpretation des Romans und der Diskussion ausgewählter kritischer Literatur eine neue Lösung des Gattungsproblems vor: Der Bildungsroman im engeren Sinne – zu dem der *Grüne Heinrich* nicht mehr zählt – wird als rein historisch verstandene Kategorie dem weiteren Gattungsbegriff der „Biographie-Erzählung" subsumiert.]

Laufhütte, Hartmut: Wirklichkeit und Kunst in Gottfried Kellers Roman ‚Der grüne Heinrich'. Bonn 1969. [Anregende Untersuchung, deren Erkenntniswert über das eigentliche Thema – das Verhältnis von Kunst und Realität, interpretiert im wesentlichen ausgehend von den Goethe-Reflexionen – weit hinausreicht.]

Meier, Hans: Gottfried Kellers „Grüner Heinrich". Betrachtungen zum Roman des poetischen Realismus. Zürich und München 1977. [Gesamtinterpretation; in der harmonisierenden Tendenz, die die dem Roman immanenten Dissonanzen zu vernachlässigen droht, vor allem der älteren Keller-Forschung verpflichtet.]

Moormann, Karl: Subjektivismus und bürgerliche Gesellschaft. Ihr geschichtliches Verhältnis im frühen Prosawerk G. Kellers. Bern und München 1977. [Materialistische

IV. 19. Jahrhundert

Analyse zur Funktion und Problematik des als Kompensation verstandenen Subjektivismus und seiner historisch-gesellschaftlichen Fundierung.]
Müller, Klaus-Detlef: Die ‚Dialektik der Kulturbewegung'. Hegels romantheoretische Grundsätze und Kellers „Grüner Heinrich". Poetica 8. 1976, S. 300 ff. [Versucht, den *Grünen Heinrich* als direkte literarische Entsprechung zu Hegels Bestimmungen des ursprünglich Epischen und des modernen Romans als Darstellung der Prosa der bürgerlichen Verhältnisse zu deuten.]
Muschg, Adolf: Gottfried Keller. O. O. (Frankfurt/M.) 1980 (1. Auflage München 1977). [Versucht, unter Rekurs auf die psychischen Dispositionen des Autors – zentrale Funktion der ‚Schuld' –, aber auch auf die historisch-ökonomischen Voraussetzungen seiner literarischen Produktion „die Geschichtlichkeit von Kellers Gestalt wiederherzustellen".]
Neumann, Bernd: Gottfried Keller. Eine Einführung in sein Werk. Königstein/Ts. 1982. [Analysiert den *Grünen Heinrich* in Kapitel II, dabei Kellers Vater-Bild als leitenden Gesichtspunkt der Interpretation wählend. Berücksichtigt jedoch neben dem psychologischen Aspekt auch den sozial- und ideologiegeschichtlichen Kontext. Einführende Auswahlbibliographie.]
Preisendanz, Wolfgang: Keller. Der grüne Heinrich. In: B. von Wiese (Hg.): Der deutsche Roman. Vom Barock bis zur Gegenwart. Struktur und Geschichte. Bd. 2. Düsseldorf 1963, S. 76 ff. [Einflußreiche Interpretation, ausgehend vor allem von den entscheidenden Problembereichen ‚Einbildungskraft' und ‚Humor'; zum Verhältnis von ‚objektivem' Humor und poetischer Verklärung bei Keller siehe ergänzend: W. P.: Humor als dichterische Einbildungskraft. Studien zur Erzählkunst des poetischen Realismus. München 1963, 2. Auflage 1976, S. 143 ff.]
Sautermeister, Gert: Gottfried Keller: *Der grüne Heinrich* (1854/55; 2. Fassung 1879/80). Gesellschaftsroman, Seelendrama, Romankunst. In: H. Denkler (Hg.): Romane und Erzählungen des Bürgerlichen Realismus. Neue Interpretationen. Stuttgart 1980, S. 80 ff. [Konzise Analyse des „eigentümlichen Verknüpfungsmodus von Individuum und Gesellschaft als einer ästhetischen Grundstruktur des Romans".]
Sorg, Klaus-Dieter: Gebrochene Teleologie. Studien zum Bildungsroman von Goethe bis Thomas Mann. Heidelberg 1983, S. 135 ff.: Gottfried Keller: *Der grüne Heinrich*. [Interpretiert Heinrichs Bildungsgang als Konflikt zwischen sinnstiftenden Normen und realen Erfahrungen: Da dieser Widerspruch im Roman als unaufhebbar erscheint, ist ein überzeugender teleologischer Lösungsvorschlag nicht möglich.]
Spies, Bernhard: Behauptete Synthese. Gottfried Kellers Roman „Der grüne Heinrich". Bonn 1978. [Mehrschichtige Interpretation der zweiten Fassung des Romans, zentriert in erster Linie auf das problematische Verhältnis von Allgemeinem/Ganzem der Natur und im Protagonisten angelegter Tendenz zur Partikularität.]
Swales, Martin: The German Bildungsroman from Wieland to Hesse. Princeton 1978, S. 86 ff.: Keller: *Green Henry* (1879–1880). [Untersucht die Spannung zwischen dem ‚Nacheinander' des äußeren Geschehens und dem ‚Nebeneinander' der menschlichen Daseinsmöglichkeiten, die sich in Heinrichs Selbstwahrnehmung tendenziell zum strikten Antagonismus steigert.]
Träger, Christine: Gottfried Kellers „Der grüne Heinrich". Das Modell des Bildungsromans in der geschichtlichen Entscheidung. Weimarer Beiträge 31. 1985. H. 12, S. 2008 ff. [Interpretiert den *Grünen Heinrich* vor dem Hintergrund der Entwicklung der bürgerlichen Gesellschaft und Ideologie: Der (Bildungs-)Roman „bilanziert – als Typus – (...) noch einmal den historischen Gehalt seiner Vorgänger und erprobt ihn auf

seine Tragfähigkeit" unter den in steter Veränderung befindlichen Bedingungen des 19. Jahrhunderts.]

Wenger, Kurt: Gottfried Kellers Auseinandersetzung mit dem Christentum. Bern 1971. [Beschreibt – in weiten Teilen ausgehend vom *Grünen Heinrich* – Kellers vor allem durch Feuerbach beeinflußte Ablehnung des traditionellen Christentums sowie die damit korrespondierende Säkularisierung christlicher Inhalte.]

3.1. Erinnern und Erfinden – der autobiographische Roman

Der grüne Heinrich erschien in vier Bänden 1854/55, elf Jahre nach der frühesten Erwähnung der Möglichkeit, einst „als ein zweites Ich" das ursprüngliche eigene Ich „in seinem Herzkämmerlein aufstören und betrachten", also die eigene „Jugendgeschichte schreiben" zu wollen (Tagebucheintrag vom 8. 7. 1843, SW 21, S. 34), – und immerhin erst etwa fünf Jahre nach dem Beginn der ernsthaften Arbeit am Manuskript des Romans. Die „fabelhafte Langsamkeit", mit der – wie der Autor selbst gegenüber Hermann Hettner eingestehen mußte (Brief vom 16. 7. 1853, GB 1, S. 368) – seine literarische Produktion fortschritt, die häufigen Schreibhemmungen und Phasen des Leerlaufs haben ihren tieferen Grund zweifellos auch in dem bereits von Kellers Freund und verständnisvollem Kritiker Friedrich Theodor Vischer konstatierten Faktum, daß *Der grüne Heinrich* als ein „Mittelding zwischen Roman und Selbstbiographie" zu gelten hat (F. Th. Vischer: *Gottfried Keller. Eine Studie.* In: F. Th. V.: *Altes und Neues.* 2. H. Stuttgart 1881, S. 138 f. Zur Entstehungsgeschichte der ersten wie der zweiten Fassung vgl.: K. Jeziorkowski [Hg.]: *Gottfried Keller*, S. 78 ff.).

Wie Keller in der Autobiographie von 1876/77 aus der abgeklärten Position des zeitlich distanzierten Beobachters erläuterte, war schon der innere Anlaß des Buches im Grunde biographischer Natur. Allerdings war anfänglich eher ein wenig umfangreicher Künstlerroman geplant, keineswegs die komplexe, in epischer Breite erzählte, aus eigenem Erleben gespeiste Bildungsgeschichte, zu der sich die Schilderung der Schicksale des Helden allmählich auswuchs (vgl. SW 21, S. 18). Je intensiver Keller sich nämlich mit dem Werdegang seines literarischen Helden beschäftigte, desto entschiedener trat sehr bald die Künstlerthematik zurück hinter andere explizit autobiographische Bezüge, die vor allem die in der Ich-Form erzählte Jugendgeschichte durchziehen und prägen:

> „Ich gedachte immer noch, nur einen mäßigen Band zu schreiben; wie ich aber etwas vorrückte, fiel mir ein, die Jugendgeschichte des Helden oder vielmehr Nichthelden als Autobiographie einzuschalten mit Anlehnung an Selbsterfahrenes und -empfundenes. Ich kam darüber in ein solches Fabulieren hinein, daß das Buch vier Bände stark und ganz unförmlich wurde. Ursache hievon war, daß ich eine unbezwingliche Lust daran fand, in der vorgerückten Tageszeit einen Lebensmorgen zu erfinden, den ich nicht gelebt hatte, oder, richtiger gesagt, die dürftigen Keime und Ansätze zu meinem Vergnügen poetisch auswachsen zu lassen" (Autobiographie von 1876/77, SW 21, S. 20).

So wird aus dem geplanten romantisch angehauchten Künstlerroman der autobiographisch fundierte Bildungsroman, der vor allem in bezug auf die minutiös geschilderte Kindheit und frühe Jugend seines Protagonisten ein hohes Maß an lebensgeschichtlicher Authentizität beanspruchen kann (vgl. etwa Brief an Eduard Vieweg vom 3. 5. 1850, GB 3/2, S. 15).

Allerdings wäre es eine Simplifikation, die Jugendgeschichte nur unter dem Zeichen der ‚Erinnerung', den Fortgang der Handlung aber unter dem der ‚Erfindung' zu sehen (vgl. etwa Bruno Hillebrand: *Mensch und Raum im Roman. Studien zu Keller, Stifter, Fontane.* München 1971, S. 107 ff.): Auch die Erfindung basiert letztlich auf der konkreten Erfahrung; auch die Erinnerung verzichtet nicht darauf, die autobiographische Realität zu transzendieren und beispielsweise einen ‚Lebensmorgen zu erfinden', der die ‚dürftigen Keime und Ansätze' zum eingestandenen Vergnügen des Autors ‚poetisch auswachsen' läßt (s. o.). Der grüne Heinrich ist also – selbst in der Jugendgeschichte – durchaus nicht deckungsgleich mit seinem Schöpfer Gottfried Keller, vergewissert sich dieser doch im fiktionalen, der eigentlichen, bedrängenden Lebenspraxis entzogenen Raum des Romans mancher Möglichkeiten, die er vielleicht nicht ergriffen, und mancher Probleme, die er gelöst oder – noch – nicht gelöst hat:

„Ich habe bei diesem Unglücklichen [dem grünen Heinrich] das gewagte Manöver gemacht, daß ich meine eigene Jugendgeschichte zum Inhalt des ersten Teils machte, um dann darauf den weiteren Verlauf des Romanes zu gründen, und zwar so, wie er mir selbst auch hätte passieren können, wenn ich mich nicht zusammengenommen hätte. [...] Ich hatte nicht die Intention, aus eitler Subjektivität diese Jugendgeschichte einzufügen, *weil* sie die meinige ist, sondern *obgleich* sie es ist, und stellte mir dabei einfach die Aufgabe, mich selbst mir objektiv zu machen und ein Exempel zu statuieren" (Brief Kellers an Hermann Hettner vom 4. 3. 1851, GB 1, S. 356 f.).

Schreiben im Dienst der Objektivierung der eigenen Person, mit dem Ziel der fortschreitenden Bewältigung des eigenen Lebens, der literarische Held als sich entwickelndes und bildendes Individuum, das – stellvertretend für seinen Schöpfer – auf die lebensentscheidende Probe gestellt wird: Der Autor fungiert hier gleichzeitig als Objekt wie als Subjekt seiner verzweifelten Bemühungen um Selbstvergewisserung und Selbstbewußtsein, das ‚Exempel' wird gleichermaßen *an* ihm wie *durch* ihn statuiert.

Aus diesem grundlegenden, biographisch bedingten „Rätsel Kellers", daß nämlich das „Mißlingen des Lebens die Voraussetzung für das Gelingen des Schreibens ist" (G. Kaiser: *Gottfried Keller. Das gedichtete Leben,* S. 32), resultiert nun allerdings nicht nur ein wesentlicher Reiz des *Grünen Heinrich* – die autobiographische Spiegelung, die gleichzeitig Brechung ist –, sondern auch eine besondere Problematik der Interpretation: Wie die Reflexionen des erlebenden Ich die Bedeutung der Geschehnisse zumeist nicht vollständig erfassen und wie die Kommentare des Erzählers häufig nur Rationalisierungen bieten, mit denen er tiefere Zusammenhänge verdeckt, so sind auch die Äußerungen des Autors Gottfried Keller zum *Grünen Heinrich* noch weniger als die Selbstkommentare anderer Autoren als Hinweise von autoritativer Geltung zu lesen. (Zu der „doppelgesichtigen Erzählperspektive" vgl. u. a. G. Sautermeister: *Gottfried Keller:*

Der grüne Heinrich, S. 83; W. Preisendanz: *Keller. Der grüne Heinrich*, S. 120 f.).

Wenn Keller daher gegenüber seinem Freund Hettner noch während der Arbeit an dem Roman den „Endzweck des Buches" skizzierte, so faßte er damit zwar einige entscheidende Wesensmerkmale sowohl seiner eigenen Biographie als auch des Bildungsganges seines Helden prägnant zusammen, vermochte aber andererseits aufgrund der mangelnden Distanz zu seinem literarischen ‚Objekt' weitere wesentliche Momente nicht klar zu sehen und bestimmte Bezüge nicht deutlich zu erfassen:

„Ich hatte die doppelte Tendenz: einesteils zu zeigen, wie wenig Garantien auch ein aufgeklärter und freier Staat, wie der zürchersche, für die sichere Erziehung des einzelnen darbiete heutzutage noch, wenn diese Garantien nicht schon in der Familie oder den individuellen Verhältnissen vorhanden sind, und anderenteils den psychischen Prozeß in einem reich angelegten Gemüte nachzuweisen, welches mit der sentimental-rationellen Religiosität des heutigen aufgeklärten oder schwächlichen Deismus in die Welt geht und an ihre *notwendigen* Erscheinungen den willkürlichen und phantastischen Maßstab jener wunderlichen Religiosität legt und darüber zugrunde geht" (Brief an H. Hettner vom 4. 3. 1851, GB 1, S. 357).

Hier wird exemplarisch deutlich, wie sehr *Der grüne Heinrich* auch nach der Auffassung des Autors selbst von dem Grundkonflikt des Bildungsromans geprägt ist: Der Protagonist des Buches mit seinen besonderen seelischen Anlagen und individuellen Verhältnissen steht in einem fortschreitend sich zuspitzenden Spannungsverhältnis zu den gesellschaftlichen Bedingungen, die seine Lebensmöglichkeiten festlegen.

3.2. *Der grüne Heinrich* als Held einer Bildungsgeschichte

3.2.1. *Das Subjekt, die Gesellschaft und das Problem der Identität*

Der grüne Heinrich als Held seiner Bildungsgeschichte geht einen Weg, an dessen Ende ein hohes Ziel steht, nämlich die Selbstfindung des Individuums. Gefordert ist – ganz im Sinne des klassischen Bildungsromans Goethescher Prägung – die Ausbildung des ‚ganzen Menschen'. Wie der Erzähler immer wieder deutlich macht und wie auch Heinrich, angeregt u. a. durch die Goethe-Lektüre und später vor allem durch die Rezeption Feuerbachscher Ideen, immer aufs neue einsieht oder zumindest zu ahnen beginnt, impliziert dieses Ideal jedoch nicht etwa die Ablösung des Subjekts von allen sozialen und gesellschaftlichen Bindungen, sondern basiert geradezu auf der dem einzelnen als Aufgabe vorgegebenen „wundersamen Wechselwirkung [...] zwischen dem Ganzen und seinem lebendigen Teile" (SW 19, S. 318). Denn im Sinne des Schweizer Demokraten Keller, der 1848/49 in Heidelberg die ganz auf das Diesseits und auf die Propagierung der Mitmenschlichkeit ausgerichtete Philosophie Feuerbachs kennengelernt hatte, bedeutet die Emanzipation des Individuums eben nicht dessen Verselbständigung gegenüber den gesellschaftlichen Bezügen, sondern seine produktive Integration in das bürgerliche Leben.

Bezeichnenderweise manifestiert sich dieses Ideal der Harmonie zwischen Einzelnem und Gemeinschaft vor allem in den Träumen Heinrichs – etwa in dem großen Heimattraum von der „Identität der Nation" (SW 19, S. 164) – und in den zentralen Festszenen des Romans. So wird beispielsweise das Münchener Künstlerfest gerühmt als eine der seltenen Gelegenheiten, wo „jeder ein lebendiger Teil des Ganzen war und das Leben des Ganzen in jedem einzelnen pulsierte" (SW 18, S. 145), – und doch muß um der historischen Wahrheit willen der Erzähler anschließend die Realität dieses vorbildlichen Geschehens widerrufen mit dem Eingeständnis, daß im Grunde nur „eine kurze Nacht sich selber zur Wirklichkeit träumte" (ebd.).

Der enge, bruchlose Bezug zwischen Ich und Welt, der erst die Identität des Subjekts konstituieren soll, wird also im *Grünen Heinrich* gleichzeitig als Ideal bewahrt und als Problem vorgeführt, das – wie der Schluß zumindest der ersten Fassung ausweist – von dem Helden des Romans im Verlauf seiner Lebensgeschichte nicht gelöst werden kann. Sein letztliches Scheitern erscheint um so tragischer, als er sich trotz allen gegenteiligen Erfahrungen den Glauben an die Möglichkeit einer Synthese von subjektivem Wollen und objektiven Verhältnissen bewahrt (vgl. etwa K.-D. Sorg: *Gebrochene Teleologie*, S. 152 und 170).

Daß Heinrich der Notwendigkeit, sich als ‚lebendiger Teil' dem Ganzen einzugliedern, über weite Strecken seines Weges nicht folgen kann, resultiert unter anderem aus der fatalen Tatsache, daß seine „beiden Entdeckungsreisen, diejenige nach seiner menschlichen Bestimmung und diejenige nach dem zwischenweiligen Auskommen", so häufig auf „höchst mißliche Weise zusammen[treffen]" (SW 19, S. 94). Damit sind wiederum die zwei Pole der Bildungsgeschichte Heinrichs benannt, nämlich einerseits das nach Selbsterkenntnis und Selbstvergewisserung strebende Ich und andererseits die Welt, genauer gesagt die bürgerliche Gesellschaft des 19. Jahrhunderts, die sich mit ihren sozialen und ökonomischen Zwängen dem Individuum entgegenstellt.

Als eine Besonderheit des *Grünen Heinrich* gegenüber anderen Bildungsromanen kann gelten, daß dieser Konflikt in aller Schärfe bereits in den ersten Lebensjahren des Helden zutage tritt, treffen doch schon in dieser Phase psychische Veranlagung, familiäre Voraussetzungen und äußere Realitäten in einer ganz bestimmten prekären Konstellation aufeinander. Nicht von ungefähr faßt der Erzähler der Jugendgeschichte die Kindheit als „Vorspiel des ganzen Lebens" auf, das „die Hauptzüge der menschlichen Zerwürfnisse im kleinen abspiegele" (SW 16, S. 262).

Bedeutsamkeit gewinnt dieses Diktum vor allem in bezug auf das Problem der Einbildungskraft, deren zentrale Rolle für Heinrichs gesamten Bildungsgang bereits in dessen früher familiärer und schulischer Sozialisation vorgeprägt wird. Die „Unverantwortlichkeit der Einbildungskraft", von der Keller in den *Vorarbeiten* zum *Grünen Heinrich* spricht (SW 19, S. 351), manifestiert sich im Falle des Helden etwa in den „ganz innerlichen Anschauungen" seiner ersten Gottesvorstellungen (SW 16, S. 95) oder in den im Umgang mit Frau Margret angeregten „großen träumerischen Geweben [...], wozu die erregte Phantasie den Einschlag gab" (SW 16, S. 152). Nicht nur in dieser Episode verflechten sich ihm die durch die Einbildungskraft evozierten Bilder und Vorstellungen so eng „mit dem wirklichen Leben", daß er sie „kaum von demselben [zu] unterscheiden" vermag (SW 16, S. 153).

Da die soziale und gesellschaftliche Realität als ein Bereich erlebt wird, der sich den ureigensten Wünschen nach Bewahrung der persönlichen Autonomie und nach gelungener Weltaneignung verschließt, wird die gesteigerte Einbildungskraft als „Vermittlerin zwischen innerem Bedürfnis und äußerer Welt" zum geeigneten Mittel, den „ständigen Zwiespalt zwischen Selbstverständnis und Situation" zumindest im Raum der Imagination tendenziell aufzuheben (W. Preisendanz: *Keller. Der grüne Heinrich*, S. 81 und 106). Man denke in diesem Zusammenhang etwa an die Spiele des Kindes, die der Erzähler der Jugendgeschichte selbst in der Rückschau als Versuch interpretiert, der äußeren Welt, die sich ihm entzieht, aus der Schöpferkraft des eigenen Ich heraus eine neue, ihm angemessene Realität entgegenzusetzen: Je schwieriger die Kontakte zur sozialen Umgebung, zur Mutter beispielsweise und zu den Lehrern, sich gestalten, desto eifriger verkehrt Heinrich mit sich selbst, „in der Welt", die er „allein zu bauen gezwungen" ist (SW 16, S. 169). In ähnlicher Absicht wird später seine erste Künstlerklause in der Dachkammer als „eigene Welt" bezeichnet (SW 17, S. 134), die „dem kochenden Herde eines Hexenmeisters oder Alchymisten [gleicht], auf welchem ein ringendes Leben gebraut" wird (SW 17, S. 137f.).

Solche Versuche, eine Gegenwelt aus der Phantasie heraus zu schaffen, bezeugen die Tendenz, das subjektive Moment absolut zu setzen und die widersetzliche Wirklichkeit zugunsten einer allein aus dem Individuum generierten zu verdrängen, weil nur so der tiefe Wunsch nach Übereinstimmung zwischen Teil und Ganzem noch erfüllbar scheint: Die aufs Subjekt zentrierte Welt „[...] wird mit dem Anspruch entworfen, das mit der Entwicklung der bürgerlichen Gesellschaft atomisierte, den Subjekten entfremdete *Ganze* in der Innerlichkeit neu hervorzubringen als Totalität, in der letztlich Identität von Subjekt und Objekt, Innen und Außen herrscht" (K. Moormann: *Subjektivismus und bürgerliche Gesellschaft,* S. 99). Die Bildungsgeschichte Heinrichs zeigt allerdings immer aufs neue, daß und wie *diese* Form der Identität bloßer Schein, individualistische Illusion bleibt.

3.2.2. Prägende Faktoren in Heinrichs Bildungsgang

Fragt man nach den Ursachen für Heinrich Lees ständige Weltverfehlung, so stößt man auf ein ganzes Bündel von Bedingungen und Einflüssen sowohl psychischer als auch familiärer und sozialer Natur. Gerade für die Bewertung der Kinder- und frühen Jugendjahre Heinrichs spielt beispielsweise das entwicklungspsychologische Moment eine wichtige Rolle – auch wenn der Erzähler selbst nur selten auf solche Zusammenhänge eingeht und eher dazu neigt, die eigene Vergangenheit gemäß seinem mittlerweile fortgeschrittenen Bewußtseinsstand zu kommentieren. Vor allem Heinrichs widersprüchliche Beziehungen zu Judith und Anna sind unter diesem Aspekt nicht allein als exemplarischer, personalisierter Ausdruck seines grundsätzlich problematischen Verhältnisses zur Welt zu verstehen, sondern spiegeln auch alterstypische Unsicherheiten und Schwierigkeiten wider.

Die Andeutung Kellers in der ersten Ausgabe der Novelle *Romeo und Julia auf dem Dorfe,* nur eine vollständige Familie könne „das Geheimnis oder die Offenkunde von der Wohlfahrt des Lebens" (SW 7, S. 395) gewährleisten, bezeichnet ein zentrales Problem sowohl seiner eigenen Biographie als auch derjenigen des grünen Heinrich. Denn in der Kleinfamilie als der klassischen Sozialisationsinstanz der bürgerlichen Gesellschaft konstituiert sich der Raum, in dem die Forderungen der Gemeinschaft, vertreten vor allem durch die Eltern, dem heranwachsenden Subjekt vermittelt werden. Durch den frühen Tod des Vaters, den die Mutter nicht ersetzen kann, wird diese Funktion der Anleitung wie des Schutzes so grundlegend beeinträchtigt, daß die Regeln und Postulate der gesellschaftlichen Umwelt dem grünen Heinrich sozusagen unvermittelt gegenübertreten. Dieser selbst weist immer wieder darauf hin, wie sehr ihm der väterliche Rat und die väterliche Führung im bürgerlichen Leben gefehlt hätten: „Ich kann mich nicht enthalten [...], oft Luftschlösser zu bauen und zu berechnen, wie es mit mir gekommen wäre, wenn mein Vater gelebt hätte, und wie mir die Welt in ihrer Kraftfülle von frühester Jugend an zugänglich gewesen wäre [...]" (SW 16, S. 88).

Allerdings mangelt es ihm nicht nur an aktiver Anleitung, sondern auch an der Möglichkeit, in der kritischen Auseinandersetzung mit dem erfahreneren Gegenüber sich seiner selbst und seiner Aufgaben im Leben zu vergewissern. Denn die Gestalt des Vaters ist dem Helden auf seinem verworrenen Lebensweg zwar ständig präsent, aber nur als bereits gebildeter, erfolgreicher Bürger und pater familias, als Ideal also, das sich der kritischen Befragung von vornherein entzieht. (Zur Funktion des Vaterbildes siehe u. a.: B. Neumann: *Gottfried Keller,* Kp. II, S. 31 ff.; G. Sautermeister: *Gottfried Keller: Der grüne Heinrich,* S. 84 ff.; G. Kaiser: *Gottfried Keller. Das gedichtete Leben,* S. 118 ff.)

Der Vater scheint nämlich mühelos all das erreicht zu haben, was Heinrich in seinem eigenen Bildungsgang zu realisieren sucht. Weil er aufgrund seines geschäftlichen Erfolges, gepaart mit altruistisch-nutzbringender Tätigkeit für die bürgerliche Gemeinschaft, gesellschaftlich anerkannt war, weil er ständig und ebenso erfolgreich an seiner persönlichen Vervollkommnung und Bildung arbeitete und weil er zudem seine künstlerischen Ambitionen praktisch werden ließ, indem er sie für sein ökonomisches Fortkommen nutzte, qualifiziert er sich „sowohl als Vorbild wie als Gegenbild" für den grünen Heinrich (Rolf Selbmann: *Der deutsche Bildungsroman.* Stuttgart 1984, S. 136). Als Gegenbild deshalb, weil die Tragik des Sohnes darin besteht, daß ihm das Bild des ‚ganzen Menschen' in der Gestalt des Vaters zwar noch als Ideal vorschwebt, die veränderten gesellschaftlichen und ökonomischen Verhältnisse aber dessen Verwirklichung erschweren, wenn nicht gar unmöglich machen.

3. Keller: Der grüne Heinrich

Auch die zweite wichtige Sozialisationsinstanz der bürgerlichen Gesellschaft, die Schule, kann die Entwicklung des jungen und vaterlosen Heinrich Lee nur partiell und vor allem nicht lange genug stabilisieren. Nach dem Schulverweis ist Heinrich wiederum zurückgeworfen auf sich selbst und die Welt seiner Phantasie.

Der kommentierende Erzähler der Jugendgeschichte verweist in diesem Zusammenhang auf die Schuld des Staates: „[...] Ein Kind von der allgemeinen Erziehung ausschließen, heißt nichts anderes, als seine innere Entwicklung, sein geistiges Leben köpfen" (SW 16, S. 265). Das erlebende Ich fühlt sich dagegen bezeichnenderweise jetzt erst recht „frei [...] wie der Vogel in der Luft" (SW 16, S. 267). Neben diesem Drang nach Freiheit und Autonomie steht allerdings immer wieder der Wunsch nach Führung und Lenkung, und zwar nicht nur was die Kunst, sondern auch was die allgemeine Lebensorientierung betrifft. Die Personen, mit denen Heinrich engeren Umgang pflegt, können ihm jedoch zumeist weder das eine noch das andere bieten: Die Mutter ist einerseits beschränkt auf ihren kleinen Kreis, unterstützt andererseits aber, teilweise wider besseres Wissen, seine hochfliegenden Ambitionen; weder Habersaat noch Römer, weder Lys noch Erikson können ihm als auf je eigene Weise fragwürdige Persönlichkeiten zum Vorbild werden; Anna wird, ähnlich wie die Gestalt des Vaters, von Heinrich in die Sphäre des Ideals entrückt; und gegen Judiths heilsamen, objektivierenden Einfluß sperrt er sich so lange, bis er die Beziehung zu ihr endgültig zerstört hat. Erst die Begegnung mit dem Grafen und mit Dortchen, und durch diese vermittelt mit dem Denken Feuerbachs, markiert einen entscheidenden, die Fundamente seines Denkens aufbrechenden Einschnitt (vgl. Kp. 3.2.4.).

Die direkte, durch Anleitung kaum gemilderte Konfrontation des Helden mit den Gesetzen des gesellschaftlichen Lebens wird besonders dann für seinen Bildungsgang relevant, wenn es um Fragen der bürgerlichen Existenz geht, also etwa um das Problem der Berufswahl und der ökonomischen Bewährung. Obwohl Heinrichs Entschluß, Landschaftsmaler zu werden, die Folge nicht einer vernünftigen Überlegung im bürgerlichen Sinne, sondern der auf das eigene Ich fixierten Realitätsverkennung ist, beschäftigt ihn doch je länger desto intensiver die Frage, wie der Mensch individuelle Selbstbestimmung, berufliche Tätigkeit und gesellschaftlichen Nutzen sinnvoll miteinander verbinden könne. Gegenüber der fortgeschrittenen bürgerlichen Wirtschaftsweise, in der „die Begriffe von der Bedeutung der Arbeit verkehrt [seien] bis zum Unkenntlichwerden" (SW 19, S. 78), so daß „Arbeit und Täuschung, innere Leerheit und äußerer Erfolg" (SW 19, S. 80) sich ununterscheidbar vermischen, bewahrt er einen konservativen, auf „dem festen Boden der Mutter Natur" (SW 19, S. 77) gegründeten Begriff von Arbeit und Beruf:

„So fest und allgemein wie das Naturgesetz selber sollen wir unser Dasein durch das nähren, was wir sind und bedeuten, und das mit Ehren sein, was uns nährt. Nur dadurch sind wir ganz, bewahren uns vor Einseitigkeit und Überspanntheit und leben mit der Welt im Frieden, so wie sie mit uns, indem wir sie sowohl bedürfen mit ihrer ganzen Art, mit ihrem Genuß und ihrer Müh als sie unser bedarf zu ihrer Vollständigkeit, und das alles, ohne daß wir einen Augenblick aus unserer wahren Bestimmung und Eigenschaft herausgehen" (SW 19, S. 83).

Die Realisierung dieser Vorstellungen von einem „einheitlichen organischen Leben" (SW 19, S. 82), das er in Schillers Existenz beispielhaft verwirklicht sieht, kann dem grünen Heinrich allerdings unter anderem deshalb nicht gelingen, weil er nicht zu durchschauen vermag, daß dieses Ideal der Kongruenz von Selbstbestimmung und materiellem Erfolg in tendenziellem Widerspruch zu der bestehenden bürgerlich-kapitalistischen Ökonomie steht, da diese gerade durch Spezialisierung, Funktionalisierung und Rationalisierung gekennzeichnet ist (s. o. Kp. 1.1.).

3.2.3. Künstlertraum und bürgerliche Ökonomie – die Funktion der Malerei

Obwohl Probleme der Kunst und des Künstlertums im allgemeinen und der Malerei im besonderen im *Grünen Heinrich* eine wichtige Rolle spielen, läßt sich Kellers Werk durchaus nicht als Künstlerroman rubrizieren. Der Erzähler selbst konstatiert, daß es keineswegs seine Absicht gewesen sei,

„[...] einen sogenannten Künstlerroman zu schreiben und diese oder jene Kunstanschauungen durchzuführen, sondern die vorliegenden Kunstbegebenheiten sind als reine gegebene Facta zu betrachten, und was das Verweilen bei denselben betrifft, so hat es allein den Zweck, das menschliche Verhalten, das moralische Geschick des grünen Heinrich und somit das Allgemeine in diesen scheinbar so absonderlichen und berufsmäßigen Dingen zu schildern " (SW 18, S. 132).

In der Kunstproblematik spiegelt sich die Lebensproblematik; der Künstler Heinrich ist nicht zu trennen von dem Menschen Heinrich, der seine individuelle Bestimmung im Gefüge des gesellschaftlichen Ganzen sucht. Seine Differenzen mit sich und der Umwelt resultieren zum großen Teil gerade aus dem Versuch, die eigene Selbstverwirklichung *und* die Bewährung im bürgerlich-sozialen Sinne in der Landschaftsmalerei zur Deckung zu bringen.

Daß dieser Weg problematisch und das Ziel kaum erreichbar sein wird, lassen bereits Heinrichs erste Malübungen erahnen, folgen diese doch immer wieder auf Enttäuschungen, die er in der Auseinandersetzung mit der Außenwelt erlitten hat:

„Ich erfand eigene Landschaften, worin ich alle poetischen Motive reichlich zusammenhäufte, und ging von diesen auf solche über, in denen ein einzelnes vorherrschte, zu welchem ich immer den gleichen Wanderer in Beziehung brachte, unter dem ich, halb unbewußt, mein eigenes Wesen ausdrückte. Denn nach dem immerwährenden Mißlingen meines Zusammentreffens mit der übrigen Welt hatte eine ungebührliche Selbstbeschauung und Eigenliebe angefangen, mich zu beschleichen, ich fühlte ein weichliches Mitleid mit mir selbst und liebte es, meine symbolische Person in die interessantesten Szenen zu versetzen, welche ich erfand" (SW 16, S. 268).

Auch die künstlerischen Aktivitäten des grünen Heinrich sind also von Beginn an geprägt vom Vorrang der subjektiven Einbildungskraft, die ein unvoreingenommenes, ‚realistisches' Verhältnis zur Wirklichkeit erschwert. Die Kunst wird so, indem sie vor allem der Sublimierung individueller Bedürfnisse dient, zum Fluchtraum vor den Forderungen der Welt.

Das Festhalten an dieser psychisch entlastenden Funktion der Kunst wird zudem über Jahre hinweg unterstützt durch Heinrichs Überzeugung, in seiner Berufswahl habe sich „eine höhere Bestimmung und Leitung Gottes" (SW 17, S. 45) kundgetan. Dieser metaphysisch-religiös überhöhten Argumentation korrespondiert seine Auffassung, die Kunst sei „eine Art wahren Nachgenusses der Schöpfung" (SW 17, S. 47), in welcher der Künstler zum höheren Lobe Gottes eine eigene, von keinerlei Mißtönen und Widersprüchen getrübte Welt erschaffe. So ist es psychologisch durchaus folgerichtig, daß Heinrich sich nicht die wirklichkeitsnahe Judith, sondern die von ihn zum Ideal stilisierte Anna zur Schutzpatronin seiner künstlerischen Bemühungen erwählt.

Vor allem der generelle Mangel an Führung und konsequenter künstlerischer Anleitung ist dafür verantwortlich, daß Heinrich aus diesem Irrgarten von „Wirklichkeitsflucht, Ichbezogenheit, Schöpferglaube und Schöpferanalogie, Welt- und Selbstbetrug" (H. Laufhütte: *Wirklichkeit und Kunst in Gottfried Kellers Roman ‚Der grüne Heinrich'*, S. 150) erst spät – zu spät – hinausfindet. So sieht er sich etwa – wie der Erzähler der Jugendgeschichte im Rückblick selbstkritisch feststellt – nach der Lehrzeit bei Habersaat allein „mit einer bedenklichen und leeren Fertigkeit ausgerüstet", ohne doch „etwas Rechtes zu können" (SW 17, S. 133). Denn den unbezweifelbaren Fortschritten in technischer Hinsicht entspricht keine analoge Entwicklung der genuin künstlerischen Einsichten, so daß er immer wieder wie sein ‚Lehrmeister' nur das Unnatürliche, das „Sonderbare und Krankhafte" (SW 17, S. 122), in die „plumpen und renommistischen Formeln [seiner] lächerlichen Virtuosität" (SW 17, S. 121) zu bannen weiß. Diese Mißachtung der äußeren Realität zugunsten der eigenen Phantasie zieht sich durch Heinrichs gesamte Künstlerlaufbahn. Noch angesichts seiner Münchener Bilder moniert der Erzähler das an ihnen abzulesende „Herausspinnen einer fingierten, künstlichen, allegorischen Welt aus der Erfindungskraft, mit Umgehung der guten Natur" (SW 18, S. 136), d.h. den künstlerischen „Spiritualismus", der es „vorzieht, eine ideale Natur fortwährend aus dem Kopfe zu erzeugen anstatt sich die tägliche Nahrung aus der einfachen Wirklichkeit zu holen" (SW 18, S. 131f.).

Dieser Verfehlung der Realität, der ‚guten Natur', wirken immer wieder Erlebnisse und Einflüsse entgegen, die Heinrich auf den rechten künstlerischen Weg zu führen scheinen. Zu nennen wären hier etwa die wiederholten Aufenthalte im väterlichen Dorf, die ihn überhaupt erst mit der realen Natur konfrontieren, die fruchtbaren Studien bei dem wahren Künstler – wenn auch unvollkommenen Menschen – Römer und vor allem Heinrichs Goethe-Reflexionen. Diese sind ohne Zweifel von entscheidender Bedeutung, wenn es um den Bildungsgang des Helden und um dessen Bewertung geht, so daß man sogar versucht hat, den gesamten Roman von diesen Überlegungen aus zu analysieren (vgl. H. Laufhütte: *Wirklichkeit und Kunst in Gottfried Kellers Roman ‚Der grüne Heinrich'*). Durch die Lektüre der Goetheschen Schriften erkennt Heinrich nämlich, daß auch in der Malerei nicht das „Abenteuerliche und Überschwängliche" den künstlerischen Wert ausmacht, sondern daß „nur Schlichtheit und Ehrlichkeit mitten in Glanz und Gestalten herrschen müssen, um etwas Poetisches oder, was gleichbedeutend ist, etwas Lebendiges und Vernünftiges hervorzubringen" (SW 18, S. 7). Entscheidender noch als eine solche Bestätigung und Bekräftigung des in Heinrich immer schon latent vorhandenen Realitätssinnes ist allerdings die ergänzende Einsicht, daß für den Künstler im besonderen wie für den Menschen im allgemeinen dieselben Gesetze gelten, daß beide von denselben Voraussetzungen ausgehen und sich dieselben Ziele setzen müssen:

„Denn wie es mir scheint, geht alles richtige Bestreben auf Vereinfachung, Zurückführung und Vereinigung des scheinbar Getrennten und Verschiedenen auf Einen Lebensgrund, und in diesem Bestreben das Notwendige und Einfache mit Kraft und Fülle und in seinem ganzen Wesen darzustellen, ist Kunst; darum unterscheiden sich die Künstler nur dadurch von den anderen Menschen, daß sie das Wesentliche gleich sehen und es mit Fülle darzustellen wissen [...]" (SW 18, S. 8).

Bezeichnend für den künstlerischen wie für den allgemeinmenschlichen Bildungsgang des grünen Heinrich ist nun allerdings, daß diese Erkenntnis rein punktuell bleibt, daß er sie eigentlich in keiner Phase seines Weges in die Tat umzusetzen vermag. Sowohl als Künstler wie als Mensch und Bürger verfehlt Heinrich den ‚Lebensgrund', verfehlt er das „notwendige und gesetzliche Wachstum der Dinge" (SW 18, S. 136), das auf den Regeln der ‚guten Natur' basieren soll. Am Ende des Romans zeigt sich in der resignierten Auffassung des Lebens als einer „niederträchtigen und tödlichen Narretei und Vexation" (SW 19, S. 324) der unaufhebbare Widerspruch zu dem aus der Goethe-Lektüre resultierenden Grundsatz der „hingebenden Liebe an alles Gewordene und Bestehende, welche das Recht und die Bedeutung jeglichen Dinges ehrt und den Zusammenhang und die Tiefe der Welt empfindet" (SW 18, S. 5). (Siehe auch Kp. 3.2.5)

Vorerst steht Heinrich aber noch vor der Einsicht, daß seine künstlerischen Ambitionen endgültig gescheitert sind, weil er in der Malerei weder seine individuelle Natur verwirklichen noch durch sie ökonomischen Erfolg erringen kann. Erst nach bitteren Erfahrungen, die in Armut und Verkommenheit führen, bahnt sich ein neues Selbstverständnis, ein verändertes Verhältnis zur Realität an. Die Künstlerträume enden im stupiden, aber zumindest solide entlohnten Anmalen von Fahnenstangen. Die Einbildungskraft scheint allmählich an Bedeutung zu verlieren zugunsten einer realistischeren Interpretation der Welt, die darin besteht, nicht mehr als Künstler, sondern als tätiger Bürger die eigene Existenz meistern zu wollen: Auf der Heimreise scheint es Heinrich

„[...] beinahe gewiß, daß in ihm mehr als alles andere eigentlich eine Lust läge, im lebendigen Wechselverkehr der Menschen, auf vertrautem Boden und in festbegründeten Sitten das Leben selbst zum Gegenstande des Lebens zu machen" (SW 19, S. 198).

Eine solche bruchlose Integration aber ist – wie schon die Goethe-Reflexionen andeuteten – im Bereich der Kunst nur dem *wahren* Künstler, dem „rechten Seher" (SW 18, S. 6), möglich, so daß Heinrichs Entscheidung auch unter diesem Aspekt als durchaus folgerichtig gelten kann. Wenn er als Künstler scheiterte, weil er nicht, wie gefordert, das ‚wahre' Wesen der Dinge darzustellen vermochte, so bleibt ihm doch der Versuch, in einer bürgerlichen Tätigkeit zu der erstrebten Übereinstimmung von individuellen Ansprüchen und gesellschaftlichen Realitäten zu gelangen. Daß der Erzähler den Entschluß des Helden durch den Kommentar relativiert, Heinrich wolle vielleicht im Grunde nur „wenigstens vor sich selbst gute Figur" machen (SW 19, S. 200), weist allerdings bereits auf das problematische Ende der geschilderten Bildungsgeschichte voraus.

3.2.4. Gottesglaube, Unsterblichkeit und Atheismus

Die Auseinandersetzung mit Fragen der Religion und des Christentums, die den *Grünen Heinrich* bis hin zum Feuerbach-Erlebnis des Helden durchzieht, ist von zentraler Bedeutung für dessen gesamten Bildungsgang. Allerdings sind bereits die ersten religiösen Erfahrungen Heinrichs im wesentlichen von Feuerbachschen Vorstellungen her gestaltet. Die sichere Gewißheit des Verfassers der Jugendgeschichte etwa, Gott sei „nicht geistlich, sondern ein weltlicher Geist, weil er die Welt ist und die Welt in ihm; Gott strahlt von Weltlichkeit" (SW 17, S. 215 f.), entspricht weniger dem Bewußtseinsstand des jungen Autobiographen als dem des Autors Keller.

Wenn Keller in den *Vorarbeiten* von der „Naivetät" spricht, „mit welcher er [Heinrich] seine willkürlich genialische Subjektivität zu seinem Gotte macht" (SW 19, S. 348), wenn noch in der Münchener Zeit nach Aussage des Erzählers sich in seinem Gottesbild „die Zustände und Bedürfnisse Heinrichs" abspiegeln (SW 18, S. 134), so korrespondiert dieser anthropomorphe Charakter der Gottesvorstellungen mit Feuerbachs Überzeugung, jegliche Gottheit sei nichts anderes als die Projektion menschlicher Wünsche und Bedürfnisse auf ein vorgeblich allmächtiges übermenschliches Gegenüber. (Vgl. dazu u. a.: Ludwig Feuerbach: *Aus den Heidelberger Vorlesungen über das „Wesen der Religion".* In: L. F.: *Anthropologischer Materialismus. Ausgewählte Schriften II.* Hg. v. A. Schmidt. Frankfurt/M., Berlin, Wien 1985, S. 120 ff.) Heinrichs „Privatverkehr mit Gott" (SW 16, S. 167), der so ganz anders ist als die nüchterne Religiosität der Mutter, entspricht seinem subjektiven, durch die Macht der Einbildungskraft geprägten Verhältnis zur Welt; seine naiven Gebete in Notlagen zeugen von dem Wunsch nach Hilfe und Leitung durch eine jenseits des Menschlichen liegende Instanz, die gleichzeitig aber der eigenen Einflußnahme unterworfen sein soll (vgl. etwa SW 18, S. 15). Heinrichs privatistische Religiosität erweist sich damit als eine

Folge der immer wieder mißlingenden Auseinandersetzung mit der Natur (im Bereich der Kunst) und mit der Gesellschaft. An seiner persönlichen Gottesvorstellung hält er auch während der Münchener Zeit konsequent fest. So verteidigt er etwa im Duell mit Lys, den Degen in der Hand, nicht nur seine romantische Auffassung von Liebe und Ehrgefühl, sondern gegenüber dessen „trivialem, trostlosen Atheismus" (SW 18, S. 240) auch seinen persönlichen Gott. Noch anläßlich der anthropologischen Vorlesungen, die in mancherlei Beziehung sein Weltverständnis erweitern und verändern, scheint ihm „jede neue Tatsache [...] ein Beweis zu sein von der Scharfsinnigkeit und Geschicklichkeit Gottes" (SW 19, S. 31). Die Auffassung seines Gottes als eines „liberalen und generösen" erübrigt vorerst jeden Zweifel, „daß alles zur größeren Ehre Gottes geschehe wie des Menschen, dessen Ehre mit der größeren Selbständigkeit und Verantwortlichkeit wachsen" müsse (SW 19, S. 39). Hier deuten sich bereits Feuerbachsche Gedankengänge an, ohne doch in diesem Moment lebensentscheidende Bedeutung zu gewinnen.

Dies geschieht erst auf dem Grafenschloß, im Bannkreis Dortchens und ihres Vaters. Hier fühlt Heinrich, wie „ohne Freude und ohne Schmerz, ohne Spott und ohne Schwere die anerzogenen Gedanken von Gott und Unsterblichkeit sich in ihm lösen und beweglich werden" (SW 19, S. 261).

Waren seine Ambitionen als Maler und sein subjektivistisches Gottesbild bislang untrennbar aufeinander bezogen, so beeinflußt nun auch die Wandlung der religiösen Vorstellungen unmittelbar sein Verhältnis zur Kunst. Im Zeichen der weltanschaulichen Befreiung gelingen ihm zwei Landschaftsbilder, die zudem noch finanziellen Erfolg bringen und so seine Künstlerkarriere zu einem zumindest in Ansätzen versöhnlichen Abschluß führen.

Heinrichs Weg als Künstler ist damit beendet, sein Bildungsgang als Mensch und Bürger aber hat durchaus noch nicht sein Ziel erreicht. Das Ideal des ‚ganzen Menschen' behält seine Gültigkeit, es soll nun aber allein im Bereich der gesellschaftlichen Tätigkeit realisiert werden. Denn es sind, wie Keller in den *Vorarbeiten* zu seinem Roman betont, „die höchste Befriedigung und das Gelingen [...] nur in der Hingabe und in Mitwirkung an der irdischen Menschlichkeit zu finden" (SW 19, S. 350).

Diese Auffassung liegt ganz auf der Linie Feuerbachs, der in den *Vorlesungen* verkündet hatte, daß „der einzige Gott des Menschen der Mensch selbst" sei:

> „An die Stelle der Gottheit, in welcher sich nur die grundlosen luxuriösen Wünsche des Menschen erfüllen, haben wir [...] die menschliche Gattung oder Natur, an die Stelle der Religion die Bildung, an die Stelle des Jenseits über unserem Grabe im Himmel das Jenseits über unserem Grabe auf Erden, die *geschichtliche Zukunft*, die Zukunft der Menschheit zu setzen" (L. Feuerbach: *Aus den Heidelberger Vorlesungen über das „Wesen der Religion"*, a.a.O., S. 150 und 145).

Bildung und Religion also sind Gegensätze, weil letztere einer früheren, kindlichen Stufe der Entwicklung der Menschheit entspricht, auf der – man denke an den grünen Heinrich! – „die Einbildungskraft alle anderen Kräfte beherrscht" (ebd., S. 123), während sich allein auf der Stufe der Bildung die höheren Kräfte des Menschen entfalten: „Wo [...] der Mensch etwas aus sich selbst tut, weil es ihm seine eigene Natur, seine eigene Vernunft und Neigung sagt, da hebt sich die Notwendigkeit der Religion auf, da tritt an ihre Stellung die Bildung" (ebd., S. 127).

Trotz dieser Wendung zu Natur und Vernunft, zur Arbeit im Diesseits anstelle der Hoffnung aufs Jenseits soll die Welt jedoch nicht prosaischer, sondern geradezu poetischer werden. Diese ‚Poetisierung' des Atheismus, die Keller als eine der Intentionen des Romans vorschwebte (vgl. Brief an H. Hettner vom 5. 1. 1854, GB 1, S. 383 f.), findet ihren adäquaten Ausdruck in der Persönlichkeit Dortchens: „Wer sagt, daß es keine Poesie gebe ohne den Glauben an die Unsterblichkeit, der hätte sie sehen müssen; denn nicht nur das Leben und die Welt um sie herum, sondern sie selbst wurde durch und durch poetisch" (SW 19, S. 259).

Mit der Leugnung der Transzendenz sind indessen nicht alle Sinnfragen geklärt, wie sich am problematischen Schluß des Romans zeigt: Was geschieht, wenn der Einzelne erkennen sollte, daß sein Bildungsgang nicht zur angestrebten Synthese führt, daß in der vorgefundenen Wirklichkeit das Ideal der Liebe, der Mitmenschlichkeit nicht zu realisieren ist? Und wie sind letztlich Versöhnung und Aufhebung individueller Schuld möglich, wenn tatsächlich der Tod den unwiderruflichen Schlußpunkt der menschlichen Existenz setzt?

3.2.5. Schuld, Desillusionierung und Tod – zur Interpretation des Schlusses

Der problematische Schluß des Romans hat Lesern, Kritikern und Interpreten immer wieder Rätsel aufgegeben. Warum endet die so hoffnungsfroh begonnene Bildungsgeschichte des grünen Heinrich mehr oder minder abrupt in Düsternis und Tod? Zudem stellt sich die Frage, ob die häufig vertretene Ansicht tatsächlich zutrifft, das Ende des Helden stehe in gewissem Widerspruch zu seinem Charakter, so wie sich dieser im bisherigen Verlauf der Geschehnisse entfaltet habe (vgl. etwa F. Martini: *Deutsche Literatur im bürgerlichen Realismus*, S. 569 f.).

Keller selbst erkannte die Vorbehalte der zeitgenössischen Kritik zumindest partiell an, wenn er in der Autobiographie von 1876/77 feststellte, er sei trotz der Warnungen des Verlegers „pedantisch an dem ursprünglichen Plane [eines tragischen Künstlerromans] hangen[geblieben], ohne doch eine einheitliche und harmonische Form herzustellen. Der einmal beschlossene Untergang wurde durchgeführt, teils in der Absicht eines gründlichen Rechnungsabschlusses, teils aus melancholischer Laune" (SW 21, S. 21 f.).

Der Autor macht also seinem Helden – und damit indirekt sich selbst – im Prozeß des Lebens die Rechnung auf; da die Rechtfertigung nicht gelingen kann, wird das Urteil vollstreckt, sobald Heinrich selbst es erahnt: Der Held stirbt, auf daß sein Schöpfer lebe. Der zentrale Begriff in diesem Kontext ist dementsprechend derjenige der Schuld – und zwar der Schuld vor allem gegenüber der

Mutter, aber auch gegenüber der Gesellschaft und der Pflicht zur Integration in gesellschaftliche Zusammenhänge. Gerade in einer solchen Integration sollte ja das Ich zum Ausgleich mit der Welt finden und somit das Ziel individueller Bildung im Feuerbachschen Sinne erreichen.

Diesem Ideal vermag Heinrich auch am Ende seines Bildungsganges nicht gerecht zu werden. Daß er sein bisheriges Leben nur auf Kosten der Mutter führen konnte, daß er damit indirekt zu ihrem Tode beitrug, daß er die Rückkehr in die Heimat verzögerte, bis es zu spät war, so daß sie „endlich mußte geglaubt haben, ihn als keinen guten Sohn zu durchschauen" (SW 19, S. 323), – all dies rechnet er sich selbst als seine persönliche Schuld zu. Das nicht zu überwindende Bewußtsein dieser Schuld macht ihm das Weiterleben unmöglich.

Wer die Vergangenheit leichtfertig verspielt hat, dem entzieht sich die Gegenwart und der hat keine Zukunft; wer wie Heinrich das eigene Leben nicht zu meistern weiß, der vermag nicht als ‚ganzer Mensch', als ‚lebendiger Teil' des gesellschaftlichen Ganzen, nutzbringend tätig zu sein, der erweist sich aber im eigenen Selbstverständnis auch als der Liebe nicht würdig:

> „Da er [Heinrich] im Grunde ein ehrenhafter und nobler Charakter ist, so wird es ihm nun unmöglich, auf den Trümmern des von ihm zerstörten Familienlebens eine glückliche, einflußreiche Stellung im öffentlichen gesellschaftlichen Leben einzunehmen. Das Band, welches ihn nach rückwärts an die Menschheit knüpft, scheint ihm blutig und gewaltsam abgeschnitten, und er kann deswegen auch das lose halbe Ende desselben, das nach vorwärts führt, nicht in die Hände fassen, und dies führt auch seinen Tod herbei. Dieser wird noch tragischer dadurch, daß ein gesundes schönes Liebesverhältnis [mit Dortchen], welches ihm nach früheren krankhaften Liebesgeschichten aufgegangen war, gebrochen und zerstört wird" (Brief Kellers an E. Vieweg vom 3. 5. 1850, GB 3/2, S. 16; s. auch die Briefe an H. Hettner vom 5. 1. 1854 und 25. 6. 1855, GB 1, S. 383 und 414).

Heinrichs Bewußtsein der Schuld ist um so drückender, als ihm die indirekte Verurteilung durch die Mutter als der „strengen Richterin [...], die ihn um ihn und sein Leben zur Verantwortung" gezogen hat (SW 19, S. 307), unaufhebbar scheint. Wo das Jenseits seine Rechte verloren hat, da ist die Versöhnung durch Aufhebung der Schuld in einer anderen, besseren Sphäre grundsätzlich unmöglich; was bleibt, ist die subjektiv-trostlose Auffassung des Lebens als „abscheuliche, tückische Hintergehung", als „niederträchtige und tödliche Narretei und Vexation" (SW 19, S. 324). Auch die letztlich doch erreichte ökonomische Absicherung ändert daran nichts, denn wo der ‚Lebensgrund' fehlt, da bedeuten Glück und Unglück gleich viel:

> „Hab ich Glück, verdien ichs nicht,
> Glück wie Unglück mich zerbricht."
> (SW 19, S. 327)

Damit ist der Bildungsgang des grünen Heinrich definitiv gescheitert. Hatte er sich bislang noch in den schwierigsten Situationen die Hoffnung erhalten, eine Synthese zwischen Wollen und Vollbringen, Ich und Welt sei ihm zumindest möglich, so scheint nunmehr die Chance auf Bildung als tendenzielle Realisierung dieses Ideals unwiederbringlich vertan. Insofern trifft Hettners Diktum von der „Bildungstragödie" Heinrichs durchaus den problematischen Wesenskern des Schlusses (Brief an G. Keller vom 11. 6. 1855, GB 1, S. 413): Der Bildungsroman, der auf harmonische Erfüllung angelegt war, nähert sich in der Darstellung der „negativen Dialektik von Privatem und Öffentlichem" dem Desillusionsroman (G. Sautermeister: *Gottfried Keller: Der grüne Heinrich*, S. 117; vgl. dazu auch: Jürgen Jacobs: *Wilhelm Meister und seine Brüder*. 2. Auflage, München 1983, S. 181; G. Kaiser: *Gottfried Keller. Das gedichtete Leben*, S. 137).

Bezeichnend ist in diesem Zusammenhang allerdings, daß Heinrichs Desillusionierung sich nicht auf den Zustand der Welt, sondern auf die eigene Person und die eigene Existenz bezieht, indem er nämlich immer wieder „sein ganzes Leben und sein Schicksal sich als seine Schuld bei[mißt]" (SW 19, S. 181). Die gesellschaftlichen Bedingungen dieser Schuld werden zwar ansatzweise geschildert, aber nicht als entscheidend für das individuelle Geschick aufgefaßt, wie Keller selbst gegenüber seinem Verleger Vieweg betonte:

„Die Moral meines Buches ist: daß derjenige, dem es nicht gelingt, die Verhältnisse seiner Person und seiner Familie in Gleichgewicht zu erhalten, auch unbefähigt sei, im staatlichen Leben eine wirksame und ehrenvolle Stellung einzunehmen. Die Schuld kann in vielen Fällen an der Gesellschaft liegen, und alsdann wäre freilich der Stoff derjenige eines sozialistischen Tendenzbuches. Im gegebenen Falle aber liegt sie größtenteils im Charakter und dem besonderen Geschicke des Helden und bedingt hierdurch eine mehr ethische Bedeutung des Romans" (Brief vom 3. 5. 1850, GB 3/2, S. 15).

Daß Keller durch diesen bewußten Verzicht auf ‚Tendenz' der Gewalt der tatsächlichen gesellschaftlichen Kräfte seiner Zeit nicht gerecht wurde und seinem Helden ein Zuviel an persönlicher Schuld zuwies, hat vor allem die moderne historisch-soziologisch orientierte Keller-Interpretation herausgestellt (vgl. in diesem Zusammenhang etwa die Arbeiten von Moormann, Sautermeister, Sorg oder Neumann; zur kritischen Relativierung dieses Ansatzes siehe: H. Laufhütte: *Gottfried Keller: ‚Der grüne Heinrich'*, S. 21 f.). Denn Heinrich kann zwar bestimmte soziale und gesellschaftliche Bedingungen seines Bildungsausganges durchaus reflektieren, diese aber nicht als Ursachen seiner problematischen Entwicklung akzeptieren, so daß daraus keine das Subjekt entlastende Wirkung resultiert (vgl. u.a. K.-D. Sorg: *Gebrochene Teleologie*, S. 160). Daß der Held bis zum Schluß an die Notwendigkeit der Synthese von Ich und Welt glaubt, diese aber unter den gegebenen gesellschaftlichen Verhältnissen nicht realisieren kann, macht die Tragik seines Scheiterns aus.

3.3. Die zweite Fassung – Erfüllung oder Entsagung?

Der für viele Leser unbefriedigende, weil zwiespältige Schluß des *Grünen Heinrich* war der wesentliche Grund für Kellers seit etwa 1871 geplante und 1879/80 im Druck erschienene Umarbeitung seines „Schicksalsbuches" (Brief an Paul Heyse vom 29. 3. 1880, GB 3/1, S. 41). Die langwierige Auseinandersetzung mit dieser „nicht zu verbessernden Unform eines längst entschwundenen Lebensalters" (Brief an Theodor Storm vom 13. 6. 1880, ebd., S. 449) fiel ihm ebenso schwer wie vor Jahrzehnten die Arbeit an der ursprünglichen Fassung – ein Indiz für die latente lebensgeschichtliche Aktualität der in Frage stehenden Problematik.

Die Jugendgeschichte bleibt von den Veränderungen mehr oder minder unberührt, doch schreibt der grüne Heinrich sie jetzt erst am Ende seiner Münchener Jahre nieder (zu den Unterschieden der Fassung im einzelnen vgl.: Emil Ermatinger: *Gottfried Kellers Leben, Briefe und Tagebücher. Auf Grund der Biographie Jakob Baechtolds dargestellt und herausgegeben von E. E.* Bd. 1. Stuttgart und Berlin 1915, S. 572ff.). Für die neu gewonnene Einheitlichkeit der Form ist entscheidend, daß nunmehr die Perspektive des Rückschau haltenden Ich-Erzählers auf den gesamten Roman ausgedehnt, der autobiographische Aspekt also verstärkt wird. Dieser ‚Subjektivierung' auf der Erzählebene entspricht gegenläufig eine Tendenz zur ‚Objektivierung' auf der Handlungsebene (vgl. G. Kaiser: *Gottfried Keller. Das gedichtete Leben*, S. 175), die sich vor allem darin äußert, daß zahlreiche Erzählerkommentare und gedanklich-abstrakte Erörterungen entfallen, dafür aber einzelne Requisiten, Figuren und Episoden neu eingeführt werden, die durch Parallelisierung oder Kontrastierung in erster Linie die Geschicke des Helden verdeutlichen sollen (man denke etwa an den Zwiehan-Schädel, an die Gestalt des Schlangenfressers oder an die freundliche Hulda).

Die entscheidende Änderung der Neubearbeitung steht allerdings im Zusammenhang mit der Tendenz, im Einklang mit den Forderungen der Zeit das Düstere, ja Tragische des Geschehens aufzuhellen und ins Positiv-Harmonische zu wenden: Heinrich findet nicht in Gram und Verzweiflung einen frühen Tod, sondern die aus Amerika heimgekehrte Judith erlöst ihn von seiner Schuld und ermöglicht beiden so ein bescheidenes Glück in tätiger Arbeit für das Gemeinwesen. Wie ist nun diese gegenüber der ersten Fassung doch überraschende Wendung der Dinge ins vordergründig Positive motiviert, wie aber andererseits der Unterton von Resignation zu verstehen, der trotz allem den Schluß des Romans bestimmt?

Eine wesentliche Bedingung der Möglichkeit, den grünen Heinrich leben zu lassen, bestand für Keller darin, diesen von einem Teil seiner persönlichen Schuld zu entlasten: So überlebt Lys das Duell mit Heinrich; dieser trifft bei der Heimkehr immerhin die Mutter noch lebend an, deren akute finanzielle Notlage im Gegensatz zur ersten Fassung weniger durch seine Verfehlungen als durch skrupellose Spekulanten verursacht ist. Außerdem wird Heinrichs Verantwortung für sein und ihr Schicksal durch das briefliche Eingeständnis der Mutter relativiert, sie habe „die Bescheidenheit verletzt und das Kind geschädigt", indem sie sich „einbildete, ein Genie in die Welt gesetzt zu haben" (SW 6, S. 300). Generell wird das Individuum – also Heinrich Lee – auf Kosten der sozialen Gemeinschaft entlastet:

„Eine eigentliche Verschuldung durch den Tod der Mutter trifft den Sohn doch nicht, da es sich um die Erfüllung eines Erziehungs- und Entwicklungsschicksals handelt, an welchem niemand schuld ist oder alle" (Brief Kellers an W. Petersen vom 21. 4. 1881, GB 3/1, S. 380).

Obwohl Heinrich sich immer noch schuldig fühlt, vermag er daher weiterzuleben, zwar „ohne Unruhe, aber auch ohne Hoffnung eines frischern Lebens" (SW 6, S. 308). Erst die Begegnung mit Judith befreit ihn aus dieser „Gefangenschaft des Geistes" (SW 6, S. 309): „Jugendglück, Heimat, Zufriedenheit, alles schien mir seltsamerweise mit Judith zurückgekehrt oder vielmehr wie aus dem Berge herausgewachsen zu sein" (SW 6, S. 313). Als die „personifizierte Natur selbst" (Brief an W. Petersen vom 21. 4. 1881, GB 3/1, S. 380), die ihn in einem Akt der säkularisierten christlichen Vergebung von aller Schuld erlöst, scheint sie endlich die Verbindung zum ‚Lebensgrund', zur ‚guten Natur', herstellen zu können, um die Heinrich sich so lange vergeblich bemüht hat. Indem Judith ihn – ähnlich wie vor Jahren schon im Anschluß an die Römer-Episode – in seiner widerspruchsvollen Individualität bedingungslos akzeptiert, ermöglicht sie auch ihm die Annahme seiner selbst und damit erst die Integration in das gesellschaftliche Ganze.

In diesem Sinne ist – vor allem in der älteren Forschungsliteratur (vgl. zusammenfassend H. Laufhütte: *Wirklichkeit und Kunst in Gottfried Kellers Roman ‚Der grüne Heinrich',* S. 64 ff.) – Heinrichs Tätigkeit als Oberamtmann häufig als im Unterschied zur Urfassung psychologisch folgerichtiger, harmonischer Abschluß seines Bildungsganges aufgefaßt worden, als letztlich doch erreichte Synthese von Ich und Welt in einer „höheren Wirklichkeit" (K. Heesch: *Gottfried Kellers „Grüner Heinrich" als Bildungsroman des deutschen Realismus,* S. 33).

Gegen diese These von der positiven Erfüllung seines Bildungsgeschicks lassen sich allerdings zumindest zwei Einwände geltend machen. Zum einen spricht die Entsagung, welche die beiden Liebenden sich in ihren persönlichen Beziehungen auferlegen, nicht unbedingt dafür, daß sich die subjektiven Bedürfnisse mit einer Existenz der gesellschaftlichen Verpflichtung ohne weiteres zur Deckung bringen lassen. Zeugt nicht gerade die Unfähigkeit, „einem vollen und ganzen Glükke zu vertrauen" (SW 6, S. 324), von der untergründig wirksamen Dominanz der in der Auseinandersetzung mit der Gesellschaft gesammelten negativen Erfahrungen gegenüber den individuellen Wünschen, seien sie nun eingestanden oder unbewußt?

Zum anderen wird deutlich, daß der Glaube an den unaufhaltsamen Fortschritt geschwunden ist und das gesellschaftliche Ganze, dem es sich einzugliedern gilt, nicht mehr in dem verklärenden Licht der ersten Fassung erscheint (siehe zu diesem Komplex u. a. Albert Hauser: *Gottfried Keller. Geburt und Zerfall der dichterischen Welt.* Zürich 1959, S. 68 ff. sowie A. Ehrensperger: *Individuum und öffentliche Gemeinschaft bei Gottfried Keller,* S. 118 ff.). Was Schiller von Wilhelm Meister behauptete, daß dieser nämlich „von einem leeren und unbestimmten Ideal in ein bestimmtes thätiges Leben [trete], aber ohne die idealisierende Kraft dabey einzubüßen" (Brief an Goethe vom 8. 7. 1796), kann für dessen jüngeren Bruder Heinrich Lee unter den gewandelten gesellschaftlichen Verhältnissen des 19. Jahrhunderts so nicht mehr gelten: Angesichts der Zwänge und Defizite der Realität verkümmert die Individualität und damit die ‚idealisierende Kraft' des Einzelnen.

Wenn der Autobiograph kommentierend ausführt, er habe damals – zur Zeit seiner Rückkehr – noch nicht geahnt, „daß Zeit und Erfahrung die idyllische Schilderung der politischen Mehrheiten nicht ungetrübt lassen würden" (SW 6, S. 286), so zieht er, darin vergleichbar dem Autor Keller, ein doch eher skeptisches Fazit seiner Bemühungen, als ein ‚lebendiger Teil' im Ganzen aufzugehen. Auch hier also die Andeutung einer durch die gesellschaftlichen Realitäten erzwungenen Resignation, die im Widerspruch steht zu den auf Ausgleich, auf ungeschmälerte Identität zielenden Intentionen der Gattung Bildungsroman.

Resignation und Entsagung resultieren für den grünen Heinrich und, wie schon Lukács betonte, für Keller selbst notwendigerweise aus der „Unmöglichkeit, künstlerische Tätigkeit und Leben, volles Auswirken der eigenen Persönlichkeit und nützliches staatsbürgerliches Wirken zu einer kompromißlosen, vollkommenen Einheit zu bringen" (Georg Lukács: *Gottfried Keller*. In: G. L.: *Werke*. Bd. 7. Neuwied und Berlin 1964, S. 368). Unter solchen Prämissen erscheint trotz aller Vermittlungsversuche Heinrichs gesellschaftliche Eingliederung eher als Kapitulation vor äußeren Zwängen denn als sinnvoller Kompromiß, so daß der Schluß auch der zweiten Fassung keine restlos harmonische, die Lebensproblematik des Helden auflösende Wendung der Bildungsgeschichte vorführt.

3.4. Heinrichs Bildungsgang – Kreisbewegung oder teleologische Entwicklung?

Mit der Bewertung des Schlusses vor allem der zweiten Fassung des *Grünen Heinrich* hängt eng die Frage zusammen, ob und wenn ja, in welcher Weise der Held eine stringente Entwicklung durchmacht. Geht man davon aus, daß Heinrich am Ende des Romans das Ziel aller Bemühungen um die Integration von Ich und Welt erreicht hat, so liegt es nahe, seinen Bildungsgang als Entwicklung zum Positiven zu interpretieren, die mit psychologischer Folgerichtigkeit und gedanklicher Konsequenz abläuft.

Eine solche ‚einsinnige Lebenskurve' nach der Begriffsbestimmung Günther Müllers (vgl. G. Müller: *Aufbauformen des Romans, dargelegt an den Entwicklungsromanen G. Kellers und A. Stifters*. Neophilologus 37. 1953, S. 6 ff.) ist sicherlich in bezug auf die zweite Fassung des Romans leichter zu konstruieren als in bezug auf die erste. Die Rückschau des gereiften Erzählers bürgt schon für eine größere Einheitlichkeit des Dargestellten, ohne daß man jedoch, wie etwa Hartmut Laufhütte es tut, daraus die generelle Folgerung ziehen dürfte, der subjektive Bewußtseinsstand wie die literarische Gewandtheit des Autobiographen zeugten davon, daß der grüne Heinrich zwar nicht als Maler, wohl aber als Schriftsteller letztendlich die Erfüllung seines Bildungsschicksals gefunden habe (vgl. H. Laufhütte: *Wirklichkeit und Kunst in Gottfried Kellers Roman ‚Der grüne Heinrich'*, S. 373; zu den Gegenargumenten siehe u. a. J. Jacobs: *Wilhelm Meister und seine Brüder.* 2. Auflage München 1983, S. 188).

Solchen harmonisierenden Positionen widerspricht die schon in der zeitgenössischen Rezeption anzutreffende und in der neueren Forschung wieder an Gewicht gewinnende Auffassung, Heinrichs Lebenslauf – oder zumindest seine Jugendgeschichte – sei nicht als sich steigernde Entwicklung, als teleologische Entfaltung individueller Anlagen zu sehen, sondern als Abfolge einzelner gleichwertiger Phasen auf einem im wesentlichen gleichbleibenden Niveau der Weltaneignung (vgl. etwa W. Preisendanz: *Keller. Der grüne Heinrich,* S. 101; H. Laufhütte: *Gottfried Keller: ,Der grüne Heinrich',* S. 31 ff.). Die Frage ist also, ob der Werdegang des Helden im Sinne des klassischen Bildungsromans als Prozeß der menschlichen Reifung zu verstehen ist oder ob er nicht trotz allen Erfahrungen und Selbstreflexionen eher einer Kreisbewegung gleicht, die immer aufs neue in Gang gesetzt wird durch den Rückfall in überwunden geglaubte Fehler und Schwächen, die immer wieder Episoden der Desillusionierung in der Auseinandersetzung mit der Außenwelt zur Folge haben.

Heinrichs Künstlerlaufbahn steht beispielhaft für dieses problematische Verhalten, ist sie doch bis zu ihrem Ende stets aufs neue geprägt von der Tendenz, Natur und Wirklichkeit zu verfehlen, so daß auch in bezug auf diesen zentralen Bereich kaum von einer Entwicklung im teleologischen Sinne die Rede sein kann (s. o. Kp. 3.2.3.). Dieser kritische Befund läßt sich, bezogen auf die gesamte Bildungsgeschichte, zudem unschwer mit der Beobachtung in Einklang bringen, daß zwar der Erzähler wiederholt konstatiert, nun sei eine Phase seines Lebens abgeschlossen und eine neue, bessere und bewußtere könne beginnen, daß aber andererseits aus diesem vorgeblich tieferen Problembewußtsein eigentlich keine handfesten Konsequenzen resultieren. Bezeichnenderweise wird bereits zu Beginn die Jugendgeschichte als Versuch ihres Erzählers eingeführt, „sich eine Art Abschluß und Übersicht zu bilden" (SW 16, S. 66; vgl. auch SW 17, S. 224; SW 18, S. 210; SW 19, S. 54 und 301).

Heinrich gelingt es allerdings – ähnlich wie im Falle der wegweisenden Goethe-Reflexionen – nur sporadisch, solche guten Vorsätze in die Tat umzusetzen. Erst die Geschehnisse und Erkenntnisse auf dem Grafenschloß, die im Verlust des Glaubens an Gott und an die Unsterblichkeit kulminieren, bezeichnen einen qualitativen Sprung in seiner Bildungsgeschichte, der in der oben geschilderten Weise (vgl. Kp. 3.2.4. und 3.2.5.) entscheidend für sein weiteres Schicksal sein wird. Alles, was sich vorher an Entwicklungsmöglichkeiten wenn nicht realisiert, so doch latent angedeutet hatte, ist in diesem einen Punkt konzentriert.

Heinrichs Scheitern in der ersten und seine untergründige Resignation in der zweiten Fassung resultieren zudem nicht zuletzt daraus, daß er Bildung als zu erreichenden *Zustand* des Ausgleichs und nicht als unabschließbaren, offenen *Prozeß* der Weltaneignung versteht. Diese Tendenz des Helden zu einer statischen Auffassung von Bildung korreliert seiner ähnliche Züge aufweisenden Weltdeutung. Denn ihn überkommt nur selten – etwa im Falle seiner Überlegungen zur bürgerlichen Ökonomie (vgl. Kp. 3.2.2.) – die Ahnung, daß das Ich *und* die Welt in sich widerspruchsvoll, der Ausgleich und die Versöhnung beider daher kaum ohne Rest möglich sein könnten. So muß er schon aus diesem Grunde alle negativen Geschehnisse und Verfehlungen sich selbst als Schuld zurechnen, ohne zu erkennen, daß auch die natürliche und gesellschaftliche Realität an ihnen Anteil hat, weil sie von heterogenen Tendenzen bestimmt und nicht zuletzt vom Zufall durchwaltet wird.

Angesichts dieser Prämissen erweisen sich die überlieferten Bildungsvorstellungen nicht mehr als Beschreibungen eines erreichbaren Zieles, sondern als ideale Vorgaben, denen der Einzelne nur mehr partiell zu entsprechen vermag. Der Konflikt zwischen Innen und Außen, Individuum und Gemeinschaft bleibt zwar als wesentliches Charakteristikum des Romans bestehen, findet aber keine harmonische Lösung mehr. Der Realismus Kellers resultiert unter diesen Umständen aus der historisch gesehen gültigen, die subjektiven Erkenntnismöglichkeiten des Protagonisten aber übersteigenden Beschreibung dieses Mißverhältnisses zwischen gesellschaftlichen Möglichkeiten und individuellen Überzeugungen.

„Realistische ‚Anerkennung' der prosaischer werdenden Welt bei gleichzeitigem Protest im Namen der Poesie dagegen – dies bestimmt die Signatur des Autors Keller ebenso wie die des ‚Poetischen Realismus'. [...] Unter diesem Gesichtswinkel betrachtet, kann man sagen, daß der ‚Grüne Heinrich' eine entscheidende (literatur)geschichtliche Wende markiert: von nun an ist der klassische ‚Bildungsroman' in seiner positiven Form nicht mehr, bzw. nur um den Preis der ideologischen Lösung möglich" (B. Neumann: *Gottfried Keller*, S. 104).

# Arbeitsbereich V

20. Jahrhundert

1. Gattungsgeschichtlicher Überblick
1.0. Bibliographie

Berger, Berta: Der moderne deutsche Bildungsroman. Bern, Leipzig 1942. [Bemüht sich um eine an inhaltlichen Kriterien orientierte Typologie der Bildungsromane zwischen 1890 und etwa 1935.]

Düsing, Wolfgang: Döblins ‚Berlin Alexanderplatz' und die Tradition des Entwicklungsromans. In: Mádl, A. u. Salyámosy, M. (Hg.): Welt und Roman. Visegrader Beiträge zur deutschen Prosa zwischen 1900 und 1933. Budapest 1983, S. 353 ff. [Fragt, ob *Berlin Alexanderplatz* als Bildungsroman betrachtet werden kann. Resultat: Döblins Buch ist „ein Großstadtroman mit einer integrierten Entwicklungsgeschichte, deren zentrale Phase analytisch dargestellt wird."]

Esselborn-Krummbiegel, Helga: Der ‚Held' im Roman. Formen des deutschen Entwicklungsromans im frühen 20. Jh. Darmstadt 1983. [Untersucht die strukturellen Veränderungen im Entwicklungsroman des frühen 20. Jahrhunderts. Resultat: Der traditionelle Entwicklungsroman geht über in einen epigonalen Typus, ferner in den „individualistischen Roman", in dem ein gesteigerter Subjektivismus hervortritt, und in den „Subjektroman", der Ich-Zerfall und neue Ich-Synthese zum Thema hat.]

Kahler, Erich von: Untergang und Übergang der epischen Kunstform. In: E. v. K.: Untergang und Übergang. Essays. München 1970, S. 7 ff. (zuerst in: Neue Rundschau 64. 1953, S. 32 ff.). [Einflußreiche essayistische Abhandlung. Nennt als wesentliche Kriterien der neuen Epik die Auflösung des Ich, die „Entorganisierung, Desintegrierung der geläufigen Realität" und das Unmöglichwerden der „erfundenen individuellen Geschichte".]

Kehr, Charlotte: Der deutsche Entwicklungsroman seit der Jahrhundertwende. Leipzig 1939. [Unterscheidet zwischen dem individualistischen Entwicklungsroman der Jahrhundertwende und den Romanen aus der Zeit nach 1918, in denen die „heroische Einordnung des Einzelnen in den realen Lebensraum" zum Thema wird.]

Koopmann, Helmut: Der klassisch-moderne Roman in Deutschland. Thomas Mann – Döblin – Broch. Stuttgart 1983. [Erkennt im Roman der klassischen Moderne einzelne „Strukturelemente" des Bildungsromans, etwa die „Ausnahmerolle des Helden" oder die „finale Orientierung der Erzählung". Neu sei, daß der Roman zum „Übermittlungsinstrument philosophischer Aussagen" werde.]

Ledanff, Susanne: Bildungsroman versus Großstadtroman. Thesen zum Konflikt zweier Romanstrukturen, dargestellt am Beispiel von Döblins ‚Berlin Alexanderplatz', Rilkes ‚Aufzeichnungen des Malte Laurids Brigge' und Musils ‚Mann ohne Eigenschaften'. Sprache im technischen Zeitalter 78. 1981, S. 85 ff. [Will zeigen, wie sich bei repräsentativen Autoren Bildungs- und Großstadtroman miteinander verbinden, und zwar „nicht nur inhaltlich-thematisch, sondern als Strukturtypen."]

Miles, David H.: Kafka's Hapless Pilgrims and Grass's Scurrilous Dwarf. Notes on Representative Figures in the Anti-Bildungsroman. Monatshefte für deutschen Unterricht 65. 1973, S. 341 ff. [Zentrale These: Die Romane Kafkas und Grass' spiegeln die Zerrissenheit des modernen Menschen und demonstrieren die historische Überholtheit jener humanistischen Überzeugungen, die den klassischen Bildungsroman tragen.]

Reichel, Edward: Der Roman und das Geschichtenerzählen. DVjS 52. 1978, S. 296 ff. [Materialreicher Überblick über die neuere Romantheorie, die den Verlust der Fabel im modernen Roman konstatiert und zu begründen versucht.]

Scheunemann, Dietrich: Romankrise. Die Entstehungsgeschichte der modernen Romanpoetik in Deutschland. Heidelberg 1978. [Erkennt den gemeinsamen Ausgangspunkt aller Neubestimmungen des Romans zwischen 1910 und 1930 in der These, daß der individualistische Bildungsroman historisch überholt sei.]

Schramke, Jürgen: Zur Theorie des modernen Romans. München 1974. [Verdeutlicht im Rahmen einer strukturell-genetischen Analyse, daß im Roman des frühen 20. Jahrhunderts die Voraussetzungen für den Bildungsroman verschwinden: Indem sich die Welterfahrung desintegriert und zugleich die überkommene Vorstellung vom Subjekt zerfällt, wird eine Bildungsgeschichte als produktive Auseinandersetzung des Subjekts mit der Welt unerzählbar.]

1.1. Die Krise des Romans

Seit Anfang des 20. Jahrhunderts hat sich bei den wichtigen Autoren und Literaturtheoretikern Übereinstimmung darüber herausgebildet, daß die Grundlagen des herkömmlichen, besonders im bürgerlichen Realismus gepflegten Romanerzählens sich auflösen. Die sozialen, ökonomischen und geistesgeschichtlichen Umwälzungen, aus denen die moderne Welt hervorgegangen ist, haben jene Art der Erfahrung und auch jene Art personalen Bewußtseins unterminiert, die der realistische Roman noch als selbstverständlich vorausgesetzt hatte.

Besonders deutlich zu fassen ist dieser Vorgang im Zweifel an der Einheit der Person. Ernst Machs erkenntnistheoretische Überlegungen haben zu der These geführt, das Ich sei „unrettbar" (E. Mach: *Beiträge zur Analyse der Empfindungen*. 1886). Nietzsches Lebensphilosophie sprach von einer „falschen Versubstanzialisierung des Ich" und suchte zu zeigen, daß dieses Ich „zur Fabel [...], zur Fiktion, zum Wortspiel" geworden sei (F. Nietzsche: *Werke*. Hg. v. K. Schlechta. III, S. 612; II, S. 973). Auch die Psychologie Sigmund Freuds richtete einen heftigen Angriff auf die bislang gültigen Vorstellungen von der Einheit der Person und von deren Entwicklung.

Indem der Begriff des Individuums durch solche Tendenzen ins Licht des Zweifels geriet, zersetzte sich auch die Einheit der Erfahrung: Wo eine stabile Instanz nicht mehr sichtbar war, die das Material der äußeren und inneren Wahrnehmungen nach festen Prinzipien verknüpfte, dort mußten die Phänomene sich verselbständigen und dem Bewußtsein fremd und unverfügbar erscheinen. Frühe literarische Zeugnisse für eine solche Krise der Welterfahrung sind der berühmte Chandos-Brief Hugo von Hofmannsthals (1902) und Rainer Maria Rilkes *Aufzeichnungen des Malte Laurids Brigge* (1910).

1. Gattungsgeschichtlicher Überblick

Für die Literatur des Fin de siècle war die Auflösung des Ich eine der zentralen Erfahrungen: Unter der psychologischen Analyse zerfielen ihr die Bewußtseinszustände in eine Folge einzelner, widersprüchlicher Empfindungen, hinter denen die substantielle Einheit eines Ich nicht mehr erkennbar schien. Dies hat eine Parallele – vielleicht sogar seinen Grund – in einem Entgleiten der Realität, zu der ein praktischer Bezug nicht mehr gefunden wurde. Der junge Hofmannsthal schreibt über die Künstler seiner Generation: „Wir haben gleichsam keine Wurzeln im Leben und streichen, hellsichtige und doch tagblinde Schatten, zwischen den Kindern des Lebens umher" (H. v. Hofmannsthal: *Gabriele d'Annunzio*. In: H. v. H.: *Gesammelte Werke. Reden und Aufsätze I*. Frankfurt 1979, S. 175).

Der Zweifel an der Einheit der Person und die Desintegration der Erfahrung stellten die bislang gültigen Kategorien der Weltdarstellung im Roman in Frage: Bedroht war die Konsistenz der Figuren, die Überschaubarkeit der vorgeführten Realität, die Kohärenz der Zeiterfahrung. Ein Bruch zwischen dem subjektiven Bewußtsein und der äußeren Welt tat sich auf, dessen Überbrückung mehr und mehr unmöglich schien. Dies führte zu einer Subjektivierung des Romans, die am Ende, in der Darstellung des Bewußtseinsstroms, für episch objektivierende Welterfassung keinen Raum mehr ließ.

Schon vor dem Ersten Weltkrieg erhoben avantgardistische Autoren wie Alfred Döblin und Carl Einstein die Forderung nach einer revolutionären Erneuerung des Romans. Nötig sei dieser Neubeginn, so Döblin, weil das traditionelle Erzählen mit seinem psychologischen Interesse für ausgefallene Einzelfiguren dem neuen Zeitalter nicht mehr angemessen sei. Das Gefühl, in einer Zeit des Umbruchs, ja des Chaos zu stehen, verbreitete sich angesichts der Erfahrung des großen Krieges von 1914. Viele zeitgenössische Autoren glaubten, das Ende der bürgerlich-humanistischen Kulturtradition sei heraufgezogen. Hermann Broch sprach vom „Zerfall der Werte", und Robert Musil beschrieb Anfang der zwanziger Jahre den Zustand der europäischen Zivilisation als „babylonisches Narrenhaus":

„Unsre Zeit beherbergt nebeneinander und völlig unausgeglichen die Gegensätze von Individualismus und Gemeinschaftssinn, von Aristokratismus und Sozialismus, von Pazifismus und Martialismus, von Kulturschwärmerei und Zivilisationsbetrieb, von Nationalismus und Internationalismus, von Religion und Naturwissenschaft, von Intuition und Rationalismus und ungezählte viele mehr. Man verzeihe das Gleichnis, aber der Zeitmagen ist verdorben und stößt in tausend Mischungen immer wieder Brocken der gleichen Speisen auf, ohne sie zu verdauen" (R. Musil: *Gesammelte Werke*. Hg. v. A. Frisé. Reinbek 1978. Bd. 8, S. 1087f.).

Diese Situation konnte den Roman nicht unberührt lassen. Broch und Musil selbst versuchten, ihm eine neue, der Epoche gemäße Form zu geben. Kaum ein Autor von Rang konnte sich der Einsicht entziehen, daß der Roman als Kunstform in seinen Grundlagen erschüttert war. Thomas Mann sah ihn 1924 in einer „Krise", aus der er „als etwas Neues, Ungekanntes und Geistiges" hervorgehen werde (Th. Mann: *Werke*. Frankfurt 1960. Bd. X, S. 433). Und Elias Canetti erkannte, als er um 1930 *Die Blendung* konzipierte, daß er dem ordnungslosen Weltzustand mit einer neuen Darstellungsform begegnen müsse:

„Eines Tages kam mir der Gedanke, daß die Welt nicht mehr so darzustellen war, wie in früheren Romanen, sozusagen vom Standpunkt *eines* Schriftstellers aus. Die Welt war zerfallen, und nur wenn man den Mut hatte, sie in ihrer Zerfallenheit zu zeigen, war es noch möglich, eine wahrhafte Vorstellung von ihr zu geben" (E. Canetti in: Manfred Durzak: *Gespräche über den Roman*. Frankfurt 1976, S. 92).

Die allgemeine Krise der Gattung mußte sich besonders an dem überlieferten Formtypus des Bildungsromans zeigen. Sehr einleuchtend stellte Musil fest, „die Problematik des Persönlichkeitsbegriffs [sei] recht eigentlich die des Bildungsromans geworden" (R. Musil: *Briefe*. Hg. v. A. Frisé. Reinbek 1981. Bd. I, S. 692). Schon 1916 hatte Thomas Mann ausgesprochen, daß der Bildungsroman, der „aufs engste zusammenhängt mit dem deutschen Humanitätsbegriff", zugleich mit der spezifisch deutschen Kulturtradition von Verdrängung und Auflösung bedroht sei: Er stehe nämlich nicht mit der Entwicklung zur „Politisierung, Literarisierung, Intellektualisierung, Radikalisierung Deutschlands" in Einklang. Indem er selbst, so Thomas Mann, mit seinem *Felix Krull* den Bildungsroman parodiere, mache er dessen Unzeitgemäßheit deutlich und liefere ihn „der Schadenfreude des Fortschritts" aus (Th. Mann: *Werke*. Frankfurt 1960. Bd. XI, S. 702 f.).

Immer wieder ist festgestellt worden, der Roman könne im 20. Jahrhundert „nicht mehr mit naivem Gewissen Einzelschicksale so wichtig nehmen [...] wie ehedem" (R. Musil: *Gesammelte Werke*. Bd. 8, S. 1409) und er habe als „individuelle Geschichte" keine Zukunft mehr (E. v. Kahler: *Untergang und Übergang*, S. 36 ff.). In seinen Überlegungen zu den „Aussichten des Romans" meint Reinhard Baumgart: „Immer weniger taugt schon heute als Protagonist der unglaubwürdig und feierlich Vereinzelte, der fremd gegen die ihn umgebende Welt andenkt, anhandelt, anempfindet" (R. Baumgart: *Aussichten des Romans*. Neuwied, Berlin 1968, S. 60).

Solche Thesen müssen eigentlich zwingend zu der Annahme führen, Einzelheld-Geschichten nach dem Muster des älteren Bildungsromans seien im 20. Jahrhundert unmöglich geworden, die traditionsreiche Gattung mithin abrupt erloschen. Das allerdings ist offenbar nicht der Fall. Die Wirkung der *Wilhelm-Meister*-Tradition ist so suggestiv und die Grundproblematik der Bildungsgeschichte so wenig obsolet, daß die Gattung fortlebt – allerdings in einem durchaus prekären Zustand: Sie gerät dort, wo sie den Irritationen des Zeitalters ausweicht, in das Fahrwasser einer matten, weltflüchtigen Epigonalität. Wo sie sich den Problemen der Moderne stellt und den komplexen Weltzustand zu bewältigen versucht, erweisen sich weitreichende Modifikationen der traditionellen Romanstruktur als unumgänglich. Diese Änderungen sind nicht selten so tiefgreifend, daß viele Kritiker und Literaturhistoriker einen Zusammenhang zwischen epischen Texten des 20. Jahrhunderts und der Gattungsgeschichte des Bildungsromans nicht mehr anerkennen wollten. Allerdings bleibt zu bedenken, daß ihrer historischen Situation so bewußte Autoren wie Thomas Mann und Musil in den Selbstkommentaren zu ihren Romanen immer wieder den Bezug zu dieser Traditionslinie hergestellt haben. Dieser Bezug liegt auf der Hand, wo das Schema der Bildungsgeschichte parodistisch wiederaufgenommen ist wie in Otto Julius Bierbaums *Prinz Kuckuck* (1907) oder in Thomas Manns *Felix Krull* (erster Teildruck 1911).

1.2. Die Entwicklung des Bildungsromans im frühen 20. Jahrhundert

Die zuerst 1916 publizierte bedeutende Romantheorie Georg Lukács' hatte die Gattung vor allem unter dem Eindruck der Hegelschen Ästhetik und des deutschen Bildungsromans beschrieben (vgl. näher AB I, Kp. 3.4.). Diese Einflüsse werden sichtbar, wenn er „das Leben des problematischen Individuums" als Stoff des Romans bezeichnet und wenn er der Gattung, die er im Zeichen der „transzendentalen Obdachlosigkeit" sieht, die „Gesinnung zur Totalität" zuschreibt (G. Lukács: *Die Theorie des Romans*. Neuwied, Berlin 1963, S. 76, 35, 53). Verwirklicht sieht Lukács diese „Gesinnung" im Goetheschen *Wilhelm Meister*, in dem „die Versöhnung des problematischen, vom erlebten Ideal geführten Individuums mit der konkreten, gesellschaftlichen Wirklichkeit" gelingt (ebd., S. 135). Der *Theorie des Romans* entgeht nicht, daß eine solche Versöhnung in der nachgoetheschen Epoche immer schwieriger darzustellen ist. Wo noch individuelle Bildungsgeschichten erzählt werden, da fehlt ihnen in der Regel der exemplarische Charakter: Sie zeigen Lukács zufolge

„den fatalen, belanglosen und kleinlichen Charakter des bloß Privaten; es bleibt ein Aspekt, der um so unangenehmer die Totalität vermissen läßt, weil er in jedem Moment mit dem Anspruch, eine solche zu gestalten, auftritt. Der weitaus größte Teil der modernen Erziehungsromane ist dieser Gefahr rettungslos verfallen" (ebd., S. 141).

1.2.1. Epigonale Fortsetzung der Gattung

Beispiele für das von Lukács konstatierte Verfehlen der „Totalität" und für das Steckenbleiben in bloß partikulären Lösungen bieten Bücher wie Hermann Hesses *Peter Camenzind* und Paul Ernsts *Der schmale Weg zum Glück* (beide 1904). Der Held von Hesses Roman, der aus einem Schweizer Dorf stammt, erlebt auf seinem Weg durch die städtische Zivilisation eine Serie von Enttäuschungen, um sich am Ende wieder zur Sphäre seiner Herkunft zurückzuwenden. Der Auszug aus der Idylle, der Versuch der Selbsterprobung war nichts weiter als ein Irrtum. Paul Ernst dagegen hat den Ehrgeiz, den Protagonisten seines Buches der Krise der bürgerlichen Welt auszusetzen, und läßt ihn sogar für die Sache einer sozialistischen Umgestaltung der Gesellschaft Partei ergreifen. Aber auch hier ist es dem Helden unmöglich, sich in der Welt zu behaupten und ihr gegenüber ein stabiles und produktives Handeln ermöglichendes Verhältnis zu gewinnen. Am Ende steht daher – wie in Hesses *Camenzind* – der Rückzug in ein ländliches Refugium, in dem Selbstbewahrung allein noch möglich scheint. Über den resignativen Charakter dieser Wendung soll eine verklärte Darstellung der zur Rettung gewählten eingeschränkten Lebensform hinwegtäuschen.

Die Unmöglichkeit, den problematischen Helden noch zu einem Ausgleich mit seiner sozialen Umwelt finden zu lassen, tritt auch in jenen Romanen hervor, die sich einem übersteigerten Subjektivismus verschreiben. Im Mittelpunkt stehen hier in der Regel Künstlerfiguren, die sich einer stumpfen, der Banalität ergebenen Gesellschaft pathetisch entgegenstellen. Als Beispiel für diesen Typus läßt sich Cäsar Flaischlens *Jost Seyfried* (1904) nennen. Den Inhalt dieses Buches bildet der heroische Kampf des von genialischem Selbstgefühl erfüllten Einzelnen, der nie zu einem Kompromiß mit der verständnislosen Welt finden kann. Eine ähnliche Grundkonstellation läßt sich in Carl Hauptmanns *Einhart der Lächler* (1907) beobachten: Die Lebensgeschichte der Titelfigur, eines Malers, durchläuft extreme Positionen und ist von einem unaufhebbaren Gegensatz zur bürgerlichen Gesellschaft beherrscht, der sich zunächst in stürmischer Auflehnung und später in entsagender Gelassenheit manifestiert.

Das Gattungsschema des Bildungsromans schien dort ohne Schwierigkeiten realisierbar zu bleiben, wo die Autoren ihre Romane einer bestimmten normativen Ausrichtung unterwarfen, die dem Helden das Ziel seiner Entwicklung vorgab. Damit war eine ideelle Grundlage für die von der Gattungskonvention geforderte harmonische Lösung, das heißt: für die Realisierung eines Lebenssinns am Ende eines konfliktreichen Entwicklungsprozesses gesichert. Der Bildungsroman scheint sich auf diese Weise gegen alle auflösenden Kräfte zu behaupten, ja die Autoren verstehen ihn geradezu als Antwort auf die Zerrissenheit des Zeitalters. Allerdings wurde diese Fortsetzung der Gattung in aller Regel nur um den Preis möglich, daß man sich durch das Bekenntnis zu einem Glauben oder einer politischen Ideologie aus den geistigen Wirren der Moderne zu retten versuchte.

Ein Beispiel für diese Variante der Bildungsgeschichte bietet Gustav Frenssens außerordentlich erfolgreicher Roman *Hilligenlei* (1905), der die Geschichte eines „Gottsuchers" erzählt. Es geht dabei nicht so sehr um die individuelle Entwicklung des Helden zu einer reifen und aktiven Lebenshaltung, sondern um die Erneuerung der christlichen Religion, die zur „Grundlage deutscher Wiedergeburt" werden soll. Auf ein politisches Ziel orientiert ist der Lebensgang des Protagonisten in Hans Grimms *Volk ohne Raum* (1926). Das Buch folgert aus der Krise des bürgerlichen Individualismus, daß sich der Einzelne den Zwecken des Kollektivs unterordnen müsse: „Der Einzelgang ist vorbei" (München 1932, S. 440). Cornelius Friebott, der Held des Buches, findet seine Lebenserfüllung im Kampf des deutschen Volkes um sein Recht auf „Lebensraum". Daß er am Ende den Märtyrertod stirbt, bedeutet nicht Desillusionierung oder Widerlegung, sondern ist eine Bekräftigung des kollektiven Anspruchs, dem sich der Einzelne zum Opfer bringt. Verwandte Tendenzen zeigen sich in den nationalistisch gefärbten Kriegsromanen wie Franz Schauweckers *Aufbruch der Nation* (1930). Allerdings ist hier in der Regel kein stufenweise fortschreitender Bildungsprozeß geschildert, sondern eine unter dem Eindruck des Fronterlebnisses durchbrechende Erleuchtung über den Sinn des Krieges und die Notwendigkeit einer nationalen Erneuerung (vgl. Rolf Geissler: *Dekadenz und Heroismus. Zeitroman und völkisch-nationalsozialistische Literaturkritik.* Stuttgart 1964).

1.2.2. Modifikationen des Bildungsromans in der „klassischen Moderne"

Wo die Autoren die Verunsicherung der herkömmlichen Lebensordnungen in der modernen Welt erkannten und gleichwohl versuchten, individuelle Entwicklungsgeschichten zu erzählen, die von ihren Helden bewußt durchlebt wurden und auf die Gewinnung eines positiven Resultats orientiert blieben, dort wurden die Problemstellung des Bildungsromans und auch seine erzählerische Anlage in der Regel beträchtlich verändert. Daß die konventionellen Lösungen nicht mehr glaubhaft waren, sah auch Hermann Hesse, der sich doch zunächst noch in epigonalen Bildungsgeschichten versucht hatte. In einem Brief aus dem Jahre 1919 schreibt er:

> „Mir ist es so gegangen, daß ich, unter dem Einfluß von Vorbildern wie Goethe, Keller etc. als Dichter eine schöne und harmonische, aber im Grunde verlogene Welt aufbaute, indem ich alles Dunkle und Wilde in mir verschwieg und im stillen erlitt, das ‚Gute' aber, den Sinn fürs Heilige, die Ehrfurcht, das Reine betonte und allein darstellte. Das führte zu Typen wie Camenzind und der ‚Gertrud', die sich zugunsten einer edlen Anständigkeit und Moral um tausend Wahrheiten drücken, und brachte mich schließlich, als Mensch wie als Dichter, in eine müde Resignation, die zwar auf zarten Saiten Musik machte, keine schlechte Musik, die aber dem Leben abgestorben war (H. Hesse: *Gesammelte Briefe I*. Frankfurt 1973, S. 423).

Der Wille, sich den früher verdrängten Problemen zu stellen, führte indessen bei Hermann Hesse nicht zu einer erzählerischen Verarbeitung breiterer Welterfahrung. Vielmehr blieb das Darstellungsinteresse seiner Romane vor allem auf innerseelische Konflikte gerichtet: Allein im Inneren des Menschen liegt Hesse zufolge die Möglichkeit wahrer Erkenntnis und Erlösung. Das zeigt paradigmatisch der Held des *Demian* (1919), ein Selbstsucher, der von sich bekennt: „Ich suche nicht mehr auf den Sternen und in den Büchern, ich beginne die Lehren zu hören, die mein Blut in mir rauscht" (H. Hesse: *Gesammelte Schriften*. Frankfurt 1957. Bd. III, S. 102). Im *Siddhartha* (1922) soll die Entgegensetzung von Subjekt und Welt aufgehoben werden, indem das Selbst auf handelnde Verwirklichung verzichtet und sich in den Fluß der Dinge mystisch versenkt.

Es ist unverkennbar, daß die Tendenz zu verinnerlichten Selbstfindungsgeschichten von der Problemstellung des Bildungsromans fortführt. Eine gewisse Rückwendung läßt sich in Hesses spätem Roman *Das Glasperlenspiel* (1943) beobachten. Zwar hat die Biographie des Helden Josef Knecht ihren Zielpunkt auch hier zunächst in einem von den Wirren der Welt abgeschirmten, von klösterlicher Geistigkeit bestimmten Bereich. Aber am Ende treibt es Knecht aus dem selbstgenügsamen Spiritualismus des Glasperlenspiels hinaus in die Welt. Zu einer Realisierung der angestrebten Synthese von Geist und Leben kommt es jedoch nicht. Sie bleibt Postulat und wird als Hoffnung und Aufgabe an den Zögling Tito weitergegeben.

Mit größerer historischer Bewußtheit als Hesse hat Thomas Mann auf die Schwierigkeiten reagiert, die sich dem Bildungsroman im 20. Jahrhundert entgegenstellten. Schon früh betrachtete er seinen Hochstapler-Roman *Felix Krull* als ein Werk, das durch seine parodistischen Züge das Unzeitgemäße des „autobiographisch erfüllten Bildungs- und Entwicklungsromans" demonstrierte (Th. Mann: *Gesammelte Werke* XI, S. 702; vgl. oben Kp. 1.1.). In den zwanziger Jahren änderte sich Thomas Manns Einschätzung der Gattung. Er betonte nun, daß die Werke der *Wilhelm-Meister*-Tradition in ihren Bildungsgeschichten durchaus die sozialen Aspekte individueller Entwicklungsgänge berücksichtigt hatten und daß sie sich deshalb nicht ohne weiteres als Ausdruck einer strikt individualistischen, unpolitischen und gesellschaftsfeindlichen Haltung abtun ließen. In einer Rede von 1923 heißt es:

„Der Urtyp des deutschen Bildungs- und Entwicklungsromanes gerade, Goethe's ‚Wilhelm Meister', ist eine wunderbare Vorwegnahme deutschen Fortschreitens von der Innerlichkeit zum Objektiven, zum Politischen, zum Republikanertum, ein Werk von weit vollständigerer Menschlichkeit, als der deutsche Bürger meint, wenn er es nur als Monument persönlicher Kultur und pietistischer Autobiographie versteht. Es beginnt mit individualistisch-abenteuerndem Selbstbildnertum und endet mit politischer Utopie [...]. Ja, wenn es mit Recht ein klassisches Werk der Humanität genannt wird, so darum, weil eben dies alles, diese organische menschliche Einheit von innen und außen, Selbst- und Weltformung, die Welt der Humanität ausmacht und erfüllt" (ebd., S. 855 f.).

Diese Bemerkungen sind Ausdruck von Thomas Manns Wendung zu Republikanertum und „Lebensfreundlichkeit". Er bemüht sich, diese neugewonnene moralische Orientierung durch Anknüpfung an die deutsche Literatur- und Geistesgeschichte zu legitimieren, und rückt daher auch den Goetheschen *Wilhelm Meister* in ein neues Licht, wobei er den *Wanderjahren* eine besondere Bedeutung zuweist. Ihre sachliche Berechtigung findet diese Deutung darin, daß in der Tat jeder Bildungsroman, da er seinen Helden auf dem Weg sozialer Erfahrung in der Welt heimisch machen will, eine Komponente des Gesellschaftsromans einschließt.

Auf der Basis solcher Überlegungen versucht Thomas Mann, den zunächst als Desillusions- und Entbildungsgeschichte begonnenen *Zauberberg* in die *Wilhelm-Meister*-Tradition zu stellen. Dieses Unternehmen konnte den prekären Zustand der Zeit und die Problematik des Individualitäts- und Bildungsgedankens nicht verleugnen. Die Schwierigkeiten, die eine Erneuerung des Bildungsromans unter den angedeuteten Prämissen mit sich brachte, spiegeln sich in der komplizierten Struktur und in der gebrochenen Lösung des Buches (vgl. unten Kp. 2). Auch die Tetralogie *Joseph und seine Brüder* (1933–1943) zeigt Affinitäten zur Gattung des Bildungsromans, doch ist hier die Perspektive auf die Entwicklung der Menschheit im ganzen ausgeweitet und damit der herkömmlicherweise gültige thematische Horizont der Gattung durchbrochen.

1. Gattungsgeschichtlicher Überblick

Ob es zulässig und sinnvoll ist, Alfred Döblins *Berlin Alexanderplatz* (1929) als Bildungsroman zu interpretieren, ist seit Walter Benjamins Feststellung, Döblins Buch sei die „äußerste, schwindelnde, letzte, vorgeschobenste Stufe" der Gattung, immer wieder erörtert worden (W. Benjamin: *Krisis des Romans.* In: W. B.: *Angelus Novus. Ausgewählte Schriften.* Bd. 2. Frankfurt 1968, S. 443). Daß die Absichten des Autors durchaus in diese Richtung gingen, bezeugt ein Brief an Julius Petersen vom 18. IX. 1931. Dort schreibt Döblin, er habe „ein aktives Element, das mehr optimistisch ist", in der Geschichte seines Franz Biberkopf zur Geltung bringen wollen, was ihm jedoch nicht recht gelungen sei. Ein zweiter Band solle „den aktiven Mann, wenn auch nicht dieselbe Person, geben" (A. Döblin: *Briefe.* Olten 1970, S. 165). Daß die Identität des Protagonisten nicht durchgehalten werden sollte, bedeutet nun aber eine tiefgreifende Änderung der bisher im Bildungsroman geltenden Prämissen. Dieser Vorgang spiegelt sich schon in der Verwandlung des Helden, die gegen Ende des ausgeführten ersten Romanteils geschildert ist. Biberkopf sei, so heißt es, in einer Art zweiter Geburt zu einem „neuen Menschen" geworden: „Der andere hat dieselben Papiere wie Franz, sieht aus wie Franz, aber in einer anderen Welt trägt er einen neuen Namen" (A. Döblin: *Berlin Alexanderplatz.* Olten 1977, S. 488). Es weicht auch von der Gattungskonvention der Bildungsgeschichten ab, daß Biberkopf sich nicht durch produktive Verarbeitung seiner Erfahrung stetig entwickelt, sondern daß er durch eine Art Erweckungskrise von dem Zwang zur Wiederholung seiner alten Fehler befreit wird. Man wird daher allenfalls eine lockere Verwandtschaft von Döblins *Berlin Alexanderplatz* zur Tradition des Bildungsromans konstatieren können.

Döblins demonstrativer Bruch mit der herkömmlichen Psychologie der Romanfiguren und mit der bislang im realistischen Roman geltenden Kompositionsweise ergibt sich aus der Überzeugung, daß die Moderne neue künstlerische Darstellungsprinzipien verlangt und daß sie die in den alten literarischen Gattungen enthaltenen weltanschaulichen Voraussetzungen außer Kurs gesetzt hat. Das Bewußtsein, daß die bürgerliche Welt in eine unaufhaltsame Krise eingetreten sei, bestimmt auch Robert Musils Roman *Der Mann ohne Eigenschaften* (1930/33). Eines der zentralen Symptome ist die Verunsicherung des Subjekts, das sich in seiner unwiederholbaren Individualität in Frage gestellt sieht. Grund dafür ist, daß die Person sich im wissenschaftlichen Zeitalter in einen Komplex genau bestimmbarer Funktionszusammenhänge auflöst: „Das Ich verliert die Bedeutung, die es bisher gehabt hat, als ein Souverän, der Regierungsakte erläßt; wir lernen sein gesetzmäßiges Werden verstehn, den Einfluß seiner Umgebung, die Typen seines Aufbaus, sein Verschwinden in den Augenblicken der höchsten Tätigkeit, mit einem Wort, die Gesetze, die seine Bildung und sein Verhalten regeln." Bei solcher Betrachtungsweise wird die Persönlichkeit „bald nicht mehr sein als ein imaginärer Treffpunkt des Unpersönlichen" (R. Musil: *Gesammelte Werke,* a.a.O., Bd. 2, S. 474).

Zum entscheidenden Lebensproblem für Ulrich, den Helden in Musils Roman, wird der Mangel an innerer Übereinstimmung mit den Eigenschaften, die zu haben ihm die Gesellschaft ansinnt. Diese Eigenschaften bleiben dem Ich fremd, da sie vorweg und allgemein, ohne Ansehen der einzelnen Person definiert worden sind: „Es ist eine Welt von Eigenschaften ohne Mann entstanden, von Erlebnissen ohne den, der sie erlebt" (Bd. 1, S. 150). Für die individuelle Lebensgeschichte ergibt sich daraus, daß sie von außen bestimmt und geformt wird und daß sie nicht als Entfaltung der inneren Möglichkeiten der Person begriffen werden kann. Den meisten bleibt allerdings die Fremdbestimmtheit und Zufälligkeit ihres Lebens unbewußt:

> „Sie adoptieren den Mann, der zu ihnen gekommen ist, dessen Leben sich in sie eingelebt hat, seine Erlebnisse erscheinen ihnen jetzt als der Ausdruck ihrer Eigenschaften, und sein Schicksal ist ihr Verdienst oder Unglück. Es ist etwas mit ihnen umgegangen wie ein Fliegenpapier mit einer Fliege; es hat sie da an einem Härchen, dort in ihrer Bewegung festgehalten und hat sie allmählich eingewickelt, bis sie in einem dicken Überzug begraben liegen, der ihrer ursprünglichen Form nur ganz entfernt entspricht" (ebd., S. 131).

Auf solche Gefühle der Verunsicherung reagiert der Protagonist von Musils Roman mit der Bemühung um Selbstbewahrung und der Suche nach einem Lebenskonzept, in dem er sich selbst handelnd bewähren könnte: Ganz wie der Held einer Bildungsgeschichte strebt er nach „Rettung seiner Eigenheit" und beschließt, „eine angemessene Anwendung seiner Fähigkeiten zu suchen" (ebd., S. 47).

Musil selbst blieb sehr zurückhaltend in der Anwendung des Gattungsbegriffs ‚Bildungsroman' auf den *Mann ohne Eigenschaften*. In einem Brief von 1939 schreibt er:

> „Es wird also wohl gewiß weniger ein Bildungsroman sein, wie man nach deutschen Muster nicht selten geschrieben hat, sondern am ehesten der Roman eines geistigen oder eines Lebensabenteuers" (R. Musil: *Briefe*, a.a.O., Bd. 1, S. 956).

Offensichtlich wollte Musil mit solchen Formulierungen den offenen, experimentierenden Charakter seines Buches betonen. Dieser ergab sich vor allem daraus, daß der sinnerfüllte Zusammenhang nicht sichtbar zu machen war, in den der Held sich am Ende zu integrieren hätte. Die mystischen Erlebnisse, die einen „anderen Zustand" erschließen sollten, blieben als Grundlage eines aktiven, soziale Bezüge ermöglichenden Lebenskonzepts unzulänglich (vgl. Bd. 4, S. 1349). Am Ende scheint der Roman, soweit die Entwürfe ein Urteil zulassen, auf die Utopie einer „induktiven Gesinnung" zuzulaufen, aber auch damit war offensichtlich keine deutlich umreißbare, fixierte Position angezielt. Der Roman blieb mit Notwendigkeit Fragment, seine Offenheit ergab sich aus der Radikalität seines gedanklichen Ansatzes. Das geistige Abenteuer, das er vorführt, entspricht zwar in seiner Ausgangskonstellation überraschend genau der Fragestellung älterer Bildungsgeschichten: Auch hier geht es um den problematischen Einzelnen, der sich in einer als fremd erfahrenen Welt seinen Platz und seine individuelle Lebensform suchen will. Aber die Prämissen dieser Suche sind so kompliziert geworden, daß der Roman sie nicht mehr erzählend, sondern nur noch in ausgreifenden essayistischen Erörterungen verdeutlichen kann. Und eine abgerundete Lösung im Sinn des herkömmlichen Bildungsromans, das heißt: die Überwindung der Orientierungsproblematik des Helden durch individuelle Selbstverwirklichung im sozialen Zusammenhang läßt sich offenbar angesichts eines geschärften Bewußtseins für den krisenhaften Zustand der Moderne nicht mehr vorstellen und literarisch gestalten. So bietet der *Mann ohne Eigenschaften* einerseits ein Beispiel für das Fortbestehen jener Frage nach den Sinnmöglichkeiten der individuellen Existenz, die den Bildungsroman seit seiner Entstehung im 18. Jahrhundert immer bewegt hat. Andererseits zeigt Musils Buch, wie sich in einer neuen, als höchst prekär empfundenen historischen Situation die Schwierigkeiten vermehren, noch Bildungsgeschichten nach überliefertem Muster zu erzählen.

2. Thomas Mann: ‚Der Zauberberg'

2.0. Bibliographie

2.0.1. Texte und Dokumente

Thomas Mann: Gesammelte Werke in 12 Bänden. Frankfurt 1960. Neudruck Frankfurt 1974, erweitert um einen 13. Band. Darin: Band III: Der Zauberberg. [Immer noch die umfassendste, aber nicht überall verläßliche Ausgabe; keine Kommentare, keine kritisch überprüften Texte; nach dieser Ausgabe ist im folgenden zitiert.]

Weitere wichtige Ausgaben:
Stockholmer Gesamtausgabe. Stockholm 1938 ff., seit 1950 Frankfurt. [Nicht vollständige Werkausgabe in Einzelbänden. Maßgebend für die ältere Forschung.]
Gesammelte Werke in Einzelbänden. [Frankfurter Ausgabe]. Hg. v. Peter de Mendelssohn. Frankfurt 1980 ff. [Nur geringfügiger Fortschritt gegenüber den „Ges. Werken" von 1960/1974. Ausführliche Nachworte, kein Sachkommentar, kein philologisch gesicherter Text.]

Eine Taschenbuchausgabe des *Zauberberg* ist im Fischer Taschenbuch Verlag erschienen.

Interessante Materialien zum *Zauberberg* bietet:
White, James F.: The Yale Zauberberg-Manuscript. Rejected Sheets Once Part of Thomas Mann's Novel (Thomas-Mann-Studien Bd. IV). Bern 1980. [Abdruck der erhaltenen Manuskriptteile, die einen Einblick in Thomas Manns Arbeitsweise ermöglichen und den Konzeptionswandel während der langen Entstehungszeit erkennbar machen.]

Die Tagebücher Thomas Manns erscheinen seit 1977, herausgegeben von Peter de Mendelssohn, seit 1982 von Inge Jens.

Die umfangreichste Briefsammlung ist immer noch: Mann, Erika (Hg): Thomas Mann: Briefe. Bd. 1–3. Frankfurt 1961–1965, als Taschenbuch Frankfurt 1979 [im folgenden zitiert als Br.].

Einen Überblick über die etwa 14 000 überlieferten Briefe Thomas Manns ermöglicht: Bürgin, Hans und Mayer, Hans-Otto: Die Briefe Thomas Manns. Regesten und Register. Bd. 1–4. Frankfurt 1976 ff.

Die Selbstkommentierung Thomas Manns ist dokumentiert in:
Wysling, Hans und Fischer, Marianne: Dichter über ihre Dichtungen: Thomas Mann. Bd. 1–3. Zürich, München, Frankfurt 1975 ff.
Hansen, Volkmar und Heine, Gert (Hg.): Frage und Antwort. Interviews mit Thomas Mann 1909–1955. Hamburg 1983.

Materialien zur Wirkungsgeschichte sind gesammelt in:
Schröter, Klaus (Hg.): Thomas Mann im Urteil seiner Zeit. Dokumente 1891–1955. Hamburg 1969.

2.0.2. Forschungsliteratur

Forschungsberichte:
Lehnert, Herbert: Thomas-Mann-Forschung. Ein Bericht. Stuttgart 1969.
Kurzke, Hermann: Thomas-Mann-Forschung 1969–1976. Frankfurt 1977.
Hansen, Volkmar: Thomas Mann. Stuttgart 1984.

Arntzen, Helmut: Der moderne deutsche Roman. Heidelberg 1962, zum *Zauberberg* S. 37 ff. [Erkennt im *Zauberberg* „die Parodie des Bildungsromans um der Parodie willen". Der Erzähler entziehe sich der „Verpflichtung, sich den Phänomenen zu stellen, um sie unverstellt darzustellen."]

Böhm, Karl Werner: Die homosexuellen Elemente in Thomas Manns ‚Zauberberg'. In: H. Kurzke (Hg.): Stationen der Thomas-Mann-Forschung. Beiträge seit 1970. Würzburg 1985, S. 145 ff. [Analysiert den erotischen Themenbereich, insbesondere das Verhältnis Castorp – Mme Chauchat.]

Bulhof, Francis: Transpersonalismus und Synchronizität: Wiederholung als Strukturelement in Thomas Manns ‚Zauberberg'. Groningen 1966. [Folgert aus dem dichten Geflecht der leitmotivischen Verweise im *Zauberberg*, daß der Roman keinen zeitlich fortschreitenden Prozeß darstelle („Synchronizität") und daß die Figuren ihren individuellen Umriß verlören („Transpersonalismus").]

Dierks, Manfred: Studien zu Mythos und Psychologie bei Thomas Mann. An seinem Nachlaß orientierte Untersuchungen zum ‚Tod in Venedig', zum ‚Zauberberg' und zur ‚Joseph'-Tetralogie. Bern und München 1972. [Versucht, im *Zauberberg* die Wirksamkeit der Schopenhauerschen Philosophie aufzuweisen. Das soll für die Reflexionen zur Zeit-Problematik gelten, aber auch für den Protagonisten: „Hans Castorp ist zum Adepten der Schopenhauerschen Willensmystik geworden."]

Diersen, Inge: Thomas Mann. Episches Werk – Weltanschauung – Leben. Berlin u. Weimar 1975, zum *Zauberberg* S. 141 ff. [Sieht den Helden des Romans auf dem Weg zu einer neuen Humanität, die den Individualismus der bürgerlichen Tradition überschreitet. In der Form jedoch bleibt der Roman dieser Tradition verhaftet.]

Frizen, Werner: Zaubertrank der Metaphysik. Quellenkritische Überlegungen im Umkreis der Schopenhauer-Rezeption Thomas Manns. Frankfurt 1980. [Will zeigen, daß die vielfältigen weltanschaulichen Einflüsse auf den *Zauberberg* letztlich durch einen Rahmen aus Schopenhauerschen Vorstellungen zusammengeschlossen sind. Hier liegen auch die Voraussetzungen für Castorps Entwicklungsmöglichkeiten: „Die Notwendigkeit des Todes als Befreiung des intelligiblen Ich erkennt er (...) als für sich verbindlich und als einzige Möglichkeit an, die Summe seines Zauberberg-Lebens zu ziehen."]

2. Thomas Mann: Der Zauberberg

Härle, Gerhard: Die Gestalt des Schönen. Untersuchung zur Homosexualitätsthematik in Thomas Manns Roman ‚Der Zauberberg'. Königstein 1986. [Verdeutlicht die Bedeutung homoerotischer Motive, neigt jedoch zu überzogenen Folgerungen.]

Heftrich, Eckhard: Zauberbergmusik. Über Thomas Mann. Frankfurt 1975. [Versteht den *Zauberberg* als einen „alexandrinischen Bildungsroman", in dem „die Ideen die Rolle musikalischer Motive spielen".]

Koopmann, Helmut: Der klassisch-moderne Roman in Deutschland. Th. Mann – Döblin – Broch. Stuttgart 1983, zum *Zauberberg* S. 26 ff. [Erkennt im *Zauberberg* zwar eine „Steigerung" des Helden, aber keinen Bildungsvorgang im traditionellen Sinn. Der Roman im ganzen vermittelt eine „so subtile wie gründliche Einführung in eine allgemein verbindliche Philosophie", die sich Castorp im Wege der „Initiation" erschließt. Die philosophische Botschaft liegt in einer Absage an Schopenhauer und in einem Votum für ein aufklärerisches Humanitätsideal.]

Kristiansen, Børge: Unform – Form – Überform. Thomas Manns Zauberberg und Schopenhauers Metaphysik. København 1978, 2. Aufl. Bonn 1985. [Grundthese: Th. Mann hat sein Erzählverfahren systematisch an Schopenhauers Philosophie orientiert. Der realistische Vordergrund entspricht der „Welt als Vorstellung", die sich im Hinblick auf die „Welt als Wille" als wesenlos erweist. Als wichtigstes Mittel zur Darstellung dieser Schopenhauerschen Einsichten dient das System der Leitmotive. – Als Bildungsroman sollte der *Zauberberg* nicht bezeichnet werden, da er den Prozeß einer „Entbildung" schildert.]

Kurzke, Hermann: Thomas Mann. Epoche – Werk – Wirkung. München 1985, zum *Zauberberg* S. 182 ff. [Umfassend dokumentierte Darstellung von Thomas Manns Gesamtwerk. Folgt bei der Deutung des *Zauberberg* im wesentlichen den Thesen B. Kristiansens. Daher erscheinen die Lehre des ‚Schnee'-Kapitels und die anderen Elemente des Bildungsromans als nicht tragfähig. „Basisstruktur" des Werks ist „die einer Verfallsgeschichte".]

Lehnert, Herbert: Leo Naphta und sein Autor. Orbis Litterarum 37. 1982, S. 47 ff. [Verdeutlicht die Fülle der heterogenen Anregungen, die in der Figur Naphtas verbunden sind.]

Mayer, Hans: Thomas Mann. Werk und Entwicklung. Berlin 1950, 2. Aufl. Frankfurt 1980. [Früher Versuch einer Gesamtdeutung von Th. Manns Lebenswerk. Der *Zauberberg* ist verstanden als „pädagogisches Bemühen in der Nachfolge des ‚Wilhelm Meister', als Erziehung zum Leben und zur Bewährung in ihm."]

Reed, Terence J.: „Der Zauberberg". Zeitenwandel und Bedeutungswandel 1912–1924. In: H. Sauereßig (Hg.): Besichtigung des Zauberbergs. Biberach 1974, S. 81 ff. (dt. Fassung des Kapitels „Education" aus Reeds Buch „The Uses of Tradition". Oxford 1974). [Verfolgt den Konzeptionswandel des Romans während der langen Entstehungszeit. Interpretiert die definitive Fassung als Bildungsroman. Dessen Besonderheit liegt darin, daß der Held einerseits Erkenntnisse vorwegnimmt, die der Autor erst nach 1920 durchläuft, daß er jedoch andererseits bestimmte Irrtümer behält und deshalb bis zum Ende des Romans Objekt der Kritik bleibt.]

Sandt, Lotti: Mythos und Symbolik im ‚Zauberberg' von Thomas Mann. Bern 1979. [Untersucht die mythologischen Motive des Romans.]

Scharfschwerdt, Jürgen: Thomas Mann und der deutsche Bildungsroman. Stuttgart 1967. [Meint zum *Zauberberg*, dessen Protagonist sei als Parodie auf den „traditionellen Romanhelden" angelegt und durchlaufe keine kontinuierliche Entwicklung. Die Gewinnung einer Synthese aus den vorgeführten Gegensätzen werde dem Leser überwiesen.]

Sera, Manfred: Utopie und Parodie bei Musil, Broch und Thomas Mann. Bonn 1969. [Vertritt zum *Zauberberg* die These, die Parodie überkommener Vorstellungen und literarischer Muster werde hier zum „Mittel der Erneuerung". Ziel des Bildungsprozesses sei die Überwindung der „dionysischen" Kräfte der Auflösung im Geist eines „pessimistischen Humanismus", der das Wissen um Krankheit und Tod einschließt.]

Sorg, Klaus-Dieter: Gebrochene Teleologie. Studien zum Bildungsroman von Goethe bis Thomas Mann. Heidelberg 1983, S. 171 ff.: Thomas Mann: *Der Zauberberg*. [These ist, daß der Roman eine ethische Orientierung für die Existenz seines Helden nicht findet: Die Schilderung des Kriegs und des kämpfenden Kollektivs im Schlußkapitel verweise „auf das formlose Leben, in das Castorp eintaucht".]

Swales, Martin: The German Bildungsroman from Wieland to Hesse. Princeton 1978, S. 105 ff.: Mann: *The Magic Mountain* (1924). [Versucht, sich von Thomas Manns Selbstdeutung zu lösen, und bestreitet, daß Hans Castorp eine Entwicklung durchmacht. Es gehe im *Zauberberg* um eine Vorstellung von „human wholeness", die einer erzählerischen Konkretisierung nicht fähig sei.]

Thomet, Ulrich: Das Problem der Bildung im Werk Thomas Manns. Frankfurt 1975, zum *Zauberberg* S. 66 ff., 235 ff. [Untersucht „formkonventionelle Bildung" und „Menschenbildung" im Gesamtwerk Thomas Manns. Zum *Zauberberg* betont die Arbeit – im Widerspruch zu Scharfschwerdt –, daß Castorp einen Entwicklungsprozeß durchläuft, der ihn auf die Position einer humanen „Mitte" führt.]

Weigand, Hermann: Thomas Mann's Novel ‚Der Zauberberg'. New York 1933, Reprint Chapel Hill 1964. [Umfassende Werkanalyse, die das Buch vor allem als ironischen Bildungsroman deutet.]

Wisskirchen, Hans: „Gegensätze mögen sich reimen". Quellenkritische und entstehungsgeschichtliche Untersuchungen zu Thomas Manns Naphta-Figur. Jahrbuch der Deutschen Schillergesellschaft 39. 1985, S. 426 ff. [Ermittelt durch Auswertung von Tagebuch-Hinweisen Th. Manns Quellen für die Konzeption der Naphta Figur.]

Ziolkowski, Theodore: Strukturen des modernen Romans. München 1972, zum *Zauberberg* S. 67 ff. [Versteht den Roman als Travestie des traditionellen Bildungsromans: „Denn Hans Castorp wird nicht bewogen, ein Ideal anzunehmen; er wird eher zu einer Haltung neutraler Objektivität, jenseits von jeglicher ideologischer Festgelegtheit, geführt."]

2.1. Eine „Wilhelm Meisteriade"?

In der letzten Phase der langen Arbeit am *Zauberberg* hat Thomas Mann selbst das Buch in häufig variierten Formulierungen als eine Art „Bildungsgeschichte und Wilhelm Meisteriade" bezeichnet (vgl. z.B. Brief an Arthur Schnitzler vom 4. IX. 1922, Br. I, S. 199 f.). Auch die Selbstkommentierungen nach dem Erscheinen des Romans weisen meist in diese Richtung. Viele Interpreten haben sich diesem Deutungsvorschlag angeschlossen, doch sind auch immer wieder Stimmen laut geworden, die es für unmöglich erklärten, die vermeintlich ergebnislose und in einen sinnlosen Untergang führende Geschichte des Hans Castorp nach dem Muster älterer Bildungsromane zu interpretieren.

Von Thomas Mann selbst stammt auch eine zweite Kategorie zur Erfassung des *Zauberberg*, die des „Zeitromans" (XI, S. 611 ff.). Diese Formel kann auf doppelte Weise verstanden werden: Einmal als Hinweis auf die Absicht, die Stimmung und geistige Problematik einer ganzen Epoche darzustellen; und zweitens als Akzentuierung der besonderen Zeiterfahrung, die der Roman sich zum Thema macht und in seiner erzählerischen Form anschaulich zu repräsentieren versucht:

„Das Buch ist selbst das, wovon es erzählt; denn indem es die hermetische Verzauberung seines jungen Helden ins Zeitlose schildert, strebt es selbst durch seine künstlerischen Mittel die Aufhebung der Zeit an durch den Versuch, der musikalisch-ideellen Gesamtwelt, die es umfaßt, in jedem Augenblick volle Präsenz zu verleihen und ein magisches ‚nunc stans' herzustellen" (XI, S. 612).

Ein anderer Versuch der analysierenden Erfassung des *Zauberberg* konzentriert sich auf die Fülle leitmotivischer Verweise und mythologischer oder literarischer Anspielungen. Das Buch erscheint aus solcher Perspektive als ein alexandrinisches Spielwerk, als ein „Musikdrama der Ideen" (E. Heftrich), dem bestimmte gedankliche Resultate nicht abgefordert werden können.

Im Widerspruch zu einer solchen Betrachtungweise stehen die Versuche, aus dem *Zauberberg* eine philosophische Botschaft herauszulesen. Auch dabei kann man sich auf den Autor berufen, der für sich eine Einstellung reklamiert, „die es auf Erkenntnis um der Erkenntnis willen absieht – und das, nicht ein spielerischer Betätigungsdrang des Denkens, war meine tiefere, aufbauende Absicht" (V. Hansen u. G. Heine [Hg.]: *Frage und Antwort. Interviews mit Thomas Mann,* S. 80). Schon Ernst Robert Curtius hatte in einer Rezension des *Zauberberg* (Luxemburger Zeitung, 29. I. 1925), von einem „metaphysischen Roman" gesprochen. Strittig ist nur geblieben, welche philosophische Position das Werk bezieht: Manche Interpreten sprechen von einer an die Aufklärung anknüpfenden „Humanitäts- und Lebensphilosophie" (Koopmann, Diersen), andere sehen den *Zauberberg* ganz im Zeichen Schopenhauers (Dierks, Kristiansen, Kurzke).

2.1.1. Der Konzeptionswandel in der Entstehungsgeschichte des Romans

Die Vielfalt der Deutungsvorschläge zum *Zauberberg* hat ihren Grund in der Komplexität des Werks, und diese wieder hat ihre Ursache in der langen Entstehungszeit, in welcher der Autor tiefe Krisen durchlebte und zu einer neuen weltanschaulichen Orientierung gelangte. Bei der Veröffentlichung im Jahr 1924 war aus dem *Zauberberg* ein Buch geworden, an das zu denken Thomas Mann zu Beginn der Arbeit im Jahre 1913 gar nicht fähig gewesen wäre.

Geplant war ursprünglich ein „humoristisches Gegenstück" bzw. ein „Satyrspiel" zum *Tod in Venedig* (XI, S. 607, XIII, S. 155 u.ö.). Der harmlose Held der zunächst auf mäßigen Umfang berechneten Geschichte sollte durch Müßiggang und Luxus in einem mondänen Sanatorium, aber auch durch die Verführungen der Sinnlichkeit, durch die Reizzustände in der Sphäre der Krankheit und durch die Lockung zu todessüchtiger Selbstpreisgabe in seinen bürgerlich-biederen Überzeugungen irritiert werden. Offenbar war zu diesem Zeitpunkt keineswegs an eine Bildungsgeschichte, sondern eher an die Darstellung eines Verfalls- und Auflösungsprozesses gedacht.

Eine erste wichtige Erweiterung und Modifikation des Werkplans ergab sich im August 1914 bei Ausbruch des Ersten Weltkrieges. An seinen Verleger Samuel Fischer schrieb Thomas Mann, der zu diesem Zeitpunkt den Krieg als reinigendes und befreiendes Ereignis begrüßte: „[...] in die Verkommenheit meines ‚Zauberbergs' soll der Krieg von 1914 als Lösung hereinbrechen, das stand fest von dem Augenblick an, wo es losging" (Brief vom 22. VIII. 1914). Damit war der Stoff des entstehenden Romans in einen direkten Bezug zur Zeitgeschichte getreten, was dann seine weitere Entwicklung entscheidend bestimmte, vor allem nach dem Ende des Krieges, als Thomas Mann die für vier Jahre unterbrochene Arbeit am *Zauberberg* wiederaufnahm.

Die Tagebuchnotizen des Jahres 1919, die den ideellen Fluchtpunkt des Ganzen neu zu bestimmen versuchen, stellen die Geschichte Castorps in engen Zusammenhang mit dem historischen Prozeß, der – wie Thomas Mann glaubt – nach der Katastrophe des Krieges allumfassenden Synthesen zustrebt:

„Es handelt sich um die Perspektive auf die Erneuerung des christlichen Gottesstaates ins Humanistische gewandt, auf einen irgendwie transcendent erfüllten menschlichen Gottesstaat also, geist-leiblich gerichtet [...]. Die Entlassung Hans Castorps in den Krieg also bedeutet seine Entlassung in den Beginn der Kämpfe um das Neue, nachdem er die Komponenten, Christlichkeit und Heidentum, erziehlich durchgekostet" (Thomas Mann: *Tagebücher 1918–1921*, S. 201).

Wenig später wird erwogen, Hans Castorps Anfälligkeit für die Verführungen der Zauberberg-Welt als symptomatisch für die bedenkliche Disposition der deutschen Durchschnittsseele zu verstehen. Sein Beispiel zeige nämlich, „daß wir Deutsche der letzten Friedensjahre innerlich irgendwie in Unordnung waren, daß sich unser seelischer Zustand chaotisch komplizierte, und daß wir in eben dieser Disposition in den großen Krieg gerieten, geraten mußten" (V. Hansen u. G. Heine [Hg.]: *Frage und Antwort. Interviews mit Thomas Mann*, S. 46f.).

In innerem Zusammenhang mit Thomas Manns Abwendung von dem romantischen Nationalismus der *Betrachtungen eines Unpolitischen* und mit seiner Annäherung an einen sozialen Republikanismus vollzog sich die Umdeutung des *Zauberberg*-Plans zu einer Bildungsgeschichte. Das Aufsteigen dieses neuen Konzepts spiegelt sich in einer Tagebuch-Notiz vom 15. Juni 1921:

„Abends bei der Lektüre von Bielschowsky's Kapitel über Goethe als Naturforscher wurden mir Sinn und Idee des Zbg recht klar. Er ist, wie der Hochst. [d.h.: *Felix Krull*], auf seine parodistische Art ein humanistisch-goethischer Bildungsroman, und H. C. besitzt sogar Züge von W. Meister, wie mein Verhältnis zu ihm dem Goethe's zu seinem Helden ähnelt, den er mit zärtlicher Rührung einen ‚armen Hund' nennt" (Thomas Mann: *Tagebücher 1918–1921*, S. 531).

Von nun an betonen die Selbstkommentare Thomas Manns, daß der Held des *Zauberberg* einen Prozeß der Steigerung durchlaufe, daß der Roman sich von der Sphäre des Todes und der Krankheit abwende und um „Lebensfreundlichkeit" bemüht sei. Der Autor glaubt mit diesem Buch einen Akt „pädagogischer Selbstdisziplinierung" zu leisten. Denn: „sein Dienst ist Lebensdienst, sein Wille Gesundheit, sein Ziel die Zukunft" (XI, S. 595). Wie sehr es Thomas Mann jetzt um ein positives Resultat des Buches zu tun war, zeigt sich darin, daß er mit seinem eigenen Werk unzufrieden wurde, weil es nicht klar genug die Botschaft tätiger „Lebensfreundlichkeit" aussprach: „Ein kompositioneller Fehler meines Buches ist, daß das Schneekapitel nicht am Ende steht. Die Linie senkt sich, anstatt sich nach oben zu wenden und in jenem positiven Erlebnis zu gipfeln" (V. Hansen u. G. Heine [Hg.]: *Frage und Antwort. Interviews mit Th. Mann* S. 79).

2.1.2. Von der „Sympathie mit dem Tode" zur „Lebensfreundlichkeit"

Daß aus dem *Zauberberg* eine Bildungsgeschichte wurde, war nur deshalb möglich, weil Thomas Mann selbst während der Entstehungszeit des Werks einen tiefgreifenden geistigen Wandlungsprozeß durchgemacht hatte (Terence J. Reed: *Thomas Mann. The Uses of Tradition*. Oxford 1974, S. 244). Ausgangspunkt dieser Entwicklung war eine Haltung, für die Thomas Mann selbst die Formel von der „Sympathie mit dem Tode" verwendet. Gemeint ist damit, wie die *Betrachtungen eines Unpolitischen* erläutern, eine Neigung zum Vergangenen, zum Pessimismus, zu ahnungsvoller Sehnsucht, deren Wurzel in der Romantik liegt und die im entschiedenen Gegensatz steht zu den Ideen des Fortschritts und der Demokratie, zum Lebens- und Tat-Optimismus des „Zivilisationsliteraten" (XII, S. 424 ff.). Die „Sympathie mit dem Tode" erwächst aus einer bestimmten persönlichen Disposition und geistigen Stimmung: „Kam man ein wenig alt und nobel zur Welt, mit einem natürlichen Beruf zum Zweifel, zur Ironie und zur Schwermut", dann müßte – so Thomas Mann – das demonstrative Bekenntnis zu Gesundheit, zivilisatorischem Fortschritt und Lebensbejahung etwas „ethisch Anstößiges" annehmen (XII, S. 427). Der Autor der *Betrachtungen* fühlt sich als Erbe der deutschen Romantik und damit auf der Seite der Zweifler, Ironiker und noblen Melancholiker.

Diese Parteinahme ändert sich zu Beginn der zwanziger Jahre. Thomas Mann findet zu einer Bejahung der Weimarer Republik und zu einer Absage an seinen unpolitischen Romantizismus, zu einer Wendung von der „Sympathie mit dem Tode" zum „Lebensdienst". Dokument dieses Wandels sollte nach dem Willen des Autors sein Roman *Der Zauberberg* sein. Wie sehr sich für ihn die zeitgeschichtliche Situation in jenen Kategorien darstellte, die auch die fiktive Welt des Romans bestimmten, zeigt sich in der 1923 gehaltenen Gedenkrede auf Walther Rathenau. Das Jahr 1914 ist hier als der Beginn einer „Weltwende" verstanden, die das Ende der bürgerlichen Epoche heraufführt. Hoffnung bietet die Idee einer Republik, in der die deutsch-romantische Trennung von Innerlichkeit und Politik überwunden ist und Staat und Kultur ineinander aufgehen (XI, S. 854). Der Einzelne müßte zu einer Verbindung von „Selbst- und Weltformung" finden, als deren Muster der Goethesche *Wilhelm Meister* beschworen wird (XI, S.

855 f.). Mit deutlichen Anklängen an die Schnee-Vision des *Zauberberg* richtet Thomas Mann den Blick auf „das Dritte Reich einer religiösen Humanität, eine neue, jenseits von Optimismus und Pessimismus stehende Idee des Menschen, die mehr als Idee, die Pathos und Liebe ist" (XI, S. 860).

2.1.3. Widersprüchliche Tendenzen im ‚Zauberberg'

Daß sich während der langen Entstehungszeit das Konzept des Werks tiefgreifend änderte, führte zu Widersprüchen, die ganz unterschiedliche Deutungsansätze zu rechtfertigen scheinen. So läßt sich etwa im Blick auf die Hauptfigur die fallende Linie der Entwicklung betonen: Castorps Geschichte wäre dann die einer fortschreitenden Desillusionierung und Minderung der vitalen Kräfte, die im sinnlosen Tod auf dem Schlachtfeld ihren konsequenten Schlußpunkt fände. Andererseits kann man auf die optimistischen Bilder der Schnee-Vision verweisen und das Gewicht darauf legen, daß diese Bilder im Bewußtsein des Helden nachwirken. Die Entwicklung gewänne auf diese Weise ein positives Resultat und ließe sich dann als Bildungsgeschichte verstehen.

Beide Deutungen sind mit Entschiedenheit vertreten worden. Es kann nun nicht darum gehen, eine der beiden Auffassungen zu übernehmen und gegen die andere alle nur auffindbaren Argumente ins Feld zu führen. Vielmehr wäre ein Verständnis des Werks zu entwickeln, das sich auf das paradoxe Nebeneinander widersprüchlicher Tendenzen einläßt. Denn es ist kaum zu leugnen, daß die vom Autor selbst vorgeschlagene Deutung des *Zauberberg* als Bildungsroman auf Schwierigkeiten stößt: Gewinnen die Ideen der Schnee-Vision Bedeutung für die Lebenspraxis des Helden? Versinkt er nicht in den letzten Abschnitten seiner Sanatoriums-Existenz im „großen Stumpfsinn" und verliert er nicht alles Zeitgefühl? Wird er nicht einen sinnlosen Tod sterben? Andererseits aber läßt sich nicht abstreiten, daß er sich immerhin zu seiner hochsymbolischen Schnee-Vision aufschwingt und damit den resultatlosen ideologischen Streit Settembrinis und Naphtas hinter sich läßt. Er findet auch zu einer Kritik an der Welt der romantischen Todes-Sympathie, die ihm gegen Ende des Romans noch einmal in Gestalt des Lindenbaum-Liedes entgegentritt (III, S. 904 ff.). Und der Schlußsatz des Buches spiegelt nicht Nihilismus und Verzweiflung, sondern richtet den Blick auf ein Reich der Liebe jenseits des Kriegs-Infernos.

Immerhin kann sich die Tendenz zu einem harmonischen Abschluß der Geschichte nicht ohne Widerstände durchsetzen. Es bleiben Zweideutigkeiten bestehen, und bereits kurz nach dem Erscheinen des Buches hat Thomas Mann sich gegen den Vorwurf des Nihilismus verteidigen müssen. Auf die Zweifel Josef Pontens antwortet er:

„Wir müssen dies Wesen, die Todesverbundenheit, die Sie wittern, die Melancholie, die Sie niedergedrückt hat (obgleich Sie zwischendurch laut lachen mußten – wunderliche Complication und Verwirrung!), den Skeptizismus oder Nihilismus, der das Ergebnis der Redekämpfe ist (oder zu sein scheint), wohl als etwas Schicksalgegebenes hinnehmen, eine persönliche Fatalität, aus der meine Produktion nun einmal hervorgeht, und an der nicht

2. Thomas Mann: Der Zauberberg

viel zu bessern sein wird. [...]. Aber seien wir gerecht in Sachen der Lebensfeindlichkeit! Ist mein Buch nicht gegen seine eigene innere Fatalität ein Buch des *guten Willens?*" (25. II. 1925, Br. I, S. 231).

Die Probleme des *Zauberberg* und seine Ambivalenzen erweisen sich allerdings nicht nur als Ausdruck einer „persönlichen Fatalität", sondern als Resultat einer bestimmten historischen Konstellation. Der Roman selbst weist dem Schicksal seines Protagonisten „eine gewisse überpersönliche Bedeutung" zu und erklärt dessen Irritierbarkeit und Schwäche aus der Orientierungslosigkeit des Zeitalters:

„Dem einzelnen Menschen mögen mancherlei persönliche Ziele, Zwecke, Hoffnungen, Aussichten vor Augen schweben, aus denen er den Impuls zu hoher Anstrengung und Tätigkeit schöpft; wenn das Unpersönliche um ihn her, die Zeit selbst der Hoffnungen und Aussichten bei aller äußeren Regsamkeit im Grunde entbehrt, wenn sie sich ihm als hoffnungslos, aussichtslos und ratlos heimlich zu erkennen gibt und der bewußt oder unbewußt gestellten, aber doch irgendwie gestellten Frage nach einem letzten, mehr als persönlichen, unbedingten Sinn aller Anstrengung und Tätigkeit ein hohles Schweigen entgegensetzt, so wird gerade in Fällen redlicheren Menschentums eine gewisse lähmende Wirkung solches Sachverhalts fast unausbleiblich sein, die sich auf dem Wege über das Seelisch-Sittliche geradezu auf das physische und organische Teil des Individuums erstrecken mag" (III, S. 50).

Daß der Roman über diesen Zustand der Lähmung und Verwirrung hinausführen sollte, zeigt sich in der Absicht des Autors, das Ganze als Bildungsgeschichte anzulegen. Da nun aber das Buch in der Zeit vor 1914 spielt und mit dem Kriegsausbruch (als der Morgenröte eines historischen Umbruchs) abschließt, konnte es seinen Helden nicht auf dem rettenden Ufer einer neuen Humanität vorführen. Hans Castorp vermag unter den Umständen, die seine Möglichkeiten festlegen, nicht mehr, als die Ordnung eines besseren Lebens träumerisch vorwegzunehmen. Die Wahrheit dieser Vorstellung, so will es der Roman, wird nicht dadurch aufgehoben, daß sie nicht unverzüglich die Lebenspraxis bestimmen kann. Hans Castorp sei, so schreibt Thomas Mann in einem Brief, „ein Vortypus und Vorläufer, ein Vorwegnehmer, ein kleiner Vorkriegsdeutscher, der durch ‚Steigerung' zum Anticipieren gebracht wird" (an Julius Bab, 23. IV. 1925, Br. I, S. 239).

Es ist die Besonderheit dieser Bildungsgeschichte, daß sie die Entwicklung ihres Helden nicht zum Ziel führen kann. Der Grund dafür liegt, wie angedeutet, in der desolaten Lage der Epoche, die eine Verwirklichung der Bildungsidee nicht zuläßt. So bleibt der Held unvermeidlich hinter seinen visionären Erkenntnissen zurück, ja es fällt ihm schon schwer, sie überhaupt festzuhalten. Immerhin hat er einen Prozeß der Steigerung und Wandlung hinter sich gebracht, der ihn zu seinen Einsichten allererst fähig machte. Dies rechtfertigt, auch im Hinblick auf den Protagonisten des Romans von einer Bildungsgeschichte zu sprechen.

Am Beispiel des *Zauberberg* wird sichtbar, daß sich die Krise des Bildungsromans im 20. Jahrhundert verschärft hat. Der für die Gattung obligatorische harmonische Abschluß setzt einen Optimismus voraus, der offenbar immer schwerer zu begründen ist. Immerhin zeigt Thomas Mann aber auch, daß die Fragen, die den Bildungsroman bewegen, keineswegs als erledigt, als obsolet oder sinnlos empfunden werden. Die Geschichte des problematischen Einzelnen, der mit sich selbst und der Welt ins reine zu kommen versucht und um eine Orientierung seiner Existenz ringt, erscheint weiterhin erzählenswert. Solange die Perspektive auf eine Lösung nicht ganz verstellt ist, können Bildungsromane entstehen, die freilich oft Brüche zeigen oder von Vorbehalten belastet sind.

2.2. Hans Castorp als Held einer Bildungsgeschichte

Manche Interpreten des *Zauberberg* haben die These vertreten, daß der Held des Buches sich gar nicht wandle und entwickle. Man meinte, seine Geschichte bleibe ohne Resultat und er sei am Ende keineswegs zu neuen und höheren Gesichtspunkten vorgedrungen. Gelegentlich wurde behauptet, daß der Roman mit seinem zeitaufhebenden Erzählverfahren die Vorstellung einer Entwicklung geradezu ausschließe (vgl. F. Bulhof: *Transpersonalismus und Synchronizität*, S. 120; J. Scharfschwerdt: *Th. Mann und der deutsche Bildungsroman*, S. 118, 151 ff.; M. Swales: *The German Bildungsroman from Wieland to Hesse*, S. 118; B. Kristiansen: *Unform-Form-Überform*, S. 55).

Gegenüber solchen Deutungen bleibt zu bedenken, daß der Roman selbst von einer „Steigerung" seines Helden redet (vgl. z.B. III, S. 904), daß er ihn wiederholt als einen „Bildungsreisenden" bezeichnet (III, S. 797, 819 u.ö.) und daß er Hans Castorp selbst sagen läßt, er fühle sich in der Sphäre des Zauberbergs verändert und sei erst jetzt für die geistigen Abenteuer der Unterhaltung mit Settembrini empfänglich geworden (III, S. 283). Der Roman stellt seinen Protagonisten in die von allen pragmatischen Forderungen abgelöste und dem Zeitablauf entzogene Welt des Zauberbergs und macht ihn dort zum Objekt einer „hermetischen Pädagogik", die ironischerweise Naphta beschreibt, als er über die Initiationsriten der Freimaurer redet: „Der Weg der Mysterien und der Läuterung war von Gefahren umlagert, er führte durch Todesbangen, durch das Reich der Verwesung, und der Lehrling, der Neophyt, ist die nach den Wundern des Lebens begierige, nach Erweckung zu dämonischer Erlebnisfähigkeit verlangende Jugend, geführt von Vermummten, die nur Schatten des Geheimnisses sind" (III, S. 707).

2.2.1. Erziehung in der Sphäre des Zauberbergs

Inhaltlich ist Hans Castorps Bildungsgeschichte bestimmt von der Erfahrung der Krankheit und des Todes, die ihn zum Leben führen soll. Das zeigt sich besonders deutlich, als er sich durch Mme Chauchat, die eine Repräsentantin der auflösenden Kräfte ist (vgl. unten Kp. 2.2.2.), zu einem Hymnus auf das organische Leben und den menschlichen Körper im besonderen begeistert fühlt (III, S. 477). Schon vorher hatten die durch die Krankheit angeregten biologischmedizinischen Studien vor ihm eine verführerische Allegorie des Lebens aufsteigen lassen (III, S. 399). Castorp selbst zieht das Resümee seiner hermetischen Bildungsgeschichte, wenn er den Tod als „das pädagogische Prinzip" bezeichnet, weil die Sympathie für ihn am Ende „zur Liebe des Lebens und des Menschen" führe: „Zum Leben gibt es zwei Wege: Der eine ist der gewöhnliche, direkte und brave. Der andere ist schlimm, er führt über den Tod, und das ist der geniale Weg!" (III, S. 827).

Der Ablauf von Castorps Geschichte zerfällt in zwei große Phasen. Die ersten fünf Kapitel des Romans stellen den Helden in das Spannungsfeld zwischen Settembrini und Mme Chauchat, das heißt zwischen die Prinzipien vernunftgeleiteter produktiver Tätigkeit einerseits und die Versuchung durch die „Sympathie mit dem Tode" andererseits. Settembrinis Mahnungen bleiben erfolglos, weil sich in Castorp eine „unbewußte Neigung zur Krankheit" geltend macht (III, S. 279): Gesundheit und Lebenstüchtigkeit erscheinen ihm fast als ordinär, während von der Krankheit annimmt, sie müsse „den Menschen fein und klug und besonders machen" (III, S. 138). Eine vorläufige Entscheidung fällt am Ende des ersten Romanteils, als Castorp in der „Walpurgisnacht" Mme Chauchat auf ihr Zimmer folgt.

Der zweite Abschnitt der Geschichte ist zunächst bestimmt durch die Kontroversen zwischen Settembrini und Naphta, in deren Kreuzfeuer Hans Castorp steht. Das Resultat der ausufernden Debatten ist eine „große Konfusion" (III, S. 646), die Castorp in Distanz zu den beiden Kontrahenten treibt und ihn zu der Meinung bringt, daß „irgendwo inmitten zwischen den strittigen Unleidlichkeiten, zwischen rednerischem Humanismus und analphabetischer Barbarei das gelegen sein müsse, was man als das Menschliche oder Humane versöhnlich ansprechen durfte" (III, S. 722). Im Kapitel „Schnee" gewinnt er in einem visionären Traum eine Vorstellung von der rettenden Synthese (III, S. 677 ff.).

Das Auftreten Peeperkorns macht es Castorp leichter, Abstand von den beiden streitlustigen Lehrmeistern zu finden. Aber eine positive Idealvorstellung vermittelt die Gestalt des imposanten Holländers nicht. Bei aller freundschaftlich-respektvollen Annäherung bleibt Castorp doch in einer von Ironie und Vorbehalten beherrschten Distanz, aus der ihm Peeperkorn als „torkelndes Mysterium" erscheint (III, S. 819). Nach dessen Tod versinkt Castorp im „großen Stumpfsinn" und wird zum Zeugen der „großen Gereiztheit", wobei er sich fast widerstandslos den lähmenden und auflösenden Einflüssen des Zauberbergs hingibt. Dessen Bannkreis entkommt er nicht durch eigene Kraft, sondern durch den als „Donnerschlag" empfundenen Ausbruch des Weltkriegs.

2.2.2. Claudia Chauchat

Im Verhalten Mme Chauchats treten eine Ungebundenheit und eine Konventionsverachtung zutage, die den in strengen Ordnungsvorstellungen großgewordenen Bürgersohn Hans Castorp zunächst irritieren und dann zunehmend faszinieren. Mit Verwirrung nimmt er wahr, daß Mme Chauchat sich ihm gegenüber benimmt, „als seien sie überhaupt keine gesellschaftlichen Wesen" (III, S. 289). Sie provoziert damit Gefühle, die sich außerhalb der bürgerlichen Dezenz-Regeln bewegen: Castorps Interesse an ihrer Person bezieht sich mit erschreckender Unmittelbarkeit auf „ihren lässigen und gesteigerten, durch die Krankheit ungeheuer betonten und noch einmal zum Körper gemachten Körper" (III, S. 321).

Der Erzähler nennt die erotische Passion seines Helden „eine ziemlich riskierte und unbehauste Abart dieser Betörung" und erkennt deren Grund in der Unsicherheit Castorps über „Sinn und Zweck des Lebensdienstes": Seine Verliebtheit erscheint als „etwas äußerst Flüchtiges und Ausgedehntes, ein Gedanke, nein, ein Traum, der schreckhafte und grenzenlos verlockende Traum eines jungen Mannes, dem auf bestimmte, wenn auch unbewußt gestellte Fragen nur ein hohles Schweigen geantwortet hatte" (III, S. 231, mit Anspielung auf III, S. 50).

Nicht zu Unrecht hat man auf eine homoerotische Komponente in dieser Beziehung hingewiesen (vgl. W. Frizen: *Zaubertrank der Metaphysik*, S. 247 f. und K. W. Böhm: *Die homosexuellen Elemente in Th. Manns ‚Zauberberg'*, S. 145 ff.). Am handgreiflichsten zeigt sich diese Tendenz darin, daß Mme Chauchat für Castorp in enge Nähe zu dem Jugendfreund Pribislav Hippe rückt.

Die Wiederbegegnung mit Clawdia Chauchat im zweiten Teil des Romans steht unter gänzlich veränderten Prämissen. Castorp respektiert ihre Bindung an Peeperkorn und verwandelt seine erotische Fixierung in einen Freundschaftsbund, der Peeperkorn einschließt. In dieser Transformation der Gefühle kann man eine Absage an die Sphäre des Todes und der Auflösung und ein Zeichen für die Hinwendung zur „Lebensfreundlichkeit" sehen (vgl. K. W. Böhm, a. a. O., S. 163).

2.2.3. Settembrini

Settembrini, der sich als humanistischer Erzieher versteht (III, S. 93), sucht Einfluß auf Castorp zu gewinnen. Er mahnt ihn wiederholt, seine praktischen Lebensaufgaben nicht zu versäumen, und warnt ihn mit drastischen Wendungen vor den Versuchungen des Zauberbergs, besonders vor Mme Chauchat:

„Meiden Sie diesen Sumpf, dies Eiland der Kirke, auf dem ungestraft zu hausen Sie nicht Odysseus genug sind. Sie werden auf allen vieren gehen, Sie neigen sich schon auf Ihre vorderen Extremitäten, bald werden Sie zu grunzen beginnen, – hüten Sie sich!" (III, S. 345)

Der Gedanke des „Menschheitsfortschritts" ist es, der Settembrini begeistert (III, S. 340). In flammenden Reden macht er sich zum Anwalt der „Errungenschaften" von Renaissance und Aufklärung, das heißt der drei Ideen „Persönlichkeit, Menschenrecht, Freiheit" (III, S. 553).

Der Roman betont besonders in seinem ersten Teil den deklamatorischen, ihre Wortgewandtheit zelebrierenden und oft ins Komödiantenhafte spielenden Charakter von Settembrinis Tiraden. Darin spiegeln sich die Vorbehalte, die Thomas Mann in den *Betrachtungen eines Unpolitischen* gegen den Typus des „Zivilisationsliteraten" gerichtet hatte. Daß Settembrini zu diesem in naher Verwandtschaft steht, zeigt sich nicht zuletzt darin, daß er als höchsten Begriff, der seine Überzeugungen zusammenfaßt, den der „Zivilisation" nennt (III, S. 224f.). Fragwürdig wird er auch durch Widersprüche in seinem Denken und Handeln: Seine kosmopolitischen Ideale hindern ihn nicht, gelegentlich als Vertreter eines italienischen Chauvinismus aufzutreten. Und der „Bund zur Organisation des Fortschritts", dessen Mitglied er ist, tritt weniger als Zentrum politischer Aktivität denn als Herausgeber einer „Soziologie der Leiden" hervor (III, S. 343).

Immerhin ist Settembrini nicht unsympathisch dargestellt. Er gewinnt in der zweiten Hälfte des Romans in der Konfrontation mit Naphta und figuriert am Ende fast in der Rolle eines väterlichen Freunds des Helden.

2.2.4. Naphta

In der Person Leo Naphtas sind so heterogene Elemente zusammengefügt, daß man gelegentlich bezweifelt hat, ob sie sich überhaupt zu einer überzeugenden Romanfigur verbinden lassen. Er ist jüdischer Herkunft, zugleich Jesuit und Anwalt der proletarischen Revolution, Prediger der Askese und Liebhaber eines privaten Luxus. Die Schilderung seines Äußeren erinnert an Georg Lukács, aber der geistige Hintergrund der Figur ist äußerst vielfältig und keinesfalls auf ein bestimmtes Modell zurückzuführen (vgl. H. Lehnert: *Leo Naphta und sein Autor*, S. 47ff.; zur Genese der Figur vor allem H. Wisskirchen: *„Gegensätze mögen sich reimen"*, S. 426ff.).

Auffälligster Zug in Naphtas Reden ist die Verbindung revolutionärer und reaktionärer Ideen. Einerseits plädiert er für die Erlösung der Menschheit in einer sozialistischen Zukunft, andererseits will er die emanzipatorischen Tendenzen der Moderne rückgängig machen und den Menschen in die Disziplin einer totalitären Ordnung stellen. Mit konzessionslosem Fanatismus predigt er den „heiligen Terror, dessen die Zeit bedarf" (III, S. 969).

Mit alledem steht er in striktem Gegensatz zu den Überzeugungen Settembrinis. Das gilt im besonderen für seine Auffassung der Krankheit, in der er die „Würde des Menschen" begründet sieht (III, S. 643), und für seine Vorstellung von der Erziehung, die sich auf die Mittel des Zwangs und der Gewalt gründet:

„Alle wahrhaft erzieherischen Verbände haben von jeher gewußt, um was es sich in Wahrheit bei aller Pädagogik immer nur handeln kann: nämlich um den absoluten Befehl, die eiserne Bindung, um Disziplin, Opfer, Verleugnung des Ich, Vergewaltigung der Persönlichkeit. Zuletzt bedeutet es ein liebloses Mißverstehen der Jugend, zu glauben, sie finde ihre Lust in der Freiheit. Ihre tiefste Lust ist Gehorsam" (III, S. 554).

Naphtas Disput mit Settembrini, bei dem beide Kontrahenten den zuhörenden Hans Castorp für sich gewinnen wollen, gelangt nicht zu Klärungen und Resultaten. Ein äußeres Ende findet er durch das Duell und den Selbstmord Naphtas, in dem die selbstzerstörerische Kraft von dessen Fanatismus zutage tritt.

2.2.5. Peeperkorn

Durch das Auftreten Peeperkorns wird das verwirrende Gegeneinander des Wortgefechts zwischen Settembrini und Naphta neutralisiert. Das geschieht nun nicht durch eine Intervention auf deren eigenem Feld, dem des begrifflichen Argumentierens, sondern durch die Wirkung einer charismatischen Persönlichkeit, die allein durch ihre Anwesenheit den intellektuellen Wortstreit zum bloßen Gezänk macht.

Castorp zeigt sich tief beeindruckt von dem schwer faßbaren Lebensphänomen der Persönlichkeit, das als ein veritables „Mysterium [...] über Dummheit und Gescheitheit hinausliegt" (III, S. 809). Die ausstrahlungsmächtige Persönlichkeit vom Schlage Peeperkorns erscheint ihm als „positiver Wert", als „*absolut* positiv, wie das Leben" (III, S. 809). Die Begegnung mit einer solchen Natur ist für Castorp eine wichtige, befreiende Erfahrung. Denn „dieser dumme alte Mann, dies menschliche Zero" verurteilt alle begrifflich-abstrakten Antithesen zur Wesenlosigkeit (III, S. 819).

Der Mangel in Peeperkorns Existenz liegt in seiner Ungeistigkeit: Er verabsolutiert den Selbstgenuß des Lebens und findet keine Beziehung zum Tod. Als er ein Nachlassen seiner vitalen Ressourcen spürt, begeht er Selbstmord. Wenn Castorp am Ende Peeperkorns Lebenskonzept als eine „königliche Narretei" bezeichnet, so ist dies ein distanziertes Urteil, das den Respekt vor dem unergründbaren „Format" der Persönlichkeit keineswegs aufhebt (III, S. 867).

Mit Recht hat man in der Figur Peeperkorns eine Kritik der „Lebensphilosophie" gesehen, die sich um die Jahrhundertwende ausgebreitet hatte:

„The form in which ‚devotion to life' was available to a son of that time was the emphatic vitalism which was ostensibly a reaction to decadence but at root one of its manifestations [...]. No picture of intellectual life in Europe before 1914 would have been complete without this element" (Terence J. Reed: *Thomas Mann. The Uses of Tradition*, a. a. O., S. 260 f.).

2.3. Zur Lösung des Bildungsproblems

Der Selbsterläuterung des Autors zufolge soll das Kapitel „Schnee" die ideelle Botschaft des Romans enthalten. Der Ausflug ins Hochgebirge und der Verlust der Orientierung im Schneetreiben haben Castorp von der realen Welt abgerückt und ihn zur Erkenntnis im Wege der visionären Schau fähig gemacht. Was sich ihm dabei erschließt, erlebt er als ein „Wiedererkennen", das heißt als eine Art platonischer Anamnesis (III, S. 678).

Die idyllischen Bilder vom Leben der Sonnenleute und die kontrastierende Szene der kannibalischen Greuel im Tempel (III, S. 680–683) haben nicht immer den Beifall der Kritiker gefunden. Gelegentlich empfand man sie als „melodramatic scenario" (M. Swales: *The German Bildungsroman from Wieland to Hesse*, S. 114), und Max Rychner erkannte in Castorps Vision das Gemälde eines „Jugendstilmalers, der Campanella gelesen hat" (M. Rychner: *Th. Mann und die*

Politik. In: M. R.: *Welt im Wort*. Zürich 1949, S. 382; vgl. ferner die Nachweise bei W. Frizen: *Zaubertrank der Metaphysik*, S. 565, Anm. 590). Wie dem auch sei: Es ist kein Zweifel möglich, daß Thomas Mann dieser Szene zentrale Bedeutung beimessen will, was sich auch darin zeigt, daß der ideelle Gehalt der Bilder ausdrücklich erläutert wird. Die in das „gedankenweise" forttträumende Bewußtsein Castorps verlegte Explikation läuft auf die Formel zu, der Mensch solle „um der Güte und Liebe willen dem Tod keine Herrschaft einräumen über seine Gedanken" (III, S. 686), wobei er aber den Gedanken an den Tod nicht verdrängen dürfe. Das soll nach Thomas Manns späterer Selbstkommentierung heißen: „Was er begreifen lernt, ist, daß alle höhere Gesundheit durch die tiefen Erfahrungen von Krankheit und Tod hindurchgegangen sein muß, so wie die Kenntnis der Sünde eine Vorbedingung der Erlösung ist" (XI, S. 613).

In Castorps Schnee-Traum wird die Position des „Homo Dei" als die der Mitte bezeichnet, zwischen den Kräften des Lebens und des Todes und „inmitten zwischen Durchgängerei und Vernunft" (III, S. 685). Der Begriff des Homo Dei war von Naphta in die Gedankenwelt des Romans eingeführt worden (III, S. 524). Daß Castorp ihn aufnimmt (vgl. III, S. 659) und daß er in der Schnee-Vision eine zentrale Rolle bekommt, deutet darauf hin, daß Thomas Mann seine Antwort auf die Frage nach der Bestimmung des Menschen in einem religiösen Zusammenhang sieht. Offensichtlich fehlt Settembrinis Ideal vom „Homo humanus" diese religiöse Dimension.

Gelegentlich ist allerdings bezweifelt worden, daß Castorps Vision das Bild einer humanen Lebensform spiegele, die als ideeller Fluchtpunkt des Romans betrachtet werden könne. Man machte geltend, das Arkadien der Sonnenleute und die blutige Tempelszene stünden ganz unversöhnt einander gegenüber und die von moralischem Willen getragene Sonnenwelt erweise sich als machtlos gegenüber den Kräften der „Unform" (B. Kristiansen: *Unform – Form – Überform*, S. 223ff.). Der Schnee-Traum bestätige vielmehr das desillusionierende Ende Hans Castorps auf dem Schlachtfeld: An seinem Schicksal werde „die tragische Wahrheit der Dominanz des dämonischen Blutmahls über die schöne und humane Existenzform der Sonnenleute demonstriert" (ebd., S. 230).

Diese Deutung zieht aus dem berechtigten Hinweis auf den Einfluß Schopenhauers im *Zauberberg* übersteigerte Folgerungen. Die einseitige Fixierung auf das philosophische Deutungsmuster macht die Tendenz, eine Möglichkeit humaner Existenz im Zeichen der Liebe und Lebensbejahung aufzuweisen, unsichtbar und beschneidet damit die Komplexität des Werkes. Die zur Stützung der pessimistischen Deutung der Schnee-Vision hergestellte Parallele zu dem von Nietzsche in der *Geburt der Tragödie* referierten Dionysos-Mythos ist keineswegs zwingend (vgl. ebd., S. 225). Wenig überzeugend ist auch, daß von diesem Interpretationsansatz her nur ratlose Verlegenheit gegenüber Thomas Manns Selbstdeutung möglich ist (vgl. ebd., S. 250).

Es wurde bereits erwähnt, daß sich für die Interpretation des Romans ein heikles Problem daraus ergibt, daß der Protagonist die während seines Schnee-Abenteuers gewonnenen Erkenntnisse schnell vergißt (III, S. 688) und daß er sie offensichtlich nicht in eine fruchtbare Lebenspraxis umzusetzen versteht (vgl. oben Kp. 2.1.3). Zu diesem Deutungsproblem hat man die unterschiedlichsten Lösungen vorgeschlagen. So hat man gemeint, die lebensfreundlichen Erkenntnisse der Schnee-Vision hätten „abstrakt und folgenlos" bleiben müssen, weil der Roman letztlich auf Schopenhauerscher Metaphysik aufbaue und die „Sympathie mit dem Tode" daher nicht glaubhaft zu überwinden gewesen sei (vgl. H. Kurzke: *Th. Mann. Epoche – Werk – Wirkung*, S. 205). Bisweilen hat man sich damit begnügt, Castorps Bildungsfortschritt ganz einfach „in der Tatsache der Abreise" am Ende der Geschichte zu sehen und nach ideellen Resultaten nicht weiter zu fragen (vgl. H. Mayer: *Th. Mann. Werk und Entwicklung*, S. 137f.). Es gibt indessen auch Interpreten, die in der Schnee-Vision den „Höhepunkt und Wendepunkt des ganzen Romans" erkennen und die These vertreten, Castorp habe hier die „Leiterfahrung seines ganzen weiteren Lebens" gemacht (H. Koopmann: *Der klassisch-moderne Roman in Deutschland*, S. 57, 64).

Je eindeutiger und dezidierter die Deutungsvorschläge sind, desto schwerer sind sie mit dem differenzierten Textbefund in Einklang zu bringen. Eine plausible Erklärung für die Ambivalenzen des Romans bietet die These Terence J. Reeds, daß Castorp aufgrund der verwickelten Entstehungsgeschichte des Werks eine Doppelrolle zu spielen habe: Einmal dient er als Medium für Erkenntnisse, die sein Autor erst nach dem Weltkrieg erreicht hat, nämlich für die Forderung nach Überwindung der romantischen Todes-Sympathie. Andererseits aber blieb Castorp eine Symbolfigur für die bedenkliche und befangene Situation vor 1914 und damit Gegenstand der Kritik. Das damit aufsteigende Darstellungsproblem löste Thomas Mann, indem er die Vision des humanen und erfüllten Lebens in das Schnee-Kapitel einschloß und Hans Castorp selbst hinter dieser Erkenntnis zurückbleiben ließ (T.J. Reed: *Th. Mann. The Uses of Tradition*, a.a.O., S. 262f.).

Diese Überlegungen deuten darauf hin, daß man den *Zauberberg* nicht zu sehr auf die Figur des Helden hin interpretieren darf, weil dieser offenbar im Hinblick auf die Intention des Ganzen einen nur funktionellen Wert besitzt. Auf diese Besonderheit seines Buches (die allerdings Parallelen in anderen Bildungsromanen findet) hat Thomas Mann selbst hingewiesen:

„Der Held dieses Zeitromans war nur scheinbar der freundliche junge Mann, Hans Castorp, auf dessen verschmitzte Unschuld die ganze Dialektik von Leben und Tod, Gesundheit und Krankheit, Freiheit und Frömmigkeit pädagogisch hereinbricht: in Wirklichkeit war es der homo dei, der Mensch selbst mit seiner religiösen Frage nach sich selbst, nach seinem Woher und Wohin, seinem Wesen und Ziel, nach seiner Stellung im All, dem Geheimnis seiner Existenz, der ewigen Rätsel-Aufgabe der Humanität" (XI, S. 657f.)

Indem der Roman seinen Helden nicht zur praktischen Bewährung seiner Bildungs-Erkenntnisse führt, gibt er zu erkennen, daß unter den gegebenen historisch-gesellschaftlichen Zuständen das Bildungsproblem nicht mehr als individuelles lösbar ist. Daraus ergibt sich aber keineswegs die definitive Widerlegung der dem Bildungsroman zugrundeliegenden Vorstellung, daß der problematische Einzelne zu einer als sinnvoll erlebten Existenz, zum Einklang mit der Welt und mit sich selbst, finden solle. Allerdings müßte ein Roman, der auf diese Vorstellung zurückgreift, die Schwierigkeit von deren Realisierung in der modernen Welt reflektieren und in seiner Werkgestalt sichtbar machen, – wie es Thomas Manns *Zauberberg* tut.

3. Der Bildungsroman in der deutschen Literatur nach 1945

3.1. Sozialistische Bildungsromane in der DDR

3.1.0. Bibliographie

Braemer, Edith: Zu einigen Problemen in Goethes Roman ‚Wilhelm Meisters Lehrjahre'. In: Thalheim, H. G. und Wertheim, U. (Hg.): Studien zur Literaturgeschichte und Literaturtheorie. Berlin (Ost) 1970, S. 143 ff. [Analysiert zentrale Aspekte der *Lehrjahre* und versucht, „einige der Linien nachzuzeichnen, auf denen sich die Aufnahme der Tradition des Goetheschen Bildungs-, Erziehungs- und Entwicklungsromans im zeitgenössischen sozialistischen Roman bewegt."]

Hillmann, Heinz: Subjektivität in der Prosa. In: Schmitt, H.-J. (Hg.): Die Literatur in der DDR. Hansers Sozialgeschichte der deutschen Literatur Bd. 11. München 1983, S. 385 ff. [Erörtert die im DDR-Roman geschilderten Chancen zur „Selbsttätigkeit der Subjektivität" und bringt sie in Zusammenhang mit der Entwicklung des politischen Systems.]

Küntzel, Heinrich: Von ‚Abschied' bis ‚Atemnot'. Über die Poetik des Romans, insbesondere des Bildungs- und Entwicklungsromans, in der DDR. In: Hoogeveen, J. und Labroisse, G. (Hg.): DDR-Roman und Literaturgesellschaft. Amsterdamer Beiträge 11/12. 1981, S. 1 ff. [Untersucht den „eigentümlichen, dem westdeutschen Roman fremden Vorrang des sog. Bildungs- und Entwicklungsromans" in der DDR-Literatur. Zeigt, wie neue Erzählweisen in den 70er Jahren das Muster des sozialistischen Bildungsromans modifizieren.]

Lützeler, Paul Michael: Von der Arbeiterschaft zur Intelligenz. Zur Darstellung sozialer Mobilität im Roman der DDR. In: Hohendahl, P. U. und Herminghouse, P. (Hg.): Literatur und Literaturtheorie in der DDR. Frankfurt 1976, S. 241 ff. [Beschreibt typische Entwicklungsprobleme der Protagonisten von DDR-Romanen im Zusammenhang mit der staatlichen Bildungspolitik und den gesellschaftlichen Umschichtungsprozessen im realen Sozialismus.]

Schlenstedt, Dieter: Ankunft und Anspruch. Zum neueren Roman in der DDR. Sinn und Form 18. 1966, S. 814 ff. [Setzt die Romane der „Ankunftsliteratur" in Parallele zum Bildungsroman der Klassik und in Kontrast zur bürgerlichen Literatur des 20. Jahrhunderts.]

Taschner, Winfried: Tradition und Experiment. Erzählstrukturen und -funktionen des Bildungsromans in der DDR-Aufbauliteratur. Stuttgart 1981. [Versteht die Geschichte des DDR-Bildungsromans als einen „Prozeß erfolgreicher künstlerischer Bemühungen (...), eine Romanart von nationalliterarischer Repräsentanz zu schaffen". Untersucht vor allem die einschlägigen Romane aus der „Aufbauphase" der DDR.]

Trommler, Frank: Von Stalin zu Hölderlin. Über den Entwicklungsroman in der DDR. Basis II. 1971, S. 141 ff. [Grundlegende Untersuchung zur Konjunktur des sozialistischen Entwicklungsromans der DDR in den 50er und 60er Jahren. Im Zentrum der Analysen stehen Nolls *Werner Holt* und Schulz' *Wir sind nicht Staub im Wind*.]

3.1.1. Der Bildungsroman als Bestandteil des „Erbes"

Georg Lukács hat schon in seiner 1936 geschriebenen Abhandlung über *Wilhelm Meisters Lehrjahre* dem Goetheschen Bildungsroman vorbildhafte Bedeutung für die sozialistische Literatur der Gegenwart zugeschrieben. Das Buch sei, so meinte er, „ein sehr aktuelles Erbe, denn gerade die ruhig harmonische und doch sinnlich einprägsame Gestaltung der geistig und seelisch wichtigen Entwicklungen ist eine der großen Aufgaben, die der sozialistische Realismus zu lösen hat" (G. Lukács: *Goethe und seine Zeit*. 2. Aufl. Berlin 1953, S. 75).

Diese These scheint sich in der Literatur der DDR zu bestätigen. In der Tat ist dort eine ganze Fülle von Romanen entstanden, in denen exemplarische Entwicklungsgeschichten erzählt sind, die ihre Protagonisten durch einen längeren Erfahrungs- und Erkenntnisprozeß zur Eingliederung in die DDR-Gesellschaft führen. Zu verstehen ist das Aufblühen dieses Romantyps als Auswirkung der kulturpolitischen Forderung, daß die Literatur zum Aufbau der sozialistischen Ordnung beitragen solle. All jene Faktoren, die in der westlichen Moderne die ideellen Voraussetzungen des Bildungsromans unterhöhlt hatten, nämlich der Verlust an metaphysisch beglaubigtem Sinn, der Zweifel an der Konsistenz der individuellen Person, die Auflösung der inneren Kohärenz der Lebensentwicklung, all dies schien im Rahmen einer dialektisch-materialistischen Weltanschauung grundlos: Hier war der Sinn der einzelnen Lebensgeschichte ebenso klar zu definieren wie die Tendenz des historischen Prozesses. Vor diesem Hintergrund schienen Individuum und Gesellschaft in ein harmonisches Verhältnis treten zu können. Solche Überzeugungen haben in der ostdeutschen Literaturkritik zu der These geführt, der sozialistische Roman sei dazu prädestiniert, das Erbe des Goetheschen *Wilhelm Meister* anzutreten, ja der Bildungsroman könne sich „unter den Bedingungen einer ‚großen Welt', wie sie in der Deutschen Demokratischen Republik zum erstenmal auf deutschem Boden unter sozialistischen Bedingungen erwächst, zu einer neuen Qualität entwickeln" (E. Braemer: *Zu einigen Problemen in Goethes Roman ‚Wilhelm Meisters Lehrjahre'*, S. 194). Daß die Autoren diese Auffassung zu ihrer eigenen machten, bezeugt folgende Äußerung von Max Werner Schulz:

> „Denn tritt unser Held nicht den Werdegang des deutschen Sozialisten an, tritt er nicht in die deutsche Nationalliteratur ein, bleibt er draußen vor der Tür [...]. Wenn dem Schreibenden dabei das klassische Leitbild des Wilhelm Meister oder des Grünen Heinrich oder auch des Simplizissimus vor Augen schwebt, kann das allenfalls zum genauen Erkennen einer neuen – wie auch immer geratenen – literarischen Leistung führen. Ich wünsche dieses genauere Erkennen vor allem dem Leser. Ein Buch unserer sozialistischen deutschen Literatur soll ihn in ein Haus führen, das ihm ‚irgendwie' vertraut ist" (M. W. Schulz: *Stegreif und Sattel*. Halle 1968, S. 17).

3.1.2. Sozialistische Bildungsromane in den 50er und 60er Jahren

Erste Bildungsromane entstanden bereits in den Gründerjahren der DDR zwischen 1949 und 1956 (vgl. dazu W. Taschner: *Tradition und Experiment*). Zu nennen wären hier *Menschen an unserer Seite* von Eduard Claudius (1951) und Erwin Strittmatters Romane *Ochsenkutscher* (1951) und *Tinko* (1954). Das letztgenannte Buch stellt einen noch sehr jungen Helden in Generations- und Klassenkonflikte, die für die Aufbauperiode der DDR als typisch gelten sollen: Tinko muß sich von dem zunehmend reaktionär gesinnten Großvater lösen und nähert sich dem aus russischer Gefangenschaft zurückgekehrten Vater, der am sozialistischen Umbau der Gesellschaft teilnimmt. Am Ende erhält Tinko eine Uniform und wird „Pionierleiter", womit seine Zugehörigkeit zu den fortschrittlichen Kräften außer allen Zweifel gesetzt und der weitere Lebensweg vorgezeichnet ist.

Für die sozialistischen Bildungsgeschichten der Folgezeit haben zwei ältere Romane als Vorbild dienen können: Arnold Zweigs *Erziehung vor Verdun* (1935) und Johannes R. Bechers *Abschied* (1940). Insbesondere Bechers Roman, der zuerst im Moskauer Exil erschienen war, hat durch die Zustimmung Lukács' und wegen der prominenten Stellung des Autors in der DDR großen Einfluß ausgeübt. Geschildert war hier, wie ein junger Mensch bürgerlicher Herkunft in der Epoche vor dem Ersten Weltkrieg zum Sozialismus findet. Es ist höchst bezeichnend, daß Werner Holt, der Held von Dieter Nolls zu Beginn der 60er Jahre publiziertem Bildungsroman, von einem seiner Mentoren Bechers *Abschied* zur Lektüre bekommt. Der tiefe Eindruck dieses Buches ist mehrfach betont: „Es geht mich unmittelbar an, auch Sie, uns alle; es ist das Thema unseres Lebens." Oder: „Was man so sein ‚Schicksal' nennt, das versuche ich heute in der Bindung an die großen geschichtlichen Prozesse zu begreifen, und dazu hat mich der Becher-Roman bewogen" (D. Noll: *Die Abenteuer des Werner Holt*. 1960/64, hier 16. Aufl. Berlin, Weimar 1974. Bd. II, S. 293, 323).

Nolls *Abenteuer des Werner Holt* gehören in jenen Abschnitt der DDR-Literaturentwicklung, in dem – nach dem Intermezzo des „Tauwetters" und einer Welle der Kritik am Schematismus der parteifrommen Literatur – die staatliche Kulturpolitik wieder zu strengeren Direktiven zurückkehrte. Das bedeutete für die Romanproduktion formal die Verpflichtung auf traditionelle Erzähltechniken und inhaltlich die eindeutige Bindung an sozialistische Perspektiven. Die Erfüllung dieses Programms war die Einzelheld-Geschichte, die dem Leser Einfühlung erlaubte und den Prozeß des Hineinwachsens in die sich formierende DDR-Gesellschaft auf exemplarische Weise vorführte (vgl. F. Trommler: *Von Stalin zu Hölderlin*, S. 187).

Der erste Band der *Abenteuer des Werner Holt* (1960) schildert in reportagehafter Unmittelbarkeit die Kriegserlebnisse seines Helden. Es ist die Geschichte einer schmerzhaften Desillusionierung, an deren Ende sich der Protagonist schuldbewußt, einsam und orientierungslos fühlt. Der zweite Teil des Romans (zuerst 1964) hat die Entwicklung Werner Holts im Deutschland der Nachkriegsjahre zum Thema. Der Held betont immer wieder die Notwendigkeit des „Umlernens", des „Anderswerdens" und der Suche nach einem „archimedischen Punkt" (II, S. 11, 367, 214). Als er mit den bourgeoisen Vorstellungen seiner Mutter in Konflikt gerät, faßt er den moralischen Entschluß, eine neue ideelle Basis für sein Leben zu suchen:

„Er sah jetzt, was in dieser Zeit allein der Achtung wert war: der Wille zur Veränderung, das Streben, mit der Vergangenheit sich selbst und alle Irrtümer und Vorurteile zu überwinden" (II, S. 255).

Orientierung gewinnt der Held von Dieter Nolls Roman durch die Gespräche mit ideologisch gefestigten Freunden, aber auch durch die Lektüre der bürgerlichen Klassiker, zu deren historischer Bewertung er bei Karl Marx die verbindlichen Kategorien findet (II, S. 337).

Der Roman will nicht darüber hinwegtäuschen, daß die Wandlung vom desillusionierten Bürgersohn zum Teilnehmer am sozialistischen Aufbau ein komplizierter und langwieriger Prozeß ist. Werner Holt sagt von seinem Leben, es sei „mitten durchgebrochen, es begann mit einem furchtbaren Ende, und selbst wenn ich es weit bringe, wird es doch nur ein Anfang sein, womit es endet" (II, S. 372). Das tröstliche Beispiel Johannes R. Bechers allerdings kann lehren, daß die bürgerliche Herkunft den Menschen nicht unabänderlich zum finsteren Reaktionär stempelt (II, S. 452).

Am Ende sind es private emotionale Verwirrungen, die Holt die Kategorie der „Verantwortung" bewußt werden lassen (II, S. 473). Auf der letzten Seite des Romans erklärt er einer geliebten jungen Frau seine Vorsätze: „Ich will es durchkämpfen, das Leben und die Zeit, ich fühle mich unverbraucht" (II, S. 478). Daß der Held des Buches erst an der Schwelle seiner Bewährung als aktiver Sozialist steht, daß er über ein vorläufiges Entwicklungsstadium nicht hinauskommt und immer noch Kämpfe vor sich hat, ist von der DDR-Kritik nicht selten beanstandet worden. Nolls Plan, den Roman in einem dritten Band weiterzuführen, hätte solche Einwände wohl hinfällig machen können, aber dieser Schlußteil ist nie veröffentlicht worden.

Weiter als der Held von Nolls Roman kommt Rudi Hagedorn in Max Werner Schulz' *Wir sind nicht Staub im Wind* (1962). Allerdings ist dafür der Preis zu zahlen, daß die sozialistische Gemeinschaft, in die Hagedorn am Ende hineinfindet, ländlich-idyllische Züge annimmt. An Schulz' Roman tritt eine Schwäche besonders deutlich hervor, die auch schon bei Noll zu erkennen war: Der repräsentative Charakter der zentralen Figur wird nicht schon in der epischen Darstellung überzeugend deutlich, sondern muß durch explizite Hinweise der Romanfiguren oder des Erzählers, gelegentlich auch durch forcierte Allegorisierung plausibel gemacht werden.

Als weitere Beispiele solcher sozialistischen Bildungsromane ließen sich Joachim Knappes *Mein namenloses Land* (1965) und Jurij Brězans Felix-Hanusch-Trilogie nennen, deren erster Band *Der Gymnasiast* schon 1958 erschienen ist. Thematisch kaum zu trennen von diesen meist umfangreichen Bildungsgeschich-

3. Der Bildungsroman in der deutschen Literatur nach 1945   227

ten sind die Werke der sogenannten „Ankunftsliteratur", die das Eintreten junger Menschen in die fordernde Wirklichkeit der sozialistischen Gesellschaft schildern. Ihre zusammenfassende Bezeichnung haben diese Erzählwerke durch den Titel eines signifikanten Beispiels bekommen, nämlich durch Brigitte Reimanns *Ankunft im Alltag* (1961). Geschildert ist hier, wie drei junge Abiturienten im Kombinat „Schwarze Pumpe" die Welt der Arbeit kennenlernen und damit einen wichtigen Schritt in ihrer sozialen Entwicklung hinter sich bringen. Ein anderes Beispiel wäre Karl-Heinz Jakobs' *Beschreibung eines Sommers* (1961). Auch die von Walter Ulbricht auf der Ersten Bitterfelder Konferenz gepriesene Erzählung *Die Tage mit Sepp Zach* von Regina Hastedt (1959) ließe sich hier nennen. Indem in diesen „Ankunfts"-Texten dem Moment der Selbstfindung eine besondere Bedeutung zugewiesen wird, ist die Verbindung zur Tradition der Bildungsgeschichte absichtsvoll betont. Als Beispiel kann eine Passage aus den *Tagen mit Sepp Zach* dienen:

> „Ach, das größte Abenteuer ist die Entdeckung unseres Ich. Ahntest Du, was in Dir ist, bevor Adolf Hennecke mit seiner Tat alle Kräfte in Dir freilegte? Wußte ich, daß hinter den Grenzen, die ich mir selbst gesteckt hatte, ein so weites Feld lag? [...] Ich bin zum zweiten Mal geboren" (R. Hastedt: *Die Tage mit Sepp Zach*. Berlin 1959, S. 170).

Eine Modifikation der Bildungsgeschichte zeigt sich auch in den sogenannten „Rechenschaftsromanen", zu denen etwa Hermann Kants *Aula* (1965) und Stefan Heyms *Collin* (1979) gehören. Diese Bücher sind so angelegt, daß von einem Haltepunkt der Biographie aus sich der Blick zurückwendet und eine Art Lebensbilanz gezogen wird. In Kants *Aula* ist auf diese Weise das Bild einer ganzen Generation entworfen, die durch die Arbeiter- und Bauernfakultäten der DDR den Zugang zum Studium und zum beruflichen Aufstieg fand. Robert Iswall, der Ich-Erzähler des Buches, erinnert sich der frühen Aufbruchsjahre, die sein Leben und das seiner Freunde geprägt haben. Eine ähnliche Tendenz zum erzählerischen Lebensresümee, nur deutlicher auf eine zentrale Figur konzentriert, beherrscht auch Kants Roman *Das Impressum* (1972). Den Protagonisten der Geschichte ereilt die Berufung zum Minister, er sträubt sich und läßt seinen Werdegang vom mühevollen Abendstudium zum erfolgreichen Redakteur erinnernd Revue passieren. Es ist offensichtlich, daß diese Bücher mit ihrem Streben nach reflektierender Durchdringung der Erfahrung und mit ihrer Bemühung, den Lebensgang des Einzelnen zur Entwicklung der Gesellschaft in ein produktives Verhältnis zu setzen, Parallelen zu den traditionellen Bildungsgeschichten behalten. Allerdings ist bei Hermann Kant die lineare Erzählweise zugunsten eines beweglichen Hin- und Herspringens zwischen verschiedenen Zeitebenen aufgegeben, und es ist das erzählerische Interesse spürbar auf den Prozeß der gesellschaftlichen Entwicklung verlagert, für dessen Darstellung die einzelnen Figuren oft nur als veranschaulichende Repräsentanten dienen.

3.1.3. Wendung zum Desillusionsroman

Etwa um 1970 meldete sich in der DDR-Literatur eine neue Generation zu Wort, deren Vertreter nicht mehr aktiv am Aufbruch zum Sozialismus nach 1945 teilgenommen hatten, sondern den neugegründeten Staat als gegebene Wirklichkeit, und das hieß: als Rahmen der eigenen Schaffens- und Lebensmöglichkeiten vorfanden. Diese Autoren zeigten die Neigung, den wirklichen Sozialismus an seinen programmatischen Verheißungen zu messen. Sie stießen sich an dem bürokratisch erstarrten System der DDR und an dessen rigider Ideologie, und sie stellten enttäuscht und nicht ohne Bitterkeit fest, daß die individuelle Existenz keineswegs aus der Entfremdung befreit und allseitiger Selbstverwirklichung nähergebracht worden war. Solche Einsichten mußten den bisweilen forcierten Optimismus auflösen, der in den beiden vorhergehenden Jahrzehnten die sozialistischen Bildungsgeschichten mit ihren harmonischen Schlüssen getragen hatte.

Das einflußreichste Buch dieser neuen Strömung ist Christa Wolfs *Nachdenken über Christa T.* (1968). Das Johannes R. Becher entlehnte Motto läßt erkennen, daß dieser Roman an der Problematik der Bildungsgeschichte festhält, indem er die Frage nach dem Werden personaler Identität aufwirft: „Was ist das: dieses Zu-sich-selber-Kommen des Menschen?" Erzählt und nachgedacht wird allerdings über ein Leben, das im Zeichen der Vergeblichkeit stand, über eine junge Frau, die ihre besseren Möglichkeiten nicht verwirklicht hat. Dieses Scheitern ist nicht die Folge eines Mangels an Glauben, Phantasie und Aktivitätsbedürfnis. Christa T. hat auch „einen Beruf angestrebt, der sie in die Öffentlichkeit geführt hätte" (Ch. Wolf: *Nachdenken über Christa T.* Neuwied, Berlin 1971, S. 66). Aber sie fühlte sich durch die ideologischen Schlagworte und durch die offiziell propagierten „schrecklich strahlenden Helden der Zeitungen, Filme und Bücher" befremdet und in Selbstzweifel gestürzt (S. 72).

Gerade weil sie hohe Ansprüche an ihr Leben stellte, weil sie „eine Vision von sich selbst" hatte (S. 148), fühlte sie sich durch ihre öde Umwelt bedrängt und in sich zurückgetrieben: „Sie spürte, wie ihr unaufhaltsam das Geheimnis verlorenging, das sie lebensfähig machte: das Bewußtsein dessen, wer sie in Wirklichkeit war. Sie sah sich in eine unendliche Menge von tödlich banalen Handlungen und Phrasen aufgelöst" (S. 199). Der Weg der Christa T. kann daher nicht zur Erfüllung in der sozialistischen Gesellschaft führen, sondern er verliert sich in Resignation und lähmenden Entfremdungsgefühlen.

Christa Wolfs Buch schildert eine individuelle Geschichte, aber es ist darum nicht unpolitisch. Denn es weist eindeutig der Gesellschaft die Verantwortung dafür zu, daß sie sich die sensible und begabte Außenseiterin nicht integrieren kann. Wo die robusten und kurz angebundenen „Tatsachenmenschen" (S. 66) herrschen, dort kann der „lange, nicht enden wollende Weg zu sich selbst", den Christa T. gehen will (S. 222), nicht an sein Ziel finden.

Die Geschichte eines Scheiterns, eines Nicht-Ankommens in der sozialistischen Gesellschaft steht auch im Mittelpunkt von Ulrich Plenzdorfs *Die neuen*

Leiden des jungen W. (1973). Hier erweist sich jede Möglichkeit eines Bildungsprozesses als zerstört, weil der Einzelne nicht mehr über das Gefühl unüberbrückbarer Fremdheit zur Umwelt hinausfindet. Für Edgar Wibeau, den Helden von Plenzdorfs Roman, ist die Übernahme von sozialen Rollen und Pflichten und damit das Erwachsen-Werden unvorstellbar geworden: „Ich habe überhaupt manchmal gedacht, man dürfe nicht älter werden als siebzehn-achtzehn. Danach fängt es mit dem Beruf an oder mit irgendeinem Studium oder mit der Armee, und dann ist mit keinem mehr zu reden" (U. Plenzdorf: *Die neuen Leiden des jungen W.* Frankfurt 1973, S. 27).

Bücher wie die Plenzdorfs und Christa Wolfs zeigen, daß die Tradition der Bildungsgeschichte in der DDR nach ihrem bemerkenswerten Aufleben in den 50er und 60er Jahren vor ähnliche Aporien geraten ist wie in den westlichen Literaturen. Zwar ist das Problem der Selbstfindung, die Suche nach der personalen Identität und nach einem Ausgleich zwischen den Aspirationen des Subjekts und den Forderungen der Umwelt immer noch ein bewegendes Thema des Romans. Aber es scheinen auch in der DDR durch ein kritischeres Verhältnis zur sozialen Realität die Voraussetzungen dafür bedroht, daß die Entwicklungsgeschichten problematischer Romanfiguren noch auf glaubwürdige Weise zu einem harmonischen Ende geführt werden können.

3.2. Spuren des Bildungsromans in den westlichen deutschsprachigen Literaturen

3.2.0. Bibliographie

3.2.0.1. Texte und Dokumente

Zitiert wird in den folgenden Kapiteln, soweit nicht anders vermerkt, nach der jeweiligen Erstausgabe der behandelten Texte.

3.2.0.2. Forschungsliteratur

Bartmann, Christoph: „Der Zusammenhang ist möglich". *Der kurze Brief zum langen Abschied* im Kontext. In: R. Fellinger (Hg.): Peter Handke. Frankfurt/M. 1985, S. 114 ff. [Versucht, im Kontext des Gesamtwerkes zu zeigen, wie im *Kurzen Brief* eine „triebgeleitete Bildphantasie" Raum entstehen läßt und wie „das Subjekt eine ästhetische Konfliktlösung betreibt".]
Baumgart, Reinhard: Das Leben – kein Traum? Vom Nutzen und Nachteil einer autobiographischen Literatur. In: H. Heckmann (Hg.): Literatur aus dem Leben. Autobiographische Tendenzen in der deutschsprachigen Gegenwartsdichtung. München, Wien 1984, S. 8 ff. [Kritischer Essay über die autobiographisch fundierte Prosaliteratur der letzten Jahrzehnte im Spannungsfeld von Erfahrung und Fiktion.]
Buselmeier, Michael: Nach der Revolte. Die literarische Verarbeitung der Studentenbewegung. In: W. M. Lüdke (Hg.): Literatur und Studentenbewegung. Eine Zwischenbilanz. Opladen 1977, S. 158 ff. [Geht nach kurzer Skizze des historisch-kulturellen Kontexts vor allem auf Schneiders *Lenz* und auf Timms Roman *Heißer Sommer* ein, in dem die Gattung des Bildungsromans „zur Trivialform heruntergebracht" sei.]

Denkler, Horst: Langer Marsch und kurzer Prozeß. Oppositionelle Studentenbewegung und streitbarer Staat im westdeutschen Roman der siebziger Jahre. In: W. Paulsen (Hg.): Der deutsche Roman und seine historischen und politischen Bedingungen. Bern und München 1977, S. 124 ff. [Überblick über Texte, in denen die Studentenbewegung eine mehr oder minder zentrale Rolle spielt; stellt ausführlich den gesellschaftlichen, weniger den ideologischen Kontext der sechziger und siebziger Jahre dar.]

Durzak, Manfred: Peter Handke und die deutsche Gegenwartsliteratur. Narziß auf Abwegen. Stuttgart u.a. 1982, S. 106 ff.: Der desillusionierte Bildungsroman: „Der kurze Brief zum langen Abschied". [Weist darauf hin, daß im *Kurzen Brief* als wichtigem Einschnitt in Handkes literarischem Gesamtwerk das „strukturelle Orientierungsmuster Bildungsroman" nicht „imitativ, sondern modellhaft" angelegt ist.]

Elm, Theo: Die Fiktion eines Entwicklungsromans. Zur Erzählstrategie in Peter Handkes Roman *Der kurze Brief zum langen Abschied*. Poetica 6. 1974, S. 353 ff. [Interpretiert die problematische Form des Romans als Resultat des literarisch nicht bewältigten „Antagonismus von modernem Denken und traditionellem Erzählen".]

Hillebrand, Bruno: Auf der Suche nach der verlorenen Identität. Peter Handke – „Der kurze Brief zum langen Abschied". In: M. Brauneck (Hg.): Der deutsche Roman im 20. Jahrhundert. Analysen und Materialien zur Theorie und Soziologie des Romans. Bd. 2. Bamberg 1976, S. 97 ff. [Betont, daß der Protagonist des Romans die ursprüngliche Antinomie von Subjekt und objektiver Welt zugunsten einer weitgehenden Annäherung an das Ideal einer „Individuation ohne Isolation" überwindet.]

Hosfeld, Rolf und Peitsch, Helmut: „Weil uns diese Aktionen innerlich verändern, sind sie politisch". Bemerkungen zu vier Romanen über die Studentenbewegung. Basis. Jahrbuch für deutsche Gegenwartsliteratur 8. 1978, S. 92 ff. [Verstehen die antiautoritäre Phase der Studentenbewegung unter Bezug auf Heidegger und Marcuse als existentialistische Revolte; interpretieren vor diesem Hintergrund u.a. die Texte Schneiders und Timms.]

Jacobs, Jürgen: Peter Handkes Weg zum Bildungsroman. Frankfurter Hefte 1973. H. 1, S. 57 ff. [Hebt den „utopischen Beiklang" des harmonischen Schlusses hervor, der die Frage nach der notwendigen Integration in überpersönliche Zusammenhänge nicht konkret beantwortet.]

Mayer, Sigrid: Im ‚Western' nichts Neues? Zu den Modellen in ‚Der kurze Brief zum langen Abschied'. In: M. Jurgensen (Hg.): Handke. Ansätze – Analysen – Anmerkungen. Bern und München 1979, S. 145 ff. [Interpretiert den *Kurzen Brief* im Hinblick auf die Modelle u.a. des Westerns, des Detektivromans, des psychologischen Romans – *Anton Reiser* – und des Bildungsromans – *Der grüne Heinrich*.]

Nägele, Rainer: Die vermittelte Welt. Reflexionen zum Verhältnis von Fiktion und Wirklichkeit in Peter Handkes Roman „Der kurze Brief zum langen Abschied". Jahrbuch der Deutschen Schillergesellschaft 19. 1975, S. 389 ff. [Sieht als zentrales Thema des Romans die Identitätssuche des Individuums, das dem eigenen Selbst wie der vor allem über Zeichen, Bilder und Geschichten vermittelten Realität weitgehend fremd und orientierungslos gegenübersteht.]

Neumann, Bernd: Die Wiedergeburt des Erzählens aus dem Geist der Autobiographie? Einige Anmerkungen zum neuen autobiographischen Roman am Beispiel von Hermann Kinders „Der Schleiftrog" und Bernward Vespers „Die Reise". Basis. Jahrbuch für deutsche Gegenwartsliteratur 9. 1979, S. 91 ff. [Diskutiert am Beispiel der beiden Romane das problematische Verhältnis von autobiographischem Erinnern und (Bildungs)-Romanform.]

Piwitt, Hermann Peter: Rückblick auf heiße Tage. Die Studentenrevolte in der Literatur. Literaturmagazin 4. Die Literatur nach dem Tod der Literatur. Reinbek 1975, S. 35 ff. [Kritisiert vor allem in bezug auf Timms Roman *Heißer Sommer* die herkömmliche psychologische Einfühlungstechnik als den politischen Intentionen des Autors und seines Buches nicht angemessen.]

3.2.1. „Manchmal ist Ich sehr schwer" – Identität und Roman

Nach 1945 spielt der Bildungsroman in der Literatur der westlichen deutschsprachigen Länder, anders als in der DDR, kaum noch eine Rolle. Sieht man von einigen wenigen Ausnahmen ab (vgl. Kp. 3.2.2. und 3.2.3.), so sind die Bezüge zur Gattung eher beiläufiger, indirekter, oft auch zweifelhafter Natur.

Günter Grass' *Blechtrommel* (1959) etwa ist, obwohl von keinem Geringeren als Hans Magnus Enzensberger als „Wilhelm Meister auf Blech getrommelt" bezeichnet, alles andere als ein Bildungsroman im herkömmlichen Sinne: Oskar Matzerath verzichtet von vornherein auf persönliche Entwicklung und Eingliederung ins große Ganze; eine das Individuum zu einem definitiven Zustand der Reife führende Auseinandersetzung mit der Welt findet nicht statt. So hat man nicht ganz zu Unrecht die *Blechtrommel* geradezu als „Antibildungsroman" mit parodistischer Tendenz klassifizieren können (vgl. Gerhart Mayer: *Zum deutschen Antibildungsroman*. Jahrbuch der Raabe-Gesellschaft 1974, S. 55 ff.).

Heimito von Doderers monumentaler Roman *Die Strudlhofstiege oder Melzer und die Tiefe der Jahre* (1951) dagegen zeigt zwar insofern Affinitäten zum Bildungsroman, als er mit der ‚Menschwerdung' des Majors Melzer endet (siehe u. a. S. 892 f.). Er beschränkt sich aber nicht auf die Darstellung dieses einen Entwicklungsganges, sondern setzt in konsequenter psychologischer Multiperspektivik verschiedene Bildungsgeschichten zueinander in Beziehung. Zudem beschreibt er – ähnlich wie *Die erleuchteten Fenster oder Die Menschwerdung des Amtsrates Julius Zihal* (1951) – weniger einen Sozialisationsprozeß als die intuitive Ablösung eines alten, kaum bewußten persönlichen Selbstverständnisses durch eine neue, ‚menschlichere' Identität.

Daß die Gattungsgeschichte des Bildungsromans nach 1945 also vor allem von Diskontinuität geprägt ist, hängt eng zusammen mit den bereits skizzierten Aporien der Moderne. In den politischen und sozialen Umbrüchen der ersten Jahrhunderthälfte hatte sich gezeigt, daß es zunehmend schwieriger geworden war, die Einheit der Person und die Kontinuität der Existenz zu wahren. Daraus aber ergab sich die Schwierigkeit, weiterhin teleologisch ausgerichtete Bildungsgeschichten zum zentralen Thema des Romans zu machen: Wo „die Identität der Erfahrung, das in sich kontinuierliche und artikulierte Leben" unwiderruflich zerfallen sind (Theodor W. Adorno: *Noten zur Literatur* [Bd. 1]. Berlin und Frankfurt/M. 1958, S. 62), dort ist, wie Martin Walser im Hinblick auf Marcel Proust bemerkte, die Wirklichkeit nicht mehr „in zusammenfassender Verkürzung und in objektiv erzählten Lebensläufen" adäquat darstellbar (M. Walser: *Erfahrungen und Leseerfahrungen*. Frankfurt/M. 1965, S. 128).

So erscheint es nur als folgerichtig, wenn nach 1945 die spezielle Thematik des Bildungsromans aufgeht in der umfassenderen Frage nach den Bedingungen und den Möglichkeiten persönlicher Identität. Statt auf individuelle Lebensgeschichten richtet sich nun das Interesse auf krisenhafte Situationen, in denen das Subjekt sich in Frage gestellt sieht. Identität erweist sich dabei in aller Regel nicht als feststehende positive Qualität, als sicherer Besitz, sondern entweder als etwas – oft vergeblich – Angestrebtes oder aber als etwas grundsätzlich Bedrohtes. Was der schizophrene Protagonist in Heinar Kipphardts Roman *März* (1976) in bezug auf die eigene problematische Entwicklung feststellt, ist in diesem Sinne von überindividueller Geltung: „Manchmal ist Ich sehr schwer" (S. 225). Max Frisch zum Beispiel ist ein Autor, der solche Erfahrungen der Identitätssuche, des drohenden Identitätsverlusts, aber auch der entschiedenen Identitätsverweigerung (*Stiller*, 1954) immer wieder ins Zentrum seines literarischen Schaffens gerückt hat.

Bemerkenswert ist zudem die in manchen Texten zu beobachtende Tendenz, Identität gänzlich zu relativieren, indem verschiedene Möglichkeiten persönlicher Entfaltung gleichrangig nebeneinander gestellt werden. So behauptet etwa der Held in Frischs Roman *Mein Name sei Gantenbein* (1964), er „probiere Geschichten an wie Kleider" (M. Frisch: *Gesammelte Werke in zeitlicher Folge*. Hg. v. H. Mayer. Bd. 5. Frankfurt/M. 1976, S. 22), während Dieter Kühn in *Ausflüge im Fesselballon* (1971) verschiedene biographische Entwicklungslinien seines Protagonisten spielerisch miteinander kontrastiert (siehe auch das „Nachwort" der Neufassung von 1977). Damit sind die für den Bildungsroman konstitutive Vorstellung der Entelechie und das Konzept einer einheitlichen und folgerichtigen Entwicklung von vornherein aufgegeben.

Biographische Möglichkeiten ganz anderer Art erkundet Peter Weiss in den drei Bänden der *Ästhetik des Widerstands* (1975, 1978, 1981). Nach den frühen autobiographischen Texten *Abschied von den Eltern* (1961) und *Fluchtpunkt* (1962), die die extreme Individualisierung des gesellschaftsabgewandten bürgerlichen Künstlers thematisierten, schreibt Weiss in diesem komplexen, alle Gattungsgrenzen sprengenden magnum opus sozusagen seine „Wunschbiographie" (Gespräch mit R. Michaelis in der *Zeit* vom 10. 10. 1975). Als Versuch, individuelle Entwicklung (eines fiktiven proletarischen Ich), politischen Kontext und historischen Prozeß in eines zu denken und dabei letztlich am Ideal eines neuen, sozialistischen Menschen festzuhalten (vgl. etwa P. Weiss: *Notizbücher 1971– 1980*. Bd. 1. Frankfurt/M. 1981, S. 169 u.ö.), hat *Die Ästhetik des Widerstands* mehr zu tun mit der Tradition des sozialistischen Bildungsromans als mit den meisten jener etwa gleichzeitig erschienenen Texte, die – im Zeichen der sogenannten ‚Neuen Subjektivität' – ebenfalls individuelle Entwicklungsgeschichten nachzeichnen und daher häufig Affinitäten zum Bildungsroman aufweisen. Gemeinsam ist ihnen der mehr oder minder deutliche autobiographische Hintergrund, die Spannung zwischen betonter Authentizität des lebensgeschichtlichen Stoffes und dessen partieller Stilisierung und Fiktionalisierung (die eine konsequente Abgrenzung vom Genre des Bildungsromans in manchen Fällen schwierig macht). Genannt seien hier exemplarisch Thomas Bernhards autobiographische Romane von *Die Ursache* (1975) bis *Ein Kind* (1982) sowie Franz Innerhofers Trilogie *Schöne Tage* (1974), *Schattseite* (1975), *Die großen Wörter* (1977).

Die gern zitierte ‚Wiederentdeckung des Ich' ist nun allerdings zumeist nicht, wie häufig kritisch angemerkt wurde, Ausdruck einer totalen Abwendung von der zeitgenössischen Realität, einer subjektivistischen Flucht in die Innerlichkeit. Denn gerade in der Selbstvergewisserung über die eigene Biographie sollen und können – ähnlich wie im Bildungsroman – Selbsterfahrung und gesellschaftliche Erfahrung aufeinander bezogen werden. Dies gilt selbst noch für eine so entschieden einseitige Position wie die des Eugen Rapp in Hermann Lenz' autobiographischer, über weite Strecken durchaus als Bildungsroman zu lesender Romanfolge zwischen *Verlassene Zimmer* (1966) und *Der Wanderer* (1986). Schon früh wendet sich Rapp zwar ab von der als heil- und sinnlos empfundenen Zeitwirklichkeit – er will „schreibend in sich hineinschauen und sonst nichts" (H. Lenz: *Tagebuch vom Überleben und Leben*. 1978, S. 36) –, bleibt dieser aber trotz allem in vielerlei Beziehung verbunden.

Im Unterschied zum Bildungsroman, so läßt sich resümieren, steht im Fluchtpunkt einer solchen autobiographischen Selbstreflexion nicht die handfeste Bewährung in alltäglichen sozialen Bezügen, sondern die problematisch bleibende Existenz des Schriftstellers, der zwischen Weltoffenheit und radikaler Ich-Bezogenheit seinen Weg zu finden hat. Personale Identität, und sei es nur eine fragile und gefährdete, scheint nicht mehr durch handelnde Integration in den gesellschaftlichen Prozeß erreichbar zu sein, sondern sich allein in der Sphäre des Ästhetischen, im Akt des Schreibens selbst ausbilden zu können.

3.2.2. Handke: ‚Der kurze Brief zum langen Abschied'

Um einen Versuch der Selbsterkundung, der Identitätsfindung geht es auch in Peter Handkes autobiographisch gefärbtem Roman *Der kurze Brief zum langen Abschied* (1972), der sich inhaltlich wie strukturell deutlich auf verschiedene traditionelle Erzählmodelle, etwa auf das der Kriminalgeschichte, des psychologischen Romans und besonders des Bildungsromans zurückbezieht. Die Reise des Ich-Erzählers durch Amerika ist, wie der Autor selbst hervorgehoben hat, zu verstehen als „Fortbewegung von einem bestimmten, alltäglichen Leben" (Hellmuth Karasek: *Ohne zu verallgemeinern. Ein Gespräch mit Peter Handke.* In: M. Scharang [Hg.]: *Über Peter Handke*. Frankfurt/M. 1972, 1973², S. 85). In der Konfrontation des Protagonisten mit der Wirklichkeit dieser „Traumwelt" USA, „in der man sich selber ganz neu entdecken muß, in der man selbst ganz neu anfangen muß" (ebd., S. 87), in der Auseinandersetzung aber auch mit der Geschichte seiner gescheiterten Ehe, mit quälenden Kindheits- und Jugenderinnerungen sowie mit literarischen Vor- und Gegenbildern – vor allem mit Kellers *Grünem Heinrich* – manifestieren sich entscheidende Momente eines individuellen Entwicklungsprozesses.

Ausgangspunkt des Wunsches nach Veränderung, nach einem neuen persönlichen Selbstbewußtsein – „Mein Leben bis jetzt, das durfte noch nicht alles sein!" (S. 25) – ist ein übermächtiges, häufig mit Angst und Schrecken verbundenes Gefühl der Entfremdung nicht nur vom eigenen Ich, sondern auch von der äußeren Welt. Die Realitätserfahrung reduziert sich auf die parataktische Reihung einzelner Phänomene, die sich statt auf ein objektives, überpersönliches Sinnganzes höchstens auf das erlebende Subjekt beziehen lassen. Daß dem Erzähler diese Beschränkung der Welt- und Selbsterfahrung, der die Tendenz zur distanzierenden Verdinglichung der Mitmenschen entspricht (vgl. u. a. S. 184), je länger desto mehr zu Bewußtsein kommt, qualifiziert ihn überhaupt erst für eine eigenständige Entwicklung.

Deren Ziel ist die Verwirklichung des eigenen Ich, aber nicht in der Isolation oder in ‚zufälligen', ‚einmaligen' persönlichen Beziehungen (vgl. S. 165), sondern in *notwendigen* sozialen Zusammenhängen. Die Grundkonstellation des Bildungsromans, die damit evoziert ist, wird allerdings in entscheidender Weise abgewandelt: Eine Feststellung des Helden wie die, daß es ihm darauf ankomme, „eine Lebensart zu finden, die [ihm] gerecht wäre, und in der auch andre Leute [ihm] gerecht werden könnten" (S. 102), deutet in ihrer Subjektbezogenheit darauf hin, daß den Bedürfnissen des Individuums Vorrang eingeräumt wird vor den Forderungen überpersönlicher, gesellschaftlicher Mächte.

Wie aber kann unter den gegebenen Bedingungen das Ideal der Individuation überhaupt erreicht werden? Sicherlich nicht im freiwilligen Rückzug in jene mehrfach blitzartig aufscheinende „ANDERE ZEIT", in die an Musils „anderen Zustand" erinnernde „andere Welt", die man nur zu betreten braucht, um die eigene „angstanfällige Natur und ihre Beschränktheiten endlich loszusein" (S. 101). Der Erzähler ist noch realitätsbezogen genug, um zu erkennen, daß in dieser zwar lockenden, aber ahistorischen „leeren Welt" sich mit der Angst zugleich auch die eigene Individualität auflösen müßte. (Zum Erlebnis der ‚anderen Zeit' als „Epiphanie" siehe auch: Manfred Durzak: *Für mich ist Literatur auch eine Lebenshaltung. Gespräch mit P. Handke.* In: M. D.: *Gespräche über den Roman.* Frankfurt/M. 1976, S. 333 ff.)

Zu fragen bleibt allerdings, ob nicht auch der versöhnliche, poetisch überhöhte Schluß des Romans dadurch relativiert wird, daß ihm Züge einer solchen ‚anderen Zeit' zukommen. Ist nicht die Welt des ganz naiv und unkritisch gesehenen Regisseurs John Ford, in der die Geschichte des Erzählers in einer Vielfalt anderer Geschichten aufgeht, ein im Grunde genommen mythischer Raum jenseits der historischen Realität? Daß hier Entfremdung plötzlich aufgehoben sein soll, weil ‚Ich' und ‚Wir', Einzelner und Gemeinschaft, Natur und Geschichte in eins fallen, verleiht diesem Ausklang der Erzählung Züge des Märchens (vgl. P. Handke im Gespräch mit H. Karasek, a. a. O., S. 88) oder der – allerdings bemerkenswert wenig konkreten – Utopie.

Voraussetzung eines solchen harmonischen Endes ist die bereits erwähnte Reduktion Amerikas auf eine ‚Traumwelt', auf ein „Bewußtseins-Land" (P. Handke im Gespräch mit M. Durzak, a. a. O., S. 337), das sich in Fords filmischem Werk und in seiner persönlichen Existenz beispielhaft konkretisiert und in dem die tatsächliche Wirklichkeit hinter dem Mythos verborgen bleibt. In diesem Raum des Mythos verschwindet auch der Held des Romans. Ob er letztlich einen Zustand der persönlichen Reife in der empirischen Welt zu bewähren weiß – all das bleibt offen.

Damit spiegelt auch der *Kurze Brief* die grundlegende Problematik des Bildungsromans im 20. Jahrhundert: Die prekäre, bedrohte Situation des Einzelnen wird deutlich, ohne daß doch ein allgemein gültiger Weg zur Überwindung der Widersprüche aufgezeigt werden könnte. In diesem Sinne kennzeichnet Handke selbst das Verhältnis seines Romans zur Gattungsgeschichte durchaus korrekt, wenn er ihn als „Fiktion eines Entwicklungsromans" verstanden wissen will, der die „Hoffnung" beschreibe, daß – die Einschränkung ist bezeichnend – „wenigstens auf einer unabhängigen Reise [...] die Vorstellungen eines Entwicklungsromans aus dem neunzehnten Jahrhundert möglich wären" (P. Handke im Gespräch mit H. Karasek, a.a.O., S. 88).

Dem Grünen Heinrich als dem Gegenbild des Handkeschen Helden scheint – zumindest in der einseitig harmonisierenden Interpretation des Erzählers – in der gesellschaftlichen Realität noch zu gelingen, was dieser allein in der Sphäre des Mythos erreicht: die Versöhnung von Innen und Außen, Ich und Welt. Der zeit- und wirklichkeitsenthobene Schluß des *Kurzen Briefs* vermag damit den früheren Einwand des Protagonisten nicht grundsätzlich zu widerlegen, „daß man nicht mehr so nach und nach leben [könne] wie der Grüne Heinrich", da die Zeit vorbei sei, „in der man noch glaubte, daß aus einem nach und nach ein andrer werden müsse und daß jedem einzelnen die Welt offenstehe" (S. 142).

3.2.3. Bildungsroman und Studentenbewegung

Obwohl bereits Anfang der siebziger Jahre deutlich wurde, daß die Studentenbewegung ihre hochgesteckten politischen Ziele nicht würde erreichen können, darf es doch als eines ihrer bleibenden Verdienste gelten, die Frage nach dem problematischen Verhältnis von Individuum und Gesellschaft radikal neu gestellt zu haben. In diesem Zusammenhang war, beeinflußt vor allem durch die Rezeption der Kritischen Theorie, auch dem Begriff der Bildung eine neue dynamische, kritisch-offensive Perspektive zugewiesen worden: Bildung sollte nun den Einzelnen vor allem befähigen, die „unmenschliche Wirklichkeit" der westlich-kapitalistischen Welt nicht nur zu durchschauen, sondern aktiv zu verändern (Herbert Marcuse: *Repressive Toleranz. Nachschrift 1968.* In: H. M.: *Schriften.* Bd. 8. Frankfurt/M. 1984, S. 165).

Im Kampf um die neu zu begründende solidarische Gesellschaft ging es ausdrücklich um die dialektische Verknüpfung von individuellen und gemeinschaftlichen Erfahrungen und Zielsetzungen. Auch nach dem Scheitern der Studentenrevolte blieb das aus diesen Prämissen resultierende Ideal des ‚neuen Menschen', der subjektive und politische Sphäre harmonisch zur Deckung zu bringen weiß, für viele aktuell. Neu war jedoch die Skepsis, mit der nunmehr vorschnelle

Antworten auf die Frage nach der Realisierbarkeit personaler Identität zur Kenntnis genommen wurden. So geht es nun in den meisten der sich mehr oder minder direkt auf die Studentenbewegung beziehenden Texte vor allem darum, „die eigene Veränderbarkeit zu erfahren" und in einem weiteren Schritt literarisch darzustellen (Verena Stefan: *Häutungen*. München 1975, S. 79).

Die Schilderung individueller Lebensgeschichten und Bildungsschicksale, seien sie nun direkt autobiographischer oder weitgehend fiktiver Natur, hat damit auch die Funktion, den als statisch empfundenen Verhältnissen ein Gegenbild entgegenzustellen, indem Entwicklung, Veränderung zumindest als denkbar vorgeführt werden:

„Man kann doch nicht einfach Wirklichkeit, die paar privaten Erfahrungen, in Geschichten abfüllen und zustöpseln. *Es kömmt darauf an, sie zu verändern.* Aber andrerseits: Wenn sich die Subjekte nicht mehr vergegenständlichen [...], gäbe es nur noch Versteinerungen" (Hermann Kinder: *Der Schleiftrog*. 1977, S. 15 f.).

Damit gewinnt der Bildungsroman, indem er von subjektiven Erfahrungen im gesellschaftlichen Kontext berichtet, eine genuin politisch-kritische Funktion.

Als im Jahre 1973 Peter Schneiders Erzählung *Lenz* erschien, als erste große literarische ‚Abrechnung' mit der Studentenbewegung, stellte die Kritik sogleich die Frage, ob sie sich trotz ihrer novellistischen, auf Büchners *Lenz* verweisenden Kürze nicht auch als „auf zeichenhafte Auftritte heruntergekürzter Bildungsroman" lesen lasse (so etwa Reinhard Baumgart in der *Süddeutschen Zeitung* vom 6. 12. 1973). Zweifellos steht im Zentrum des Textes der für die Gattung konstitutive Konflikt zwischen Ich und Welt, Individuum und Gesellschaft, in dessen Verlauf der Protagonist mit verschiedenen Bildungseinflüssen – politisch-theoretischem Diskurs, Fabrikarbeit, Italien-Erlebnis u. a. – konfrontiert wird. Als ideales Ziel gilt offensichtlich eine Synthese von politischen und individuellen Bedürfnissen, von Theorie und Praxis, Autonomie und Solidarität. Der offene Schluß des ‚Dableibens' ließe sich unter diesem Gesichtspunkt als der feste Wille des Helden interpretieren, die neugewonnene Identität in der gesellschaftlichen Praxis aktiv auf die Probe zu stellen, auch wenn, wie der letzte Abschnitt andeutet, die durchsetzbaren Veränderungen keine revolutionären sein werden. Zumindest in bezug auf die tendenzielle Harmonie dieses Endes ließe sich Schneiders Erzählung also durchaus in die Tradition des Bildungsromans einreihen.

Verließ Lenz um einer neuen Identität willen die vorgebliche Sicherheit und zweifelsfreie Selbstgewißheit seines politischen Umfelds, so führt in Uwe Timms Roman *Heißer Sommer* (1974) Ullrich Krauses Weg aus Isolation und privatistischer Selbstbezogenheit zu der Gewißheit, allein im politischen Kampf an der Seite der Arbeiterklasse, repräsentiert durch Gewerkschaften und DKP, die Übereinstimmung von individuellen und gesellschaftlichen Bedürfnissen finden zu können. Zur literarischen Darstellung eines solchen emanzipatorischen Bewußtseinsprozesses erscheint Timm der *sozialistische* Entwicklungsroman besonders geeignet, da er im Gegensatz zum *bürgerlichen* Bildungsroman nicht die Entwicklung zu einem „extremen Individualismus" beschreibe, sondern „den

3. Der Bildungsroman in der deutschen Literatur nach 1945

umgekehrten Weg, [...] den Weg eines Individuums, das aus seiner borniertenVereinzelung zu einem kollektiven Bewußtsein gelangt [...]" (U. Timm: *Zwischen Unterhaltung und Aufklärung*. Kürbiskern 1/1972, S. 88). Allerdings gewinnen solche Erfahrungen im Roman selbst kaum unverwechselbare, anschauliche Züge. Damit liegt das Verdikt nahe, der bürgerliche Bildungsroman sei bei Timm „zur Trivialform heruntergebracht", indem nämlich „Literatur programmatisch in taktische Bezüge eingespannt und für parteipolitische Interessen funktional gemacht" werde (so etwa M. Buselmeier: *Nach der Revolte*, S. 174). Das klassische, auf Harmonie und Synthese zielende Modell des Bildungsromans weckt, auch wenn es unter veränderten politischen Prämissen mit veränderten Intentionen auftritt, begründete Zweifel an seiner Angemessenheit in bezug auf die aktuellen politischen und gesellschaftlichen Realitäten.

Sehr viel desillusionierter und skeptischer als Ullrich Krause wirken die Ich-Erzähler in Hermann Kinders ‚Bildungsroman' (so der Untertitel) *Der Schleiftrog* (1977) und in Jochen Schimmangs *Der schöne Vogel Phönix* (1979). Im *Schleiftrog* bringt Bruno das Dilemma seiner Existenz so genau auf den Begriff, daß gleichzeitig die klassische Problemkonstellation des Bildungsromans evoziert wird: „Waren alle Hoffnungen perdu? Mußte es dabei bleiben: Das Ich hier und die Gesellschaft da?" (S. 141) Der offene Schluß bestätigt nur, was schon vorher deutlich geworden ist – daß nämlich jegliche utopische Dimension verlorengegangen und dem Helden damit zwar ein desillusioniertes Weiterleben, nicht aber eine teleologische Entwicklung im Zeichen des Prinzips Hoffnung erlaubt ist.

Ähnlich ergeht es Murnau, dem studentischen Protagonisten in Schimmangs Roman mit dem bezeichnend-resignativen Untertitel ‚Erinnerungen eines Dreißigjährigen'. Das Scheitern seines Versuchs, in der abgeschlossenen Welt der linksdogmatischen K-Gruppen die ersehnte persönlich-politische Identität zu gewinnen, verstärkt nur das allgegenwärtige Gefühl der Orientierungslosigkeit, der Sinnlosigkeit aller individuellen und gesellschaftlichen Anstrengungen (vgl. etwa S. 280 f.).

Was bleibt, ist die Wendung in die Vergangenheit, das autobiographische Schreiben als „Trauerarbeit", als „Zwiegespräch mit der Angst" (S. 295). Das Individuum vermag sich allein aus der Erinnerung zu definieren, aus der Vielzahl der Geschichten, die vielleicht einmal in eine sinnvolle Zukunft münden und eine eigene, unverwechselbare Geschichte ergeben werden:

„Alle Geschichten, die ich hier erzähle [...], sind auf die eine oder andere Art Geschichten, die weitergehen [...]. Sie gehen weiter, weil ich es will, weil ich es wollen muß, weil ich ihnen, allen Widerständen und Verwirrungen zum Trotz, treu bin. Sie halten mich zusammen" (S. 89).

Obwohl der Erzähler sich also – noch – nicht aufgegeben hat, manifestiert sich in diesem Rückzug auf das eigene Ich der tendenzielle Abgesang auf die in der Blütezeit der Studentenbewegung so emphatisch postulierte Dialektik von Innen und Außen, von persönlicher Autonomie und kollektiven Interessen: Der Bildungsroman wird auch hier zum Desillusionsroman.

Namenregister

Abbt, Thomas 67
Adorno, Theodor W. 231
Amann, Klaus 157, 164, 170
Anonym
– Wilhelm Gradesinns Lebens- und Bildungsgeschichte 23
Arnim, Achim von 69
Arnold, Heinz Ludwig 118
Arntzen, Helmut 208
Aspetsberger, Friedbert 157

Bab, Julius 215
Baechtold, Jakob 174, 192
Baioni, Giuliano 74, 86, 91, 94
Bandet, Jean Louis 157
Bark, Joachim 139, 146
Barner, Wilfried 74
Barrack, Charles M. 102
Bartmann, Christoph 229
Bassenge, Friedrich 23
Baudelaire, Charles 119
Baumgart, Reinhard 200, 229, 236
Baumgart, Wolfgang 139, 148
Becher, Johannes R. 226, 228
– Abschied 223, 225
Beck, Hans-Joachim 103, 106, 115 f.
Becker, Eva D. 39
Beddow, Michael 13, 31, 54, 74, 86, 95, 100, 157, 172 f., 175
Behler, Ernst 65, 69
Beissner, Friedrich 53, 71
Benjamin, Walter 205
Berend, Eduard 117, 122 f., 126
Berger, Albert 74
Berger, Berta 197
Berger, Georg 118, 137
Bernhard, Thomas
– Ein Kind 233
– Die Ursache 233
Biedermann, Flodoard Freiherr von 73
Bielschowsky, Albert 212

Bierbaum, Otto Julius
– Prinz Kuckuck 201
Birus, Hendrik 118
Blanckenburg, Christian Friedrich von 39 f., 47, 51–53
Blessin, Stefan 74, 91
Böhm, Karl Werner 208, 218
Böning, Thomas 174
Böschenstein, Bernhard 118
Boeschenstein, Hermann 175
Bollnow, Otto Friedrich 170
Bondeli, Julie von 58
Bonnet, Charles 46
Borcherdt, Hans Heinrich 14, 65, 137
Borchmeyer, Dieter 65, 74, 157, 163
Bosse, Heinrich 118, 122, 129, 132 f., 138
Braemer, Edith 223 f.
Brauneck, Manfred 230
Brenner, Peter J. 39
Brentano, Clemens 66
Březan, Jurij
– Der Gymnasiast 226
Broch, Hermann 197, 199, 209 f.
Bruford, Walter Horace 13, 35, 90
Buch, Günther 13
Bucher, Max 139, 153 f.
Buckley, Jerome Hamilton 14, 36 f.
Buddecke, Wolfram 54, 56 f., 63
Büchner, Georg 236
Bürgin, Hans 207
Buggert, Christoph 157, 167
Bulhof, Francis 208, 216
Burger, Heinz Otto 76
Buselmeier, Michael 229, 237

Campanella, Tommaso 220
Canetti, Elias 199 f.
Cassirer, Ernst 41, 43, 58
Cervantes Saavedra, Miguel de 70
Chiarini, Paolo 75

Claudius, Eduard
- Menschen an unserer Seite 225
Cocalis, Susan L. 13, 19
Colli, Giorgio 146
Conrady, Karl Otto 74
Curtius, Ernst Robert 211

D'Annunzio, Gabriele 199
Denkler, Horst 141, 158, 176, 230
Dick, Manfred 103, 109
Dickens, Charles 14
Diderot, Denis 46, 52
Dierks, Manfred 208, 211
Diersen, Inge 208, 211
Dietze, Walter 75
Dilthey, Wilhelm 14, 20–23, 25–27, 29–31, 33 f., 43
Doderer, Heimito von
- Die Strudlhofstiege oder Melzer und die Tiefe der Jahre 231
- Die erleuchteten Fenster oder Die Menschwerdung des Amtsrates Julius Zihal 231
Döblin, Alfred 199, 209
- Berlin Alexanderplatz 197, 205
Donner, J. O. E. 65
Doppler, Alfred 156
Dostojewskij, Fjodor M. 119
Droz, Jacques 115
Düntzer, Heinrich 44
Dürer, Albrecht 72
Düsing, Wolfgang 197
Durzak, Manfred 200, 230, 234

Eckermann, Johann Peter 46, 80, 100
Ehrensperger, Armin 175, 193
Eichendorff, Joseph Freiherr von 66, 141
- Ahnung und Gegenwart 65, 70, 72
Eichner, Hans 70, 75, 79, 87, 100
Eigler, Friederike 14
Einstein, Carl 199
Eisenmeier, Eduard 157
Elm, Theo 230
Engelhardt, Ulrich 146
Engels, Friedrich 143
Enzensberger, Hans Magnus 231
Enzinger, Moriz 156, 163, 169
Ermatinger, Emil 192

Ernst, Paul
- Der schmale Weg zum Glück 201 f.
Esselborn-Krummbiegel, Helga 14, 197

Faber, Richard 115
Fabian, Bernhard 39
Fellinger, Raimund 229
Fénelon, François de Salignac de la Mothe 47
Feuerbach, Ludwig 177, 179, 183, 187–190
Fichte, Johann Gottlieb 104, 109
Fielding, Henry 47
Fink, Gonthier-Louis 53
Fischer, Marianne 208
Fischer, Samuel 212
Flachsland, Caroline 45
Flaischlen, Cäsar
- Jost Seyfried 202
Flaubert, Gustave 25
Fontane, Theodor 139, 178
Ford, John 234 f.
Fouqué, Friedrich Freiherr de la Motte 69
Fränkel, Jonas 174
Frank, Manfred 103
Frenssen, Gustav
- Hilligenlei 202
Freud, Sigmund 21, 198
Freytag, Gustav 139
- Soll und Haben 16, 28, 140–142, 149, 152–154
Frisch, Max
- Stiller 232
- Mein Name sei Gantenbein 232
Frisé, Adolf 199 f.
Frizen, Werner 208, 218, 221
Frühwald, Wolfgang 156

Gaier, Ulrich 35
Garte, Hansjörg 118
Garve, Christian 52, 89 f.
Geissler, Rolf 203
Gellert, Christian Fürchtegott 47
Geppert, Klaus 103, 110
Gerhard, Melitta 14, 29, 32
Glaser, Horst Albert 139, 157 f., 163, 169, 173

Namenregister

Goethe, Johann Wolfgang von 13, 19–21, 39, 42, 57, 67, 107, 110, 119, 126, 133, 144, 159, 175f., 179, 185–187, 203, 210, 212
– Die Leiden des jungen Werthers 45f., 49, 118
– Wilhelm Meisters Lehrjahre 14–16, 18, 23, 25–34, 36f., 49, 65f., 68–72, 73–102, 103–106, 113, 118, 120, 123, 137, 139–142, 145–149, 154, 191, 193, 195, 200f., 204, 209f., 213, 223f., 231
– Wilhelm Meisters theatralische Sendung 75–78
– Wilhelm Meisters Wanderjahre 69, 76, 204
Golding, William 14
Gottschall, Rudolf 152
Gottsched, Johann Christoph 13, 41, 47
Grass, Günter 198
– Die Blechtrommel 231
Grimm, Hans
– Volk ohne Raum 202
Grimm, Reinhold 40, 65, 118, 140
Grimmelshausen, Hans Jacob Christoph von
– Der Abentheuerliche Simplicissimus Teutsch 31, 224
Grimminger, Rolf 39
Gruber, Johann Gottfried 64
Günther, Gottfried 54
Gundolf, Friedrich 26, 30f.
Gutzkow, Karl
– Die Ritter vom Geiste 140, 147f.

Haas, Rosemarie 75, 92
Haering, Theodor 103
Härle, Gerhard 209
Hahl, Werner 61
Hahn, Karl-Heinz 75
Handke, Peter 18
– Der kurze Brief zum langen Abschied 229f., 233–235
Hansel, Beate 14
Hansen, Volkmar 208, 211–213
Hardenberg, Friedrich Leopold Freiherr von: siehe Novalis
Hardenberg, Karl August Freiherr von 74

Harich, Wolfgang 118, 134
Hartmann, Günter 170
Hartmannshenn, Herta 118
Hase, Friedrich Traugott
– Gustav Aldermann 50
Haselbach, Gerhard 170
Hass, Hans-Egon 75, 86, 100
Hastedt, Regina
– Die Tage mit Sepp Zach 227
Hasubek, Peter 139, 150, 152
Hauptmann, Carl
– Einhart der Lächler 202
Hauser, Albert 193
Heckenast, Gustav 160–162
Hecker, Max 97
Heckmann, Herbert 229
Heesch, Käthe 175, 193
Heftrich, Eckhard 103, 114, 209, 211
Hegel, Georg Wilhelm Friedrich 23–25, 27, 103, 139f., 143f., 147, 149, 176, 201
Heidegger, Gotthard 47
Heidegger, Martin 230
Heine, Gert 208, 211–213
Helbling, Carl 174
Helmers, Hermann 154
Helvétius, Claude Adrien 43, 46, 57f.
Hemmerich, Gerd 54f.
Hennecke, Adolf 227
Herder, Johann Gottfried 13, 19, 26, 36, 44–46, 66–68, 101, 110
Herminghouse, Patricia 223
Herwig, Wolfgang 73
Heselhaus, Clemens 65, 174
Hesse, Hermann 16, 26, 33, 35, 54, 159, 176, 210, 216, 220
– Peter Camenzind 201, 203
– Gertrud 203
– Demian 203
– Siddhartha 203
– Das Glasperlenspiel 203f.
Hettner, Hermann 177–179, 189–191
Heym, Stefan
– Collin 227
Heyse, Paul 191
Hildt, Friedrich 175
Hillebrand, Bruno 178, 230
Hillmann, Heinz 223

Hölderlin, Friedrich 25, 223, 225
– Hyperion 15, 34f., 71f.
Hörisch, Jochen 14, 79, 86, 93
Hoffmann, E. T. A.
– Kater Murr 73
Hofmannsthal, Hugo von 198f.
Hohendahl, Peter Uwe 146, 158, 163, 172, 223
Home, Henry 52
Homer 74, 130
Hoogeveen, Jos 223
Hoppe, Karl 139
Horaz 59
Hosfeld, Rolf 230
Humboldt, Wilhelm von 13, 19, 36, 45f., 66–68, 81f., 145

Immermann, Karl 141
– Münchhausen 23
– Die Epigonen 139, 142, 146f., 150–152
Innerhofer, Franz
– Die großen Wörter 233
– Schattseite 233
– Schöne Tage 233
Irmscher, Hans Dietrich 75, 140, 158, 172

Jacobi, Friedrich Heinrich
– Aus Eduard Allwills Papieren 118, 122
– Woldemar 118
Jacobs, Jürgen 14, 30, 39, 54, 154, 191, 195, 230
Jakobs, Karl-Heinz
– Beschreibung eines Sommers 227
Jauss, Hans Robert 65
Jean Paul (d.i. Johann Paul Friedrich Richter) 20, 23, 69
– Flegeljahre 26
– Des Luftschiffers Giannozzo Seebuch 120
– Titan 26, 32, 72, 117–138
– Die unsichtbare Loge 120f., 127
Jens, Inge 207
Jeziorkowski, Klaus 174, 177
Jost, François 15, 36
Jurgensen, Manfred 230

Kafitz, Dieter 140, 155
Kafka, Franz 198

Kahler, Erich von 197, 200
Kaiser, Gerhard 174f., 178, 182, 191f.
Kaiser, Herbert 140, 158, 168, 170f.
Kant, Hermann
– Die Aula 227
– Das Impressum 227
Kant, Immanuel 27, 40, 99, 104, 109
Karasek, Hellmuth 233–235
Kayser, Wolfgang 81
Kehr, Charlotte 197
Keil, Robert 64
Keller, Gottfried 14, 140f., 203
– Der grüne Heinrich 17, 21, 28, 30, 32, 143, 146, 149, 157, 165, 172, 174–196, 224, 230, 233, 235
– Martin Salander 175
Ketelsen, Uwe-K. 158
Kiermeier, Joseph 118
Killy, Walther 158, 170, 173
Kinder, Hermann
– Der Schleiftrog 230, 236f.
Kipphardt, Heinar
– März 232
Klafki, Wolfgang 13
Kluckhohn, Paul 79, 102
Knappe, Joachim
– Mein namenloses Land 226
Knebel, Karl Ludwig 68
Köhn, Lothar 14, 19, 28–30
Köpke, Wulf 118
Körner, Christian Gottfried 81f.
Körner, Josef 65, 71
Kohlschmidt, Werner 14
Kolbe, Hans 140
Kommerell, Max 118, 130
Koopmann, Helmut 39, 65, 140, 197, 209, 211, 222
Korff, Hermann August 65, 137
Kristiansen, Børge 209, 211, 216, 221
Krogoll, Johannes 117
Krumme, Peter 118
Kühn, Dieter
– Ausflüge im Fesselballon 232
Küntzel, Heinrich 223
Kuhn, Hugo 103, 108
Kunisch, Hermann 159
Kurzke, Hermann 102f., 109, 116, 208f., 211, 222

Namenregister

Labroisse, Gerd 223
Lacan, Jacques 14
Lämmert, Eberhard 141
Lagarde, Paul de 146
La Mettrie, Julien Offray de 43, 58
Lange, Victor 158, 167, 170
La Rochefoucauld, François 89
Laufhütte, Hartmut 175, 185 f., 191, 193–195
Lavater, Johann Kaspar 67
Ledanff, Susanne 197
Lehnert, Herbert 208 f., 219
Leibniz, Gottfried Wilhelm Freiherr von 26, 41, 46, 66
Lensing, Leo A. 140
Lenz, Hermann
– Tagebuch vom Überleben und Leben 233
– Verlassene Zimmer 233
– Der Wanderer 233
Lessing, Gotthold Ephraim 26, 40 f., 47, 52
Lillyman, William J. 65
Lindner, Burckhardt 118
Link, Hannelore 103
Ludwig, Otto 148
Lüdke, W. Martin 229
Lützeler, Paul Michael 65, 139, 141, 223
Lukács, Georg 27 f., 75, 91, 94 f., 159, 194, 201, 219, 224 f.
Lukian 58
Lunding, Erik 157
Luther, Martin 35
Lutz, Bernd 119

Mach, Ernst 198
Mádl, Antal 197
Mähl, Hans-Joachim 102, 104 f., 114–116
Mahoney, Dennis F. 15, 34 f.
Mahr, Johannes 102, 104
Mandelkow, Karl Robert 73
Manger, Klaus 53
Mann, Erika 207
Mann, Thomas 13–16, 18, 35, 54, 74, 76, 141, 157, 159, 175 f., 197, 199
– Bekenntnisse des Hochstaplers Felix Krull 26, 200 f., 204, 212
– Joseph und seine Brüder 204, 208
– Der Tod in Venedig 208, 211
– Der Zauberberg 31–34, 107, 204, 207–223
Marcuse, Herbert 230, 235
Martens, Wolfgang 47
Martini, Fritz 15, 22, 53, 75, 117, 140, 189
Marx, Karl 143, 226
Maugham, William Somerset 15
Maurois, André 21
May, Georges 22
May, Kurt 75, 104
Mayer, Gerhart 119, 137, 140, 155, 231
Mayer, Hans 209, 222, 232
Mayer, Hans-Otto 207
Mayer, Sigrid 230
McInnes, Edward 140, 148
Meier, Hans 175
Meißner, August Gottlieb 47
Mendelssohn, Moses 52
Mendelssohn, Peter de 207
Menze, Clemens 13
Michaelis, Rolf 232
Michel, Victor 58
Michelsen, Peter 119, 121, 137
Miles, David H. 140, 198
Miller, Norbert 117
Misch, Georg 21
Mörike, Eduard
– Maler Nolten 23
Mohr, Wolfgang 14
Montesquieu, Charles de Secondat 57 f.
Montinari, Mazzino 146
Moormann, Karl 175, 181, 191
Morawe, Bodo 73
Morgenstern, Karl von 14 f., 22 f.
Moritz, Karl Philipp 44
– Anton Reiser 50 f., 230
Müller, Friedrich von 81, 88
Müller, Götz 118
Müller, Günther 75, 101, 194
Müller, Jan-Dirk 54, 63
Müller, Klaus-Detlef 13, 21, 142, 157 f., 173, 176
Müller, Volker Ulrich 119
Müller-Seidel, Walter 102
Mundt, Theodor 23, 148
Muschg, Adolf 176

Namenregister

Musil, Robert 18, 199–201, 210, 234
– Der Mann ohne Eigenschaften 33, 197, 205–207

Nägele, Rainer 230
Napoleon I. 68
Neumann, Bernd 176, 182, 191, 196, 230
Newton, Sir Isaac 43
Nietzsche, Friedrich 102, 119, 146, 198, 221
Niggl, Günter 21, 39
Nivelle, Armand 104
Noll, Dieter
– Die Abenteuer des Werner Holt 223, 225 f.
Novalis [Friedrich von Hardenberg] 28, 66, 79, 88, 97, 141
– Heinrich von Ofterdingen 37, 65, 69–71, 102–117

Øhrgaard, Per 75
Opitz, Martin 40

Paulsen, Wolfgang 54 f., 230
Peitsch, Helmut 230
Peter, Hans-Werner 140
Petersen, Julius 205
Petersen, Wilhelm 193
Pfaff, Peter 75
Piwitt, Hermann Peter 231
Platon 41, 59, 118, 220
Plenzdorf, Ulrich
– Die neuen Leiden des jungen W. 228 f.
Plutarch 130
Polheim, Karl Konrad 71
Ponten, Josef 214
Pope, Alexander 45
Preisendanz, Wolfgang 174, 176, 179, 181, 195
Proust, Marcel 231

Raabe, Wilhelm 139, 146, 150, 231
– Abu Telfan 154
– Die Akten des Vogelsangs 156
– Der Hungerpastor 16, 140, 142, 154 f.
– Die Leute aus dem Walde 154
– Prinzessin Fisch 155
– Der Schüdderump 154
– Stopfkuchen 140, 155

Radbruch, Gustav 94
Rasch, Wolfdietrich 72, 76, 78
Rathenau, Walther 213
Reed, Terence J. 209, 213, 220, 222
Rehm, Walther 119, 126, 159
Reich, Willi 160
Reichel, Edward 198
Reichert, H. W. 54
Reimann, Brigitte
– Ankunft im Alltag 227
Reinhold, Karl Leonhard 64
Retzlaff, Hartmut 119, 136
Rhöse, Franz 140, 148
Richardson, Samuel 47
Richter, Claus 149
Riemer, Friedrich Wilhelm 68
Rilke, Rainer Maria 198
– Die Aufzeichnungen des Malte Laurids Brigge 140, 197
Rilla, Paul 41
Ritter, Heinz 104
Roeder, Arbo von 141
Röder, Gerda 15, 76, 86
Rohde, Richard 119, 126
Roloff, Hans-Gert 16
Rousseau, Jean-Jacques 26, 43 f., 127
Ruge, Arnold 146
Rupp, Heinz 16
Rychner, Max 160, 220 f.

Sachsen, Großherzogin Sophie von 73
Sagmo, Ivar 76, 88, 95
Salyámosy, Miklós 197
Sammons, Jeffrey L. 15, 37
Samuel, Richard 79, 102, 104, 107
Sandt, Lotti 209
Sauer, August 156
Sauereßig, Heinz 209
Sautermeister, Gert 176, 178 f., 182, 191
Schaarschmidt, Ilse 13
Schaefer, Klaus 53 f.
Schanze, Helmut 65
Scharang, Michael 233
Scharfschwerdt, Jürgen 209 f., 216
Schauwecker, Franz
– Aufbruch der Nation 202 f.
Scherer, Wilhelm 137
Scheunemann, Dietrich 198

Namenregister

Schiller, Friedrich von 13, 19, 36, 46, 65–68, 78, 80–83, 87, 91, 98–100, 118, 126, 142 f., 184, 193
Schimmang, Jochen
– Der schöne Vogel Phönix 237
Schings, Hans-Jürgen 39, 59, 76
Schlaffer, Hannelore 86, 163
Schlaffer, Heinz 79, 119, 134, 138, 163
Schlechta, Karl 79, 86, 102, 198
Schlegel, August Wilhelm von 65, 70, 114
Schlegel, Friedrich von 34, 66, 69, 72, 79, 114
– Lucinde 65, 70 f.
Schleiermacher, Friedrich Daniel Ernst 25
Schlenstedt, Dieter 223
Schmidt, Alfred 187
Schmidt, Arno 162, 172
Schmidt, Julian 144, 149, 169
Schmitt, Hans-Jürgen 223
Schneider, Peter 230
– Lenz 229, 236
Schnitzler, Arthur 210
Schödlbauer, Ulrich 15, 76
Schopenhauer, Arthur 208 f., 211, 221 f.
Schrader, Monika 15, 31 f.
Schramke, Jürgen 198
Schrimpf, Hans Joachim 51, 69
Schröter, Klaus 208
Schuller, Marianne 66, 159, 168
Schulz, Gerhard 102–104, 107
Schulz, Max Werner 224
– Wir sind nicht Staub im Wind 223, 226
Schummel, Johann Gottlieb
– Wilhelm von Blumenthal 48–50
Schweikert, Uwe 120
Schwering, Markus 141
Scott, Walter 141, 147
Seidler, Herbert 141, 157
Seiffert, Hans Werner 53
Selbmann, Rolf 15, 32 f., 161, 182
Sengle, Friedrich 54, 141
Sera, Manfred 210
Shaffner, Randolph P. 15, 36
Shaftesbury, Anthony Ashley Cooper, III. Earl of 59, 66
Shakespeare, William 99
Sieber, Dorothea 159
Simmel, Georg 96, 102

Sloterdijk, Peter 22
Solger, Karl Wilhelm Ferdinand 116 f.
Sonnenfels, Joseph Freiherr von 42
Sophokles 130
Sorg, Klaus-Dieter 16, 33 f., 76, 79, 86 f., 159, 163, 171, 176, 180, 191, 210
Spielhagen, Friedrich 148
Spies, Bernhard 176
Sprengel, Peter 117, 120
Stadler, Ulrich 76
Stahl, Ernst L. 13, 66
Staiger, Emil 76, 100, 120 f., 137
Stalin, Jossif 223, 225
Stefan, Verena
– Häutungen 236
Stefl, Max 156
Stein, Karl Freiherr vom und zum 74
Steinecke, Hartmut 16, 23, 30, 139, 141, 147 f., 175
Stern, Lucie 120
Sterne, Laurence 119, 121, 137
Stifter, Adalbert 33, 145, 178, 194
– Der Nachsommer 31, 34, 37, 139 f., 146, 149, 156–173, 175
Stockinger, Ludwig 142
Stopp, Elisabeth 104, 114
Storm, Theodor 192
Strack, Friedrich 104
Strittmatter, Erwin
– Ochsenkutscher 225
– Tinko 225
Suphan, Bernhard 67
Swales, Martin 16, 33, 35 f., 54, 159, 176, 210, 216, 220

Taschner, Winfried 223, 225
Tasso, Torquato 76
Thalheim, Hans-Günther 223
Thalmann, Marianne 72
Thomasius, Christian 40
Thomé, Horst 54, 58
Thomet, Ulrich 210
Tieck, Ludwig 69, 79, 108, 114, 141
– Franz Sternbalds Wanderungen 65, 70, 72
Tiefenbacher, Herbert 16
Timm, Uwe 230
– Heißer Sommer 229, 231, 236 f.

Träger, Christine 176
Träger, Claus 115
Troeltsch, Karl Friedrich
– Geschichte einiger Veränderungen des menschlichen Lebens 48
Trommler, Frank 223, 225
Trunz, Erich 73
Türck, Joseph 161

Ulbricht, Walter 227

Vesper, Bernward
– Die Reise 230
Vieweg, Eduard 178, 189–191
Vischer, Friedrich Theodor 23, 144 f., 147, 149 f., 152, 177
Vischer, Robert 23, 145, 149
Voltaire 41, 43
Voßkamp, Wilhelm 35, 40, 95, 158

Wachsmuth, Andreas B. 101
Wagner, Ernst
– Wilibald's Ansichten des Lebens 69 f.
Walpole, Horace 118
Walser, Martin 231
Walzel, Oskar 70, 114, 137
Weigand, Hermann 210
Weigl, Engelhard 118
Weil, Hans 13
Weinhold, Ulrike 159
Weiss, Peter
– Abschied von den Eltern 232
– Die Ästhetik des Widerstands 232
– Fluchtpunkt 232

Wenger, Kurt 177
Wertheim, Ursula 223
Wezel, Johann Carl 36, 43
– Belphegor 49
– Herrmann und Ulrike 48–50
– Lebensgeschichte Tobias Knauts 49 f.
White, James F. 207
Widhammer, Helmuth 120, 143
Wieland, Christoph Martin 13, 16, 18, 20 f., 33, 35, 46, 71, 74, 106, 110, 157, 159, 175 f., 210, 216, 220
– Die Geschichte des Agathon 30 f., 36, 39, 41, 43, 47 f., 51 f., 53–64, 107
– Don Sylvio 54
Wiese, Benno von 51, 75, 104, 139, 142 f., 158, 176
Wildbolz, Rudolf 159, 173
Wirschem, Karin 16, 142
Wisskirchen, Hans 210, 219
Witte, W. 16, 19
Wittkowski, Wolfgang 15 f., 39, 118, 141, 159
Wölfel, Kurt 40, 52, 89, 117, 120, 135, 137 f.
Wolf, Christa
– Nachdenken über Christa T. 228 f.
Wolff, Christian 40 f.
Wundt, Max 26, 76
Wysling, Hans 208

Zeilinger, Heidi 54
Ziolkowski, Theodore 210
Zippermann, Charles C. 174
Zweig, Arnold 21
– Erziehung vor Verdun 225

Die Deutsche Literatur – Texte und Zeugnisse

Im Verein mit Helmut de Boor, Hedwig Heger, Albrecht Schöne,
Hans-Egon Hass und Benno von Wiese herausgegeben von Walther Killy

Band I
Mittelalter
Herausgegeben von Helmut de Boor
1.: 2. Auflage. 1988. LXX, 920 Seiten. Leinen
2.: 2. Auflage. 1988. IV, 960 Seiten. Leinen

Band II
Spätmittelalter, Humanismus, Reformation
Herausgegeben von Hedwig Heger
1.: Spätmittelalter und Frühhumanismus
1975. XLI, 685 Seiten. Leinen
2.: Blütezeit des Humanismus und Reformation
1978. LII, 944 Seiten. Leinen

Band III
Das Zeitalter des Barock
Herausgegeben von Albrecht Schöne
3., verbesserte Auflage. 1988
XXXII, 1251 Seiten. Leinen
Dieser Band ist auch als broschierte Studienausgabe erhältlich

Band IV
18. Jahrhundert
In Verbindung mit Christoph Perels herausgegeben von Walther Killy
1.: 1983. XLII, 564 Seiten. Leinen
2.: 1983. IV, 689 Seiten. Leinen

Band V
Sturm und Drang, Klassik und Romantik
Herausgegeben von Hans-Egon Hass
1.: 1966. XXXVIII, 963 Seiten. Leinen
2.: 1966. IV, 970 Seiten. Leinen

Band VI
19. Jahrhundert
Herausgegeben von Benno von Wiese
2. Auflage. 1984. XL, 1100 Seiten. Leinen

Band VII
20. Jahrhundert
Herausgegeben von Walther Killy
2. Auflage. 1988. XLVII, 1198 Seiten. Leinen

Verlag C. H. Beck München

Deutsche Literatur in Darstellungen und Porträts

Helmut de Boor/Richard Newald
Geschichte der deutschen Literatur
Band VII: Gerhard Schulz
Die deutsche Literatur zwischen Französischer Revolution
und Restauration
Erster Teil: Das Zeitalter der Französischen Revolution 1789–1806
1983. XIII, 763 Seiten. Leinen
Zweiter Teil: Das Zeitalter der Napoleonischen Kriege
und der Restauration 1806–1830
ca. 960 Seiten. Leinen
In Vorbereitung für Herbst 1989

Deutsche Literatur von Frauen
Herausgegeben von Gisela Brinker-Gabler
Erster Band: Vom Mittelalter bis zum Ende des 18. Jahrhunderts
1988. 563 Seiten mit 53 Abbildungen. Leinen
Zweiter Band: 19. und 20. Jahrhundert
1988. 591 Seiten mit 53 Abbildungen. Leinen

Gert Ueding
Die anderen Klassiker
Literarische Porträts aus zwei Jahrhunderten
1986. 266 Seiten. Gebunden

Barbara Bondy
Der unversöhnliche Traum
Dichterporträts aus zwei Jahrhunderten
1986. 114 Seiten. Broschiert

Hans J. Schütz
„Ein deutscher Dichter bin ich einst gewesen"
Vergessene und verkannte Autoren des 20. Jahrhunderts
1988. 334 Seiten mit 60 Abbildungen. Gebunden

Verlag C. H. Beck München